REVISTA DE DIREITO MERCANTIL
industrial, econômico e financeiro

137

Publicação do
Instituto Brasileiro de Direito Comercial Comparado
e Biblioteca Tullio Ascarelli
do Departamento de Direito Comercial
da Faculdade de Direito da Universidade de São Paulo

Ano XLIV (Nova Série)
janeiro-março/2005

MALHEIROS EDITORES

REVISTA DE DIREITO MERCANTIL

industrial, econômico e financeiro

Nova Série — Ano XLIV — n. 137 — janeiro-março de 2005

REVISTA DE DIREITO MERCANTIL
publicação trimestral de
MALHEIROS EDITORES LTDA.
Rua Paes de Araújo, 29, conjunto 171
CEP 04531-940
São Paulo, SP - Brasil
Tel. (011) 3078-7205
Fax: (011) 3168-5495

Diretor Responsável: Álvaro Malheiros
Diretora: Suzana Fleury Malheiros

Assinaturas e comercialização:
CATAVENTO DISTRIBUIDORA DE LIVROS S.A.
Rua Conselheiro Ramalho, 928
CEP 01325-000
São Paulo, SP - Brasil
Tel. (011) 3289-0811
Fax: (011) 3251-3756

Supervisão Gráfica: Vânia Lúcia Amato
Composição: *Scripta*

AOS COLABORADORES DA *REVISTA DE DIREITO MERCANTIL*

Com a finalidade de agilizar a publicação e melhorar ainda mais a qualidade da *RDM*, decidimos centralizar e formalizar o recebimento de material para publicação, na forma abaixo.

Para o fim de submissão ao Comitê de Redação da *RDM*, os trabalhos devem ser entregues exclusivamente por escrito e acompanhados de disquete. Se for enviado mais de um texto, solicita-se impressão em separado e a gravação de um texto por disquete.

Solicita-se, ainda, que sejam fornecidos dados curriculares mínimos do autor, incluindo o seu endereço eletrônico.

As correspondências para a *RDM* devem ser enviadas para a "Revista de Direito Mercantil — Diretoria Executiva", Largo de São Francisco, 95, 9º andar do Edifício Anexo, São Paulo, Capital, CEP 01005-010.

HAROLDO MALHEIROS DUCLERC VERÇOSA
Diretor Executivo

SUMÁRIO

AOS COLABORADORES DA *RDM* 3

DOUTRINA

IL DIRITTO DELLA CONCORRENZA NEL PENSIERO DI TULLIO ASCARELLI 9
— Mario Libertini

TULLIO ASCARELLI, A TEORIA GERAL DO DIREITO E OS CONTRATOS DE DISTRIBUIÇÃO 30
— Paula A. Forgioni

ATUALIDADES

A LIMITAÇÃO DA RESPONSABILIDADE DO EMPRESÁRIO INDIVIDUAL 49
— Cinira Gomes Lima Melo

OBSERVACIONES EN TORNO A LA FUNCIONALIDAD DE LA JUNTA EN LA SOCIEDAD BURSÁTIL 60
— Maria Isabel Candelario Macías

PESSOAS JURÍDICAS NO CÓDIGO CIVIL DE 2002. ELENCO, REMISSÃO HISTÓRICA, DISPOSIÇÕES GERAIS 93
— Paulo Salvador Frontini

ANÁLISE DO ART. 124, § 5º, II, DA LEI DAS S/A À LUZ DA TEORIA DA REGULAÇÃO 119
— Julio Ramalho Dubeux e Rodrigo Oliveira Botelho Corrêa

SOCIEDADE DE ADVOGADOS COM FORMA DE SOCIEDADE DE CAPITAIS: UMA DISCUSSÃO A SER ENFRENTADA 126
— Renato Ventura Ribeiro

CORRESPONDENTES BANCÁRIOS NO DIREITO BRASILEIRO: CONCEITO E DISCIPLINA 143
— Uinie Caminha

A EFICÁCIA JURÍDICA DA PÓS-DATAÇÃO DO CHEQUE EM RELAÇÃO AO ENDOSSATÁRIO — CONCORRÊNCIA ENTRE OS PRINCÍPIOS CAMBIÁRIOS E O PRINCÍPIO DA FUNÇÃO SOCIAL DOS CONTRATOS — REPERCUSSÃO NA CONTAGEM DO PRAZO PRESCRICIONAL 151
— Sérgio Botrel

NOVOS TÍTULOS PARA FINANCIAMENTO DO AGRONEGÓCIO 159
— Renato Buranello

SOBRE AS CONDUTAS ANTICOMPETITIVAS DAS ASSOCIAÇÕES COMERCIAIS 170
— José Carlos da Silva Nogueira

LIVRE CIRCULAÇÃO INTERNACIONAL DE PESSOAS, TURISMO INTERNACIONAL E TERRORISMO: O CASO BRASIL *x* EUA 183

— HEE MOON JO

OS CONTENCIOSOS NA OMC COMO INSTRUMENTO DE ABERTURA DE MERCADOS AGRÍCOLAS — REFLEXÃO E PROVOCAÇÃO 201

— RENÊ GUILHERME S. MEDRADO

DIREITO E ECONOMIA

LAW AND ECONOMICS 227

— RACHEL SZTAJN

AS ASSEMBLÉIAS DE CREDORES E PLANO DE RECUPERAÇÃO DE EMPRESAS: UMA VISÃO EM TEORIA DOS JOGOS 233

— MILTON BAROSSI-FILHO

PARECERES

VALIDADE JURÍDICA DAS "EXPORT NOTES FINANCEIRAS" — NATUREZA JURÍDICA E OBJETIVOS DO INQUÉRITO DA LEI 6.024/1974, REALIZADO PELO BANCO CENTRAL DO BRASIL 239

— HAROLDO MALHEIROS DUCLERC VERÇOSA

ESPAÇO DISCENTE

OBRIGAÇÕES E CONTRATOS EMPRESARIAIS NO NOVO CÓDIGO CIVIL: O CONTRATO PRELIMINAR E O CONTRATO COM PESSOA A DECLARAR 259

— TARCISIO TEIXEIRA

DAS AÇÕES PREFERENCIAIS SEM VOTO E A SUA INCLUSÃO EM OFERTA PÚBLICA DE ALIENAÇÃO DO CONTROLE DE COMPANHIA 277

— JAIRO JACINTO DE MORAES

JURISPRUDÊNCIA COMENTADA

SEGURO — CONTRATO DE ADESÃO — CLÁUSULAS LIMITATIVAS DE DIREITO, QUE NÃO SE MOSTRAM CLARAS E EM DESTAQUE — NULIDADE — OCORRÊNCIA — CLÁUSULA DE PERFIL — INOPONIBILIDADE — PREVISÃO DE SITUAÇÕES EXCLUDENTES DE INDENIZAÇÃO QUE NÃO CONFIGURAM, ONTOLOGICAMENTE, AGRAVAMENTO DE RISCO — LIMITAÇÃO DO PRÊMIO A PERCENTUAL PREVIAMENTE ESTABELECIDO — ADMISSIBILIDADE — INTELIGÊNCIA DOS ARTS. 54 DO CDC, 51 E 422 A 424 DO CC (DE 2002) 285

— PAULO SALVADOR FRONTINI

COLABORAM NESTE NÚMERO

CINIRA GOMES LIMA MELO

Mestranda em Direito pela UNIMES. Professora em Cursos Preparatórios para Exame da OAB e Concursos Públicos. Advogada, especialista em Direito Empresarial pela PUC/SP.

HAROLDO MALHEIROS DUCLERC VERÇOSA

Mestre e Doutor em Direito Comercial pela Universidade de São Paulo — USP. Professor de Direito Comercial das Faculdades de Direito da USP e da FAAP. Membro do Centro de Mediação e Arbitragem da Câmara do Comércio Brasil-Canadá. Consultor.

HEE MOON JO

Professor do Curso de Mestrado da Universidade de Franca (Unifran). Árbitro Comercial da *Korea Commercial Arbitration Board.* Doutor em Direito Internacional pela Universidade de São Paulo — USP. Mestre em Direito Internacional pela Korea University.

JAIRO JACINTO DE MORAES

Especialista em Processo Civil — USF/ Bragança Paulista-SP. Mestrando em Direito Empresarial — UNIMEP/ Piracicaba-SP. Professor da Faculdade de Direito do CREUPI/Espírito Santo do Pinhal-SP. Advogado.

JOSÉ CARLOS DA SILVA NOGUEIRA

Mestre em Direito Comparado e Econômico pela University of San Francisco/CA.

JULIO RAMALHO DUBEUX

Procurador Federal da Comissão de Valores Mobiliários. Mestrando em Direito pela PUC/RJ.

MARIA ISABEL CANDELARIO MACÍAS

Doctora en Derecho. Profesora de Derecho Mercantil, Universidad Carlos III de Madrid.

MARIO LIBERTINI

Ordinario di Diritto Industriale nella Facoltà di Giurisprudenza dell'Università "La Sapienza" di Roma.

MILTON BAROSSI-FILHO

Professor Doutor da Faculdade de Economia e Administração da Universidade de São Paulo — USP.

PAULA A. FORGIONI

Professora Associada de Direito Comercial na Faculdade de Direito da Universidade de São Paulo — USP — e de Direito Econômico na Escola de Administração de Empresas de São Paulo da Fundação Getúlio Vargas — FGV/EAESP. Livre-Docente em Direito Econômico e Doutora em Direito Comercial pela Faculdade de Direito da Universidade de São Paulo. Pós-Graduada em Direito Empresarial pela Universidade de Bolonha e em Direito do Comércio Internacional pelo Instituto Universitário Europeu de Turim. Advogada em São Paulo.

Paulo Salvador Frontini

Professor de Direito Comercial da Faculdade de Direito da Universidade de São Paulo — USP e da Unifieo — Fundação Centro Universitário FIEO de Osasco. Advogado em São Paulo.

Rachel Sztajn

Professora Associada da Faculdade de Direito da Universidade de São Paulo — USP.

Renato Buranello

Mestre em Direito Comercial pela Pontifícia Universidade Católica de São Paulo — PUC/SP.

Renato Ventura Ribeiro

Mestre, Doutor e ex-Professor assistente temporário da Faculdade de Direito da Universidade de São Paulo — USP. Advogado.

Renê Guilherme S. Medrado

Bacharel em Direito pela Pontifícia Universidade Católica de São Paulo — PUC/SP. MBA Executivo em Administração de Empresas pelo IBMEC, São Paulo. *Master of Laws* (LL.M.) pela Columbia University School of Law, em Nova Iorque/NY/EUA.

Rodrigo Oliveira Botelho Corrêa

Advogado. Procurador do Estado do Rio de Janeiro. Ex-Procurador Federal da Comissão de Valores Mobiliários. Pós-Graduado em Direito Público pela FGV/ESAP. Pós-Graduando em Regulação de Mercado de Capitais pela UFRJ/IE.

Sérgio Botrel

Mestre em Direito de Empresa. Professor da Faculdade de Direito da Universidade FUMEC/MG. Advogado.

Tarcisio Teixeira

Pós-Graduando em Direito Comercial pela Universidade de São Paulo. Advogado em São Paulo.

Uinie Caminha

Doutora em Direito Comercial. Professora da Faculdade de Direito da Universidade do Ceará.

Doutrina

IL DIRITTO DELLA CONCORRENZA NEL PENSIERO DI TULLIO ASCARELLI

MARIO LIBERTINI

1. L'impostazione liberale del pensiero ascarelliano e il ruolo centrale della concorrenza fra imprese. 2. Concorrenza e regolazione amministrativa dei mercati. 3. La concorrenza come gioco sempre aperto e necessariamente regolato dal diritto. 4. Il diritto della concorrenza come insieme di regole comportamentali. La contrarietà di principio verso l'analogia con la proprietà di beni materiali. 5. I diritti di proprietà intellettuale come strumenti di supporto del dinamismo concorrenziale. 6. L'unità funzionale della disciplina generale della concorrenza e della disciplina della proprietà intellettuale. 7. Concorrenza dinamica e direzione del mercato tramite intervento pubblico come capisaldi dell'ideologia ascarelliana del diritto industriale. 8. L'approccio ascarelliano all'analisi dei problemi del diritto industriale. La "prudenza" di Ascarelli interprete. 9. I divieti legali di concorrenza e il rifiuto delle interpretazioni evolutive. 10. I patti limitativi della concorrenza nel codice civile italiano del 1942. Il tentativo di limitare una legittimazione generale del fenomeno. 11. La concorrenza sleale: un approccio "conservatore". 12. La disciplina della proprietà intellettuale. 13. L'antitrust: Ascarelli interprete ed autore di proposte legislative. 14. Riflessioni conclusive.

1. L'impostazione liberale del pensiero ascarelliano e il ruolo centrale della concorrenza fra imprese

Una riflessione sul contributo dato da Tullio Ascarelli al diritto della concorrenza e della proprietà intellettuale deve prendere le mosse dalla considerazione del quadro ideologico in cui la trattazione della materia era inserita dall'a. (impostazione necessaria per tutta l'opera di A., se si tiene conto dell'assunto metodologico da lui professato, che sottolineava il ruolo dei giudizi di valore dell'interprete nella costruzione della soluzioni giuridiche).

In questa prospettiva, si deve allora ricordare che il pensiero dell'a. è fortemente radicato nella tradizione liberale europea. Nella concezione, di cui A. è partecipe, l'intera vita sociale è vista come un grande gioco non cooperativo fra individui; un gioco non cooperativo che tuttavia riesce a produrre esiti di benessere collettivo. Ritroviamo cosi in A. un luogo tipico dell'ideologia liberale: la considerazione dell'individuo come realtà primaria e come valore e la diffidenza verso l'attribuzione di un valore oggettivo alle formazioni sopraindividuali.

L'individualismo ascarelliano è non solo (e non tanto) metodologico, ma piuttosto (e seppur non dichiaratamente) ontologico.

In questa chiave di critica a quelle teorie che attribuiscono valore oggettivo a realtà od organizzazioni collettive, si comprende il contrattualismo ascarelliano nella teoria della società per azioni e si comprende anche la critica insistita all'attribuzione di valore costruttivo al concetto di persona giuridica.

Sarebbe interessante discutere in modo approfondito i limiti di queste posizioni.[1]

In particolare, si può notare che il contrattualismo puro, in materia di società di capitali, si rivela inadeguato a comprendere l'insopprimibile realtà dell'impresa come organizzazione e quindi come luogo in cui si esprimono autorità private.

Così pure, la critica ascarelliana alle concezioni "realistiche" della persona giuridica esprime anch'essa un valore ideologico, di ostilità verso i possibili usi surrettizi di strutture collettive (e della relativa protezione normativa) per perseguire finalità di carattere egoistico. Ostilità comprensibile ed anche condivisibile, che però male – a mio avviso – veniva teorizzata da A. attribuendo al concetto di persona giuridica una "natura" diversa da quella di altri concetti giuridici che l'a. contemporaneamente riteneva dotati di valenza "costruttiva": in realtà, la svalutazione del concetto di persona giuridica nasceva da una opzione ideologica dell'a. e non da un'analisi logica del concetto stesso (che avrebbe imposto di definirlo "infecondo in sede di interpretazione").

In realtà, il riconoscimento dalla realtà organizzativa dell'impresa, e della conseguente insufficienza di una ricostruzione giuridica della stessa in termini puramente contrattuali, è logicamente compatibile con una visione dell'impresa come struttura propriamente "egoistica", avente come fine il conseguimento di profitti privati.

Negli anni in cui A. scriveva era però troppo forte la reminiscenza delle ideologizzazioni fasciste dell'impresa come "comunità di lavoro", sicché il contrattualismo (e la svalutazione del concetto di persona giuridica) assumevano un'opposta valenza ideologica, di rifiuto di ogni legittimazione del ruolo dell'impresa come titolare di per sé di una funzione sociale, e quindi meritevole per ciò solo di protezione nella sua esistenza e nei suoi risultati.

Per A. invece la funzione finale dell'impresa è solo quella di conseguire profitti, e la legittimazione del ruolo dell'impresa nasce solo dai giudizio del mercato, cioè dal consenso che la massa anonima dei consumatori esprime nei confronti delle offerte di mercato dell'impresa. La giustificazione dell'impresa, e della ricerca del profitto, sta proprio nel fatto che essa si sottoponga, giorno dopo giorno, al giudizio del mercato, cioè di quella massa anonima di consumatori, le cui scelte sono decisive nel sancire il successo o l'insuccesso di una certa offerta di beni o servizi. In altri termini, l'impresa e il profitto traggono giustificazione dalla sovranità del consumatore. Dall'incontro tra le scelte egoistiche dell'imprenditore e quelle, pur altrettanto egoistiche, dei consumatori, l'economia di mercato continua ad esprimere la sua superiorità, come strumento di progresso economico e di benessere collettivo.

L'individualismo ascarelliano, dunque, esprime motivi tipici del pensiero liberale europeo. Il punto merita di essere sottolineato sol perché, nell'Italia della metà del secolo scorso, queste posizioni liberali erano invero minoritarie, mentre dominavano le ideologie del solidarismo cattolico e del marxismo, rivoluzionario o riformista.

Nella storia delle idee, dunque, la posizione di A. può dirsi, anzitutto, importante perché ha tenuto ferme, in tempi difficili, alcune posizioni di principio la cui importanza e vitalità sarebbe banale oggi sottolineare, dopo aver vissuto la ripresa neoliberale che ha dominto in anni successivi, e non di poco, alla scomparsa dell'a.

1. Per una esposizione complessiva, sintetica ma esauriente, dei contributi ascarelliani nei vari campi del diritto commerciale, v. B. Libonati, "Diritto commerciale e mercato (l'insegnamento di Tullio Ascarelli)", in *Studi in onore di Pietro Rescigno*, vol. IV, Milano, Giuffrè, 1998, pp. 303 ss.

2. *Concorrenza e regolazione amministrativa dei mercati*

L'individualismo, che può cogliersi nelle teorizzazioni ascarelliane riguardanti la disciplina privatistica dell'impresa, aveva dunque un significato più che altro reattivo nei confronti delle ideologie comunitarie di stampo totalitario, che avevano dominato in Italia non molta tempo prima. Nulla era però più lontano dal pensiero di A. di una linea ideologica *libertarian*, cioè dell'estremismo individualista (o anarco-capitalista che dir si voglia). Il pensiero di A. si colloca invece coerentemente nel filone che può qualificarsi come liberalismo "di sinistra", cioè quel filone che, pur riconoscendo l'essenzialità dell'economia di mercato per realizzare un continuo progresso economico, contemporaneamente vede nel funzionamento della concorrenza nel mercato la causa inevitabile di squilibri e di nuovi poteri che richiedono contrappesi e controlli.

Tali squilibri e poteri devono essere corretti o controllati attraverso l'intervento pubblico. A., pur non apparendo direttamente influenzato dai pensiero "ordoliberale" tedesco, si muove chiaramente su un terreno ideale simile:[2] il mercato è visto come una struttura preziosa e insostituibile, che però dev'essere disciplinata dall'ordinamento per essere diretta verso esiti virtuosi. L'intervento statale in funzione correttiva o sostitutiva, per il superamento degli squilibri, e l'intervento statale in funzione di controllo dei poteri privati (contesto nel quale si colloca la disciplina antitrust) appaiono così ugualmente necessari.

Nell'auspicare sostanzialmente un'economia "mista", caratterizzata da un ampio intervento pubblico correttivo, A. era un uomo del suo tempo (ma, si potrebbe aggiungere, era difficile ragionare diversamente in un momento storico in cui quel modello di economia mista sembrava sorreggere livelli eccezionali di sviluppo dell'economia italiana, paragonabili a quelli che oggi si osservano in altri paesi emergenti[3]).

A quel tempo, la regolazione amministrativa dei mercati appariva, per definizione, dettata per il conseguimento di finalità sociali. Eppure si deve evidenziare che, con riguardo all'intervento pubblico e alla regolazione amministrativa dei mercati, A. ne coglieva perfettamente la possibile ambivalenza, e rilevava la possibilità che le regolazioni amministrative svolgessero una funzione di protezione di modelli corporativi di funzionamento (T 17),[4] anziché di correzione dei difetti dell'economia di mercato per finalità sociali. Ed altrettanto nettamente A. avvertiva che le scelte della Costi-

2. La mancanza di un riferimento diretto all'ordoliberalismo della scuola di Friburgo è probabilmente spiegabile con la considerazione che questa scuola di pensiero era sostanzialmente cristallizzata, al tempo in cui A. scriveva le opere a cui ci riferiamo nel testo, nel suo ruolo (pur storicamente reale) di ispiratrice della sociale *Marktwirtschaft*, propria dell'ordinamento tedesco. Questo modello di economia mista, agli osservatori italiani dell'epoca, appariva soprattutto (e in modo riduttivo) caratterizzato dall'istituto della cogestione delle grandi imprese; istituto inviso, in Italia, tanto alla parte imprenditoriale, quanto ai sindacati operai (che vi vedevano una soluzione corporativa, incompatibile con l'ideologia marxista allora dominante nel movimento sindacale italiano). A., come si osserva nel testo, era uomo del suo tempo, partecipe (anche se non in modo continuo) al dibattito politico ed ivi collocato su posizioni di sinistra moderata (per una sintetica ma esauriente biografia intellettuale dell'A., comprendente anche questi aspetti, v. G. Ferri, "Il pensiero di Tullio Ascarelli", in *Scritti Giuridici in memoria di T. Ascarelli*, vol. I, Milano, Giuffrè, 1969, pp. CLII ss.). Anche la scelta dei referenti culturali, come si tornerà a notare più avanti, era naturalmente influenzata dal complessivo dibattito politico-culturale dell'epoca.

3. Cfr. G. Nardozzi, *Miracolo e declino. L'Italia tra concorrenza e protezione*, Bari, Laterza, 2004.

4. La citazione siglata fra parentesi, come quelle analoghe che seguiranno, si riferisce a T. Ascarelli, *Teoria della concorrenza e dei beni immateriali. Istituzioni di diritto industriale*, Milano, Giuffrè, 1960. Com'è noto, quest'opera costituisce l'ultima e più sistematica espressione dei pensiero ascarelliano sui temi trattati nel testo.

tuzione italiana, sancite dall'art 41 Cost., legittimavano l'intervento pubblico in funzione sociale (A. collocava in questo contesto anche la legislazione antitrust, allora di là da ventre) e non l'intervento pubblico in funzione di protezione delle imprese esistenti in quanto tali (T 18). Da qui anche una lettura dell'art. 41 della Costituzione come fondamento di una auspicata legislazione a tutela dei consumatore e della concorrenza.[5]

La modernità e la validità di questa posizione ascarelliana sono dimostrate dal fatto che, ancor oggi, malgrado la lunga attività di segnalazione e di proposta, svolta dall'autorità antitrust nazionale, l'idea che qualsiasi regolazione pubblica dei mercati debba trovare una propria legittimazione costituzionale, in termini di tutela di interessi generali esterni a quelli delle categorie interessate, non è divenuta senso comune, anche se tale idea si fa strada progressivamente nella giurisprudenza amministrativa e costituzionale (fra l'altro, con la riforma del 2001, la "tutela della concorrenza" ha avuto, per la prima volta, un espresso riconoscimento costituzionale).[6]

5. L'originalità e l'importanza di questa posizione ascarelliana, nella cultura giuridica italiana degli anni Cinquanta, sono sottolineate da B. Sordi, "Ordine e disordine giuridico del mercato (in margine ad alcuni scritti di Tullio Ascarelli)", in M. Sbriccoli e aa., ***Ordo juris***. *Storia e forme dell'esperienza giuridica*, Milano, Giuffrè, 2003, pp. 350 ss.

6. Mi permetto di richiamare, in proposito, M. Libertini, "La prospettiva giuridica: caratteristiche della normativa antitrust e sistema giuridico italiano", in *Concorrenza e autorità antitrust – Un bilancio a 10 anni dalla legge*, Roma, Autorità Garante della Concorrenza e del Mercato, 2000, pp. 69 ss.; id., "Autonomia privata e concorrenza nel diritto italiano", in *Riv. dir. comm.*, 2002, pp. 433 ss.; id., "Regolazione e concorrenza", in *Diritto dell'economia*, a cura di M. De Tilla, G. Alpa, S. Patti, Milano, Il Sole/124 Ore, 2002, pp. 875 ss.

Sulla rilevanza costituzionale della tutela della concorrenza, dopo la riforma del 2001, v., fra gli altri, L. Buffoni, "La 'tutela della concorrenza' dopo la riforma del Titolo V: il fondamento costituzionale ed il riparto di competenze legislative", in *Le istituzioni del federalismo*, 2003, pp. 345 ss.

3. La concorrenza come gioco sempre aperto e necessariamente regolato dal diritto

Sul terreno del diritto generale dell'economia, A. non sviluppò analiticamente l'importante assunto sopra ricordato, che avrebbe consentito sviluppi, nell'interpretazione dell'art. 41 Cost., ben diversi da quelli che si sono storicamente affermati. A. rimaneva infatti un giurista privatista, seppur caratterizzato da interessi scientifici molto vasti, che spaziavano su tutt il campo del diritto commerciale e delle obbligazioni.

La visione del mondo, che abbiamo sommariamente ricordato nel § 1, portava però A. a concepire un'idea di fondo, nella ricostruzione dei contenuti del diritto commerciale e industriale.

Questa idea può essere riassunta, a mio avviso, in due punti:

(i) la concorrenza – intesa non come mera possibilità astratta, ma come concorrenza effettiva –- è il perno su cui si regge l'organizzazione giuridica dell'economia di mercato: la libertà d'impresa (e la connessa facoltà di conseguimento del profitto d'impresa) trova il suo contrappeso e la sua giustificazione nel fatto che l'imprenditore partecipi ad un gioco ad esito incerto, qual è quello che consiste nell'affrontare un mercato concorrenziale;

(ii) il gioco della concorrenza è un gioco regolato (non "naturale" o spontaneo): appare quindi fondamentale la selezione, da parte dell'ordinamento,[7] delle

7. E' appena il caso di ricordare che, nella concezione del diritto di A., l'ordinamento é costruito giorno dopo giorno dall'opera interpretativa dei giuristi, che si caratterizza per una ineliminabile (ma non arbitraria, né illimitata) componente creativa. Per una esposizione generale della metodologia ascarelliana v., come più analitica e recente, la trattazione di F. Casa, *Tullio Ascarelli. Dell'interpretazione giuridica tra positivismo e idealismo*, Napoli, Edizioni Scientifiche Italiane, 1999. Tra i vari scritti, che sono stati dedicati ai contributi metodologici di A., si

regole giuridiche più opportune per indirizzare il gioco concorrenziale delle imprese verso risultati di utilità sociale.

Prima ancora di esaminare gli sviluppi di tale concezione di fondo nell'elaborazione dei contenuti della disciplina, sembra opportuno sottolineare che la centralità attribuita alla concorrenza (effettiva) come bene giuridico induceva A. a leggere in questa chiave quanti più contenuti fosse possibile. I confini della disciplina ("diritto industriale", secondo la tradizione accademica italiana) erano così dilatati al massimo, si da comprendere una serie di fenomeni che andava dalla circolazione dell'azienda al diritto d'autore. Fenomeni accomunati, nel pensiero dell'A., da una funzione comune: quella di garantire, in capo a determinati soggetti, lo sfruttamento commerciale di una certa risorsa nel gioco competitivo, a fini di "probabilità di guadagno".

Anche qui l'approccio funzionalistico di A. merita di essere apprezzato per la sua modernità, soprattutto se si pensa che larga e autorevole parte della dottrina italiana (penso soprattutto all'insegnamento di Vanzetti e all'importante pubblicistica che ad esso si richiama[8]) ha continuato, anche nei decenni successivi, a considerare il diritto d'autore come materia prettamente civilistica, estranea al contenuto tipico del diritto industriale.

segnala per profondità ed impegno (ancorché non sia condivisibile, a mio avviso, in alcune tesi di fondo), quello di P. Grossi, LE aporie dell'assolutismo giuridico", in *Scritti in onere di Pietro Rescigno*, vol. I, Milano, Giuffrè, 1998, pp. 471 ss. Dagli scritti citati di Casa e Grossi si può facilmente ricostruire una bibliografia completa degli scritti che si sono occupati della produzione teorica e metodologica di A.

Il punto sarà comunque toccato nuovamente nell'ultimo paragrafo del presente scritto.

8. Mi riferisco, in primo luogo, alla fondamentale rivista *Giurisprudenza annotata di diritto industriale*, nonché al più diffuso (e per tanti aspetti pregevolissimo) manuale della materia (A. Vanzetti/V. Di Cataldo, *Manuale di diritto industriale*, Milano, Giuffrè, 2003).

4. Il diritto della concorrenza come insieme di regole comportamentali. La contrarietà di principio verso l'analogia con la proprietà di beni materiali

Sul piano dei contenuti della disciplina, l'idea di fondo ascarelliana si traduceva nell'affermazione per cui il riconoscimento, da parte dell'ordinamento, della libertà d'impresa, trova (deve trovare) il suo necessario contrappeso nel rifiuto di qualsiasi strumento di garanzia del profitto (il profitto, come si è già detto, si giustifica solo come premio conferito dalla giuria anonima del mercato, a seguito di una gara ripetuta ad esito incerto).

Da questo assunto A. trae una delle idee-guida della sua ricostruzione degli istituti del diritto industriale, e precisamente la contrarietà, in linea di principio, verso l'impiego dello schema concettuale del diritto di proprietà, al fine dell'inquadramento delle norme del diritto industriale.

Questa linea di pensiero si trova già negli scritti giovanili di A. sul divieto di concorrenza nella circolazione di azienda, in cui l'a. rifiuta la tesi – allora prevalente – dell'applicazione delle norme sulla garanzia per evizione, e riconduce il problema dell'obbligo di non concorrenza dell'alienante al principio dell'esecuzione in buona fede del contratto.[9]

Più avanti, nella stessa linea di pensiero si inserisce la critica alle concezioni dogmatiche – allora prevalenti in Italia – che fondavano sistematicamente la disciplina della concorrenza sleale sul riconoscimento di un diritto assoluto (di godimento, quindi di tipo proprietario) su un *quid* variamente determinato (azienda, avviamento, clientela). La soluzione ascarelliana, che si richiamava a sua volta a J. Kohler, fondava invece la concorrenza sleale sull'idea di un diritto soggettivo della

9. T. Ascarelli, "Vendita dell'azienda e divieto di concorrenza", in *Temi emil.*, 1936, I, c. 357 ss.

personalità, definito come diritto alla lealtà del comportamento concorrenziale.

Questa costruzione è apparsa a molti debole (credo a ragione),[10] perché il presunto diritto alla lealtà concorrenziale si riduce alla facoltà di attivare certi rimedi giuridici in presenza di casi di violazione di norme di condotta (oggettive) da parte di un concorrente: nulla a che vedere con lo *jus excludendi* o con le pretese titolate, che costituiscono le figure tipiche su cui si è storicamente costruito il concetto di diritto soggettivo. Ma in questa sede conta evidenziare che, nella concezione di A., si compieva comunque un passo importante, nello spostamento del nucleo fondante dell'istituto della concorrenza sleale dall'idea della protezione di diritti acquisiti da imprenditori presenti nel mercato, all'idea dell'esigenza di rispetto di regole del gioco, uguali per tutti gli imprenditori concorrenti.

5. I diritti di proprietà intellettuale come strumenti di supporto del dinamismo concorrenziale

Ovviamente la concezione tendenzialmente contraria all'impiego di schemi proprietari doveva poi fare i conti con l'esistenza dei diritti di "privativa", rispetto ai quali lo schema proprietario (in forma di *jus excludendi alios*, avente ad oggetto la fruizione del c.d. bene immateriale) appariva difficilmente contestabile. Sul piano della storia delle idee, l'alternativa alla costruzione del diritto di proprietà sul bene immateriale era costituita dalla concezione delle privative come veri e propri diritti di monopolio; costruzione che ancor più strideva con l'ideologia filoconcorrenziale, a cui A. si ispirava.

10. Il contributo fondamentale in tal senso, che ha portato al progressivo esaurimento del dibattito dottrinale italiano sul "diritto" tutelato dalla disciplina della concorrenza sleale, e all'intendimento dell'istituto come un insieme di norme di diritto oggettivo, è quello di G. Santini, *I diritti della personalità nel diritto industriale*, Padova, CEDAM, 1959.

Da qui, con un eclettismo tuttavia apprezzabile nella sua ispirazione di fondo, il recupero, da parte di A., della teoria della proprietà sul bene immateriale, della quale egli enfatizzava però particolarmente la differenza funzionale rispetto alla proprietà dei beni materiali. A. insiste infatti sul punto che "il ricorso allo schema della proprietà non deve far dimenticare l'impossibilità di una trasposizione della disciplina delle cose materiali alle creazioni intellettuali: non deve cioè far dimenticare che il ricorso allo schema della proprietà vuole solo indicare un diritto assoluto che ha il suo punto di riferimento in un bene esterno al soggetto" (T 771).

L'accento dell'analisi ascarelliana è poi posto soprattutto sulla peculiare struttura dei diritti sui beni immateriali, definiti come facoltà esclusive di sfruttare la probabilità di guadagno connessa all'utilizzazione imprenditoriale di una certa creazione intellettuale, e sulla funzione degli stessi, come strumenti essenziali di sostegno di un continuo sviluppo economico fondato sul processo concorrenziale.

Invero brillanti sono le pagine di A. che descrivono la funzione di premio-incentivo delle esclusive brevettali o della protezione delle opere dell'ingegno, o la funzione proconcorrenziale delle esclusive sui segni distintivi.

Con una espressione sintetica, che più volte ricorre negli scritti ascarelliani, la distinzione fra proprietà di beni materiali e proprietà di beni immateriali è formulata nel senso che la prima ha la funzione di ripartire facoltà di godimento su ricchezze già esistenti, mentre la seconda ha la funzione di consentire lo sfruttamento esclusivo di alcune risorse utilizzabili nel processo concorrenziale, con le relative probabilità di guadagno. Non dunque la funzione di godere ricchezze già esistenti, bensì quella di concorrere al conseguimento di ricchezze future.

L'intero diritto industriale viene dunque ricostruito, con forte coerenza sistematica, intorno al concetto di concorrenza, anche se sul piano dei concetti utilizzati può notarsi un notevole eclettismo (principi di correttezza contrattuale, diritti della personalità, diritti di proprietà su beni immateriali).

6. L'unità funzionale della disciplina generale della concorrenza e della disciplina della proprietà intellettuale

Non importa per ora insistere sulla forza o sulla debolezza delle singole costruzioni giuridiche, accolte da A. Ciò che conta è la contrarietà di principio all'impiego dello schema concettuale proprietario, in quanto ritenuto portatore di un rischio potenziale di iperprotezione delle posizioni acquisite dall'imprenditore nel mercato, e la preferenza netta per costruzioni che leggono le norme del diritto industriale in termini di regole comportamentali, attinenti al gioco concorrenziale di imprenditori in un mercato aperto.

La scelta ascarelliana di cui si parla ha certo, anzitutto, un significato ideologico, ma non può dirsi per questo priva di significato sul piano della concreta ricostruzione della disciplina. Il rischio di iperprotezione delle posizioni acquisite è costante, nell'elaborazione giurisprudenziale della disciplina della concorrenza.

La modernità della concezione ascarelliana mi sembra, per questo profilo, indiscutibile.

La visione ascarelliana anticipa quella che, nell'economia industriale contemporanea, è la concezione, che può dirsi oggi dominante, della *resource based view of the firm*[11] (che ha sostituito il vecchio schema *structure/conduct/performance*, che invece era quello corrente ai tempi di Ascarelli).

In questa visione, disciplina generale della concorrenza e disciplina della proprietà intellettuale appaiono componenti omogenee di un complesso disciplinare avente come scopo quello di dettare le regole di un grande gioco non cooperativo, in cui le imprese sono continuamente alla ricerca di vantaggi competitivi da spendere nel mercato, e il diritto asseconda lo sforzo creativo e gli investimenti tendenti all'acquisizione di tali vantaggi competitivi, nella misura in cui questo assecondamento si riveli necessario per mantenere elevato il flusso della ricerca di innovazioni nel mercato.

Questa concezione, che ravvisa una identità funzionale (o almeno una complementarietà) fra diritto generale della concorrenza e diritto della proprietà intellettuale, è oggi divenuta piuttosto diffusa.[12] Però hanno avuto, ed hanno ancora, grande peso, concezioni del tutto diverse.

Da un lato, un autorevole filone di pensiero ha sempre ritenuto che, nella disciplina della proprietà intellettuale "l'esclusiva discende naturalmente dalla appartenenza del risultato al suo creatore e dalla natura di bene del risultato medesimo".[13] Questo filone di pensiero è anzi oggi rappresentato

11. Cfr. F. Golfetto, *Impresa e concorrenza nella nuova economia. Dalle strutture settoriali alle dinamiche della conoscenza*, Milano, EGEA, 2000. Per il collegamento ideale fra questi orientamenti di teoria dell'organizzazione industriale e la teoria della concorrenza dinamica della c.d. scuola austriaca di economia (punto che sarà ripreso nel testo nel § successivo), cfr. J. A. Mathews, "A resource-based view of Schumpeterian economic dynamics", in *Jounal of evolutionary economics*, 2002, pp. 106 ss.

12. V. soprattutto *To promete innovation: the proper balance between competition and patent law and policy. A report of the Federal Trade Commission* (october 2003).

Per ulteriori indicazioni bibliografiche sul dibattito corrente negli Stati Uniti sul tema v. G. Colangelo, "L'antitrust, i *patent pools* e le tragedie della (*intellectual*) *property governance*", in *Mercato concorrenza regole*, 2004, pp. 54 ss., spec. pp. 57-58.

L'idea é comunque oggetto di crescenti consensi anche in Italia. V., come più recente, M. Bertani, *Proprietà intellettuale, antitrust e rifiuto di licenze*, Milano, Giuffrè, 2004, pp. 206 ss. (ove ulteriori indicazioni bibliografiche).

13. Così di recente, riassumendo sue note posizioni teoriche, G. Oppo, "Conversazione sul diritto industriale", in *Studi di diritto industriale in onere di Adriano Vanzetti – Proprietà intellettuale e concorrenza*, vol. II, Milano, Giuffrè, 2004, p. 1.146.

con vigore, in Italia, da tutta una corrente dottrinale di matrice civilistica, che tende ad inquadrare sistematicamente la difesa dei diritti di proprietà intellettuale, anche se in misura più o meno ampia nei diversi contributi dottrinali, nei termini della tradizionale tutela restitutoria di stampo romanistico, anziché nei termini della tutela risarcitoria.[14]

Questo filone di pensiero tende a leggere la disciplina della proprietà intellettuale come fenomeno di appartenenza di beni in capo al "primo occupante", e quindi come una precondizione della disciplina della concorrenza (alla stessa stregua dei diritti di proprietà su beni materiali e di tutti gli altri diritti fondati su titoli riconosciuti dall'ordinamento).

Un diverso filone di pensiero, probabilmente ispirato a un diverso archetipo, che vede i prodotti culturali come "naturalmente" insuscettibili di appartenenza, e viceversa a disposizione di chiunque sia in grado di valorizzarli, ritiene invece che i diritti di proprietà intellettuale costituiscano eccezioni al principio di libertà di concorrenza; eccezioni ammesse dall'ordinamento *propter aliquam utilitatem*, ma comunque destinate a costituire situazioni di monopolio, come tali "agli antipodi" del principio di libertà di concorrenza.[15]

Per contrastare idealmente questi due filoni di pensiero, A. scrisse le pagine più appassionate e brillanti della sua *Teoria della Concorrenza e dei Beni Immateriali*.

Contro la teoria giusnaturalistica dei diritti di proprietà intellettuale come premio del lavoro compiuto dal creatore, A. osservava che le creazioni intellettuali non costituiscono uno *stock* di cose suscettibili di appropriazione separata ed esclusiva, ma un flusso in cui ogni creazione è concatenata con l'esperienza culturale formatasi nel passato.

Solo per la proprietà materiale, dunque, può comprendersi un nesso originario proprietà/lavoro, secondo gli archetipi dell'occupazione di *res nullius* e della specificazione, così come può comprendersi anche la definitività dell'attribuzione originaria. La proprietà intellettuale, invece, premia, attribuendogli un vantaggio temporaneo, chi supera per primo un traguardo in una gara sempre aperta (sicché il lavoro del secondo arrivato rimarrà privo di remunerazione). In altri termini, la funzione della proprietà intellettuale è quella di alimentare una gara continua che contribuisce al progresso economico collettivo, e non quella di remunerare il lavoro in quanto tale.[16]

14. V., come più recente, A. Plaja, "La violazione della proprietà intellettuale tra risarcimento e restituzione", in *Riv. dir. comm.*, 2004, pp. 1.021 ss.

15. Cfr. R. Pardolesi/M. Granieri, "Vizi e virtù dei diritti di proprietà intellettuale nell'era digitale", in *Mercato concorrenza regole*, 2004, p. 10: "Inutile negare che proprietà intellettuale e antitrust sono agli antipodi, proprio perché la logica sottesa alla prima è ciò che la seconda e deputata a combattere".

16. Nella prospettiva ascarelliana, sia la temporaneità della tutela dell'innovatore (seguita dalla caduta in dominio pubblico della creazione intellettuale), sia la mancanza di premio al "secondo arrivato" avevano una coerente giustificazione funzionale.

In G. Oppo, "Creazione ed esclusiva nel diritto industriale", in *Riv. dir. comm.*, 1964, I, pp. 189 ss., che ha costruito la sua teoria proprio in contrapposizione alle tesi ascarelliane, questi aspetti non trovano invece una giustificazione sistematica, e sono fatti dipendere soltanto dalla volontà legislativa.

La diversa ispirazione ideologica ha portato poi Oppo a sostenere, per quanto possibile, soluzioni interpretative che ammettono la tutela plurima di creazioni intellettuali di identico contenuto (così in materia di "incontri fortuiti" come con riferimento alla convalida del marchio), nel quadro di un riconoscimento tendenzialmente generale della protezione dei risultati del lavoro.

A. invece, in coerenza con la sua diversa concezione della funzione della proprietà intellettuale, si opponeva al riconoscimento di tutele plurime sullo stesso trovato, così negando la possibilità di incontri fortuiti in materia di diritto d'autore (T 730) o la possibilità di tutela del preuso nelle invenzioni (T 569 ss.). Quanto alla convalidazione del marchio, la giustificazione che egli ne dava (e se ne può ancora apprezzare la finezza e la modernità) era in chiave funzionalistica e proconcorrenziale: se i due marchi

Queste critiche indurrebbero, a prima vista, ad accogliere la tesi dei diritti di proprietà intellettuale come diritti di monopolio, cioè come esclusive aventi ad oggetto lo svolgimento di una determinata attività economica. Ma questa costruzione suscitava in A. una contrarietà forse ancora più forte. Per A. la proprietà intellettuale non ha la funzione di attribuire riserve su una certa quota di domanda nel mercato, ma attribuisce solo un'esclusiva temporanea nella facoltà di sfruttare un certo vantaggio competitivo ad un'impresa che comunque (malgrado l'esclusiva su uno o più beni immateriali) continuerà ad operare in concorrenza con altre.

Questa descrizione del fenomeno appare immediatamente più plausibile e corretta, se si tiene conto che le innovazioni, nell'economia contemporanea, non sono eccezionali momenti di rottura di una situazione di equilibrio di mercato, ma un flusso continuo proveniente da fonti disparate. In questa prospettiva, il fatto che il diritto stabilisca quali esclusive, e per quanto tempo e da chi possano essere godute, costituisce solo una delle tante regole del gioco della concorrenza,[17] che A. vedeva come un processo continuativo, destinato ad accrescere insieme le conoscenze ed il benessere economico; un processo – come già notato – "artificiale", in quanto governato da regole convenzionali e non naturali, e proprio perciò comprendente premi e *handicap*.

hanno convissuto per cinque anni senza contestazioni, ciò vuol dire che il mercato li ha accettati come segni distintivi di due imprese differenti. L'istituto era pertanto letto in chiave di assecondamento dell'evoluzione del mercato.

17. Per sottolineare ancora la distanza fra la visione ascarelliana e altre correnti di pensiero che hanno avuto gran peso nel dibattito giuridico italiano in materia, si può ricordare ancora Oppo, "Creazione ed esclusiva ...", cit., il quale scrive: "Una funzione concorrenziale non può assegnarsi senza artificio alla disciplina delle creazioni intellettuali la quale ha la sua ragion d'essere nel falto e nell'apporto creativo, non nel regolamento di un conflitto concorrenziale".

7. Concorrenza dinamica e direzione del mercato tramite intervento pubblico come capisaldi dell'ideologia ascarelliana del diritto industriale

La concezione ascarelliana della concorrenza era dunque essenzialmente dinamica: la concorrenza era vista come un processo ininterrotto e non come uno stato di equilibrio; le innovazioni non erano momenti eccezionali di rottura di un equilibrio raggiunto, ma anelli della catena ininterrotta del progresso economico. Compito dell'ordinamento era quello di creare un sistema razionale di incentivi e di divieti, per far si che il processo si svolgesse sempre a ritmo intenso e fosse orientato verso risultati di massimo benessere collettivo.

È facile vedere, in questa concezione del processo concorrenziale, le stesse idee ispiratrici della c.d. scuola austriaca di economia, le cui opere fondamentali (von Mises, Schumpeter, Hayek) erano già note al tempo in cui A. scriveva (e da A. anche sporadicamente citate). Ma anche qui, come per l'ordoliberalismo, sarebbe vano cercare negli scritti di A. un preciso riferimento in appoggio alle idee espresse. Il fatto ha, probabilmente, due ordini di spiegazioni. Da un lato, lo stile espositivo di A. tendeva a collocare le opinioni da lui espresse sulle "onde lunghe" della storia delle idee, evitando il richiamo a specifiche *auctoritates* o l'adesione a specifiche correnti di pensiero.[18] Dall'altro, gli esponenti della scuola

18. Questo stile, se da un lato ha costituito una delle grandi ragioni di fascino degli scritti dell'A., dall'altro ne ha indebolito, a mio avviso, l'efficacia comunicativa. A molti lettori A. é infatti apparso come una personalità isolata e in qualche modo "irregolare".

A questa superficiale impressione ha però contribuito lo stile della produzione ascarelliana, soprattutto dell'ultimo decennio di vita dall'a.

Negli scritti dell'ultimo decennio, susseguenti al ritorno di A. in Italia, é avvertibile lo stupore e la delusione in lui suscitati dalla scienza giuridica ritrovata nel suo paese, dopo la fine della guerra. Di fronte ad una nuova Costituzione e ad un ordine politico democratico, che avrebbero dovuto stimolare la dottrina giuridica a compiere un'opera di ripenaustriaca erano probabilmente percepiti, nell'Italia degli anni Cinquanta, come troppo "di destra" per poter apparire come valida fonte di ispirazione ad un autore dalle idee politiche "progressiste", come era A.

A me sembra tuttavia, ripensando le idee di fondo di A. sulla funzione dell'economia di mercato e sui principi giuridici da applicare alla stessa per realizzare finalità di benessere collettivo, che egli avesse intuito, con mezzo secolo di anticipo, come la linea maestra, in materia di politica e di diritto della concorrenza, può esser data solo da una sintesi – a prima vista difficilissima e stridente – fra il quadro fornito dalla scuola austriaca (concorrenza come processo, efficienza dei mercati intesa soprattutto come efficienza dinamica) e la cornice fornita dalla scuola ordoliberale (necessità di un forte intervento correttivo pubblico per garantire la continuità di un processo concorrenziale virtuoso).

samento capillare dei contenuti dell'ordinamento, la dottrina giuridica italiana apparve ad A. come richiusa in se stessa e volta a teorizzare il disimpegno politico del giurista (e significative sono in proposito le critiche di A., espresse in tempi non sospetti, agli atteggiamenti riduttivi nei confronti della rilevanza delle norme costituzionali nel processo interpretativo). Una dottrina che, per di più, mostrava scarso interesse per l'esame dell'effettiva realtà economica e sociale, chiudendosi in una sterile alternativa fra l'esegesi fine a se stessa dei testi di legge (ancorché destinati a scarsa applicazione) e l'esercitazione virtuosistica su strumenti concettuali ricevuti dalla tradizione. Di fronte a questa situazione, l'atteggiamento di A. non fu però mi di chiusura pessimistica (e in questo senso egli espressamente dissenti dal pessimismo di un'altra grandissima e isolata personalità della cultura giuridica italiana del secolo XX, quale Arturo Carlo Jemolo). Tuttavia è trasparente, negli scritti dell'ultimo decennio, una sensazione di isolamento culturale, che sfocia in una contrapposizione insistita del proprio pensiero a quello della dottrina corrente. Questa sensazione sta probabilmente alla base di una produzione scientifica quantitativamente enorme, spesso disorganica ed infarcita di ripetizioni. La produzione dell'A. dell'ultimo decennio non è quella di uno studioso che, fiducioso in un progresso culturale in atto, si sente partecipe di in un movimento culturale e riflette analiticamente sui contenuti deli proprio pensiero, perseguendo ideali di chiarezza e distinzione. E' piuttosto l'atteggiamento di chi compie una battaglia ideale, e sacrifica talora l'approfondimento puramente "scientifico" ad una finalità mobilmente propagandistica. Eppure è proprio in questo atteggiamento, nella fedeltà ad una concezione storicistica ed umanistica del diritto, e nella coerenza con cui egli perseguiva un ideale di vita culturale, in cui il lavoro intellettuale trova giustificazione nella sua capacità di incidere sulla realtà sociale in vista dell'affermazione di certi valori, che, a mio avviso, risiede la grandezza di A. studioso e giurista, e insieme la ragione del fascino esercitato dal suo insegnamento. E' in questa tensione morale, nella concezione di una "missione" del giurista, considerato come un tecnico impegnato e responsabile nella costruzione dello sviluppo sociale, che si può ravvisare la chiave per intendere tutta la riflessione ascarelliana, dagli scritti giovanili a quelli della maturità.

8. L'approccio ascarelliano all'analisi dei problemi del diritto industriale. La "prudenza" di Ascarelli interprete

Ho voluto finora sottolineare soprattutto la "ideologia" ascarelliana del diritto della concorrenza, nella convinzione che essa costituisca un lascito di grande importanza culturale, e tuttora in larga parte valido.

La produzione ascarelliana si è caratterizzata però per una trattazione completa della materia; una trattazione, secondo lo stile e l'impegno dell'a., mai limitata a descrivere il pensiero altrui o lo stato della giurisprudenza, ma anzi sempre fortemente personalizzata.

Di fronte ad una personalità prorompente, come quella di A., ci si potrebbe attendere una serie di soluzioni molto originali, nella trattazione analitica dei problemi di diritto industriale. L'impressione complessiva, che si ricava dalla lettura della produzione ascarelliana, è però diversa. Da un lato, una grande conoscenza della casistica (anche sotto il profilo comparatistico) ed un impegno esemplare nell'approfondire e maturare personalmente la soluzione di ogni problema. Dall'altro, una evidente prudenza nel proporre soluzioni troppo distanti da quello che, con espressione ancora non consolidata nell'uso al tempo di A., potrebbe dirsi il "diritto vivente".

Vorrei esporre, nei paragrafi che seguono, alcuni esempi, volti a corroborare il giudizio di sintesi sopra espresso.

9. I divieti legali di concorrenza e il rifiuto delle interpretazioni evolutive

Il codice civile italiano del 1942 conteneva (e contiene ancora) una serie di disposizioni di diritto della concorrenza: dall'obbligo di contrarre e di parità di trattamento imposto ai monopolisti legali (art. 2597), alle indicazioni di principio sui controlli pubblicistici relativi agli scopi e all'attività dei consorzi (artt. 2618-9), ai divieti di concorrenza dell'allenante di azienda (art. 2557), dei lavoratore dipendente (art. 2105), dell'amministratore di società di capitali (art. 2390), ecc.

Guardando retrospettivamente e col senno di poi, si potrebbe dire che da queste disposizioni, attraverso l'attenta individuazione della *ratio* e l'uso accorto del ragionamento analogico, si sarebbe potuta costruire una disciplina organica e moderna della concorrenza, pur nella limitatezza dei dati offerti dal legislatore, e pur in mancanza di una legislazione antitrust nazionale.[19]

Invece, l'orientamento interpretativo prevalente, in dottrina e in giurisprudenza, si è fondato sull'idea che queste disposizioni costituissero un insieme eterogeneo di norme eccezionali, perché configgenti con i principi di libertà di iniziativa economica e di libertà contrattuale. Tali principi sono stati intesi in una portata invero formalistica, senza considerazioni di funzionalità economica. Il risultato è stato comunque il rifiuto di possibili sviluppi analogici della *ratio* di quelle disposizioni.

A. aveva certamente la sensibilità ideologica necessaria per avvertire l'esigenza, nell'ordinamento italiano, di norme di tipo antitrust (e del resto lo dichiarava espressamente).

Aveva anche la sensibilità metodologica per avvertire la possibilità, per il giurista, di contribuire all'evoluzione dell'ordinamento anche – e soprattutto – attraverso un'adeguata ricostruzione tipologica della realtà sociale in funzione dell'applicazione di norme di diritto positivo.

Malgrado ciò, A. rimane legato all'idea che le norme sui divieti legali di concorrenza abbiano carattere eccezionale (T 40) e rifiuta pertanto diverse ipotesi interpretative fondate sull'analogia. Così, ad esempio, l'ipotesi di considerare contrario al divieto legale di concorrenza dell'allenante di azienda l'acquisto di una partecipazione di controllo in una società esercente un'attività concorrente con quella dell'azienda ceduta (T 67); o l'ipotesi di applicare la disposizione anche alla cessione di uno studio professionale. L'unica apertura analogica (e comunque assai significativa, se si pensa che la Cassazione italiana giungerà alla stessa soluzione soltanto nel 2000), sta nel ritenere che il divieto legale di concorrenza possa valere anche nel caso (speculare a quello sopra ricordato) in cui sia ceduto un pacchetto di controllo da parte di chi era effettivo gestore di un'impresa costituita in forma societaria.

Un esempio particolarmente evidente di quella che ho chiamato la "prudenza" interpretativa ascarelliana può vedersi nell'analisi della disposizione sul divieto di concorrenza degli amministratori di s.p.a. A. critica espressamente l'indifferenza del legislatore italiano nei confronti del fenomeno degli *interlocked directorates* (T 70), ma non per questo ritiene di poter aderire ad un'interpretazione estensiva o analogica del divieto sancito nel c.c., il cui testo ("né esercitare un'attività concorrente per conto proprio o di terzi") non poneva ostacoli proibitivi a soluzioni interpretative volte a contrastare quel fenomeno (allora assai diffuso in Italia e da A. criticato); soluzioni che erano state peraltro già avan-

19. In particolare, per quanto riguarda la norma sugli obblighi del monopolista legale, l'esperienza riduttiva dell'interpretazione datane da dottrina e giurisprudenza italiane é oggi ricostruita, e riguardata con un certo stupore, da C. Osti, *Nuovi obblighi a contrarre*, Torino, Giappichelli, 2004.

zate nella fondamentale trattazione monografica di G. Minervini (che è del 1956).[20]

10. I patti limitativi della concorrenza nel codice civile italiano del 1942. Il tentativo di limitare una legittimazione generale del fenomeno

Un altro esempio, idealmente ricollegabile al precedente ma ancor più significativo per il suo contenuto, può vedersi nell'analisi che A. dà della (allora) unica disposizione in materia di intese restrittive della concorrenza, che era costituita dall'art. 2596 del codice civile.

Questa disposizione si preoccupa solo di tutelare la libertà di iniziativa dell'imprenditore, e pone quindi limiti di tempo e di oggetto alla validità dei patti restrittivi della concorrenza. Per il resto, non pone alcun limite con riguardo al contenuto e alla finalità dell'intesa. Lo stesso vale per le norme sui consorzi industriali, che il codice civile, nella sua versione originaria, disciplinava proprio e soltanto come organizzazioni volte a coordinare la concorrenza fra le imprese partecipanti (in altre parole, come organizzazioni di cartello).

A. si era occupato del fenomeno già in diversi scritti giovanili,[21] ed aveva lucidamente individuato l'ambivalenza funzionale delle intese regolatrici della concorrenza, che potevano essere strumenti di efficienza[22] oppure strumenti di irrigidimento monopolistico del mercato, a danno dei consumatori. A. riconosceva dunque, sin da allora, la possibilità che le intese regolatrici della concorrenza, pur valutate in linea di principio in modo positivo dall'ordinamento (di allora), potessero in certi casi dar luogo a fenomeni di nullità, totale o parziale. Il fenomeno era dunque inquadrato in modo assolutamente corretto (del resto, non diversamente ragioniamo oggi, in linea di principio, quando interpretiamo i paragrafi 1 e 3 del Trattato istitutivo della Comunità Europea).

Nel sistema giuridico del tempo, la tutela dell'interesse collettivo contro i possibili abusi dello strumento consortile era affidata (almeno sulla carta) a strumenti di carattere pubblicistico; più precisamente, all'ordinamento corporativo ed ai suoi strumenti di controllo e direzione delle attività economiche. Questa impostazione era stata ripresa e ratificata negli artt. 2618 e 2619 del codice civile. Però, nel frattempo, l'ordinamento corporativo era stato abolito e nessuna regolazione amministrativa era intervenuta a sostituirlo, in materia di controllo delle intese restrittive della concorrenza.

La disciplina delle intese restrittive della concorrenza, che i primi interpreti del codice civile si trovavano di fronte, era dunque vistosamente monca sotto il profilo funzionale. Per altro verso, il codice civile conteneva alcune clausole generali (in particolare l'illiceità della causa negoziale per contrarietà all'ordine pubblico, di cui all'art. 1343 c.c.), che ben si prestavano ad inquadrare la distinzione fra intese "buone" e "cattive".

Peraltro, A. era molto sensibile all'esigenza di una legislazione proconcorrenziale, al punto da farsi promotore di progetti di legge antitrust nazionale (su ciò torneremo *infra*, § 11) e da criticare, in prospettiva *de jure condendo*, l'eccessiva condiscendenza del legislatore italiano verso i limiti contrattuali della concorrenza (T 85, 122).

20. Solo con la riforma del 2004 il fenomeno è stato oggetto di espresso divieto di principio da parte del legislatore italiano. Gli orientamenti interpretativi si erano però già largamente evoluti, nel senso dell'accoglimento dell'interpretazione estensiva (v., per una ricostruzione della problematica, G. Positano, in *La riforma delle società*, a cura di M. Sandulli e V. Santoro, t. I, Torino, Giappichelli, 2003, p. 458).

21. Il lavoro principale è *I consorzi volontari tra imprenditori* (Milano, Giuffrè, 1937).

22. Naturalmente la terminologia del tempo, e dello stesso A., era ben diversa, e preferiva parlare di strumenti positivi per l'interesse dell'economia nazionale.

Però, al momento di tradurre in soluzioni *de jure condito* questa esigenza, pur fortemente sentita, A. non formula neanche l'ipotesi di utilizzare la clausola generale dell'ordine pubblico economico. Per lui l'art. 2596 c.c. disciplina un contratto a causa tipica lecita, sicché, per cercare di recuperare qualche criterio limitativo della soluzione circa la validità delle intese restrittive, A. propone una complicata interpretazione sistematica, leggendo l'art. 2596 in connessione con l'art. 1379 c.c. (che ammette la validità dei divieti convenzionali di alienazione dei beni solo quando questi rispondano "ad un apprezzabile interesse di una delle parti"). Soluzione funzionalmente debole, perché è ovvio che non tutte le intese restrittive hanno ad oggetto "alienazioni di beni", ed anche perché l'interesse "apprezzabile" dell'art. 1379 è chiaramente un interesse strettamente individuale, che ben scarsa parentela può avere con gli interessi tutelati dalla legislazione antitrust.

Non solo, ma, fermo restando il riconoscimento di principio della validità generale delle intese restrittive della concorrenza, A. arrivava poi ad ammettere che singole clausole potessero essere illecite, facendo a tal proposito l'esempio dei patti di boicottaggio o di discriminazione (T 151-2). Anche questa soluzione appariva debole, perché non era chiaramente individuato il fondamento di tale nullità parziale, che implicitamente sembrava doversi ravvisare proprio nella contrarietà all'ordine pubblico; ma, in tale prospettiva, sarebbe rimasto da spiegare perché la contrarietà all'ordine pubblico potesse determinare solo nullità parziale e non anche nullità totale dell'intesa restrittiva della concorrenza.

11. La concorrenza sleale: un approccio "conservatore"

Una significativa conferma dell'approccio complessivo di A. nell'analisi dei contenuti del diritto della concorrenza si ha considerando la trattazione dedicata alla concorrenza sleale.

Anche in questo caso è corretto l'approccio funzionale di principio: le norme sulla concorrenza sleale non limitano la concorrenza, ma ne consentono l'effettivo funzionamento, garantendo la lealtà complessiva del gioco concorrenziale (T 190). Abbiamo già ricordato (*supra*, § 4) che questa lealtà diveniva, nel pensiero ascarelliano, oggetto di un vero e proprio diritto soggettivo (della personalità), facente capo a ciascun imprenditore. Ma il punto centrale della trattazione non è questo. Il problema centrale della concorrenza sleale è come costruire il confine tra ciò che è lecito e ciò che non lo è, nel *mare magnum* dei comportamenti imprenditoriali diretti a conquistare posizioni di mercato.

Anche in questo caso il codice civile del 1942 offriva all'interprete una clausola generale, definita in termini di "correttezza professionale" (art. 2598 c.c.). La dottrina si era immediatamente divisa[23] fra una corrente di pensiero, secondo cui il contenuto delle regole di correttezza andava determinato all'interno dei ceti professionali interessati (in termini di usi commerciali o di deontologia professionale) e una corrente, allora minoritaria, che riteneva, al contrario, che il contenuto della correttezza si determinasse all'esterno del ceto imprenditoriale, e dovesse essere rispettato dagli imprenditori nell'interesse della generalità.

Quest'ultima tesi, allora definita come "tesi etica", era stata sostenuta, in un'importante trattazione monografica del 1947, da Giuseppe Auletta, che era allievo prediletto di A. Questa tesi comportava una serie importante di conseguenze applicative, in termini di aperture all'applicabilità della disciplina della concorrenza sleale anche a soggetti non imprenditori, di ammissibilità

23. Per la ricostruzione del problema mi permetto di rinviare a M. Libertini, "I principi della correttezza professionale nella disciplina della concorrenza sleale", in *Studi in onere di A. Pavone* La Rosa, vol. II, Milano, Giuffrè, 1999, pp. 575 ss.

della critica veritiera anche nei rapporti reciproci fra imprenditori, di divieto della pubblicità ingannevole, di qualificazione come atti di concorrenza sleale anche degli illeciti amministrativi o fiscali comportanti vantaggi concorrenziali, e via dicendo.

Rispetto alla trattazione di Auletta, quella di A., che interviene parecchi anni dopo, appare molto più "conservatrice". E può notarsi una sorta di reticenza di A. nel valutare le tesi dell'allievo, che gli erano certamente note ma non vengono espressamente considerate né confutate.[24]

Per A. la correttezza professionale è "buon costume commerciale", cioè deontologia professionale. La disciplina relativa è una disciplina privilegiata per la fonte e per i rimedi ammessi, e si giustifica solo a condizione di reciprocità (T 260). Le conseguenze applicative sono coerenti: la denigrazione è illecita anche se veritiera (T 239), gli illeciti amministrativi e fiscali non rilevano direttamente come atti di concorrenza sleale (T 214), è esclusa l'applicabilità della disciplina al di fuori dei rapporti fra imprenditori commerciali. Più in generale, A. sostiene a più riprese la tesi secondo cui la disciplina della concorrenza sleale può riguardare solo singole modalità dell'attività imprenditoriale e non l'attività in sé (T 31). In concreto, la tesi ascarelliana portava a ritenere irrilevante, per la disciplina della concorrenza sleale, lo svolgimento di attività abusive (ad esempio per mancanza di autorizzazioni amministrative) o l'impiego di mezzi illeciti (ad esempio: vendita di merci di contrabbando), perché non si sarebbe potuta concepire una sanzione civile consistente nel divieto di prosecuzione dell'attività di impresa in quanto tale.

La tesi era debole, perché presupponeva implicitamente l'idea dell'attività di impresa come "professione" e dell'inizio dell'attività come accesso ad una professione. Per contro, ogni attività può essere qualificata come una modalità di svolgimento di un'attività più ampia, e l'eventuale ordine giudiziale di sospensione di un'attività illecita non toccherebbe affatto la generale libertà d'impresa del soggetto destinatario dell'ordine inibitorio.

Piuttosto, nella cautela ascarelliana circa i possibili impieghi estensivi della clausola di correttezza professionale e dei rimedi offerti dalla disciplina della concorrenza sleale, si può leggere un più generale atteggiamento di cautela verso formule di "governo dei giudici". E non è forse un caso che, nell'interpretare le norme in materia di concorrenza sleale, A., conservatore nell'approccio alla clausola generale di correttezza e ai suoi possibili sviluppi, sia interprete coraggioso e coerente quando deve affrontare problemi ricostruttivi di fattispecie già individuate in testi legislativi. Così, appaiono brillanti (al di là di ogni valutazione di merito) le pagine in cui viene difesa una interpretazione restrittiva della nozione di imitazione servile, escludendone l'applicabilità ad ipotesi di parassitismo non con fusorio (T 231 ss.). Così ancora, appare molto apprezzabile (in questo caso anche nel merito) l'interpretazione estensiva del divieto di appropriazione di pregi altrui, fino a comprendervi le ipotesi di pubblicità ingannevole, a quel tempo ancora tollerate come *dolus bonus* da molti interpreti italiani (T 236).

12. La disciplina della proprietà intellettuale

Nei paragrafi precedenti abbiamo ritenuto di potere individuare un orientamento generale di A. interprete, cauto e diffidente verso l'argomentazione per principi[25] e verso interpretazioni evolutive e ra-

24. Per rimarcare il punto si può ricordare che, come riportato in una nota dell'editore, le bozze di stampa dell'ultima edizione della *Teoria della concorrenza* "sono state rivedute dall'allievo, che più Gli fu vicino, Prof. Giuseppe G. Auletta".

25. Si può ricordare che l'importanza dell'argomentazione per principi e della valorizzazione delle clausole generali erano state amplamente sottolineate

gionamenti analogici audaci,[26] e per contro molto più a suo agio nell'affrontare problemi interpretativi di disposizioni di legge già dotate di un contenuto normativo articolato.

Credo che questa impressione possa essere confermata dalla brillante trattazione che, nella *Teoria della Concorrenza*, viene fatta di tutta la materia della proprietà intellettuale, ove A. si trovava di fronte ad un ricco materiale normativo. Ovviamente, la trattazione appare oggi per molti aspetti datata, proprio perché le riforme legislative dei decenni successivi hanno modificato molte delle disposizioni su cui A. interprete ragionava nella sua opera. E tuttavia, la profondità e la finezza della trattazione appaiono ancor oggi evidenti, sia quando le soluzioni sono state superate dall'evoluzione normativa (come, ad esempio, nella resistenza ascarelliana ad ammettere una tutela allargata dei marchi notori [T 482 ss.] o nel rifiuto di interpretazioni restrittive volte ad attenuare la portata del divieto, allora vigente, di brevettazione dei farmaci [T 559 ss.]), sia quando esse appaiono ancora attuali (ad esempio, in materia di invenzioni dei dipendenti, ove A. sostiene la soluzione – che sarà accolta dalla Cassazione solo quarant'anni dopo – secondo cui in tutte le ipotesi disciplinate dall'art. 21 l.inv. le mansioni del lavoratore sono identiche e consistono in attività di ricerca, mentre il diritto all'equo premio spetta in tutti i casi in cui il contratto di lavoro non prevede già una speciale remunerazione per l'eventuale conseguimento dell'invenzione[27]).

nel dibattito metodologico in Germania (che A. conosceva bene) e, proprio negli ultimi anni della vita di A., iniziavano ad essere riprese anche nelle discussioni della dottrina giuridica italiana (il fondamentale libro di S. Rodotà in materia di responsabilità civile, che segna il punto di svolta sul tema, é del 1964).

26. Al di fuori del diritto della concorrenza, lo stesso approccio metodologico può vedersi, mi sembra, nella memorabile polemica che A. condusse contro W. Bigiavi, per combattere la tesi di quest'ultimo in ordine alla soggezione a fallimento del c.d. imprenditore occulto (per una precisa ricostruzione recente della problematica, cfr. V. Buonocore, "L'impresa", in *Tratt. dir. comm.*, dir. da V. Buonocore, Torino, Giappichelli, 2002, pp. 211 ss.).

In una valutazione retrospettiva di quella polemica, credo che debba riconoscersi che le migliori ragioni, sul piano dell'interpretazione sistematica, stavano dalla parte di Bigiavi. Al contempo può apprezzarsi la particolare sensibilità di A. verso i pericoli di abuso nell'impiego della teoria in sede giudiziaria.

13. L'antitrust: Ascarelli interprete ed autore di proposte legislative

Ultimo argomento (non certo per importanza) nella trattazione ascarelliana del diritto della concorrenza è la legislazione antitrust.

La sensibilità di A. verso l'argomento è nota, così come l'azione da lui svolta per propugnare l'introduzione di una disciplina antitrust nazionale.

Se ci si interroga sulle ragioni della sensibilità ascarelliana verso l'argomento, non si trovano certo le giustificazioni, in termini di efficienza economica, che oggi prevalgono nel dibattito politico e scientifico in materia di antitrust.[28] Per A. invece la giustificazione dell'antitrust era in primo luogo politica. Il problema principale era quello di evitare che le grandi imprese, spesso operanti a livello mondiale, dessero vita ad un "reale governo privato dell'eco-

27. Si ricorda che l'interpretazione, allora e per lungo tempo prevalente, costruiva la figura della "invenzione di servizio" sulla base del criterio della considerazione dell'attività inventiva come specifica mansione del lavoratore. Essendo tale criterio sostanzialmente irrealistico, l'esito pratico era dato da una elevata imprevedibilità dei risultati dell'applicazione ai casi concreti del criterio medesimo.

28. Mi piace segnalare in proposito, come punto d'arrivo (s'intende: allo stato, e per quanto a conoscenza di chi scrive) della riflessione in materia, M. Motta, *Competition policy. Theory and practice*, Cambridge University Press, 2004. L'opera si segnala, oltre che per i pregi di sistematicità dell'esposizione, per aver fondato l'analisi della problematica su un concetto articolato di efficienza economica, comprendente, oltre al profilo allocativo, anche i profili dell'efficienza produttiva e dell'efficienza dinamica.

nomia" e minassero "lo stesso fondamento delle strutture democratiche" (T 133).

Non mancano però altri passi in cui le ragioni dell'antitrust, per A., appaiono meno legate ad esigenze politiche di controllo del potere privato, ed invece connesse a profili di efficienza del mercato. Il problema fondamentale dell'antitrust, scrive in un altro punto A., è quello di precludere concentrazioni di potere che pregiudichino il funzionamento del sistema economico, irrigidendolo in posizioni monopolistiche (T 150-1).

Credo che la percezione della diversità fra le due linee ispiratrici non fosse nitida, nel pensiero ascarelliano (ma del resto sarebbe stato ben difficile trovare a quel tempo, nella dottrina giuridica europea, analisi più approfondite sulla funzione della legislazione antitrust).

Su queste basi, comunque, A. faceva anche una osservazione interessante sull'esperienza antitrust americana. Questa – egli osservava (T 159) – non aveva realizzato il suo scopo originario, di evitare la formazione di grandi concentrazioni di potere economico e di mantenere invece un sistema economico "jeffersoniano", di piccole e medie imprese guidate da soggetti proprietari.[29] Ciò non toglie che le leggi antitrust abbiano "concorso nel mantenere negli Stati Uniti una atmosfera di concorrenza e di iniziativa... assai più viva di quella dell'Europa continentale... Questa atmosfera ha certo contribuito e contribuisce ali progresso economico degli Stati Uniti".

In modo, se si vuole, empirico e intuitivo, A. esprimeva un'opinione tuttora valida: la legislazione antitrust rimane un supporto essenziale dell'efficienza dinamica dei mercati e di contrappeso al rischio di formazione di un "governo privato dell'economia" diretto dalle imprese già affermate nei mercati e quindi destinato a frenare lo sviluppo economico.

29. Cfr. G. Amato, *Il potere e l'antitrust*, Bologna, Il Mulino, 1998.

Queste valutazioni di fondo, nel momento in cui A. scriveva la sua *Teoria della Concorrenza*, cominciavano a tradursi sul terreno del diritto positivo. Era infatti appena entrato in vigore il Trattato istitutivo della Comunità Europea (anche se non era stato ancora emanato il Reg. 17/62).

A. dedica, nel suo corso, notevole attenzione alle norme antitrust comunitarie, e ai primi problemi interpretativi che esse ponevano, ancora senza il supporto della casistica giurisprudenziale che si sarebbe formata negli anni a venire. Il dato più saliente di questo primo approccio interpretativo è costituito dall'opinione, certamente eterodossa, che ritiene applicabile la norma sul divieto delle intese anche alla formazione di gruppi societari (T 136 ss.) e alle operazioni di concentrazione verticale (T 166). Questa opinione certo travisava la reale intenzione del legislatore comunitario, che aveva inizialmente escluso qualsiasi controllo delle concentrazioni proprio per non creare impedimenti alla crescita delle imprese europee, a fronte dei colossi industriali americani, e comunque nella convinzione che la crescita della dimensione delle imprese comporti, normalmente, guadagni di efficienza.[30]

Probabilmente, nella proposta interpretativa ascarelliana, esegeticamente audace (anche se può dirsi anticipatrice di una soluzione a cui la Corte di Giustizia giungerà solo nel 1987, nel caso *Philip Morris*), si mescolavano, come abbiamo notato poc'anzi, ragioni generiche di diffidenza politica verso le concentrazioni di potere economico privato e percezione acuta dei rischi che un'ammissibilità *tout court* delle operazioni di concentrazione potesse portare ad un "irrigidimento monopolistico del sistema economico" (che è la valutazione che poi portò, nel 1989, all'emanazione del primo regolamento comunitario sulle concentrazioni).

30. Sul punto, per un'indagine ormai classica, e quasi coeva alla *Teoria della concorrenza ascarelliana*, v. R. Prodi, *Concorrenza dinamica e potere di mercato*, Milano, Angeli, 1968.

In ogni caso, l'approccio di A. ai problemi dell'antitrust è pervaso, ancor più che per gli altri istituti del diritto industriale, da valutazioni di ordine politico. In questa prospettiva si può anche collocare, nel giusto valore, il tentativo di A. di dare un contributo riformatore al processo legislativo italiano, elaborando un progetto di legge antitrust nazionale. Tentativo "illuministico", nato dai convegni degli "Amici del 'Mondo'" e sfociato in un testo di progetto di legge che non ricevette reale attenzione da parte del mondo politico italiano.[31] La redazione del progetto nasceva comunque da un sentimento civico fortemente sentito da A., e dalla convinzione di poter fornire un reale contributo al processo legislativo del paese.

Per questo è interessante rileggere oggi il testo del progetto di legge antitrust nazionale redatto da A.[32] Il testo si caratterizza, rispetto al modello normativo dell'antitrust comunitario, che A. certamente ben conosceva, per numerosi caratteri originali: (i) la disciplina era limitata al divieto delle intese, senza alcuna previsione per gli abusi di posizione dominante e per le operazioni di concentrazione; (ii) la fattispecie dell'intesa vietata era descritta con cura, come a voler prevenire possibili espedienti elusivi del divieto da parte delle intese (in particolare, il divieto era espressamente esteso ad ipotesi che potremmo definire come *joint-venture* cooperative); (iii) il divieto era limitato alle intese aventi come scopo la restrizione della concorrenza a livello orizzontale (intese "che mirino ad escludere o restringere la reciproca concorrenza fra più imprenditori nel mercato italiano"); (iv) erano esentate dal divieto le intese formate in applicazione di norme legislative o regolamentari; (v) il divieto era però formulato in termini assoluti, senza possibilità di esenzione (con netta differenza, su questo punto, con il modello normativo comunitario); (vi) la violazione del divieto era sanzionata penalmente con un'ammenda (per il cui pagamento sarebbero stati obbligati, solidalmente, le imprese e i loro amministratori delegati o direttori generali) e civilmente con la nullità;[33] (vii) era prevista l'istituzione di un'autorità amministrativa sostanzialmente indipendente (anche se non formalmente dichiarata tale), con compiti esclusivi di intervento correttivo delle disfunzioni del mercato: l'autorità avrebbe dovuto avviare, d'ufficio o su invito del Governo, inchieste su casi di violazione del divieto delle intese, e l'inchiesta poteva concludersi con provvedimenti amministrativi inibitori e/o con misure specifiche di ripristino della libertà di concorrenza; (viii) l'ottemperanza agli ordini della commissione antitrust nazionale avrebbe comportato l'estinzione del reato, e quindi del relativo obbligo di pagamento dell'ammenda.

La lettura del progetto di legge, a distanza di tanti anni, oltre a dare ennesima conferma dell'originalità di pensiero personale dell'a., fa trasparire una alta sensibilità politica. A. infatti conosceva bene le norme antitrust comunitarie, ed anche le norme CECA che contenevano controlli espressi sulle concentrazioni. Le differenze di contenuto, che si evidenziano nel suo progetto di legge, sono dunque frutto di un preciso disegno politico-legislativo.

Credo che tale progetto possa essere agevolmente ricostruito nei seguenti punti:

a) per A. il fenomeno da combattere, nell'economia italiana, era quello dei cartelli nazionali, che frenavano lo sviluppo e

31. Il progetto di legge fu formalmente presentato alla Camera dall'on. Villabruna, esponente del minuscolo partito radicale, allora nato da poco a seguito di una scissione "da sinistra" del partito liberale italiano, e non ancora caratterizzato dallo stile libertario estremista, che lo segnerà nella storia dei decenni successivi.

32. Il testo é pubblicato in *Rivista delle società*, 1956, pp. 602-3.

33. Non era prevista alcuna specifica misura di carattere risarcitorio, ma ciò si spiega perché in proposito A. considerava già sufficiente la norma generale dell'art. 2043 c.c. (T 164).

l'ammodernamento del sistema economico;[34]

b) non appariva invece opportuno frenare la libertà d'azione dei "campioni nazionali", cioè delle imprese dominanti su singoli mercati nazionali (spesso, a quel tempo, appartenenti al sistema delle partecipazioni statali);

c) non appariva neanche opportuno limitare la libertà di organizzazione delle imprese nel campo della distribuzione (e quindi non erano posti limiti alle intese verticali);

d) tanto meno appariva opportuno porre limiti alle operazioni di concentrazione a livello nazionale, cioè ai processi di crescita dimensionale delle imprese italiane;

e) per combattere il fenomeno dei cartelli, lo strumento principe appariva la costituzione di un potere amministrativo *ad hoc*, concentrato in un'unica autorità specializzata, a livello nazionale;

f) il ruolo del giudice era sostanzialmente complementare, limitato all'irrogazione di ammende nei casi di inottemperanza agli ordini dell'autorità amministrativa;

g) il fenomeno andava dunque contrastato soprattutto con misure *soft*, consistenti in ordine di fare o di non fare, provenienti dall'autorità amministrativa specializzata.

Credo anche che il disegno enunciato meriti grande rispetto ed ammirazione. Di esso segnalerei soprattutto tre profili, che mi sembrano appunto espressione di "pensiero forte".

In primo luogo, nel progetto ascarelliano è percepibile (analogamente a quanto abbiamo notato per la sua attività di giurista-interprete) una notevole prudenza nei confronti del potere politico costituito: così nell'escludere il divieto degli abusi di posizione dominante, che avrebbe allora colpito (come poi storicamente è avvenuto dopo il 1990, ma in tutt'altro clima politico) soprattutto imprese in mano pubblica; così pure nell'escludere ogni sindacato sulle misure di regolazione amministrativa dei mercati (che pur A. sapeva essere spesso di stampo corporativo). In ciò non vedrei però soltanto una scelta di prudenza (che peraltro leggerei come espressione di sensibilità politica, se è vero che la politica è "arte del possibile"[35]), ma anche la non dichiarata percezione del ruolo positivo che i "campioni nazionali", operanti nel mercato interno con le spalle fortemente protette, stavano svolgendo, a quel tempo, per lo sviluppo dell'economia del paese (non si dimentichi che A. scriveva il suo progetto di legge negli anni del "miracolo economico italiano").

In secondo luogo, il progetto ascarelliano conferma la diffidenza dell'a. verso possibili forme di "governo dei giudici": il ruolo repressivo decentrato dell'autorità giudiziaria, lungi dal costituire lo strumento fondamentale di controllo dei cartelli,[36] in quel progetto appariva solo come uno strumento finale di intervento, privo di discrezionalità perché condizionato sostanzialmente all'accertamento di un'inottemperanza ad un ordine amministrativo. Per contro, il modello proposto era quello di una legislazione antitrust ad attuazione amministrativa, con una fiducia nell'intervento pubblico amministrativo ancora non scalfita delle analisi economiche che avreb-

34. Non a caso, anche sul piano terminologico A. preferiva usare un'espressione inusuale, che è quella di "legislazione anticonsortile", per definire la disciplina antitrust.

35. Questo aspetto dell'atteggiamento ascarelliano è bene rilevato da A. Asquini, "Nell'anniversario della morte di Tullio Ascarelli", in *Riv. soc.*, 1960, p. 1.019: "egli, per quanto radicale innovatore, non dimenticò l'insegnamento che anche il legislatore non può del tutto bruciare i ponti col passato, perchè, se il diritto è storia, anche le riforme legislative sono vincolate ad una esigenza di continuità".

36. In tal senso il progetto è stato invece letto da diversi osservatori (cfr. V. Donativi, in *Diritto antitrust italiano*, a cura di A.Frignani e aa., vol. II, Bologna, Zanichelli, 1994, p. 828).

bero supportato la *deregulation* degli anni a venire, eppure tuttora valida nelle sue scelte di fondo (in particolare, nella sottolineatura dell'esigenza di formare un'autorità indipendente a competenza esclusiva e non affidare le competenze in materia ad uffici ministeriali).

In terzo luogo, il progetto ascarelliano si caratterizza per il ruolo centrale attribuito ad un'azione amministrativa discrezionale ma dotata di strumenti *soft*, costituiti da ordini di fare o di non fare, senza il deterrente costituito dalle sanzioni pecuniarie (che si sarebbero applicate invece, ed allora in sede penale, in caso di inottemperanza agli ordini). A mio avviso, un'azione amministrativa così impostata potrebbe essere probabilmente più credibile ed efficace nei confronti delle imprese di quanto non lo sia il modello di intervento altamente conflittuale e punitivo che è prevalso nell'antitrust comunitario e nazionale,[37] con strascichi pesanti e inevitabili di contenziosi su ogni intervento sanzionatorio.

14. Riflessioni conclusive

A conclusione di questa rilettura del contributo ascarelliano al diritto della concorrenza, mi sembra possibile formulare due osservazioni finali, riguardanti il giudizio complessivo sulla personalità dello studioso che onoriamo.

La prima osservazione riguarda la grandezza dello studioso. Come per tutti i grandi Maestri, la grandezza di A. sta nel bisogno, da lui sempre avvertito, di inserire ogni problema trattato in una visione complessiva del mondo. Come giurista, la sua grandezza stava nel bisogno, altrettanto forte, di sentirsi partecipe e responsabile di un processo di costruzione collettiva delle regole della vita civile ed economica.[38] Il diritto della concorrenza certamente si prestava, forse più di qualsiasi altro settore del diritto privato e commerciale, ad esprimere questa sensibilità politica e civile dello studioso.

In un momento come l'attuale, in cui la produzione giuridica italiana segue spesso la moda filosofica del "pensiero debole", e altrettanto spesso ritiene il suo compito limitato all'esegesi delle decisioni giurisprudenziali, il modello di giurista che A. aveva in mente appare nobile e monumentale (anche se viene da chiedersi se oggi la società civile e il mondo politico esprimano il bisogno di giuristi di questo tipo, e se giuristi di questo tipo possano esistere senza una società civile e un ceto politico che ne reclamino l'esistenza).

La seconda osservazione riguarda la "prudenza" di A. giurista interprete, che costituisce, a mio aviso, l'altra faccia della medaglia del suo senso di responsabilità civica e del suo atteggiamento politico riformista.

Un giudizio superficiale ha portato a presentare A., nella storia del pensiero giuridico italiano, come una sorta di campione del diritto giurisprudenziale e del pluralismo delle fonti, in contrapposizione all'ideologia del primato della legge, propria del positivismo giuridico.[39] La realtà

37. Avevo già espresso questa opinione, fors'anche sulla base di reminiscenze (non coscienti) della lettura ascarelliana, nello scritto "Posizione dominante individuale e posizione dominante collettiva", in *Riv. dir. comm.*, 2003, I, p. 570.

38. Una mirabile e commossa riflessione sulla personalità di A., che ne mette in luce le qualità ricordate nel testo, é in G. Auletta, "Tullio Ascarelli", in *Riv. soc.*, 1970, pp. 493 ss. (che felicemente sintetizza tali qualità nell'espressione "devozione alla conoscenza").

39. Questo giudizio è stato autorevolmente accreditato da P. Grossi (di cui v. soprattutto lo scritto citato supra, alla nota 6). G. attribuisce ad A. (erroneamente, a mio avviso) la teorizzazione di un "pluralismo di fonti di produzione nell'ambito di una interpretazione concepita come creativa", ma poi è costretto a rilevare, in molti passi di A., un'accettazione ortodossa dell'assunto della statalità del diritto. Perciò G. (per sua parte fautore di una concezione antistatalistica e tendenzialmente anarchica del diritto) afferma che "il discorso ascarelliano si vena di aporeticità, si dimostra coraggioso, anche eti-

era ben diversa: l'atteggiamento metodologico di A. era pienamente caratterizzato da quello che, nella teoria del positivismo giuridico, è definiti lo "approccio interno" ad un certo ordinamento. Questo approccio era sentito da A. in termini di essere e di dover essere: in tal senso va letto il suo continuo riferirsi al vincolo della "continuità" del giurista interprete con l'ordinamento in cui opera.[40]

In questa prospettiva, il suo approccio era quello di un giurista che vuole mantenere ben saldi i legami con il diritto vivente e rifiuta di usare argomenti che non siano legittimati dalla tradizione culturale in cui si inserisce.[41] In particolare, A. rifiuta categoricamente (in tutta la sua produzione scientifica, e non solo nel campo della con-

camente e culturalmente coraggioso, ma insoddisfacente".

In realtà, per A. il riconoscimento della creatività dell'interpretazione era il risultato di un giudizio storico-descrittivo. Il diritto, storicamente, è costituito, per A., da un insieme di convinzioni collettive che sono professate da un ceto professionale specializzato, che è quello dei giuristi. L'insistenza di A. su questo punto si spiega storicamente, perché quell'enunciato doveva, nella cultura giuridica italiana degli anni Cinquanta, scontrarsi con l'opposta e prevalente ideologia, che attribuiva al giurista-interprete un compito meramente ricognitivo.

Tuttavia, per A., il riconoscimento della creatività giurisprudenziale era solo il punto di partenza, su cui si fondava un ragionamento di metodologia prescrittiva, che si fondava su alcuni punti fondamentali: (i) il dovere del giurista di disvelare i giudizi di valore di cui inevitabilmente è intriso il ragionamento interpretativo; (ii) il ruolo centrale della dogmatica giuridica, come costruzione di concetti (storicamente mutevoli) atti a dare coerenza all'insieme delle soluzioni particolari; (iii) il dovere del giurista di ragionare le soluzioni proposte in termini di "continuità" con l'ordinamento giuridico dato, in cui egli opera.

Quest'ultimo punto (su cui v. anche la nota successiva) comportava poi il netto rifiuto dell'idea di pluralità delle fonti, e all'opposto il riconoscimento della regola deontologica che imponeva al giurista di argomentare con gli strumenti logici propri della tradizione giuspositivistica.

La metodologia prescrittiva ascarelliana appare dunque preoccupata soprattutto dall'idea di inquadrare entro confini precisi l'inevitabile creatività giurisprudenziale, e di consentire un controllo razionale e collettivo dei risultati dell'interpretazione giuridica. Il nemico da combattere, per lui, non era tanto un'ideologia di passività del giurista verso la legge dello stato, bensì un'ideologia che (ammantando di carattere neutro e "scientifico" le soluzioni interpretative e nascondendo i giudizi di valore ad esse sottostanti) portava facilmente a legittimare soluzioni arbitrarie ed incoerenti rispetto alle finalità politiche espresse dall'ordinamento.

Nel saggio di Grossi non è considerata la distinzione di piani, tra i profili descrittivi e quelli prescrittivi degli scritti metodologici ascarelliani.

40. Il concetto della "continuità", come limite alla creatività della giurisprudenza, compare per la prima volta nel saggio di A. su "L'idea di codice nel diritto privato e la funzione dell'interpretazione" (1945), ora in *Saggi giuridici*, Milano, Giuffrè, 1950, pp. 64 ss., e costituisce, dopo di allora, un motivo dominante della riflessione metodologica ascarelliana.

Il concetto è apparso spesso oscuro agli studiosi che si sono occupati della produzione metodologica ascarelliana.

Il punto è stato messo a fuoco da N. Bobbio, "L'itinerario di Tullio Ascarelli", in *Scritti in memoria di Tullio Ascarelli*, vol. I, Milano, Giuffrè, 1969, pp. LXXXVII ss., il quale rilevava non essere chiaro se il rilievo relativo alla continuità fosse frutto dell'osservazione storica o di un'esigenza deontologica. In realtà, i due piani non sono distinti da A. nello scritto del 1945, e neanche lo sono chiaramente negli scritti successivi.

Probabilmente A. intendeva affermare il criterio di continuità su ambedue i piani del discorso. Mi sembra però che i due piani, per quanto diversi, siano perfettamente conciliabili. In ogni caso, mi sembra evidente che A. sempre più sottolineasse la continuità come valore e quindi come regola deontologica (al punto di definirla, in qualche passo, come "regola costituzionale non scritta", su cui si fondava l'attività del giurista-interprete).

41. A. non teorizzò mai chiaramente questo aspetto del suo metodo interpretativo, né d'altra parte dedicò molta attenzione all'approfondimento analitico dell'argomentazione giuridica. Il suo impegno principale era invece quello di costruire e propagandare una metodologia prescrittiva adatta ad un ceto di giuristi impegnato nella costruzione di un ordinamento democratico. Anche questo spiega perché, nel successivo dibattito teorico svoltosi in Italia, A. possa essere apparso "superato". Ad esempio, nella più recente trattazione italiana della teoria dell'interpretazione giuridica (R. Guastini, *L'interpretazione dei documenti normativi*, Milano, Giuffrè, 2004), A. non è mai citato (e peraltro, la trattazione di G., puramente analitica, non si occupa delle teorie prescrittive sull'interpretazione giuridica).

correnza) argomenti di tipo giusnaturalistico (quand'anche ammantati di ragionamenti di tipo economico). Il suo rispetto del principio di tassatività delle fonti riconosciute dall'ordinamento legale è assoluto. La sua diffidenza nei confronti delle clausole generali perfino sorprendente.

Certo, A. aveva anche una formazione filosofica di stampo idealistico e storicistico, alla quale rimase sempre legato. Non poteva dunque credere che tutto il contenuto del diritto fosse implicitamente compreso nei testi legislativi. Ma, nel teorizzare l'apporto inevitabilmente creativo del lavoro dei giuristi, A. era certamente un "dottrinarista" e non un "giurisprudenzialista". L'evoluzione del diritto era, nella sua concezione, affidata soprattutto al compito costante di affinamento delle costruzioni dogmatiche compiuto dalla dottrina, secondo i meccanismi lenti e profondi dell'evoluzione culturale, e non al decisionismo giurisprudenziale. Una lettura attenta della produzione metodologica ascarelliana porta a sottolineare, in essa, l'esigenza di evitare il decisionismo giurisprudenziale spinto: l'esortazione ad esplicitare i giudizi di valore e ad affinare l'impiego dei concetti giuridici nel ragionamento giurisprudenziale esprimono piuttosto un bisogno di inquadrare e rendere razionalmente controllabile la creatività giurisprudenziale, che non quello di giustificarla in linea di principio.

Per questo gran parte della riflessione metodologica di A. fu dedicata alla dogmatica giuridica e ai concetti giuridici, in particolare. Le teorie e le definizioni espresse in quel contesto non appaiono oggi valide, a mio avviso. Ma questo conta poco. Quello che rimane è il fascino di una visione (di cui A. era partecipe) che vedeva l'evoluzione del diritto incentrata sul ruolo di una dottrina giuridica, accorta e responsabile costruttrice di *regulae juris*. E l'auspicio che quel modello di giurista, di cui A. diede testimonianza nell'Italia del secolo scorso, possa tornare un giorno di attualità.

Doutrina

TULLIO ASCARELLI, A TEORIA GERAL DO DIREITO E OS CONTRATOS DE DISTRIBUIÇÃO

PAULA A. FORGIONI

I — Tullio Ascarelli e o estudo dogmático da prática comercial. II — Breves notas sobre o contrato de distribuição, sua função econômica e seu impacto sobre o mercado. III — Contraponto: apontamentos sobre algumas influências sofridas por Tullio Ascarelli. IV — Tullio Ascarelli e a tipificação social dos contratos. Segurança e previsibilidade. V — A função vivificadora da interpretação: Ascarelli "vs." Jhering. VI — O papel da jurisprudência segundo Ascarelli. Os tribunais brasileiros e os contratos de distribuição. VII — Função econômica (causa) e o contrato de distribuição conforme a visão ascarelliana. VIII — Dinâmica de mercado (concorrência) e contratos. IX — Exclusividade e controle sobre o preço de revenda: a posição de Ascarelli. X — Contrato de distribuição: contrato plurilateral? XI — Conclusão. Bibliografia.

I — Tullio Ascarelli e o estudo dogmático da prática comercial

Poucos compreenderam e decodificaram a lógica do direito comercial como Tullio Ascarelli. Poucos autores foram capazes de mesclar teoria e prática de maneira assim fértil.[1] Ressentimo-nos hoje dessa temperança. Por um lado, há quem propugne um direito comercial puramente prático, como se fosse possível a resolução de complexos problemas empresariais sem lançar mão da dogmática. Por outro, aqueles que condenaram o direito comercial à reclusão em uma torre de marfim, repetindo conceitos que, há muito, não guardam pertinência com nossa realidade, tampouco servem para explicá-la. Enfim, "[é] frequente, entre os chamados práticos, o protesto contra as sutilezas das teorias, a *misterious science of law*, ora se limitando, a chamada prática, a um apêgo formalista à letra da lei ou a uma rotina preguiçosa, ora passando a confiar apenas no sentimento equitativo. Realmente, as sutilezas jurídicas visam evitar ambos êsses extremos; visam conciliar a aplicação da lei — e a aplicação consoante justiça, igual em todos os casos — aos casos sempre novos que a vida vem propondo e a necessária certeza jurídica e uniformidade de aplicação. Aquêles que limitam a tarefa do jurista à interpretação literal da lei, desprezando as 'inúteis complicações' desprezam a primeira exigência; os que confiam apenas num sentimento equitativo desprezam a segunda. Ambos, visando apegar-se a uma prática que só errôneamente se contrapõe à teoria, mantêm-se distantes, simultâneamente, da teoria e da prática e se tornam substancial-

1. Eros Roberto Grau lembra constantemente: "Há sempre um grego, ou um romano que, em matéria jurídica, refletiu antes de nós sobre todas as idéias novas que pensamos produzir. E se não o disseram gregos ou romanos, tê-lo-á dito Tullio Ascarelli ou outro jurista de seu porte" (discurso publicado em *Medalha Teixeira de Freitas*, p. 12).

mente incapazes de entender e avaliar juridicamente a realidade social".[2]

"Princípios gerais e casuísticos devem continuamente ser relacionados; de outra forma, consoante uma contraposição célebre, fica a teoria vã; fica a prática cega ou tende a ser dominada apenas por um impressionismo equitativo ou por uma 'routine' que, às vêzes, visa justificar, com a fácil e errada contraposição de teoria e prática, a sua preguiça e incapacidade de progresso.

"Princípios e institutos devem ser entendidos no seu real alcance, cumprindo descobrir, debaixo do necessário tecnicismo das teorias dogmáticas, o sentido econômico e social; os casos particulares, há que resolvê-los consoante uma orientação e um princípio de caráter geral e consoante."[3]

O método proposto por Ascarelli, que conjuga teoria e prática, é indispensável à compreensão do contrato de distribuição (também chamado contrato de concessão comercial). Como veremos, é um negócio criado pelos empresários, cuja juridicidade provém da tipificação social.[4] Justamente por isso, faz-se necessária a elaboração *jurídica* sobre esse contrato, "ordenando e reordenando esquemas e conceitos, com um trabalho que (...) contribui para o desenvolvimento do direito".[5]

II — Breves notas sobre o contrato de distribuição, sua função econômica e seu impacto sobre o mercado

O contrato de distribuição é moldado pela prática dos comerciantes na busca da satisfação jurídica de suas necessidades econômicas. A adoção pelos empresários de soluções semelhantes ou idênticas para escoar a produção repetiu-se a ponto de gerar sua *tipificação social*.[6-7-8]

Quanto à sua função econômica, o contrato de distribuição viabiliza o escoamento da produção de um agente econômico por intermédio de outro(s) empresário(s). Trata-se, geralmente, de uma opção do fabricante que, com a celebração do contrato (ou de vários contratos) de distribuição, procura explorar o mercado da maneira mais eficiente possível, incrementando seus lucros.

A prática comercial demonstra que o sucesso de um produto depende, em boa parte, de promoção adequada e de uma eficiente rede de escoamento da produção que abarque toda a região com potencial de comercialização. Sem a chegada do bem ao consumidor, é possível que não rendam fru-

2. *Panorama do Direito Comercial*, pp. 226-227.

3. Idem, p. 219.

4. Indispensável a consulta à obra de Antonio Junqueira de Azevedo, *Negócio Jurídico. Existência, Validade e Eficácia*, 4ª ed., especialmente p. 16, sobre as circunstâncias negociais e a formação do negócio jurídico.

5. "Certezza del diritto e autonomia delle parti", in *Problemi Giuridici*, t. I, p. 136.

6. V. Buonocore, *Manuale di Diritto Commerciale*, 3ª ed., p. 948.

7. Maria Helena Brito acentua a tipicidade social do contrato de concessão comercial, que "supõe a consciência de que os tipos assim criados venham a adquirir validade geral e justifica-se pela importância que os tipos em causa revistam na realidade social, atendendo à sua difusão e à função económico-social que desempenham" (*O Contrato de Concessão Comercial*, p. 168). "A tipicidade social, sendo um dado que se impõe à ordem jurídica, é também um instrumento de racionalidade, economia e evolução, porquanto: — facilita a negociação; — os operadores económicos não têm a necessidade de, a cada momento, reinventar uma solução jurídica adequada para prosseguir a função económico-social correspondente ao tipo social em causa; — permite a referência simplificada a uma determinada realidade, uma vez que ao contrato socialmente típico é, em regra, atribuída uma designação global; — simplificada a discussão sobre a validade e efeitos jurídicos do contrato em causa, tendo em conta a elaboração, por via doutrinária e jurisprudencial, de uma disciplina própria do tipo social; — prepara a absorção legal de novas realidades; — o tipo social tornar-se-á, naturalmente, quando de uma reforma legislativa, tipo legal" (ob. cit., p. 169).

8. O contrato de distribuição ou de concessão comercial não foi tipificado pelo novo Código Civil. V. Paula A. Forgioni, *O Contrato de Distribuição*, no prelo.

tos a sua qualidade ou mesmo o preço conveniente.[9] Por essa razão, é cada vez maior a atenção que as empresas dispensam ao sistema de escoamento de sua produção, buscando otimizar os resultados mediante a escolha do melhor método disponível. Nessa linha, um vasto leque de opções se apresenta.

A primeira delas é a de que a própria empresa cuide da distribuição da mercadoria, colocando-a diretamente junto ao consumidor (*venda direta*). As funções inerentes à comercialização estão a cargo do produtor ou de sujeitos que dele dependem diretamente (por exemplo, empregados).

Mas o agente econômico poderá, ainda, buscar a colaboração de outros empresários para a venda, aproveitando eventuais sinergias (*venda indireta*). Com a adoção do sistema de vendas indiretas, os investimentos a serem efetuados pelo empresário diminuem, na medida em que grande parte das despesas com a distribuição será assumida pelos integrantes da rede.[10] A relação bipolar (fabricante/adquirente), típica das vendas diretas, torna-se triangular na venda indireta (fabricante/distribuidor-intermediário/adquirente).[11]

Note-se que o contrato de distribuição é *um* dos instrumentos de que se pode valer o empresário para implementar a venda indireta; outros negócios (tais como a representação comercial ou a comissão mercantil) também se prestam à mesma finalidade. A peculiaridade do contrato de distribuição reside no fato de abarcar operações de compra e venda mercantil, de caráter não eventual, mas sim habitual (estável). O adquirente compra para revenda: a propriedade transfere-se, primeiramente, do patrimônio do fornecedor para aquele do distribuidor e, posteriormente, para um terceiro, estranho a essa primeira relação.

O proveito econômico do distribuidor será o lucro que conseguir apurar em virtude da diferença entre o preço de venda do bem a um terceiro e o que pagou para o fornecedor (margem de comercialização).

A primeira relação inclui-se no âmbito do contrato de distribuição, enquanto aquela entre o distribuidor e o outro adquirente é, geralmente, uma típica compra e venda, caracterizando-se, no mais das vezes, como de relação de consumo.

Definimos, então, o contrato de distribuição como "contrato bilateral, sinalagmático, atípico e misto, de longa duração, pelo qual um agente econômico (fornecedor) obriga-se ao fornecimento de certos bens ou serviços a outro agente econômico (distribuidor), para que este os revenda, tendo como proveito econômico a diferença entre o preço de aquisição e de revenda e assumindo obrigações voltadas à satisfação das exigências do sistema de distribuição do qual participa".

Por ser um contrato que provém da prática comercial, o reconhecimento de sua existência (*i.e.*, de sua tipificação social) foi processo lento, em que a jurisprudência ocupou papel de relevo.

Ademais — embora muitas vezes transcurado esse aspecto pelas autoridades antitruste —, os contratos de distribuição podem gerar preocupações de ordem concorrencial, principalmente em decorrência

9. "Il ne suffit pas de produire, il faut encore vendre" (Virassamy, *Les Contrats de Dépendance*, p. 45). Sobre a mesma questão, v. Giorgio Barbieri e Aldo Frignani, "Contratti della distribuzione", in *Il Diritto del Commercio Internazionale*, 2ª ed., p. 193.

10. Valentine Korah e Rothnie apontam as seguintes razões pelas quais os fabricantes são impelidos ao sistema de vendas indiretas: (i) firmas extremamente grandes podem produzir "ineficiências de escala" que comprometem sua administração e seus resultados; (ii) o fabricante que distribui diretamente seus produtos pode ser obrigado a lidar com um mercado que não conhece e, conseqüentemente, a encarar despesas necessárias à adaptação; (iii) pequenas empresas, com menos recursos disponíveis, podem enfrentar problemas para criar uma rede própria de distribuição; e (iv) em muitos países, as leis trabalhistas oneram os fabricantes, que preferem terceirizar algumas atividades (*Exclusive Distribution and the EEC Competition Rules*, 2ª ed., pp. 4-5).

11. Virassamy refere-se a relações bipolares para a venda direta, e triangulares para a venda indireta (*Les Contrats de Dépendance*, cit., p. 45).

da estipulação de exclusividade ou de controle sobre os preços de revenda a serem praticados pelo distribuidor.

Assim, uma vez que o contrato de distribuição

(i) tem origem na prática reiterada dos comerciantes, na busca de solução jurídica para a satisfação de necessidade econômica, qual seja o escoamento da produção;

(ii) tem sua tipificação social (e conseqüentemente, seu regime jurídico) determinada por sua função econômica;

(iii) somente poderá cumprir sua função econômica se garantido aos agentes razoável grau de segurança e previsibilidade decorrente de sua contratação;

(iv) teve sua existência e principais características declaradas (e também constituídas) pelo trabalho de interpretação levado a efeito pelos tribunais; bem como

(v) gera preocupações concorrenciais,

torna-se necessária sua análise à luz das lições de Tullio Ascarelli. O risco da estéril superficialidade ou do falacioso pragmatismo no estudo de contratos empresariais é afastado quando aplicamos seus ensinamentos. Lições que continuam a ecoar não apenas sob os pórticos de Bolonha, mas também sob as Arcadas, fundadas nos princípios próprios e necessários à fluência das relações econômicas — e, portanto, sempre atuais, independentemente da língua em que foram difundidas.

III — Contraponto: apontamentos sobre algumas influências sofridas por Tullio Ascarelli

Nestas observações sobre o contrato de distribuição e os ensinamentos de Tullio Ascarelli procuraremos resenhar, inicialmente, alguns dos pontos cardeais dos contratos empresarias que foram por ele destrinçados.

Esse discurso, entretanto, requer a consideração de fatores históricos que condicionam a visão de Ascarelli sobre o sistema de direito comercial.

Primeiramente, lembremos que, como todos sabem, Ascarelli foi dileto discípulo de Vivante,[12] cujo *Trattato di Diritto Commerciale* é dedicado a Levin Goldschmidt. Diz Vivante que o professor alemão ter-lo-ia educado "con l'alto esempio a trarre dall'intimità della storia il sistema del diritto vigente".

Levin Goldschmidt, além do domínio do direito comercial, foi um dos maiores historiadores do direito e escreveu texto inigualável sobre história do direito comercial (*Universalgeschichte des Handelsrechts*) publicado, em 1913, na Itália, sob o título de *Storia Universale del Diritto Commerciale*.[13] A influência de Goldschmidt sobre Ascarelli não se limita a mero reflexo da admiração nutrida por Vivante; prova de sua influência direta é a visão de Ascarelli de que o direito comercial é uma categoria histórica e não ontológica. Ascarelli advertia-nos, já há muito, que o direito comercial somente poderia ser entendido em sua perspectiva histórica, que lhe atribuía independência metodológica. Disciplina autônoma graças à natureza das coisas, às necessidades dos comerciantes. Direito que molda e é moldado pela realidade.

O viés marcadamente histórico da obra de Ascarelli (*i.e.*, a busca da racionalidade própria ao direito comercial e a seus institutos em sua origem) é bastante calcado em Goldschmidt[14] e, logicamente, em Vivante.

12. A respeito das influências de vários autores, inclusive de Vivante, sobre Ascarelli, v. Ferri, "Il pensiero giuridico di Tullio Ascarelli", in *Studi in Memoria di Tullio Ascarelli*, t. I, p. CXLIX. Miguel Reale credita a visão historicista do direito de Ascarelli à influência de Benedetto Croce, assim como à "íntima interdependência entre as normas jurídicas e a experiência prático-econômica" ("A teoria da interpretação segundo Tullio Ascarelli", *RDM* 38/76, 1980).

13. Traduzido por Pouchain e Scialoja.

14. Para Goldschmidt (assim como para Ascarelli) são subsídios da história do direito comercial, além da história universal da civilização, em especial a história universal do comércio e da eco-

A promessa que Vidari fez ao professor alemão em seguida à sua morte, em 1897, de que as sementes por ele lançadas entre os italianos seriam "sempre per l'avvenire coltivati con lungo studio e grande amore",[15] parece ter sido honrada, ainda mais se considerarmos que as lições de Ascarelli influenciam marcadamente a moderna doutrina privatística peninsular.

Ao mesmo tempo, é importante ter presente que o mesmo Goldschmidt (que teve influência fundamental em Vivante e Ascarelli) orientou Max Weber em sua tese de doutoramento, indevidamente considerada uma obra menor. Tê-lo-ia convencido a escrever, com vinte e cinco anos, primoroso estudo sobre a história do direito comercial, sobre as sociedades comerciais na Idade Média: *Zur Geschichte der Handelsgesellschaften im Mittelalter*, publicado na Alemanha em 1889 e recentemente traduzido para a língua inglesa com o título de *The History of Commercial Partnerships in the Middle Ages*.

De forma jocosa, poderíamos dizer que se trata de "obra de Weber não weberiana", ainda não estão presentes nesse seu estudo as teorias que somente mais tarde viria a desenvolver. No entanto, a intensa preocupação com a pesquisa das fontes para desvendar o funcionamento do ordenamento dos comerciantes em seus primórdios faz entrever o rigor do método imprimido pelo orientador e o gênio que ali começava a se delinear. Daí também podermos dizer que, antes de tudo, Weber era (e sempre foi) um comercialista.

Em suma: as semelhanças que encontramos entre as idéias de Tullio Ascarelli e de Max Weber podem em parte ser explicadas tendo em vista a influência de Goldschmidt sobre ambos. Constroem sua visão sobre o sistema jurídico desde a perspectiva do direito criado pelos mercadores e sua racionalidade peculiar, na busca de segurança e previsibilidade. A análise conjunta desses dois autores descortina a compreensão de ambos e do próprio sistema do direito comercial.[16]

IV — Tullio Ascarelli e a tipificação social dos contratos. Segurança e previsibilidade

A preocupação de Tullio Ascarelli com o grau de segurança e de previsibilidade propiciado pelo ordenamento jurídico poreja de toda a sua obra, juntamente com a consciência da necessidade de adaptação desse mesmo direito à realidade regulada: "ao ser elaborada a norma legal, surge essa exigência de certeza e segurança e fica em perene contraste com as não menos justificadas exigências da equidade, da justiça do caso concreto, contraste que o direito supera nos diferentes casos segundo as diversas exigências dos vários institutos. Êsse contraste de equidade e de certeza, se encontra também, a cada passo, na interpretação da norma e nas sempre renovadas discussões metodológicas e exprime, aliás, o contraste entre a justiça do caso singular e a generalidade da norma, entre a

nomia política. Vale a transcrição da seguinte passagem da obra do autor alemão, que bem poderia ter sido escrita por Ascarelli: "Perocchè la storia del diritto commerciale, come tutte le storie del diritto, non si può bene intendere se non in relazione con la storia universale della civiltà, e specialmente con la storia dell'economia, la quale comprende in sè anche la storia delle opinioni economiche, cioè della 'spiegazione' (oppure a volte anche del contrario) delle questioni economiche. Essa mira a una illustrazione *genetica* del vigente diritto del traffico. La 'storia' non è l'esposizione del semplice susseguirsi delle cose, nè si limita a paragonare tra loro le cose che in un dato tempo stanno unite o divise (...). Per la speculazione storica l'ieri, l'oggi e il domani formano una catena ininterrotta. (...) Poichè ogni diritto è il prodotto delle idee, spesso incoscienti, degli scopi (*utilitatis ratio*), quali sono determinati dalle opinioni e condizioni etiche ed economiche, nel diritto dei rapporti universali prevale naturalmente di gran lunga la base economica, ma i momenti etici (*Treu und Glauben, bona fides*) hanno anche qui una parte propria e di somma importanza" (ob. cit., pp. 16-18 — destaques do original).

15. Lewin Goldschmidt, *Scritti Varii*, p. 242.

16. Exemplo atual desse aproveitamento dá-se, por exemplo, na obra de Natalino Irti.

discricionariedade do juiz e o poder do legislador".[17]

A consciência de que o tráfico mercantil necessita de regras claras e previsíveis, adequadas à realidade, informa a compreensão de Ascarelli sobre os contratos comerciais. É a *praxis* dos comerciantes, a incessante busca da satisfação jurídica de suas necessidades econômicas, que dá origem aos contratos. A prática reiterada de acordos com a mesma função econômica leva à segurança e à previsibilidade em relação ao comportamento da outra parte, porque cria um padrão de mercado que passa a ser a conduta esperada do mercador (legítima expectativa). A possibilidade de previsão do comportamento gera calculabilidade e, conseqüentemente, maior grau de segurança sobre o futuro. A estabilidade (possibilidade de previsão) leva ao azeitamento do fluxo de relações de mercado.[18]

O formalismo, por sua vez, reflete "exigências de certeza e segurança" que levam à "estandardização contratual" (em especial no comércio internacional). "A prática vem, com efeito, continuamente elaborando novos contratos, que só sucessivamente passam para os textos legais".[19]

Ascarelli assume — consciente das reações que sua posição viria a causar — que as classificações e o raciocínio dogmático são indispensáveis ao direito (verdadeiros instrumentos), porque sua aplicação reverte em segurança e previsibilidade. Vale transcrever nota ao texto "O contrato plurilateral", em que esse posicionamento vem à tona sem dissimulação: "Parece-me, no entanto, preferível o sistema tradicional de assentar as classificações jurídicas, antes de mais nada, sobre critérios formais; proporcionam eles uma certeza jurídica que, ao contrário, não pode ser própria a critérios econômicos. Geralmente, as classificações assentes em critérios formais e aquelas assentes em critérios econômicos acabam por coincidir, à vista da correspondência, normal, de uma determinada estrutura jurídica com uma determinada função econômica, e da natural influência desta sobre aquela; deve, aliás, o intérprete visar assentar a classificação sobre critérios que, embora formais, encontrem correspondência e significado em critérios econômicos; são, porém, os critérios 'estruturais' os que devem prevalecer na classificação jurídica".[20] Afinal, "não há nenhuma contraposição entre rigor dogmático e apreciação do sentido econômico do instituto".[21]

Jurista atento à realidade, Ascarelli jamais poderá ser acusado de praticar formalismo estéril. Os critérios dogmáticos, assim como a forma, são instrumentos para catalisar o fluxo de relações econômicas: "a prática não pode dispensar instrumentos dogmáticos precisos e aperfeiçoados".[22]

Não se pode deixar de notar a identificação entre a posição de Ascarelli e a explicação dada por Weber sobre a racionalidade do ordenamento jurídico.

Para Weber, um dos significados e pressupostos do capitalismo moderno é a "lei calculável". A forma capitalista de organização industrial — porque é racional — deve depender de um processo decisório, decisões e administração calculáveis, previsíveis.[23] E esse sistema dependerá do direito, pois é impossível calcular a jogada do outro agente na ausência de um sistema jurídico racional.

A *calculabilidade* assume, assim, dimensão própria: significa a possibilidade de *cálculo do resultado* (note-se: devemos

17. *Teoria Geral dos Títulos de Crédito*, 2ª ed., p. 4.

18. A respeito da forma dos negócios jurídicos e sua relação com o funcionamento do sistema, v. Heleno Taveira Tôrres, *Direito Tributário e Direito Privado*, pp. 146 e ss.

19. *Panorama do Direito Comercial*, cit., p. 64.

20. "O contrato plurilateral", in *Problemas das Sociedades Anônimas e Direito Comparado*, p. 275.

21. *Panorama do Direito Comercial*, cit., p. 222.

22. Idem, 228.

23. *General Economic History*, p. 277.

falar em cálculo ou previsibilidade, e não em certeza. O direito é racional porque garante o processo e não o resultado a ser obtido). Ou seja, o direito é estruturado com o propósito de possibilitar o cálculo do resultado.

A produção das normas ou dos textos normativos, para Weber, pode ser *irracional*, quando não controlada pelo intelecto (por exemplo, aquelas normas ditadas por oráculos). O processo *racional* é governado por *regras gerais*. Uma lei é racional quando, tanto do ângulo material quanto do processual, considera apenas os aspectos não ambíguos dos fatos[24] (porque previamente selecionados e previstos). O pensamento jurídico racional é aquele governado por fundamentos racionais (ou por normas gerais) ou aquele que "não é mágico". O agir, então, é depurado desses elementos sobrenaturais e passa a ser baseado em dados calculáveis.

Essa *racionalidade*, por sua vez, pode ser *formal* ou *substantiva* (material). A primeira é portadora de uma dimensão extrínseca, ou seja, pode ser percebida pelos sentidos: a aposição de uma assinatura, por exemplo. Desde a Idade Média, sabe-se que quem examina um documento firmado pode supor que o signatário não apenas conhecia o seu teor, mas com ele estava de acordo. A possibilidade de *pressuposição* trazida pela racionalidade formal serve a um sistema que deve garantir a segurança e a previsibilidade.

Mas a racionalidade possui também uma dimensão *lógica substantiva ou material* que se expressa pelo uso de conceitos abstratos criados pelo pensamento jurídico e concebidos como parte de um sistema completo; os aspectos fáticos relevantes para o direito são selecionados mediante um processo de *análise lógica*, conforme a previsão de regras gerais.[25] A sistematização é possível apenas porque nos valemos desse método abstrato de interpretação, dessa lógica dos significados (*i.e.*, a seleção e a racionalização conforme normas legalmente válidas). Portanto, *generalização* (redução dos motivos relevantes da decisão a um ou mais princípios) e *sistematização* (coordenação de todos os princípios para a formação de um sistema de regras logicamente claro, sem contradições ou lacunas)[26] integram a racionalidade jurídica.

A racionalidade (lógica e formal) típica de alguns sistemas jurídicos é resultado dos seguintes fatores:[27]

(i) cada decisão tomada em determinado caso concreto é a aplicação de uma regra abstrata a uma situação fática;

(ii) cada situação fática concreta terá uma solução conforme a lógica das regras abstratas do direito positivo;

(iii) o direito positivo é um sistema sem falhas, apto a dar solução para todos os casos concretos.

Como explica José Alexandre Tavares Guerreiro, no sistema weberiano, assume extrema relevância a *crença do agente* na produção de um certo resultado. Por exemplo, acredita-se que o descumprimento de um contrato dará lugar a um específico remédio; e é este *acreditar* na resposta do sistema para as ações que lhe confere a possibilidade de garantir *segurança e previsibilidade*.

No entanto, não tenhamos falsas impressões e não distorçamos as palavras de Ascarelli: sem prejuízo da maestria com que explicou a necessidade de segurança e de previsibilidade para o direito comercial, advertiu expressamente: "Il diritto non è solo certezza e non è solo di certezza che andiamo alla ricerca. Andiamo in cerca anche di giustizia che è in noi, in una storia

24. *Law in Economy and Society*, p. 63.

25. O racional contrapõe-se ao irracional, ou seja, ao não governado por regras gerais (*Law in Economy and Society*, cit., p. 63).

26. Cf. Rebuffa, *Max Weber e la Scienza del Diritto*, pp. 86-87.

27. Cf. "Introdução" à obra *Law in Economy and Society*, escrita por Max Rheinstein, pp. XVII-LXIV.

che è 'commedia umana' ma pur sempre storia etica e dove veramente sacro è l'uomo".[28]

V — A função vivificadora da interpretação: Ascarelli "vs." Jhering

A visão de Ascarelli sobre a necessidade de conjugação entre segurança/previsibilidade do direito, de uma parte, e sua adaptação à realidade e a novas realidades, de outra, faz aflorar ponto cardeal de sua obra: o estudo da interpretação. Afinal, independentemente do sistema jurídico que esteja sendo analisando, de suas "premissas implícitas" e do instituto jurídico estudado, como pode alguém duvidar de que "o direito vive como história e seu momento culminante é o interpretativo"?[29]

Para ele, as "invenções jurídicas" são um primeiro instrumento de vivificação do ordenamento. Trata-se de "novas combinações de princípios jurídicos já conhecidos para alcançar a solução de um problema insatisfeito; criando-se novos instrumentos, quase diria novos maquinismos jurídicos, para o progresso econômico e técnico e a solução de problemas ocasionados por êsse progresso".[30]

Segundo Ascarelli, "as soluções reais são fruto da experiência e não surgem de chofre, perfeitas e acabadas com uma teoria ou um decreto".[31] O desenvolvimento histórico dos institutos do direito comercial é a comprovação da assertiva de Holmes: "the life of the law has been experience".[32]

Nesse processo de evolução, a interpretação desempenha papel fundamental, por vezes quase subversivo. A relação entre a lei e sua interpretação — diz Ascarelli — não é semelhante àquela que há entre uma realidade e seu espelho, mas sim entre a planta e sua semente.

Como exemplo da função reservada por Ascarelli à interpretação jurídica, contraponhamos suas conclusões às de Jhering ao comentarem a mesma peça de Shakespeare: *O mercador de Veneza.*

Bassânio, na ruína econômica por prodigalidade, busca mais um empréstimo junto a seu amigo Antônio. Porém, este mercador enfrentava — hoje diríamos — certa "crise de liquidez": três navios em giro pelo mundo, e nenhum dinheiro em caixa. Se-

28. Por isso, parece-nos descabida a crítica feita por Meroni de que "(i)l rispetto alla continuità non sembra sufficiente a garantire quella certezza del diritto che costituisce il fine da lui perseguito". O "critério de continuidade" a que se refere Ascarelli somente pode ser entendido desde a sua perspectiva de que o "contraste de equidade e de certeza, se encontra também, a cada passo, na interpretação da norma". A atividade interpretativa, na medida em que o texto normativo é apenas sua "semente", admite mais de uma solução. No entanto, o fato de que a interpretação possa partir de uma "diversidade de valorações", embora sejam "cuidadosamente escondidas" ("Norma giuridica e realtà sociale", in *Il Diritto dell'Economia*, n. 10, p. 8), jamais foi negado por Ascarelli. Mesmo porque — é sempre Ascarelli quem diz — a aplicação do direito, salvo intervenções "extraterrestres", "não pode ocorrer independentemente de uma interpretação humana" que — repita-se — baseia-se em uma "diversidade de valorações". Enfim, Ascarelli não pretendeu dotar o sistema jurídico de total certeza, segurança e previsibilidade, mas apenas diminuir a insegurança, conjugando a busca de eqüidade, adaptação e evolução do direito com a da certeza que por ele *pode* ser propiciada. Não enxergar essa constatação que exsurge da obra de Ascarelli é cair na armadilha posta por aqueles que cuidadosamente ocultam a existência de uma "diversidade de valorações". No resumo de Reale: "Como se vê, não se trata de preservar uma certeza normativa formal e estática, mas sim uma certeza normativa tal como, sem solução de continuidade, vai sendo configurada ao longo da experiência, extraindo-se da norma todas as suas virtualidades (...)" ("A teoria da interpretação segundo Tullio Ascarelli", *RDM*, cit., p. 82).

29. Asquini relata que Ascarelli, ainda jovem, perguntou-lhe "come taluno potesse indugiare in certi dubbi e particolarmente nel dubitare che tutto il diritto è un momento della storia, non solo sul piano dell'evoluzione legislativa, ma anche e soprattutto su quello della interpretazione" ("Nell'anniversario della morte di Tullio Ascarelli", in *Rivista delle Società*, p. 998).

30. *Panorama do Direito Comercial*, cit., p. 45.

31. Idem, p. 104.

32. Idem, p. 45.

guindo conselho de Antônio, que se oferecia como garantidor, põe-se Bassânio à procura de quem pudesse emprestar-lhe numerário suficiente para viajar e buscar obter em casamento a mão de senhorita rica e órfã.

Para azar de Antônio, dispôs-se o judeu Shylock à concessão do empréstimo. Mas Antônio esmerava-se em perturbar a vida do "estrangeiro". Concedia empréstimos por pura bondade, sem exigir o pagamento de juros. Com isso, baixava a taxa de mercado e prejudicava os negócios de Shylock. Não bastasse, havia sempre desdenhado publicamente o judeu, desferindo-lhe zombarias. O mutuante, então, encontrou a ocasião de reagir e vingar-se de anos de humilhação. Para a concessão do empréstimo exigiu prestação acessória peculiar: uma libra da carne de Antônio, caso a dívida não fosse paga no prazo.

O garantidor, seguro de que seus navios já teriam voltado a Veneza até a data do pagamento, assina a nota e agradece a bondade de Shylock. Entendia que o empréstimo era-lhe concedido gratuitamente porque, se pago no prazo, não seriam cobrados juros.

Quis Shakespeare, no entanto, que a crise de liquidez de Antônio ultrapassasse o prazo para o pagamento. Em face do inadimplemento, Shylock reclamou do Doge o cumprimento da lei de Veneza. Sendo ele possuidor de um título existente, válido e eficaz (no texto de Shakespeare, nenhum desses três elementos é contestado por qualquer personagem), seu direito ao recebimento da dívida era líquido e certo. Negar-lhe a execução (negar a aplicação da lei) seria uma "violação da liberdade".

Viu-se o Doge em encruzilhada incômoda. O que fazer? "Poder não tem o doge para o curso da lei deter". Em linguagem atual, seria como comprometer o marco regulatório, gerando insegurança e instabilidade no mercado, como bem notado por Antônio: "Se fossem denegados aos estrangeiros todos os direitos que em Veneza desfrutam, abalada ficaria a justiça da república, pois o lucro e o comércio da cidade se baseiam só neles". Negado o direito, "com o risco seja das leis e liberdades de Veneza", todos poderiam dizer: "São fracos os decretos de Veneza"!

Entra em cena um jovem e brilhante jurista (na verdade, a já mencionada moça solteira, rica e órfã, travestida de advogado, de nome Pórcia) que conclui peremptoriamente: Shylock tinha direito a uma libra de carne de Antônio. "Força alguma pode em Veneza mudar as leis vigentes. Muitos abusos, ante um tal exemplo, viriam a insinuar-se na república. Não pode ser", diz a sagaz mulher.

No entanto — continua o raciocínio jurídico — a lei assegurava a Shylock o direito ao recebimento do que estava literalmente escrito na cártula, nem mais, nem menos; não poderia derramar uma gota do sangue de Antônio e tampouco extrair de seu corpo um vigésimo de um escrópulo além ou aquém de uma libra. Neste caso, perderia todos os seus bens.

Jhering, em *A Luta pelo Direito*, defende que Shylock foi ludibriado. Quando o estrangeiro brada "eu invoco a lei", sua pretensão "transforma-se num só lance, na questão do direito de Veneza. (...) Já não é o judeu quem reclama a sua libra de carne, é a própria lei de Veneza que bate à porta do tribunal — porque o seu direito e o direito de Veneza são um só".[33] Shylock acreditava na lei; a existência, validade e eficácia do seu título não tinham sido contestadas. A astúcia da argumentação de Pórcia e a decisão do Doge tiram-lhe a ilusão. Aprende, em vez disso, que "não é mais do que o judeu desprezado da Idade Média, a quem se reconhecem todos os direitos para depois defraudar e iludir".[34]

Jhering, mesmo após ter sido alvo de ferrenhas críticas, reafirma: "desde o mo-

33. *A Luta pelo Direito*, trad. João de Vasconcelos, p. 98.

34. Idem, ibidem, p. 99.

mento que a lei de Veneza declarava válido um escrito daquela natureza, o judeu era porventura um patife porque tirava partido dêle, e se nisso se quer descobrir uma cilada deve atribuir-se ao judeu ou à lei a sua responsabilidade?".

Ascarelli pensa a questão de forma *tutta diversa*: parte do pressuposto de que a oposição revolucionária ao texto normativo pode comprometer a certeza jurídica do direito positivo. Pórcia, com sua estratégia, afirma a validade do pacto; não se revolta, não o ataca. "Mas interpreta-o e, interpretando-o, reduz o contrato a nada".[35] O conflito entre a avença e a exigência moral de condená-la não é resolvido mediante a negativa de execução, mas sim pelo novo ângulo criado pela interpretação.

"A interpretação (...) é uma construção e uma reconstrução que explica, desenvolve, restringe, modifica substancialmente; reconduz-se sempre ao dado interpretado e sempre o modificando. Pórcia parece sorrir para lembrar-nos que cada lei existe, no fim, qual interpretada; cada lei é qual a faz a interpretação que seja acolhida e esta interpretação na realidade reconstrói a lei e pode fazê-la diversa da sua primeira inteligência; transforma-a com o tempo; adapta-a e modifica-a; desenvolve-a ou a reduz a nada. E nesta interpretação se fazem valer as exigências e as convicções do intérprete, assim como aquela condenação moral que, todavia, não se ergue eticamente contra a norma, negando-a, mas se concretiza interpretando-a e plasmando-a (...); respeitando-a e assim respeitando a exigência de ordem e de certeza que esta sempre representa, mas, ao mesmo tempo, transformando-a e, assim, adequando-a a um sempre mutável equilíbrio de contrastantes forças e valorações".[36]

Para Ascarelli, deve haver o respeito ao texto, sob pena de comprometer a segurança jurídica, mas esse texto, juntamente com os fatos, há de ser interpretado. Mesmo porque a aplicação do direito, salvo intervenções "extraterrestres", "não pode ocorrer independentemente de uma interpretação humana".[37]

A norma deve ser entendida em função de seu posicionamento no sistema e de uma reconstrução tipológica da realidade, que, por sua vez, não podem prescindir da liberdade do intérprete (liberdade esta que não é, porém, "irracional").[38]

Mas Ascarelli, por conta da preocupação com a segurança e certeza jurídicas, coloca limites à liberdade de interpretação. O primeiro diz respeito à obrigatoriedade do respeito ao texto normativo. Para Ascarelli, o texto normativo é uma "semente" a partir da qual a interpretação desenvolve-se. Ao limitar a atuação do intérprete pelo texto, Ascarelli conjuga a atividade de interpretação com aquela legislativa, que: "diminui a amplitude da atividade interpretativa e, por sua vez, responde à necessidade de uma solução autoritária em face de uma fenomenologia nova, que contrasta com valorações diversas. Este contraste é

35. "Antigone e Porzia", *Rivista Internazionale di Filosofia del Diritto*, n. 7, p. 762.

36. No original: "L'interpretazione (...) è una costruzione e una ricostruzione che spiega, sviluppa, restringe, sostanzialmente modifica; sempre riconducendosi al dato interpretato eppur sempre modificandolo. (...) (O)gni legge è alla fine quale interpretata, ogni legge è quale la fa l'interpretazione che venga accolta e questa interpretazione in realtà ricostruisce la legge e la può fare diversa dalla sua prima intelligenza; la viene trasformando col tempo; la adatta e modifica; la sviluppa o la riduce al nulla. E in questa interpretazione pur si fanno valere le esigenze e le convinzioni dell'interprete, sì che quella condanna morale che tuttavia non si erige eticamente contro la norma negandola, pur si fa operosa interpretandola e plasmandola (...); rispettandola e così rimanendo sensibile a quell'esigenza di ordine e certezza che questa pur sempre rappresenta, ma insieme trasformandola e così adeguandola a un sempre mutevole equilibrio di contrastanti forze e valutazioni" (Ascarelli, "Antigone e Porzia", *Rivista Internazionale di Filosofia del Diritto*, cit., p. 763).

37. V. nota 29, *supra*, e "Norma giuridica e realtà sociale", in *Il Diritto dell'Economia*, cit., p. 13.

38. "Norma giuridica...", in *Il Diritto dell'Economia*, ob. cit., p. 8.

solucionado mais facilmente pela via política, ou seja, legislativamente (...). De outra parte, soluções novas muitas vezes importam a instituição ou a disciplina de órgãos especiais — dada a sua freqüente coordenação com uma intervenção pública —, instituição e disciplina que, na maior parte das vezes, dificilmente e lentamente poderiam ser alcançadas por meio da interpretação".[39]

Outro limite à liberdade do intérprete referido por Ascarelli diz respeito ao "critério de continuidade", segundo o qual a norma posta pela interpretação deve ser recondutível a uma outra.[40-41] A "necessidade de coordenação da solução com todas as outras"[42] não pode ser desprezada.

A exigência ética que impõe a cada um a valoração[43] da norma levará o intérprete a repelir a reforma ou a fazer a revolução — segue Ascarelli — e assim será edificante a interpretação. Mantido o "critério de continuidade", a interpretação confluirá para o contínuo desenvolvimento do direito, tal como vige historicamente em sua positividade.[44]

VI — O papel da jurisprudência segundo Ascarelli. Os tribunais brasileiros e os contratos de distribuição

Para Ascarelli, a jurisprudência é fundamental no desenvolvimento do sistema jurídico: seu objeto não é o mero estudo das normas, mas também da realidade em função das normas, que, por sua vez, são também objeto de estudo para fins de sua aplicação à realidade e, assim, um ordenamento normativo da realidade.[45] À jurisprudência é reservado papel semelhante ao da prática comercial, porque reconhecerá a interpretação do direito que, a final, deverá prevalecer; ela é crucial na consolidação do critério de continuidade a que tantas vezes se refere Ascarelli como forma de atingir a certeza jurídica.[46]

No caso brasileiro, as principais características do contrato de distribuição difundiram-se antes nos Tribunais do que nas lições doutrinárias. A própria definição do contrato e a identificação de seus elementos essenciais e de sua causa (função econômica) foi trabalho quase que exclusivamente jurisprudencial.

39. "(D)iminuisce la portata dell'opera dell'interpretazione, e, a sua volta, risponde alla necessità di una soluzione autoritaria di fronte a una fenomenologia nuova nel contrasto di valutazioni diverse. Questo contrasto trova più facilmente soluzione in via politica e perciò legislativamente (...). D'altra parte le nuove soluzioni importano spesso l'istituzione o la disciplina di peculiari organi — data la loro frequente coordinazione con un intervento pubblicistico —, istituzione e disciplina che assai difficilmente e comunque assai lentamente potrebbe essere raggiunta in via interpretativa" ("Norma giuridica...", in *Il Diritto dell'Economia*, cit., pp. 17-18).

40. Meroni chama a atenção para o fato de que, em alguns textos, Ascarelli refere-se ao *sistema precostituito* e, em outros, à *norma precostituita* (*La Teoria dell'Interpretazione di Tullio Ascarelli*, p. 292).

41. A respeito do "critério de continuidade" referido por Ascarelli diz Bobbio: "questo concetto di continuità, nonostante la parte importante che assume nella teoria, non è mai stato svolto analiticamente" ("L'itinerario di Tullio Ascarelli", in *Studi in Memoria di Tullio Ascarelli*, cit., p. CXXVII).

42. "Certezza del diritto e autonomia delle parti", *Problemi Giuridici*, cit., p. 124.

43. Entende Bobbio que a "valoração", para Ascarelli, é "l'enunciazione di una soluzione non desunta logicamente o tautologicamente dalle premesse poste dal legislatore, ma ricavata da una preferenza che rivela un orientamento personale" ("L'itinerario...", in *Studi in Memoria di Tullio Ascarelli*, cit., p. CXXV).

44. "Norma giuridica...", *Il Diritto dell'Economia*, cit., p. 9.

45. Idem, ibidem.

46. Na dicção de Ascarelli: "Lo stesso ordinamento processuale, la pluralità delle istanze giudiziarie, il controllo della dottrina e dell'opinione pubblica, che a sua volta si collega con la pubblicità e la motivazione della sentenza, concorrono nel garantire l'osservanza di questo criterio di continuità, il cui giudice definitivo sarà, nè potrebbe essere diversamente, la generale convinzione che finirà o non finirà per accogliere una interpretazione, ora esposta dottrinalmente, ora sorta dall'iniziativa della pratica contrattuale, ora dettata dalla giurisprudenza, e che, accolta, sarà considerata diritto vigente" ("Prefácio" à obra *Studi di Diritto Comparato e in Tema di Interpretazione*, p. XLI).

Com efeito, são identificados como elementos que se prestam à caracterização dos contratos de distribuição: (i) a existência de várias operações de compra e venda de bens destinados à revenda pelo distribuidor. Tais compras e vendas seriam unificadas por uma identidade de causa; (ii) a remuneração do distribuidor equivale ao lucro decorrente da diferença entre o preço de aquisição da mercadoria e seu preço de revenda; (iii) a propriedade do bem passa do fabricante ao distribuidor e, posteriormente, ao terceiro adquirente. Ou seja, o distribuidor vende um bem de sua propriedade e não faz uma mera intermediação entre o fabricante e o distribuidor final (como ocorre, por exemplo, na representação comercial); (iv) o distribuidor comercializa os bens adquiridos do fabricante em uma determinada zona; (v) há vinculação (ou mesmo subordinação) econômica entre o fabricante e o distribuidor.

Para a jurisprudência, os itens (i) a (iv) são, de forma geral, condições *sine qua non* para a caracterização do contrato de distribuição e os verdadeiros elementos que o apartam de alguns contratos típicos, como a representação comercial. Já a determinação da zona de comercialização pode ou não estar presente, assim como a dependência econômica.[47]

Entendem os Tribunais que estamos diante de contrato atípico misto, que deve ser analisado conforme a sua "função econômica". Desse modo, seus elementos constitutivos hão de ser interpretados conjuntamente, consoante sua função econômica (causa), para fins de aquisição de unidade. Nesse sentido, vale analisar o acórdão proferido pelo Supremo Tribunal Federal no recurso extraordinário 78.051 (2ª Turma), em 27.8.1974, relatado pelo Ministro Thompson Flores.[48]

Ao definir o "contrato de concessão de venda com exclusividade", disse o tribunal: "(t)rata-se de modalidade contratual relativamente nova, que não se ajusta a qualquer dos contratos típicos tradicionais e que surgiu nos países economicamente desenvolvidos, no atual estágio do capitalismo empresarial".

Ademais, como veremos adiante, nossa jurisprudência já incorporou a idéia de causa como *função econômica* e como elemento indispensável para (i) a caracterização do contrato de distribuição, bem como (ii) sua correta interpretação.

Ou seja, a experiência da jurisprudência brasileira em relação aos contratos de distribuição comercial apenas faz corroborar a tese de Ascarelli sobre a importância da atividade interpretativa, seu caráter de criação e de afirmação do direito vigente.

VII — Função econômica (causa) e o contrato de distribuição conforme a visão ascarelliana

Ascarelli acentua que a que "o problema (...) de elaborar uma disciplina jurídica quanto a contratos que, fruto da prática, são entretanto desconhecidos à lei, é permanente". A solução — ainda que não definitiva — do problema passa pela análise da *causa* do negócio jurídico. Explica Ascarelli ser necessário distinguirmos, de início, a (i) causa de atribuição patrimonial da (ii) causa do contrato.

A primeira (causa = justificativa da atribuição patrimonial) corresponde ao "sacrifício", ao "empobrecimento do devedor", assumindo a função de tutela do devedor.

Já a causa do contrato identifica-se com sua função própria, visada pelas partes "que, assim, determinam a disciplina jurídica aplicável". A causa (função econômica) é, portanto, indispensável para que se possa aferir a licitude da avença (conciliando os interesses dos contratantes com os interesses gerais), bem como para "iden-

47. Para a análise jurisprudencial brasileira dos contratos de distribuição, v. Paula A. Forgioni, *O Posicionamento dos Tribunais perante os Contratos de Distribuição (1980/2000)*.

48. Publicado na *Revista Trimestral de Jurisprudência* 72/881.

tificar a disciplina jurídica aplicável"[49] ao contrato. Para Ascarelli, há identificação entre causa e "função econômica de cada contrato", de forma que "constitui objetivamente um elemento identificador do contrato e subjetivamente, um fim comum a ambas as partes e um fim que caracteriza cada contrato de determinado tipo".[50]

Daí que a causa do contrato (função econômica) permite não apenas sua identificação (mesmo que o contrato seja inominado), mas também a identificação da disciplina jurídica a que está sujeito.

Adotada a lição de Ascarelli e considerada a causa do negócio como função econômica, primordial para a tipificação social, o entendimento e a interpretação do contrato, explica-se a diferença entre uma série de contratos de compra e venda e um contrato de distribuição, porque o principal ponto de distinção está, justamente, na causa do negócio, na sua função econômica.

"A prática comercial multiplica a cada dia mais exemplos de negócios (...), no qual recorrem, combinando-se de várias formas, elementos de vários contratos". Como exemplo desses contratos, Ascarelli lembra a venda com exclusividade. E, pergunta-se: estaríamos nesse caso diante de um negócio único ou de uma pluralidade de negócios? Qual o critério que determina a singularidade do contrato? A resposta é simples: "quando as intenções [*intenti*] econômicas das partes são estreitamente conexas entre si, podemos falar de um negócio único".[51]

Note-se que essa exata lição é seguida pelo Supremo Tribunal Federal ao se deparar com o problema: "Todavia, serão tais contratos (...) independentes e autônomos ou constituem o que, na doutrina, se qualifica de contrato misto? Não há dúvida que esses contratos são distintos e autônomos, se considerados, em tese e abstratamente, cada um de per si. Mas não resta dúvida, também ocorre freqüentemente, no comércio jurídico, que duas ou mais formas contratuais de possível coexistência separada podem vir a ter, sob pressão de necessidades ou de conveniências práticas, as suas prestações autônomas, cada uma em sua função típica, reunidas e coordenadas, pela vontade das partes, em um único contrato para realizarem uma só função econômica, que é a sua causa ou o seu fim objetivo. Com efeito: dita pluralidade de prestações, sendo cada uma típica de um contrato nominado, podem ser fundidas em um só contrato, sob o influxo de uma só causa, de uma única função econômica. É preciso assim que todas elas tendam à mesma finalidade econômica. A unidade de causa, atestada pela unidade econômica das várias prestações, corresponde à unidade do contrato. Não tem importância, no entanto, para a elucidação da unidade ou pluralidade do contrato, como dizem os doutores, a unidade ou pluralidade do documento em que foi firmado, pois um só documento pode conter vários contratos, como um só contrato pode ter como fonte, no sentido formal, diversos documentos".[52]

49. *Panorama do Direito Comercial*, cit., p. 62.

50. O que não impede que os contratos sejam às vezes moldados em virtude de suas especificidades, conforme os interesses das partes: "Em substância, todo negócio é caracterizado por um escopo típico que se destina a realizar e no qual se identifica precisamente a sua causa econômica e jurídica (por exemplo, a troca da coisa pelo preço da venda), mas nada impede, no entanto, seja ele, embora dentro de determinados limites (*aqueles que, em substância, resultam dos chamados elementos essenciais de cada negócio*), disciplinado pelas partes de modo tal que não só possa realizar, imediatamente, o escopo que lhe é típico, mas também, mediatamente, outros objetivos que até adquirem importância predominante na vontade das partes. Perante a fixidez da finalidade típica de cada negócio, é a variabilidade dos motivos que permite a diversidade de configuração deles, e, por conseguinte, a consecução de finalidades ulteriores" (Ascarelli, *Problemas das Sociedades Anônimas e Direito Comparado*, p. 107, nota 44).

51. "Contratto misto, negozio indiretto. 'Negotium mixtum cum donatione'", *Studi in Tema di Contratti*, p. 80.

52. Recurso extraordinário 78.051, já mencionado.

Nas observações de Ascarelli sobre a causa no negócio jurídico podemos ainda encontrar subsídios para a relação entre o direito e a economia, sempre vistos como indissociáveis. Não há exagero nas palavras de Ruy Barbosa Nogueira ao referir-se a Ascarelli como o "Mestre na relação direito-economia".[53-54]

A obra de Ascarelli demonstra que o desprezo pelo estudo da causa do negócio não se justifica no direito comercial, na medida em que a função econômica do ato mercantil acaba delineando sua análise jurídica, quer no aspecto interno (que diz respeito à relação jurídica entre os contratantes), quer no aspecto externo do contrato (efeitos da avença sobre a concorrência), pois a causa é a função econômica do negócio e o elo entre o aspecto econômico e aquele jurídico: "A noção de causa do contrato (pouco importando se mencionada ou não mencionada na lei) servirá, por isso, como elemento identificador e classificador dos contratos, o que, por seu turno, servirá para a identificação da disciplina jurídica aplicável; constituirá como traço de união entre o aspecto econômico e o jurídico".[55]

VIII — Dinâmica de mercado (concorrência) e contratos

Para Ascarelli, desde o início da evolução do direito comercial predomina a "idéia do mercado".[56] Parafraseando-o, podemos dizer que a "idéia do mercado" domina o pensamento de Ascarelli.

Não se trata, por óbvio, da defesa do funcionamento do mercado independentemente da regulação estatal. Autor com conhecimento de história do direito comercial como Ascarelli não sustentaria que um mercado poderia existir sem o direito.[57]

Em sua obra encontramos bem presente a idéia de que o direito comercial é fruto tanto da atividade dos comerciantes (cuja repetição dos modelos contratuais leva à tipificação e, conseqüentemente, ao maior grau de segurança e de previsibilidade jurídicas), como de poderes a eles externos, que visam a tutelar a ordem social. "Na realidade, autonomia privada e administração pública da economia revelam-se ambas instrumentos de política econômica e a falta de intervenção revela-se como instrumento de determinada política econômica".[58]

Ascarelli vê a concorrência como fenômeno a ser estimulado, ao mesmo tempo em que percebe que os limites ditados pelo Estado perseguem a tutela do interesse público e dos consumidores. Eis algumas de suas principais afirmações a respeito do funcionamento do mercado são as seguintes:

(i) a necessidade de imposição de limites aos pactos privados restritivos da concorrência;

(ii) a disciplina da concorrência desleal encontra seu embasamento nas mesmas finalidades da liberdade de concorrência;

(iii) a exclusividade que deriva da propriedade dos bens imateriais encontra sua

53. *Tullio Ascarelli e o Direito Tributário do Brasil*, p. 17.

54. Sobre a relação entre direito e economia na obra de Ascarelli, v. Bobbio, "L'itinerario...", in *Studi in Memoria di Tullio Ascarelli*, cit., p. CXXIII, e, também, Pescatore, "Tullio Ascarelli e Luigi Mengoni, o della forma giuridica e del contenuto economico", in Natalino Irti (org.), *Diritto ed Economia*, pp. 229 e ss.

55. *Panorama do Direito Comercial*, cit., pp. 63-64.

56. Idem, p. 23.

57. No mesmo sentido é o comentário de Irti: "(...) questa intima storicità ci dice che l'economia di mercado non è *la* soluzione, la risposta a tutte le domande, ma una tra le soluzione concepibili. (...) L'interesse pubblico vi trova una storica e concreta determinazione, come interesse alla libera concorrenza delle imprese. Principio, che tutela insieme le imprese ed i consumatori, e impedisce — come ben vide Tullio Ascarelli — che il potere economico guadagni la forza e la funzione di potere politico" (*L'Ordine Giuridico del Mercato*, 5ª ed., p. 131 — destaques nossos).

58. "Certezza del diritto e autonomia delle parti", *Problemi Giuridici*, cit., pp. 128-129.

justificativa na promoção do progresso cultural e econômico, independentemente da qual não poderiam existir.[59]

IX — Exclusividade e controle sobre o preço de revenda: a posição de Ascarelli

O contrato de distribuição costuma agasalhar obrigações que delinearão os contornos da estratégia de escoamento da produção, vistas, por parte da doutrina, como estipulações acessórias do pacto principal. Dentre estas, daremos destaque a duas em especial, que mereceram atenção de Ascarelli: (i) a exclusividade e (ii) a determinação ou sugestão de preços de revenda.

Ascarelli refere-se aos pactos de exclusividade que não têm por escopo diminuir o grau de concorrência entre as partes, mas sim impedir uma ou ambas de "prestarem a própria atividade a terceiros ou de fornecer a terceiros os próprios produtos ou de se valer de terceiros para a satisfação das próprias necessidades ou para a colocação da própria mercadoria e por assim adiante".[60]

Esses acordos — é ainda Ascarelli quem diz — disciplinam as relações entre sujeitos que exercem atividades econômicas diversas como, por exemplo, o fabricante e o revendedor, regulando aspectos do fornecimento e da revenda. São "contratos normativos externos", ou seja, que visam a formatar os contratos que as partes futuramente celebrarão com terceiros.

Muito embora não mirem diretamente disciplinar a competição entre os partícipes, podem implicar disfunções concorrenciais na medida em que suprimem de empresários concorrentes a possibilidade de se valerem dos serviços ou dos produtos oferecidos por aqueles vinculados à obrigação de exclusividade.

A exclusividade, em relação a determinados contratos, pode estar prevista em textos normativos específicos. Ascarelli nos dá o exemplo dos contratos de agência, em que é assegurada a exclusividade de zona ao agente, bem como a exclusividade permitida pelo art. 1.567 do *Codice Civile* italiano. No entanto, para Ascarelli, os pactos de exclusividade celebrados sem o abrigo do texto autorizante devem ser contidos em um "conveniente limite" e ter seu fundamento em um interesse socialmente relevante que os justifique.[61] A liberdade de contratar, para ser eficiente, deve limitar a possibilidade de seu "suicídio", ou seja, a liberdade de contratar demanda a limitação dos pactos que afastam a liberdade de iniciativa.

Ascarelli também identifica as cláusulas que têm por objeto a disciplina do preço a ser praticado pelo revendedor. Os impactos concorrenciais se fazem sentir entre os revendedores e mesmo entre o fornecedor e o revendedor.

Sua obra já identificava que os contratos de distribuição (isto é, as cláusulas que neles geralmente são apostas) encerram duas ordens de problemas: uma primeira, de natureza concorrencial, na medida em que podem levar ao fechamento do mercado e à diminuição da concorrência intramarca (ou seja, entre os distribuidores dos produtos do mesmo fornecedor); e uma segunda, que diz respeito à dependência econômica que pode ser gerada por esses contratos. Como demonstra Ascarelli, a pactuação de determinadas cláusulas e condições contratuais pode transformar o "intermediário em um auxiliar do industrial, respeitando-lhe a autonomia jurídica, mas, na essência, subtraindo-lhe a direção econômica".[62]

X — Contrato de distribuição: contrato plurilateral?

Uma das principais contribuições de Ascarelli para a teoria geral do direito foi o

59. *Teoria della Concorrenza e dei Beni Immateriali. Lezione di Diritto Industriale*, p. 31.
60. *Teoria della Concorrenza...*, cit., p. 64.
61. Idem, p. 66.
62. Idem, p. 67.

desenvolvimento do conceito de *contrato plurilateral*, ou seja, aquele que se caracteriza (i) pela possibilidade da participação de mais de duas partes, (ii) por decorrerem do contrato obrigações e direitos para todos os sujeitos e (iii) pela predominância dos interesses "plurilaterais e comuns".[63]

Ocorre que o contrato de distribuição é celebrado entre o fornecedor e cada um de seus distribuidores, e não entre o fornecedor e todos os seus distribuidores. O fato de, muitas vezes, essas avenças seguirem cláusulas-padrão não torna possível reconduzi-las a apenas um contrato, a um só negócio jurídico. O contrato de distribuição é bilateral.

Ademais, o fornecedor pode garantir a cada um de seus distribuidores condições de comercialização diversas, sem com isso descaracterizar o contrato de distribuição.[64]

Por fim, os interesses predominantes na distribuição não são "plurilaterais e comuns", como ocorre nos contratos plurilaterais. Obviamente, tanto o fornecedor quanto o distribuidor buscam o sucesso do empreendimento, mas disso não decorre a supremacia dos interesses comuns. Não se pode deixar de reconhecer a realidade múltipla que informa o contexto econômico e jurídico desse tipo de ajuste, composta de *interesses comuns e de outros conflitantes*, ainda que de forma potencial. O contrato de distribuição é, ao mesmo tempo, comunhão de escopo e intercâmbio.[65] Por um lado, as partes unem-se, porque acreditam que a celebração do acordo colocá-las-á em situação mais vantajosa do que aquela em que se encontram (caso contrário sequer realizariam o negócio). Por outro, buscam objetivos diversos, uma vez que a maximização do lucro pode ser obtida em detrimento da remuneração da contraparte.[66]

No ponto de equilíbrio desses interesses, será estabelecido o ajuste. Entretanto, por mais que o sucesso de uma empresa dependa da ventura da outra, quase nunca se chega à coincidência perfeita que se estenderá por todo o sempre. Na dicção de Behar-Touchais e Virassamy, citando Hassler, o objetivo comum "c'est la rencontre heureuse de deux égoïsmes".[67] As áleas

63. Tullio Ascarelli, *O Contrato Plurilateral*, cit., p. 275.

64. Lembre-se, contudo, que a discriminação entre os distribuidores pode caracterizar ilícito antitruste, fazendo incidir o art. 20 da Lei n. 8.884, de 1994, combinado com o seu art. 21, XII.

65. Nas palavras de Eros Roberto Grau, com base em Jhering: "(n)os contratos de intercâmbio, os interesses das partes estão em contraposição, polarizados. Cada parte persegue seus próprios interesses; quanto mais desvantajosa for a compra para o comprador, mais vantajosa será para o vendedor, e vice-versa. A política de cada parte pode ser sumariada na seguinte frase: o prejuízo dele é meu lucro (...). Nos contratos de comunhão de escopo (...), os interesses dos contratantes são paralelos. Se um dos contratantes sofre prejuízo, os outros também o suportam. Do espírito de solidariedade de interesses que os caracteriza, o lema: a vantagem dele é a minha vantagem, minha vantagem é a sua vantagem" (*Licitação e Contrato Administrativo*, pp. 91-92).

66. A jurisprudência nacional reconhece esse duplo espírito, dando relevo, por vezes, à comunhão de interesses entre fornecedor e distribuidor e, por outras, ao conflito. Por exemplo, no recurso de apelação 113.383-4/0, do Tribunal de Justiça de São Paulo, julgando ação indenizatória por denúncia unilateral de contrato de distribuição, analisou-se a possibilidade de ressarcimento de gastos derivados de obrigações impostas à distribuidora por cláusulas contratuais, consideradas abusivas por esta, tais como exigências relativas à frota padronizada, instalações compatíveis com a atividade desenvolvida e taxa de propaganda. Destacou o Tribunal que além de consistirem custos que fazem parte do empreendimento, o caráter da *comunhão de interesses da avença* deveria ser posto em relevo. Ao denegar a pretensão indenizatória enunciou que, se por um lado a fornecedora "beneficia-se da eficiência das distribuidoras, estas, por outro lado, também tiram proveito da fácil e lucrativa comercialização de um produto de consumo geral". Já na medida cautelar 101.450-4/4, também julgada pelo Tribunal de Justiça de São Paulo, enfatizou-se o *interesse egoístico da fornecedora* ao denunciar contrato de distribuição. Reputando abusivo o rompimento, compreendeu a Corte que a origem de tal conduta da fornecedora visava ao "enxugamento" de seu quadro de distribuidores, "por razões de interesse exclusivo da produtora, para isso se utilizando de mecanismos lesivos à economia das distribuidoras, que, em seguida, tachava de inoperantes, omissas ou incidentes em desempenho insatisfatório, sem razão justificada".

67. *Les Contrats de la Distribution*, p. 177.

decorrentes da atividade empresarial poderão ser *interdependentes*, mas não *comuns*.

XI — Conclusão

É inegável a influência de Ascarelli no direito brasileiro, que se faz ainda mais presente quando da análise de um contrato atípico — brotado da *praxis* comercial e depurado pela análise da jurisprudência —, como aquele de distribuição.

A lógica do mercado nasce atrelada ao direito, porque não há mercado sem direito.[68] Mas, retomando a lição de Eros Roberto Grau, não podemos falar, concretamente, "no direito", senão "nos direitos". A análise histórica conduz à verificação de que a cada modo de produção corresponde um direito próprio e específico, expressão de um direito pressuposto.[69]

O problema é que, como criticava Oswald, "nunca admitimos o nascimento da lógica entre nós", e isso nos leva a transcurar o nosso direito, especialmente o direito mercantil. A razão parece óbvia: "o esquecimento das conquistas interiores" por muitos "importadores de consciência enlatada".[70]

"Conquistas interiores" e coletivas que levam à *nossa* lógica, ao *nosso* direito. Se o direito é uma evolução — como diz Ascarelli —, é essa evolução que nos define e permite que nos situemos em nossa realidade. Com ela (e só com ela) podemos compreender o nosso sistema, porque representa nossas "conquistas interiores" e anteriores.

Não apenas o direito comercial, mas o próprio direito brasileiro seria outro não fosse José da Silva Lisboa, o Visconde de Cairu, ter decidido voltar à Bahia, em 1779, em lugar de exercer o magistério no Colégio das Artes de Coimbra.

Não fosse, no final do século XIX, Carvalho de Mendonça ter descido "até a praça do comércio" de Santos "a fim de surpreender-lhe a vida, na sua flagrante realidade",[71] recusando a clausura dos autos dos processos que julgava.

Não fosse Tullio Ascarelli ter conseguido atravessar o sul da França, Espanha e Portugal e, em 1940, tomar o navio que o trouxe para o Brasil, onde chegou com cinqüenta dólares nos bolsos, três filhos e sua esposa.

No entanto, infelizmente — e sem prejuízo de tudo o que com ele aprendemos —, talvez uma das suas mais importantes lições falte a alguns brasileiros, que se autodenominam "juristas": o respeito à tradição do nosso direito comercial e da doutrina comercialista brasileira. Muitos nutrem prazer quase mórbido ao atacar nossas origens, esquecendo que renegar nosso passado é renegar a nós mesmos. Pensam como juristas estrangeiros que, quando aqui se fazem ver, confundem hospitalidade[72] com a subserviência própria dos atrasados. Pessoas que foram identificadas por Ascarelli e que "se comprazem num quadro pessimista do próprio país"; gente que "prefere encerrar-se em sonhos gerais em vez de participar do cotidiano e duro trabalho da criação da riqueza".[73]

Mas os que pensam assim são (ou em breve serão) esquecidos; a esperança tipicamente brasileira (tanto elogiada por As-

68. V. Paula A. Forgioni, "A interpretação dos contratos empresariais no novo Código Civil", *RDM* 130/7.

69. Cf. Eros Roberto Grau, *Ensaio e Discurso sobre a Interpretação/Aplicação do Direito*, 2ª ed., p. 138.

70. As expressões entre aspas são, respectivamente, do *Manifesto da Poesia Pau-Brasil* e do *Manifesto Antropofágico*, de Oswald de Andrade.

71. Waldemar Ferreira, *As Diretrizes do Direito Mercantil Brasileiro*, p. 158.

72. A mesma hospitalidade que Ascarelli jamais deixou de louvar e agradecer. Alguns autores chegam a afirmar que Ascarelli não voltou à Itália tão logo finda a guerra por conta da acolhida que recebeu entre nós. Outros dizem que, no Brasil, reconquistou o que lhe era de direito, ou seja, o reconhecimento profissional e acadêmico que forçadamente havia deixado para trás.

73. *Apresentação do Brasil*, trad. Olinto de Castro da 2ª ed. italiana, p. 139.

carelli) está em outro canto. Devemos renovar o voto por ele feito ao encerrar suas preleções na cidade de Porto Alegre, no ano de 1944: "que a doutrina comercialista brasileira, continuando na tradição que, com o visconde Cairu, teve um início dos mais gloriosos e que com os dois Carvalho de Mendonça, com Saraiva, Paulo de Lacerda, Lacerda de Almeida, Otávio Mendes, Margarino Torres, Russel, para mencionar apenas alguns nomes ao acaso, têm uma tradição das mais insignes, possa alcançar cumes sempre mais altos, contribuindo ao livre progresso do país".[74]

Bibliografia

ASCARELLI, Tullio. "Antigone e Porzia", in *Rivista Internazionale di Filosofia del Diritto*. Turim, Emilio Bono, ano II, n. 7.

______. "Certezza del diritto e autonomia delle parti", in *Problemi Giuridici*. t. I, Milão, Giuffrè, 1959.

______. "*Negotium mixtum cum donatione*", in *Studi in Tema di Contratti*. Milão, Giuffrè, 1952.

______. "Norma giuridica e realtà sociale", in *Il Diritto dell'Economia*. Ano I, n. 10, 1955.

______. "O contrato plurilateral", in *Problemas das Sociedades Anônimas e Direito Comparado*. São Paulo, Saraiva, 1946.

______. *Apresentação do Brasil*. Trad. Olinto de Castro da 2ª ed. italiana. São Paulo, Sal Ed., 1952.

______. *Panorama do Direito Comercial*. São Paulo, Saraiva, 1947.

______. *Studi di Diritto Comparato e in Tema di Interpretazione*. Milão, Giuffrè, 1952.

______. *Teoria della Concorrenza e dei Beni Immateriali. Lezione di Diritto Industriale*. Milão, Giuffrè, 1956.

______. *Teoria Geral dos Títulos de Crédito*. 2ª ed., São Paulo, Saraiva, 1969.

ASQUINI. "Nell'anniversario della morte di Tullio Ascarelli", in *Rivista delle Società*. Milão, Giuffrè, 1960.

74. *Panorama do Direito Comercial*, cit., p. 229.

BARBIERI, Giorgio, e FRIGNANI, Aldo. "Contratti della distribuzione", in *Il Diritto del Commercio Internazionale*. 2ª ed., Itália, Ipsoa, 1990.

BEHAR-TOUCHAIS, e VIRASSAMY. *Les Contrats de la Distribution*. Paris, LGDJ, 1999.

BOBBIO, Norberto. "L'itinerario di Tullio Ascarelli", in *Studi in Memoria di Tullio Ascarelli*. t. I, Milão, Giuffrè, 1969.

BRITO, Maria Helena. *O Contrato de Concessão Comercial*. Lisboa, Coimbra Ed., 1990.

BUONOCORE. *Manuale di Diritto Commerciale*. 3ª ed., Turim, Giappichelli, 2001.

FERREIRA, Waldemar. *As Diretrizes do Direito Mercantil Brasileiro*. Lisboa, Emprêsa do Anuário Comercial, 1933.

FERRI. "Il pensiero giuridico di Tullio Ascarelli", in *Studi in Memoria di Tullio Ascarelli*. t. I, Milão, Giuffrè, 1969.

FORGIONI, Paula A. "A interpretação dos contratos empresariais no novo Código Civil", in *RDM* 130, 2003.

______. *O Contrato de Distribuição*. Ed. RT, no prelo.

______. *O Posicionamento dos Tribunais perante os Contratos de Distribuição (1980/2000)*. São Paulo, Núcleo de Pesquisas e Publicações da Escola de Administração de Empresas de São Paulo — Fundação Getúlio Vargas, 2001.

GRAU, Eros Roberto. Discurso publicado em *Medalha Teixeira de Freitas*. Rio de Janeiro, Instituto dos Advogados, 2003.

______. *Ensaio e Discurso sobre a Interpretação/Aplicação do Direito*. 2ª ed., São Paulo, Malheiros Editores, 2003.

______. *Licitação e Contrato Administrativo*. São Paulo, Malheiros Editores, 1995.

IRTI, Natalino. *L'Ordine Giuridico del Mercato*. 5ª ed., Roma, Laterza, 2003.

JHERING. *A Luta pelo Direito*. Trad. João de Vasconcelos. Rio de Janeiro, Forense, 1972.

JUNQUEIRA DE AZEVEDO, Antonio. *Negócio Jurídico. Existência, Validade e Eficácia*. 4ª ed., São Paulo, Saraiva, 2002.

KORAH, VALENTINE, e ROTHNIE. *Exclusive Distribution and the EEC Competition*

Rules. 2ª ed., Londres, Sweet & Maxwell, 1992.

MERONI. *La Teoria dell'Interpretazione di Tullio Ascarelli.* Milão, Giuffrè, 1989.

PESCATORE. "Tullio Ascarelli e Luigi Mengoni, o della forma giuridica e del contenuto economico", in IRTI, Natalino (org.), *Diritto ed Economia.* Pádua, Cedam, 1999.

REALE, Miguel. "A teoria da interpretação segundo Tullio Ascarelli", in *RDM* 38, 1980.

REBUFFA. *Max Weber e la Scienza del Diritto.* Turim, Giappichelli, 1989.

RHEINSTEIN, Max. "Introdução" à obra *Law in Economy and Society*, de Max Weber, cit.

TAVEIRA TÔRRES, Heleno. *Direito Tributário e Direito Privado.* São Paulo, Ed. RT, 2003.

Tullio Ascarelli e o Direito Tributário do Brasil. São Paulo, Instituto Brasileiro de Direito Tributário e Resenha Tributária, 1979.

VIDARI. "Lewin Goldschmidt", in *Scritti Varii.* Milão, Hoepli, 1908.

VIRASSAMY. *Les Contrats de Dépendance.* Paris, LGDJ, 1986.

WEBER, Max. *General Economic History.* Trad. para a língua inglesa de Frank H. Knight. Glencoe, The Free Press, 1950.

______. *Law in Economy and Society.* Trad. para a língua inglesa de Edward Shils. Cambridge, Harvard University Press, 1954.

A LIMITAÇÃO DA RESPONSABILIDADE DO EMPRESÁRIO INDIVIDUAL

CINIRA GOMES LIMA MELO

1. O problema da separação patrimonial. 2. Formas de limitação de responsabilidade do empresário individual. 3. Experiência de outros países. 4. A realidade brasileira: 4.1 Os projetos de lei. Bibliografia.

O presente artigo tem como proposta estudar a realidade jurídica atual do empresário individual mostrando suas peculiaridades e o tratamento a ele dispensado pela legislação vigente. A partir dessa realidade, pretendemos abordar a questão da limitação da sua responsabilidade pelas obrigações oriundas da atividade empresarial por ele explorada.

A atividade empresarial possui dois principais elementos que a caracterizam: o empresário, que é o sujeito de direito, e o risco que sempre acompanha o seu exercício.

Nos ditames do art. 966 do Código Civil brasileiro: "Considera-se empresário quem exerce profissionalmente atividade econômica organizada para a produção ou a circulação de bens ou de serviços".

Empresário é "quem" exerce atividade econômica organizada. É um sujeito de direito que pode ser pessoa física ou pessoa jurídica.

Aquele que exerce atividade individualmente é chamado de *empresário individual* (pessoa física). Já se a atividade for exercida por um conjunto de pessoas (duas ou mais) que se reúnem para tanto, tem-se uma *sociedade empresária* (pessoa jurídica).

Para a exploração de uma atividade econômica organizada é necessário que o empresário utilize, pelo menos, alguns bens (dinheiro, equipamentos, insumo etc.) e os destine a uma finalidade específica.

De outro lado, temos o princípio da responsabilidade patrimonial, ou seja, o devedor responde por todas as suas obrigações com todos os seus bens que constituem garantia comum dos credores. Assim também ocorreria com o exercício da atividade econômica: o devedor responderia por todas as obrigações oriundas dessa atividade com todos os seus bens. Daí a questão do risco no exercício da empresa.

Assim, ao explorar a empresa, o empresário correria o risco de perder não só o patrimônio separado para essa atividade (equipamentos, insumos etc.), mas *todo o seu patrimônio*, o seu conjunto de bens conseguidos com o trabalho de uma vida inteira. Essa é a regra: responsabilidade ilimitada.

Ocorre que, essa regra representava e ainda representa um verdadeiro desestímulo ao exercício de qualquer empresa. Quem arriscaria o patrimônio construído com anos de trabalho para explorar uma atividade econômica por mais vantajosa que fosse?

Assim, para se minimizar o risco empresarial, o legislador encontrou a alternativa da limitação da responsabilidade do empresário pelas obrigações oriundas do exercício da empresa.

Essa alternativa representa um verdadeiro incentivo ao crescimento econômico e social, na medida em que traz segurança jurídica aos investidores, estimulando novos empreendimentos.

Ocorre que, tal privilégio, de acordo com a legislação vigente, somente pode ser usufruído pela sociedade empresária, visto que não se admite que o empresário individual separe parcela de seu patrimônio para a exploração de sua empresa e limite sua responsabilidade pelas obrigações contraídas no exercício da atividade ao montante desse patrimônio afetado.

Assim, nesse momento, é importante demonstrar a relevância da discussão da limitação da responsabilidade do empresário individual.

O empresário individual é visto pela maior parte da doutrina como um ente sem relevância jurídica, em razão do pequeno e médio porte das empresas por ele exploradas. Tal fato pode ser facilmente constatado consultando-se os livros de Direito Comercial que quase nada trazem sobre o assunto.

Ocorre que, essa impressão não se justifica ao observarmos o número de empresários individuais inscritos, por exemplo, no ano de 2003. Foram 228.597 inscritos no Brasil,[1] nada muito inferior ao número de sociedades limitadas inscritas no mesmo ano: 240.530.

Essa estatística elaborada pelas Juntas Comerciais demonstra que os empresários individuais estão presentes no mercado e representam parcela da economia do país, por menor que seja.

Por essa razão é necessário que se atente à realidade, dando ao empresário individual maior atenção, a fim de se incentivar o crescimento de suas empresas. Uma das formas de incentivo a esse crescimento, com certeza, é a limitação de sua responsabilidade pelas obrigações oriundas do exercício de sua atividade.

Nesse sentido, ensina Luiz Antonio Soares Hentz:[2] "A falta de aceitação do princípio da separação de patrimônios como regra geral tem impedido o desenvolvimento da firma individual, ainda mantida com as restrições com que entrou para o direito comercial, há dois séculos, no código napoleônico. Para países como Portugal e França tem sido uma meta encontrar um sistema que dê ao empresário individual a mesma prerrogativa daquele que dispõe de seu capital para o exercício da atividade empresarial em nome coletivo. De um lado do problema está a tendência dos comercialistas à perfeição de linguagem e ao rigor no engendramento de novas fórmulas jurídicas. Não se contesta, porém, o elevado efeito prático para a atividade econômica a existência de um sistema que permita a coexistência da empresa individual e a segurança jurídica propiciada pela separação patrimonial".

Calixto Salomão Filho,[3] por sua vez, entende que o principal fundamento para o reconhecimento da "sociedade unipessoal"[4] com responsabilidade limitada é o apoio à pequena e média empresa.

Afirma ainda referido Professor:[5] "(...) as legislações recentes que trataram do assunto da limitação de responsabilidade do comerciante individual manifestaram expressa preocupação com os fatores de ordem econômica que justificam sua introdução. Entre eles figura o incentivo às empresas que isso acarretaria, tanto porque é

1. <www.dnrc.gov.br>.

2. *Direito de Empresa no Código Civil de 2002: Teoria do Direito Comercial de acordo com a Lei n. 10.406, de 10.1.2002*, 2ª ed., p. 172.

3. *Sociedade Unipessoal*, p. 67.

4. O termo é utilizado entre aspas, pois será objeto de análise nos próximos itens deste trabalho.

5. *O Novo Direito Societário*, 2ª ed., p. 155.

historicamente comprovado que muito do sucesso da sociedade anônima é devido à limitação de responsabilidade, como porque a limitação de responsabilidade constitui uma força de resistência mais segura à tentação de confundir contabilidade comercial e pessoal".

Clara está, portanto, a relevância econômica e jurídica da incorporação desse instituto em nossa legislação.

Outro aspecto negativo verificado em conseqüência da impossibilidade da limitação de responsabilidade é o grande número de sociedades fictícias criadas, sociedades estas que são compostas, na verdade, por um único sócio, mas que utilizam *testas-de-ferro* para obter o benefício da limitação de responsabilidade.

Sobre essas *sociedades fictícias*, vale a pena transcrever a posição de Antonio de Arruda Ferrer Correia:[6] "(...) Mas também aqui, como em outros domínios e tantas vezes acontece, a lei foi sendo ultrapassada pelos fatos — por todos os lados começaram a surgir empresas com forma jurídica de sociedade limitada, para a fruição de um só individuo, graças ao expediente da intervenção de 'testas de ferro'; por todos os lados se assistiu à conservação da forma social, mesmo depois de concentradas, nas mãos de um único associado, todas as quotas ou ações da sociedade".

Com a introdução do instituto em análise, na verdade, o legislador somente estará positivando uma situação que já existe no nosso mercado: a empresa explorada *efetivamente* por uma só pessoa que responde de forma limitada por suas obrigações.

Por todas essas razões, há muito a questão vem se discutido em diversos países, sendo objeto, inclusive, da XII Diretiva Comunitária da Comunidade Econômica Européia que reconheceu a "sociedade unipessoal" com responsabilidade limitada no ambiente europeu como um instrumento de incentivo à pequena e média empresa, inserindo-a no programa comunitário de crescimento da ocupação.

Assim, resta analisarmos os argumentos contrários à introdução dessa figura na nossa legislação. As principais críticas podem ser sintetizadas em dois pontos: o primeiro é a possibilidade de separação de uma parte do patrimônio da pessoa natural para a exploração da empresa; o segundo é a forma que tal limitação adotaria, a possibilidade de personificação de um ente não coletivo.

Passaremos, então, a examinar tais pontos, partindo da realidade do empresário individual brasileiro e do tratamento a ele dispensado pela legislação vigente.

1. O problema da separação patrimonial

O patrimônio é um conjunto de bens. A idéia de patrimônio apresenta seu aspecto *subjetivo* e *objetivo*.

O aspecto *subjetivo* do patrimônio é o que o define como um conjunto de bens pertencentes a um *sujeito de direito*. A cada sujeito de direito deve corresponder *um* patrimônio.

O aspecto *objetivo* apresenta o patrimônio como um conjunto de bens que pode ser destinado a um fim econômico determinado. Daí a idéia de patrimônio geral e especial, que é o patrimônio afetado.

O conceito de separação patrimonial e afetação de parte de um patrimônio a um fim específico está intimamente ligado à idéia de limitação de responsabilidade do empresário.

Ocorre que, na concepção tradicionalmente concebida pela doutrina e legislação, um mesmo sujeito de direito não pode ser titular de dois patrimônios: um geral (particular) e outro especial (destinado à exploração da atividade).

Assim, inerente ao conceito de separação patrimonial está a criação de um novo

6. *Sociedades Fictícias e Unipessoais*, pp. 4-6.

sujeito de direito: a pessoa jurídica. É esse ente personificado que será titular do patrimônio afetado.

Este é um dos argumentos contrários à idéia de limitação de responsabilidade do empresário individual: como poderia ele, enquanto pessoa física, ser titular de dois patrimônios? E mais: tal possibilidade não teria caráter potencialmente fraudulento?

Em resposta à primeira questão apresentada podemos citar a posição de Silvio Marcondes Machado[7] que não entende caber ao legislador reconhecer a divisibilidade do patrimônio mesmo que pertencentes a um único titular. Assim ensina: "Apartando do patrimônio a quantidade de bens que julga necessária à instalação de sua empresa, o comerciante individual constitui, com o capital, o suporte econômico imediato das relações jurídicas que surgirão em conseqüência da atividade empreendedora. Tais relações, embora se coordenem num conjunto de direitos (relações ativas e passivas), formando uma *universitas juris*, não se desligam da titularidade do empresário, que permanece proprietário dos bens e credor ou devedor das obrigações. *Refutada, entretanto, a doutrina da unicidade do patrimônio e reconhecida a sua divisibilidade pelo legislador, este admite a existência de determinadas universalidades jurídicas subordinadas ao poder de um mesmo sujeito de direito*" (destacamos).

Os que entendem pela impossibilidade da divisibilidade do patrimônio trazem como principal argumento o seu caráter potencialmente fraudulento, na medida em que, estando os dois patrimônios nas mãos de um único titular, maior seria a possibilidade de confusão patrimonial.

Esse argumento não se sustenta, na medida em que já existe remédio jurídico destinado ao combate da confusão patrimonial, a *desconsideração da personalidade jurídica*, prevista em nosso ordenamento jurídico no Código Civil brasileiro, art. 50. Esse instituto poderia muito bem ser aplicado ao caso em estudo.

Além disso, a separação de parte do patrimônio implicaria na diminuição das garantias dos credores.

Calixto Salomão Filho[8] contra-argumenta nos seguintes termos: "Do ponto de vista econômico, o problema que se coloca é saber até onde a limitação da responsabilidade pode implicar uma perda de crédito por parte da empresa, decorrente da diminuição da garantia patrimonial oferecida aos credores. Tal crítica pode ser contestada empiricamente, afirmando que é impossível determinar se o desaparecimento da concorrência dos credores pessoais do sócio sobre o passivo social (outra decorrência da limitação da responsabilidade) não contrabalança ou até supera essa desvantagem".

Dessa forma, entendemos que os argumentos apresentados pelos que se dizem contra a introdução do instituto em estudo na legislação brasileira são fundados mais no medo e no preconceito do que propriamente no Direito.

Afinal, a opção do legislador é sempre a de adaptar os institutos já existentes a criar novos, isto talvez, por medo do impacto da mudança na realidade social, o que, às vezes, não se justifica.

2. Formas de limitação de responsabilidade do empresário individual

Outra questão fundamental a ser enfrentada é a forma pela qual se dará a limitação de responsabilidade do comerciante individual.

Encontramos nas experiências de outros países e nos estudos já realizados sobre o tema, duas possibilidades: (i) a limitação da responsabilidade do empresário individual enquanto pessoa física, chama-

7. Silvio Marcondes Machado, *A Limitação de Responsabilidade do Comerciante Individual*, p. 281.

8. *O Novo Direito Societário*, p. 156.

da "Estabelecimento Individual de Responsabilidade Limitada"; (ii) a criação de pessoa jurídica de responsabilidade limitada, a "Sociedade Unipessoal".

O "Estabelecimento Individual de Responsabilidade Limitada" seria um conjunto de bens afetados para o exercício da empresa por um empresário individual, pessoa física.

Dentre os que entendem essa como a melhor forma de se instrumentalizar a limitação da responsabilidade do comerciante individual está Silvio Marcondes Machado[9] que sustenta sua posição com base em duas razões.

A primeira razão é a limitação, pela nossa legislação, dos entes considerados "pessoa jurídica". São eles: fundações, associações, sociedades. O empresário individual não estaria nesse rol.

A outra razão apresentada é a impossibilidade de formação de *sociedade* sem a *pluralidade de sócios.*

A legislação portuguesa também se mostrou adepta a essa forma de limitação através do Decreto-lei 248/1986 que criou a "EIRL" — "Estabelecimento Individual de Responsabilidade Limitada".

A escolha do legislador português se deu pela seguinte razão: "(...) considerou-se muito menos traumática a introdução da limitação de responsabilidade do comerciante individual, através de uma forma não-societária de patrimônio separado, qual seja, o estabelecimento individual com responsabilidade limitada".[10]

Por outro lado, os adeptos à adoção da forma societária de limitação de responsabilidade, dentre eles Calixto Salomão Filho, defendem a criação da "sociedade unipessoal": uma pessoa jurídica constituída por um só sócio.

Argumenta esse autor:[11] "A conseqüência das fórmulas não societárias é uma drástica redução da capacidade de circulação da empresa e de sua liquidez. Esses problemas traduzem-se na impossibilidade de venda parcial da empresa sem transformação de forma, ou seja, sem transformá-la previamente em sociedade. Torna-se, portanto, mais difícil a venda parcial com manutenção do controle, objetivando mera capitalização. De outro lado, reduz-se a possibilidade de preservação da empresa em caso de morte do empresário".

O problema em se admitir essa forma societária de limitação de responsabilidade é realmente a concepção contratualista de sociedade. Essa concepção tem origem no Código Civil francês que conceitua *sociedade* como um *acordo de vontades* e todo acordo de vontades pressupõe a existência de duas ou mais pessoas.

Em contraposição a essa teoria, Calixto Salomão apresenta a teoria do contrato-organização que identifica como elemento essencial do contrato social a organização criada para a exploração da empresa e não o número de sócios.

Apesar de toda essa divergência com relação a melhor forma de se efetivar a limitação, tanto Silvio Marcondes como Calixto Salomão concordam que o mais importante é garantir ao empresário individual uma forma eficaz de organização dos fatores de produção e exercício de sua atividade.

Assim, ensina Silvio Marcondes:[12] "Erigida a empresa como patrimônio separado do remanescente do titular, não importa, no rigor lógico da concepção, seja este pessoa física ou jurídica; desde que o sujeito tenha capacidade para constituir a empresa e para manter as relações dela decorrentes, nada obsta a que a pessoa do empresário pertença a uma ou outra categoria".

9. Ob. cit.

10. Calixto Salomão Filho, *O Novo Direito Societário*, p. 157.

11. *O Novo Direito Societário*, p. 165.

12. Ob. cit., p. 287.

Por sua vez, Calixto Salomão[13] assevera: "(...) a solução mais aceitável e realista parece ser a de uma organização tão vizinha à societária e dotada de uma capacidade jurídica tão ampla, que chamá-la ou não de sociedade torna-se uma questão terminológica".

No próximo item deste trabalho trataremos da experiência legislativa de outros países, oportunidade em que poderemos verificar as escolhas por eles realizadas no que tange à forma adotada para a limitação de responsabilidade.

3. Experiência de outros países

Vários países pelo mundo inseriram em suas legislações a limitação da responsabilidade do comerciante individual, todos com o mesmo fundamento: o incentivo à pequena e média empresa.

O legislador alemão optou pela forma societária, adotando em 1980 a "sociedade unipessoal".

Calixto Salomão Filho[14] ensina que duas foram as razões que levaram o legislador alemão a escolher a forma societária de limitação de responsabilidade do empresário individual: "a) (...) A práxis não legitimava apenas a sociedade de responsabilidade limitada que num certo momento, em virtude de vicissitudes normais de sua existência jurídica, ficara reduzida a um só sócio: ia bastante mais longe, pois coonestava as próprias sociedades *ab initio* constituídas por um único sócio verdadeiro, secundado (por via de aparências) por um ou mais testas-de-ferro (*Strohmänner*). b) A maior facilidade em delinear um regime jurídico para essa situação: com efeito, a admissão da sociedade de responsabilidade limitada de um único sócio (*Einmann-GmbH*) apenas implicaria a adaptação de algumas normas do regime da GmbH, ao passo que a outra opção — criação da empresa individual de responsabilidade limitada — levantaria muito mais graves dificuldades".

Na legislação francesa essa limitação foi introduzida pelo Projeto *Champaud*, de 26 de outubro de 1977, que optou por adotar a forma não-societária de limitação. Porém, em 11 de julho de 1985, a Lei 85.697 introduziu no ordenamento jurídico francês a *sociedade unipessoal de responsabilidade limitada*.

Portugal introduziu a limitação da responsabilidade pelo Decreto 248/1986 que criou o "Estabelecimento Individual de Responsabilidade Limitada", adotando a forma não-societária e mantendo-a até hoje. O principal problema prático enfrentado é a impossibilidade de continuação da atividade em caso de morte do titular do estabelecimento.

A legislação peruana segue a mesma linha da portuguesa, com algumas peculiaridades, e com o Decreto-lei 24.135 incorpora a "*La Empresa Individual de Responsabilidad Limitada*". Inova em relação à portuguesa, na medida em que admite a transferência *mortis causa* ou a sua transformação em sociedade comercial de responsabilidade limitada em caso de morte do titular.

Em 1989, aconteceu a 12ª Diretiva da Comunidade Econômica Européia em matéria societária. Nesse evento, foi discutida a questão do empresário individual e de sua limitação, adotando-se como modelo-base de organização da empresa individual a sociedade unipessoal.

Seguindo tal orientação, na Itália, surgiu o Decreto Legislativo 88, de 3 de março de 1993, que inseriu a sociedade unipessoal ao Código Civil italiano, em seu art. 2.272.

Assim, noticia Andrea Sirotti Gaudenzi:[15] "Per inserire la fattispecie della società unipersonale all'interno dell'implanto civi-

13. *Sociedade Unipessoal*, p. 40.
14. *O Novo Direito Societário*, p. 158.

15. Andrea Sirotti Gaudenzi, "La società unipersonale a responsabilità limitata", in *Noticiario Giuridico Telematico*.

listico, il legislatore italiano à stato costretto ad introdurre alcune amodifiche che hanno letteralmente rivoluzionato i principi generali del diritto delle società. Col Decreto Legislativo n. 88/93, il legislatore interviene sul codice civile per conformare la normativa nazionale allà dodicesima direttiva".

A legislação espanhola, também seguindo a orientação da 12ª Diretiva da CEE admitiu a sociedade unipessoal em seu ordenamento jurídico.

José Eduardo S. Miranda[16] assim analisa tal inovação legislativa: "(...) y a través del texto de la Ley 21.995, del 23 de marzo, incorporo la 12ª Directiva del Consejo de la CEE (89/667/CEE del 21 de diciembre de 1989), admitió el ingreso de la sociedad unipersonal en su sistema jurídico, no sólo como fuente de solución a la problemática de las pequeñas y medianas empresas, sino como iniciativa de grandes dimensiones. A pesar de los cinco dispositivos específicos que la Ley dedica a la *unipersonalidad*, no tenemos la menor duda de que la regla sigue un criterio amplio, pues no hay en el texto de la propia Ley ningún límite cuantitativo, ni cualitativo, para la constitución sociedad unipersonal".

Por fim, podemos citar a legislação chilena, que em 11 de fevereiro de 2003, pela Lei 19.857, criou "El estabelecimento de empresas individuales de responsabilidad limitada".

Apesar de adotar essa denominação, trata-se de pessoa jurídica com patrimônio próprio e com responsabilidade limitada, constituída mediante escritura público inscrita no Registro do Comércio.

Além desses, podemos citar outros que também incorporaram o instituto às suas legislações: Inglaterra, Áustria, Bélgica, Holanda, Dinamarca, Grécia, muito estados dos Estados Unidos da América etc.

16. José Eduardo S. de Miranda, "El derecho español y la sociedad unipersonal de responsabilidad limitada", *Jus Navigandi*, Teresina, a. 8, n. 222, 15.2.2004. Disponível em <http://www1.jus.com.br/doutrina/texto.asp?id=4822>. Acesso em 18.2.2005.

Constatamos assim, a propagação do instituto pelo mundo e trataremos, no próximo item, da possibilidade de sua incorporação pela legislação brasileira.

4. A realidade brasileira

No Brasil, a idéia de limitação de responsabilidade do empresário individual sempre foi vista com muito preconceito pela doutrina e jurisprudência.

Em primeiro lugar porque é tido como absoluto o princípio segundo o qual o patrimônio é único e não há possibilidade de um mesmo sujeito de direito (empresário individual enquanto pessoa física) possuir dois patrimônios: um geral ou particular e outro especial para o exercício de sua atividade econômica. Assim, inadmissível para a doutrina a adoção da limitação da responsabilidade pela forma não-societária.

Por outro lado, quando se fala em limitação pela forma societária, o problema reside na impossibilidade de sociedade com um único sócio.

A sociedade é originada de um contrato, um acordo de vontades e, tal acordo, pressupõe a existência de duas ou mais pessoas. Assim, impossível a constituição de *sociedade unipessoal*, razão pela qual, não se admite também a limitação da responsabilidade pela forma societária.

Apesar de todos esses argumentos contrários, o que podemos constatar, analisando a realidade do empresário individual, é uma verdadeira falta de atenção às suas necessidades e até discriminação no seu tratamento pelo legislador.

A figura original do empresário individual surgiu com a intenção de facilitar a vida daquele que, sozinho, explorava atividade de pequeno porte, às vezes em sua própria casa com a ajuda de sua família. Daí suas principais características: ser considerado pessoa física e responder ilimitadamente pelas obrigações em razão da ausência de separação do seu patrimônio particular e daquele empregado no exercício da atividade.

Ocorre que, com a evolução do mercado, hoje vemos empresários individuais de grande porte explorando sua empresa, às vezes com maior vulto que muitas sociedades.

Ademais, a idéia inicial de desburocratização foi substituída por inúmeras obrigações administrativas e fiscais a ele impostas, como a obrigação da inscrição no Cadastro Nacional de Pessoa Jurídica, a obrigatoriedade de apresentação de demonstrações contábeis, a necessidade de elaborar uma Declaração de Imposto de Renda de Pessoa Jurídica diversa da que teria que apresentar enquanto pessoa física etc. Vale ressaltar que, tais obrigações são idênticas às cabíveis à sociedade empresária.

Além disso, a Instrução Normativa SRF 200 equiparou o empresário individual à pessoa jurídica, impondo a ele, como já dito, a obrigatoriedade de cadastramento no CNPJ (Cadastro Nacional de Pessoas Jurídicas) da Receita Federal, bem como a declaração de sua renda em Declaração de Imposto de Renda de Pessoa Jurídica, diversa da de pessoa física que deve apresentar.

Constatamos, assim, que o empresário individual já é tratado como pessoa jurídica, ou seja, há uma separação pelo menos no que tange à titularidade do exercício da atividade.

Ademais, o que vemos hoje, é que o empresário individual recebe o mesmo tratamento da sociedade empresária no que se refere a suas obrigações administrativas e fiscais.

Da mesma forma, a ele são aplicados os benefícios trazidos pelo Estatuto da Microempresa, bem como o tratamento diferenciado determinado pela Constituição Federal às micro e pequenas empresas.

Calixto Salomão Filho[17] assim se posiciona com relação a essa questão: "No Brasil, não existe qualquer forma para a limitação de responsabilidade do comerciante individual. *Na própria definição das 'fattispeci' sujeitas ao Estatuto da Microempresa, a igualdade de tratamento é evidente. Fala-se indistintamente de 'pessoas jurídicas e firmas individuais'*, ou seja, procura-se facilitar da mesma forma o tratamento creditício e econômico do empresário coletivo que goza de limitação de responsabilidade e do empresário individual, ilimitadamente responsável" (destacamos).

A discrepância ocorre quando se trata da responsabilidade do empresário pelas obrigações contraídas no exercício da empresa. Podemos constatar facilmente tal discrepância com a análise de um caso concreto. Temos dois empresários:

a) Empresário individual "X", pessoa física que explora a atividade empresarial de prestação de serviços educacionais. Possui dez empregados, enfim, mantém uma estrutura organizada para a exploração de sua empresa, com faturamento mensal de R$ 50.000,00 (cinqüenta mil reais).

b) Sociedade "Y" Ltda., pessoa jurídica composta por "A" e "B", que explora atividade empresarial de prestação de serviços educacionais. Possui dez empregados, enfim, mantém uma estrutura organizada para a exploração de sua empresa, com faturamento mensal de R$ 50.000,00 (cinqüenta mil reais).

Como podemos verificar, os dois empresários exploram a mesma atividade, possuem o mesmo número de empregados, mesmo faturamento mensal, porém estão sujeitos a regimes jurídicos distintos.

O empresário "X", pessoa física, por exercer sua atividade individualmente tem responsabilidade ilimitada pelas obrigações contraídas no exercício de sua empresa. Já os sócios da pessoa jurídica "Y" respondem subsidiária e limitadamente pelas obrigações sociais.

A sociedade "Y", por ser pessoa jurídica, ou seja, distinta dos sócios que a compõem, é beneficiada com um tratamento privilegiado que tem como fundamento o incentivo ao empreendimento. Porém, o empresário individual "X", por ser pessoa

17. *Sociedade Unipessoal*, p. 69.

física e explorar individualmente sua atividade não goza de tal benefício legal.

Somente por esta análise já podemos notar a disparidade de tratamento dispensado aos dois empresários no que se refere à limitação da responsabilidade. O que constatamos, na realidade, é que chegamos ao cúmulo de ter um empresário individual e uma sociedade empresária que possuem a mesma realidade fática, mas são submetidos a normas distintas.

Assim, o número de pessoas que exploram a empresa é fator fundamental a ser observado por qualquer empreendedor, sob pena de ter que responder de forma ilimitada pelas obrigações contraídas no exercício da atividade.

Concluímos assim, que a legislação em vigor não é capaz de regular a realidade fática acerca do empresário individual, o que acaba por trazer efeito contrário ao pretendido, ou seja, desestimula a exploração de atividade empresarial de forma individual, gerando, ainda, a formação de sociedades montadas, nas quais não há o *affectio societatis*, sociedades constituídas somente para usufruir o benefício da responsabilidade limitada dos sócios.

4.1 Os projetos de lei

Atentos à essa realidade apresentada, os legisladores nacionais apresentaram, em 2003 e 2004, dois projetos de lei que tramitam no Congresso Nacional incorporando a "sociedade unipessoal" ao nosso Código Civil.

O primeiro deles, Projeto de Lei 2.730/2003,[18] foi apresentado pelo Deputado Almir Moura (PL-RJ) e já foi aprovado pela Comissão de Desenvolvimento Econômico, Indústria e Comércio.

A justificativa apresentada pelo Deputado Almir Moura é o incentivo aos pequenos negócios e o estímulo à economia do país.

Assim, pretende o projeto incluir ao nosso Código Civil (Lei 10.406/2002) o art. 985-A que assim vigoraria:

> Art. 985-A. A sociedade unipessoal será constituída por um único sócio, pessoa singular ou coletiva, que é o titular da totalidade do capital social.
>
> § 1º. A sociedade unipessoal também poderá resultar da concentração das quotas da sociedade num único sócio, independentemente da causa da concentração.
>
> § 2º. A firma da sociedade deverá ser formada pela expressão "Sociedade Unipessoal" ou "Unipessoal" antes da palavra "Limitada" ou da abreviatura "Ltda."
>
> § 3º. Somente o patrimônio social responderá pelas dívidas da sociedade unipessoal.

Vale ressaltar que o art. 985-A seria introduzido no Título II do nosso Código Civil que trata "Da Sociedade", no Capítulo único: "Disposições Gerais".

Referida "sociedade unipessoal" seria incorporada de acordo com as normas pertinentes à sociedade limitada.

A Comissão de Desenvolvimento Econômico, Indústria e Comércio, por meio de seu relator Deputado Lupércio Ramos, manifestou seu apoio ao projeto.[19] Assim votou o referido deputado:

"(...) A conformação dada ao empresário individual pelo Código Civil acaba por prejudicar severamente aos pequenos negócios, boa parte deles organizados sob essa forma. O problema é que, ao confundir os patrimônios, inflige-se um risco muito maior ao pequeno negociante, que verá seus bens particulares ameaçados por um problema decorrente de sua atividade comercial.

"Esse é um óbvio entrave ao desenvolvimento das atividades mercantis de menor porte, o que não se coaduna com os avanços obtidos por este segmento nos últimos anos como SIMPLES e o Estatuto da

18. Anexo III.

19. <www.camara.gov.br>.

Microempresa e Empresa de Pequeno Porte, entre outras medidas que, embora insuficientes, melhoraram a situação dos pequenos empreendimentos.

"Os eventuais casos de fraude, por parte de proprietários individuais, que vierem a ocorrer já encontram tratamento adequado no novo Código Civil, em seu art. 50, que acolheu a teoria da desconsideração da personalidade jurídica."

Além desse, tramita no Congresso Nacional, outro Projeto de Lei, o de n. 3.667,[20] apresentado em 2004 pelo Deputado Luiz Carlos Hauly.

Esse projeto, por sua vez, propõe diversas mudanças na disciplina legislativa das sociedades limitadas, dentre elas, a possibilidade de constituição de sociedade limitada por um único sócio, desde que pessoa física residente no país. Tal dispositivo entraria em vigor da seguinte forma:

> (...) A sociedade limitada pode ser constituída e existir regularmente por um único sócio, que seja pessoa física residente no país.
>
> Parágrafo único. Este dispositivo aplica-se às sociedades simples (arts. 997 a 1.038 da Lei 10.406, de 10 de janeiro de 2002, Código Civil) e de advogados (arts. 15 a 17 da Lei 8.906, de 4 de julho de 1994, Estatuto da Advocacia).

Assim, fica admitida constituição de sociedade unipessoal limitada tanto para o caso de empresário individual como para as sociedades simples e de advogados.

A Comissão de Desenvolvimento Econômico,[21] Indústria e Comércio, por meio de seu relator Deputado Ronaldo Dimas, também manifestou seu apoio ao projeto, fazendo menção aos países que já incorporaram a sociedade unipessoal.

Apesar de tal apoio, essa Comissão, posteriormente, achou por bem suprimir tal dispositivo do projeto de lei em razão da existência de outro projeto anterior (PL 2.730/2003), que foi considerado mais abrangente e adequado à disciplina da matéria.

Dessa forma, aprovado tal projeto de lei, estaremos diante de uma nova figura do direito societário brasileiro, a "*sociedade unipessoal*".

É evidente, e já foi demonstrado neste trabalho, a enorme relevância desse instituto na vida dos empresários individuais.

Apesar disso, fazemos uma crítica à denominação utilizada pelo legislador: partindo-se da idéia de sociedade como um contrato, soa mal o termo *sociedade unipessoal*, na medida em que a sociedade é concebida, tanto pelos juristas como pela população em geral, como um acordo de vontades que, por isso, pressupõe a existência de duas ou mais pessoas.

Dessa forma, talvez fosse mais interessante seguir a legislação chilena que, apesar de considerar o empresário individual como pessoa jurídica distinta de seus sócios, adota outra denominação, qual seja: "*Estabelecimento de empresa individual de responsabilidade limitada*", que parece mais adequada à figura do empresário individual.

De qualquer maneira, o mais importante é observar que o legislador deve procurar, na medida do possível, adequar as leis vigentes à realidade econômica e social do país, e a introdução da limitação da responsabilidade do empresário individual será de grande valia para o desenvolvimento de novas atividades e o crescimento econômico.

Bibliografia

CORREIA, Antonio de Arruda Ferrer. *Sociedades Fictícias e Unipessoais*. Coimbra, 1953.

HENTZ, Luiz Antonio Soares. *Direito de Empresa no Código Civil de 2002: Teoria do Direito Comercial de acordo com*

20. Anexo IV.
21. <www.camara.gov.br>.

a Lei n. 10.406, de 10.1.2002. 2ª ed., São Paulo, Juarez de Oliveira, 2003.

MACHADO, Silvio Marcondes. *A Limitação da Responsabilidade do Comerciante Individual*. São Paulo, Max Limonad, 1956.

SALOMÃO FILHO, Calixto. *O Novo Direito Societário*. 2ª ed. reform., São Paulo, Malheiros Editores, 2002.

————. *Sociedade Unipessoal*. São Paulo, Malheiros Editores, 1995.

OBSERVACIONES EN TORNO A LA FUNCIONALIDAD DE LA JUNTA EN LA SOCIEDAD BURSÁTIL[1]

MARIA ISABEL CANDELARIO MACÍAS

I — El derecho a convocar y participar en la Junta: I.1 — La reglamentación comparada del derecho a convocar y participar en la Junta. II — La celebración y el desarrollo de la Junta. III — Las nuevas competencias a asumir por la Junta en la sociedad cotizada en Bolsa. IV — A modo de conclusión.

I — El derecho a convocar y participar en la Junta

Es sabido que la junta general de la sociedad anónima es el órgano soberano[2] de tal tipo social, a quien corresponde adoptar las principales decisiones (*cfr.* art. 93 LSA): nombramiento de administradores, aumentos y reducciones de capital, fusiones, modificaciones de estatutos, emisión de obligaciones, entre otros. En la Junta general[3] se reúnen todos los socios[4] de la entidad y deciden por mayoría sobre los asuntos sociales propios de su competencia.[5] En este contexto, se suscita la cuestión

1. Esta contribución ha sido premiada en la IIª Edición del Premio "Estudios Financieros", 2005, en su modalidad de Derecho Civil y Mercantil por el Centro de Estudios Financieros.

2. M. de la Cámara, "La competencia de la Junta general de accionistas", en AA.VV., *Estudios Jurídicos sobre la Sociedad Anónima*, Madrid, Cívitas, 1995, pp. 149 y ss.; J. Miquel Rodríguez, "Art. 93 de la LSA", en AA.VV., v. 2, *Comentarios a la Ley de Sociedades Anónimas*, Madrid, Tecnos, 2001, p. 948: "se trata de un órgano necesario de la sociedad anónima y constituye el cauce de formación de la voluntad de la sociedad mediante la expresión de la de sus socios". Entre las competencias de la Junta, véase la RDGRN de 12 de mayo de 1999 (RA. 3.258). También la RDGRN de 10 de mayo de 1999 (RA. 3.256). Por su lado: la STS. de 22 de junio de 1979 (RA. 2.908), dice que "el art. 48 no especifica cuáles sean los asuntos de la competencia de la Junta, sin duda para significar que la soberanía de la Junta no obsta al desarrollo de la gestión social a través del Consejo de Administración, de lo que cabe deducir que la Junta general de nuestra Ley de Sociedades Anónimas se considera, entre otras facetas, como órgano de vigilancia y control de la actividad de los administradores y que puede censurar los actos que éstos realicen con la consiguiente adopción de los acuerdos precisos". En la misma línea: STS. de 14 de noviembre de 1992 (RA. 9.406).

3. *Cfr.*, J. E. Cachón Blanco, *Los Mercados de Valores*, Madrid, Actualidad Editorial SA, 1995, pp. 171-172; Carmen Alonso Ledesma, "El papel de la Junta general en el gobierno corporativo de las sociedades de capital", en AA.VV., *El Gobierno de las Sociedades Cotizadas*, Madrid, Marcial Pons, 1999, p. 620.

4. J. Miquel Rodríguez, "Art. 93 de la LSA", *op. ult. cit.*, p. 948: "el art. 93 LSA se refiere expresamente a los accionistas como aquellos que deben decidir".

5. Explica: J. Miquel Rodríguez ("Art. 93 de la LSA", *op. ult. cit.*, p. 959): "la formulación del artículo 93 LSA es, en este sentido, poco precisa, pues la referencia a 'los asuntos propios de su competencia', además de establecer inequívocamente que sus facultades están limitadas (...), obliga a rastrear a lo largo del texto legal cuáles son esos asuntos y pueden señalarse, entre las competencias inderogables que impone la Ley, la censura de la gestión social, la aprobación de las cuentas anuales y la aplicación del resultado del ejercicio (art. 95 LSA),

de sí en las sociedades que acuden a los mercados de capitales para su financiación, la Junta general debe desempeñar o no algún papel[6] y, por tanto, se trata de comprobar si la Junta desempeña alguna función,[7] puesto que de lo contrario, si aquélla no cumpliese con la función asignada por la Ley implicaría el replantearse su estructura orgánica dentro de las sociedades bursátiles y optar por otra distinta más eficiente. Además, nótese que en nuestro Derecho no se puede decir que exista una obligación de asistir y votar en la Junta general, puesto que no se establece una sanción ante el presunto incumplimiento.[8]

En lo que hace a la *convocatoria de la Junta ordinaria* resulta difícil imaginar un consistente ámbito aplicativo que admita que la minoría tenga poder de convocar la celebración de la Junta, en cuanto que no debemos olvidar los argumentos restrictivos que en la misma se debaten. Se puede pensar, además, sólo en una convocatoria donde se proceda a la revocatoria de los administradores y/o síndicos. También, es sabido que en la sociedad cotizada, la convocatoria de la Junta provoca altos costes a la sociedad: costes económicos, más o menos relevantes, necesarios para la organización de la reunión asamblearia; también costes (o peligro de costes) consiguientes a la publicidad de la convocatoria, que puede

aprobar cualquier modificación estatutaria (art. 103 LSA), nombrar y revocar a los administradores (arts. 123, 131 y 138 LSA) y a los auditores (art. 204), decidir acerca del ejercicio de acción de responsabilidad contra administradores y auditores (arts. 134 y 211 LSA), acordar la supresión o limitación del derecho de suscripción preferente (art. 159), crear acciones privilegiadas (art. 50 LSA) o autorizar la adquisición de acciones propias o de la sociedad dominante por la filial (art. 75.1)".

6. *Vid.*, *Informe sobre el Gobierno de las Sociedades* n. 769, Información Comercial Española, marzo 1998, p. 50: "la efectividad de la Junta general de las sociedades cotizadas como instrumento de control y decisión está sujeta a muchas limitaciones estructurales. La experiencia muestra, en efecto, que la mayor parte de los accionistas ordinarios se desentiende de las tareas de la Junta: y la ciencia enseña, además, que esta actitud es económicamente comprensible a causa de los problemas de *apatía racional* (frecuentemente el coste de participar en la asamblea es superior al rendimiento que puede obtenerse) y de *acción colectiva* (no es posible coordinar las iniciativas individuales de los accionistas dispersos, y, en esa tesitura, no hay incentivos para realizar esfuerzos que fundamentalmente aprovecharán otros). Nada tiene de extraño, por ello, que la Junta haya quedado reducida en muchas ocasiones a una reunión simplemente rutinaria". También, C.-Spinosi Jauffret, "Les assemblées générales d'actionnaires dans les sociétés anonymes, réalité ou fiction (étude comparative)", en *Études Rodière*, París, 1982, p. 125; C. Danglehant, "Le nouveau statut des minoritaires dans les sociétés anonymes cotées: l'application du principe de l'équite", *Rev. Sociétés* n. 2, abril-junio 1996, p. 225; Parkison, *Corporate Power and Responsibility*, Oxford, 1993, p. 165.

Por su lado, F. Sánchez Calero ("Observaciones preliminares al proyecto de Ley de modificación del régimen de las sociedades cotizadas y de las anónimas en general, tras el Informe Aldama", *RdS* n. 20, 2003, p. 32): "con relación a la Junta general, el Informe Aldama parte de una afirmación, con la que es difícil no estar de acuerdo, al decir que 'uno de los primeros objetivos del gobierno corporativo es la potenciación del papel de la Junta general de accionistas como órgano de decisión y control básico para la vida de la sociedad y tutela de los intereses de los accionistas' (...). La soberanía de la Junta en las sociedades cotizadas, constituye un enunciado que, según se ha dicho hace ya muchos años, expresa más bien un propósito, que una realidad".

7. Así, Carmen Alonso Ledesma, "El papel de la Junta general", *op. ult. cit.*, p. 619; Dice M. Cozian, A. Viandier, F. Deboissy, *Droit des Sociétés*, 14ª ed., París, Litec, 2001, p. 294: "le rôle de l'assemblée est affaibli; certes, les textes en font toujours l'organe cardinal des sociétés anonymes, mais en pratique les assemblées sont souvent dans la main des dirigeants; c'est vrai de nombreuses sociétés ouvertes du fait de la dilution du capital et de l'abstentionnisme des actionnaires".

8. Según A. Tobío Rivas, *Limitaciones de los Derechos de Asistencia y Voto del Accionista (Art. 105 LSA)* n. 119, *Estudios de Derecho Mercantil*, Madrid, Cívitas, 1995, p. 41. También en Olivares James, "Los órganos sociales (estructura y funcionamiento)", t. XXX, v. 1º, en AAMN, 1991, pp. 245 a 275, especialmente en p. 265: "el accionista no está obligado a asistir. El voto, en nuestro Derecho, no se configura como un deber. Es más, con su ausencia, el socio puede estar implícitamente manifestando su disconformidad con la Asamblea y con las propuestas que se someten a debate. La Ley, no sólo no sanciona al accionista que no asiste, sino que le atribuye determinados derechos, como el de impugnar los acuerdos sociales anulables (art. 117.2 LSA)".

incidir sobre el nivel de la cotización. Se comprende de este modo el porqué se reconoce a los administradores la facultad de negarse a tal convocatoria en base al interés de la sociedad.

Recordemos ahora ¿cómo se convoca la Junta general?: la Junta general debe convocarse mediante un anuncio publicado en el BORME y en uno de los diarios de mayor circulación en la provincia donde tenga su domicilio social la SA, expresando en el anuncio la fecha de celebración y los asuntos que han de tratarse (art. 97 LSA). Los requisitos exigibles para la convocatoria de la Junta general no se consideran necesarios en los supuestos de junta universal que se producen cuando esté presente todo el capital social y los asistentes — presentes o representados — acepten por unanimidad la celebración de la Junta (art. 99 LSA).[9] Extremo este último (Junta Universal) que no se presenta en las sociedades bursátiles. De este modo, se exige que la convocatoria de la junta se vea rodeada de unas formalidades mínimas — señaladas en el art. 97 LSA[10] — entre las que destaca la inclusión con la suficiente claridad de los asuntos sobre los que se va a decidir, a fin de que los socios puedan conformar su voluntad de manera reflexiva, evitando en lo posible situaciones que por la precipitación se muestren propicias al error o al abuso y que, en última instancia, podrían provocar la nulidad del acuerdo adoptado en esas condiciones. El orden del día requiere dos notas esenciales: ha de ser claro y completo. Además, debe comprender todos los asuntos a tratar y todas las cuestiones y materias que van a ser objeto de discusión y sobre las cuáles los socios pueden ejercer su derecho de voto. Luego, el régimen de convocatoria (arts. 97 a 101 LSA)[11] da a conocer la celebración de la junta en un lugar y fecha determinados, así como los asuntos a tratar y se les garantiza la posibilidad de asistir y participar en la vida social y ejercer los derechos políticos inherentes a la condición de accionista. Por consiguiente, la existencia de la convocatoria cumpliendo todos los requisitos de publicidad formal y material *ex* art. 97 LSA deviene *prima facie* una condición necesaria para la celebración correcta y eficaz de la Junta. Pero la formalización de la convocatoria no será posible sin la previa decisión o el acuerdo de convocar, que corresponde *ex lege* al órgano de administración (arts. 94 y 100.1 LSA).

Así, la práctica de la sociedad cotizada ilustra cómo los grupos de control muestran un instinto natural de supervivencia que les lleva a tratar de asegurarse que no van a ser sustituidos por otro grupo de control con ocasión de la celebración de una Junta general. Es por ello por lo que tales grupos de control establecen una serie de barreras sucesivas con tal finalidad, que pretenden que no se convoquen Juntas generales a iniciativa distinta de la suya; que, si se convocan, no alcancen el quórum necesario para poder constituirse; y que, si alcanzan aquel quórum, no puedan alcanzarse los votos suficientes para la aprobación de los acuerdos propuestos y hostiles a sus intereses de perpetuación. En la realidad de las sociedades cotizadas, los sistemas de convocatoria previstos en el art. 97 de la LSA no garantizan un grado suficiente de conocimiento de dichas convocatorias por

9. J. Tapia Hermida, "La Junta general de accionistas de la sociedad anónima cotizada", en v. III, *Derecho de Sociedades. Libro Homenaje al Prof. Sánchez Calero*, Madrid, McGraw-Hill, 2002, pp. 2.928 a 2.930.

10. J. A. Romero Fernández, *El Derecho de Información del Accionista: Objeto, Límites y Forma de Ejercicio*, Madrid, Marcial Pons, 2001, pp. 22 y 24. También, Otero Lastres, "Acerca de la Junta general de accionistas de la sociedad anónima", t. II, En AA.VV. (Dir. Garrido de Palma), *Estudios sobre la Sociedad Anónima*, Madrid, 1993, pp. 54 y 55.

11. R. Morral Soldevilla, "La convocatoria de la Junta General de accionistas: algunos problemas en torno a su régimen jurídico", en *Derecho de Sociedades. Libro Homenaje a Fernando Sánchez Calero*, 2 v., Madrid, McGraw-Hill, 2002, pp. 1.198 y 1.199.

los accionistas, si bien las circunstancias de que la práctica totalidad de las acciones estén depositadas en Entidades de crédito y de que éstas vengan obligadas, en virtud del art. 308 del Código de comercio, a realizar una administración de dichas acciones que comprende el aviso a sus titulares de la convocatoria de las Juntas generales al objeto de permitirles ejercer su derecho de voto, hace que dicho grado de desinformación resulte en cierta medida paliado por la intermediación de las Entidades depositarias.

Nuestra legislación permite que los accionistas que representen un 5%[12] del capital social puedan solicitar la *convocatoria de Junta general extraordinaria* siempre que lo estimen conveniente para los intereses sociales, expresando en la solicitud los asuntos a tratar en la Junta (art. 100.2 LSA).[13] Así, la iniciativa de convocatoria de la Junta no es competencia exclusiva del órgano de administración. El legislador ha diseñado una disciplina que permite separar la facultad de la iniciativa de convocatoria. Un supuesto claro lo constituye la posibilidad que se concede a los accionistas de solicitar la convocatoria de la junta general extraordinaria en base al art. 100.2 LSA. Posibilidad que, en principio, se convierte en obligación de convocar para los administradores y forma parte de los llamados derechos de minoría de los accionistas. En efecto, el porcentaje (5%) exigido puede reunirlo un solo socio y no es necesario que sean dos o más socios, aunque la Ley se refiera en plural a socios. Basta con uno solo. Circunstancia que puede darse fácilmente en las sociedades pequeñas o familiares, *a sensu contrario*, no en las grandes sociedades cotizadas puesto que el porcentaje del 5 por 100 constituye un límite que no puede superarse estatutariamente. En cualquier caso, los estatutos pueden establecer un porcentaje inferior pero no superior. El capital social a que se refiere el precepto (art. 100.2 LSA) no es capital desembolsado, la referencia

12. Juste Mencía, "La solicitud de convocatoria de la junta general extraordinaria por accionistas que representen el cinco por ciento del capital social", *RdS* n. 4, 1995, pp. 37 y ss. Véase la RDGRN de 13 de enero de 1994 (RA. 237), que no admitió una cláusula estatutaria que fijaba en un 10 por 100 el capital social necesario para solicitar de los administradores la convocatoria de junta general extraordinaria; anteriormente la RDGRN de 27 de junio de 1977 (RA. 4.091), inspirándose en la doctrina anterior de la Dirección General, señaló que aumentar el quórum "equivaldría a restringir un derecho de convocatoria de la minoría". Opina, más recientemente, R. Morral Soldevilla, "Art. 100 de la LSA", en AA.VV., v. 2, *Comentarios a la Ley de Sociedades Anónimas*, Madrid, Tecnos, 2001, pp. 996 y 997. Rocío Martí Lacalle, *El Ejercicio de los Derechos de Minoría en la Sociedad Anónima Cotizada*, Pamplona, Aranzadi, 2003, p. 143: "la convocatoria de Junta a solicitud de la minoría (5% del capital social), se tomará en consideración la petición de la misma si se acredita que los accionistas que la forman son titulares de las acciones como mínimo tres meses antes de la fecha de la Junta. Para ello bastará declaración jurada ante notario. Con ello se quiere garantizar que no se haga valer estos derechos por accionistas que hayan obtenido las participaciones necesarias, únicamente, para un plazo corto, por ejemplo, por la vía de los préstamos de acciones. Se pretende paliar así el uso de este derecho con una finalidad puramente obstruccionista".

13. Explica, en este contexto, el Prof. Eduardo Polo, "Abuso o Tiranía. Reflexiones sobre la dialéctica entre mayoría y minoría en la sociedad anónima", *RJN* n. 14, 1995, pp. 75 y 76: "se requiere así la vigésima parte del capital social: para exigir de los administradores y, en su caso, del juez la convocatoria de la Junta general extraordinaria (arts. 100.2 y 101.2) (...) para solicitar a los administradores la convocatoria de Junta general extraordinaria para que ésta decida sobre el ejercicio de la acción social de responsabilidad contra ellos o para ejercitarla en defecto de su convocatoria por los administradores o de su ejercicio por la sociedad (art. 134.4) (...). En cambio, la proporción de capital requerida se eleva a la cuarta parte del capital presente en la Junta para la solicitud de prórroga de sus sesiones (art. 109.2) y a la quinta parte del capital social para solicitar al gobierno la prórroga de la sociedad disuelta (art. 265.1)". A su vez, R. Morral Soldevilla, "La convocatoria de la Junta General de accionistas: algunos problemas en torno a su régimen jurídico", *op. ult. cit.*, p. 1.208.

Por su parte, el Reglamento comunitario regulador de la SE, Reglamento CE 2.157/2001 del Consejo de 8 de octubre de 2001, precisa en su art. 55 n. 1: "la convocatoria de la Junta general y la fijación del orden del día podrán ser solicitadas por uno o más accionistas que dispongan, en conjunto, al capital social ha de entenderse al suscrito y puede afirmarse que el accionista moroso tiene derecho a solicitar la convocatoria de la junta general extraordinaria de accionistas.

Del mismo modo, se permite que si los administradores no convocan la Junta, ésta será peticionada por el Juez de primera instancia, a solicitud de cualquiera de los socios (art. 101 LSA).[14] En la práctica, no se trata de un mecanismo especialmente eficaz, dado que una vez convocada la Junta, el grupo de control hará normalmente valer su situación votando en contra de la propuesta del grupo solicitante. Sea como fuere, no puede discutirse el hecho de que junto a la facultad *ex lege* que tienen los administradores de proceder a convocar la junta extraordinaria (art. 94 LSA), el legislador ha concedido a los accionistas la posibilidad de solicitar la convocatoria de esa junta al órgano de administración. Se trata de una manera de contribuir activamente a la formación de la voluntad social, obligando, en su caso, a que los administradores materialicen esa solicitud, otorgándose, por lo demás, una facultad que se engloba en los llamados derechos de minoría[15] tal y como indicábamos. Siguiendo a Trías,[16] nos encontramos que "la competencia para convocar la Junta se atribuye a los administradores, salvo en los supuestos en los que legalmente se atribuya la función de convocar a otra instancia. Se echa de menos en nuestro Derecho la facultad de los accionistas de incluir puntos en el orden del día de la Junta convocada. El reconocimiento por parte del art. 100.2 de la LSA a

de acciones que representen como mínimo el 10% del capital suscrito. Los estatutos o la legislación nacional podrán fijar un porcentaje inferior en las mismas condiciones aplicables a las sociedades anónimas". Puntualiza en torno a la introducción de puntos en el orden del día el Reglamento sobre la SE, en su art. 56: "uno o más accionistas que posean, en conjunto, como mínimo el 10% del capital sucrito de una SE podrán solicitar la inclusión de uno o más nuevos puntos en el orden del día de una junta general. Los procedimientos y plazos aplicables a dicha solicitud se fijarán con arreglo a la legislación nacional del Estado miembro del domicilio social de la SE o, en su defecto, con arreglo a los estatutos de la SE. La legislación del Estado miembro del domicilio social o los estatutos de la SE podrán determinar un porcentaje inferior al anteriormente indicado, en las mismas condiciones que se aplican a las sociedades anónimas".

14. Más información en R. Morral Soldevilla, "Art. 101 de la LSA", en AA.VV., v. 2, *Comentarios a la Ley de Sociedades Anónimas*, Madrid, Tecnos, 2001, pp. 1.001 y ss. Pensamos que es difícil que se realice este tipo de convocatorias en las sociedades cotizadas, así Añoveros Trías de Bes, "La convocatoria de las juntas generales de accionistas por decisión de la autoridad judicial en las sociedades anónimas", *RGD* n. 584, 1993, pp. 4.878 y ss., donde afirma que es en las sociedades cerradas o familiares donde, por diferentes motivos, aparecen principalmente este tipo de problemas.

15. M. Trías Sagnier, *Los Inversores Institucionales y el Gobierno de las Grandes Sociedades*, Madrid, McGraw Hill, 1998, p. 304: "se reconoce a los accionistas el derecho a solicitar la convocatoria de Junta general extraordinaria cuando posean al menos un 5 por 100 del capital social (art. 100 LSA), tratándose de un derecho inderogable". También, véase: Menéndez Uría y José Mª Muñoz Planas, "La Junta General de Accionistas", en Uría/Menéndez/ Olivencia (Dirs.), *Comentario al Régimen Legal de las Sociedades Mercantiles*, t. IV, Madrid, 1991, p. 112. Según RDGRN de 13 de enero de 1994 (RA. 237), que reconoce expresamente que estamos ante "uno más de los derechos básicos e inderogables de los accionistas, especialmente destinados a proteger a las minorías".

16. Añade M. Trías Sagnier, *Los Inversores...*, *ibídem*, pp. 323 y 324: "la respuesta dada a esta cuestión por el Proyecto de Quinta Directiva parece adecuada, ya que reconoce este derecho a los accionistas que dispongan de acciones que representen el 5 por 100 del capital suscrito o bien tengan un valor nominal o contable de 100.000 ecus, cifra que parece suficientemente significativa como para garantizar la *affectio societatis* de quien la posee pero sin duda muy inferior en las grandes sociedades a la del 5 por 100 que exige nuestra Ley". Dice: M. Ruiz Muñoz, "Fundamento y naturaleza jurídica de la responsabilidad de los administradores del art. 262.5 (art. 105 LSRL): análisis contractual representativo", *RDM* n. 244, abril-junio 2002, p. 537: "derecho de minoría (5% del capital), que además está mediatizado porque lógicamente la mayoría de la junta adoptará la decisión que era más conveniente que no tiene porque coincidir con los fines perseguidos por la *minoría convocante*. Como es natural, ahora sí — después de la decisión de la Junta — que quedará a los socios, individual o colectivamente, el recurso último de la impugnación del acuerdo social".

los socios que sean titulares de al menos el 5 por 100 del capital social, del derecho a solicitar la convocatoria de Junta general es, a mi entender, insuficiente en las grandes sociedades por dos motivos principales. En primer lugar, porque resulta claramente conveniente que los accionistas aprovechen la Junta previamente convocada, normalmente la propia Junta general ordinaria, para introducir las cuestiones que tienen intención de que se debatan, y en segundo lugar, porque el listón del 5 por 100 parece excesivo en este tipo de compañías, donde pocos accionistas alcanzan dicho porcentaje, y, normalmente los que lo hacen, participan en una u otra medida en la dirección de la compañía".

En síntesis y según este esquema de actuación, parece claro que con independencia de la alternativa que poseen los administradores de poder convocar la Junta, aquel accionista o grupo de accionistas que alcancen *una participación del 5 por 100 en el capital social de la sociedad cotizada pueden instar (facultad de solicitar y no de una facultad de convocar)*[17] *la celebración de una Junta general extraordinaria de accionistas* (al amparo del art. 100.2 de la LSA) en la que ejerciten específicamente los derechos políticos:[18] derechos de voto y representación. No obstante lo anterior, como puntualiza Alcover Garau:[19] "la mayoría, amparándose en el principio mayoritario en el funcionamiento de la Junta general de accionistas, puede dejar sin contenido el derecho concedido a la minoría de dos formas distintas: los arts. 131 y 93 LSA establecen que *la separación de los administradores podrá ser acordada en cualquier momento de la Junta general.* Los accionistas, constituidos en Junta general debidamente convocada, decidirán por mayoría en los asuntos propios de la competencia de la Junta. Todos los socios, incluso los disidentes y los que no hayan participado en la reunión quedan sometidos a los acuerdos de la Junta general".

Creemos, considerando lo anterior y para evitar inconvenientes, que la convocatoria de la Junta general en la sociedad cotizada — además de la que han de realizar los administradores siguiendo las normas generales —, debe *incluir una norma específica que obligue a aquéllos a efectuar la convocatoria cuando lo solicite la minoría y que ésta no haya de representar el cinco por ciento del capital social,*[20]

17. Como bien precisa R. Morral Soldevilla, "Art. 100 de la LSA", *op. cit.*, p. 995: "en primer término, la Ley permite que, en determinados casos, los accionistas soliciten a los administradores la celebración de una junta. Se trata, por tanto, de una facultad de solicitar la convocatoria y no de una facultad de convocar. Los accionistas en ningún caso están facultados para convocar la junta. En segundo lugar, debe destacarse que esa facultad se ciñe a la junta general extraordinaria, quedando excluida en cuanto a la junta general ordinaria. No obstante, en ese caso, ante la eventualidad de que no sea convocada por el órgano de administración, existe la posibilidad de que los accionistas soliciten la convocatoria judicial (art. 101 LSA). En tercer y último lugar, la solicitud de convocatoria está sujeta a determinados requisitos". Como puede inferirse estamos ante una facultad de la minoría con carácter restrictivo.

18. Para el Derecho italiano, *cfr.*, G. Bergomi, "Convocazione dell'assemblea di società per azioni: diritti della minoranza, doveri degli amministratori e provvedimenti d'urgenza", t. II, *Giur. Comm.*, 1989, p. 996: "el objetivo o interés se concreta en la posibilidad de llamar la atención a los administradores y a los otros socios, además de valorar las circunstancias que circundan la vida social; incidir así en el debate asambleario, primero, y a través del propio voto, después, sobre la formación de una determinada voluntad social; y con ello controlar a los administradores: en un doble sentido ya que los socios (minoritarios) pueden tener intereses sea para ser informados sobre determinados aspectos de la vida social, sea para exponer en el orden del día materias que de otro modo no se ponen de manifiesto o bien se excluyen — acción de responsabilidad hacia los administradores o revocación de los mismos".

19. *Cfr.*, G. Alcover Garau, "La representación proporcional de la minoría en el consejo de administración de la sociedad anónima y el principio mayoritario en el funcionamiento de la Junta general de accionistas", *RdS* n. 2, 1994, pp. 87 y 88.

20. Así: F. Sánchez Calero, *La Sociedad Cotizada en Bolsa en la Evolución del Derecho de Sociedades*, Madrid, Real Academia de Legislación y Jurisprudencia, 2001. Discurso leído el día 26 de

como sucede en las sociedades no cotizadas, sino un porcentaje inferior que sea decreciente según aumente el importe del capital social y también — aun cuando la cuestión pueda ser discutible —, la Comisión Nacional del Mercado de Valores, en adelante CNMV,[21] fuera órgano competente para solicitar dicha convocatoria. Obsérvese aquí que la convocatoria de una Junta en la sociedad cotizada también ofrece una función informativa: sea para el ahorrador como para los intermediarios, o bien para la CNMV en el ejercicio de sus funciones de vigilancia. Todo ello redundará en la mayor transparencia de la sociedad cotizada en cuestión y, en definitiva, en la mejor defensa de la minoría accionarial.

A nuestro parecer y resumiendo ideas: la vía de *la solicitud de convocatoria de Junta* general extraordinaria prevista en el art. 100.2 de la LSA,[22] *es sin duda adecuada para las pequeñas y medianas compañías, pero presenta importantes obstáculos en las sociedades con el capital ampliamente repartido.* En primer lugar, por el problema — reiterado ya — que representa el requisito de reunir el 5 por 100 del capital social, sin duda excesivamente elevado para este tipo de sociedades, que obligaría a los accionistas a una fase previa de coordinación para poder acceder a su ejercicio conjunto. En segundo, porque parece un trámite excesivamente costoso y extraordinario para el ejercicio de un derecho que, de tener una adecuada vía, podría

marzo de 2001, en el Acto de su recepción como Académico, pp. 129 y 130: "se ha de partir de un porcentaje del capital social que no supere el tres o el cuatro por ciento de ese capital. Porcentaje que ha de ser decreciente conforme se incremente el capital social hasta llegar a un número inferior a la unidad (por ejemplo, en torno al 0,5 por ciento) cuando la sociedad alcance una determinada cifra. Sistema que ha de basarse sobre el capital nominal de la sociedad, no sobre el real o de bolsa, pues en este caso la determinación de la minoría sería variable al oscilar las cotizaciones de las acciones, con la inseguridad consiguiente".

21. Siguiendo así los argumentos expuestos por el Prof. F. Sánchez Calero, *La Sociedad Cotizada en Bolsa..., op. cit.*, p. 183: "la especialidad radica en la forma de la convocatoria de la publicación de ésta, pues así como respecto a la sociedad no cotizada debe poder acudirse a sistemas más flexibles que los previstos en la LSA vigente (...), en las sociedades cotizadas ha de considerarse necesario mantener un procedimiento de anuncio de la convocatoria de la Junta similar al vigente, que exige la inserción de ese anuncio en el BORME y en algún periódico de los de mayor circulación en la provincia donde la sociedad tenga su domicilio".

Piensa, por su lado J. Tapia Hermida, "La Junta general de accionistas de la sociedad", *op. cit.*, pp. 2.930 y 2.931: "la función de protección de los inversores que atribuye el artículo 13 de la LMV a la CNMV la identifica como la entidad idónea para reconocerle aquella legitimación activa para solicitar a los Consejos de las SSAA cotizadas, cuando concurran circunstancias que lo recomienden, la convocatoria de sus respectivas Juntas generales. Esta intromisión de la CNMV en la vida social interna de las SSAA cotizadas tendría antecedentes significativos en el Derecho vigente porque no debemos olvidar que la propia LMV, en el art. 60 y el Real Decreto 1.197/1991, en su artículo 40.5, le reconocen una legitimación extraordinaria para impugnar los acuerdos viciados de nulidad como consecuencia del incumplimiento de la obligación de formular una OPA".

22. Según M. Trías Sagnier, "El sistema de protección del accionista inversor", *RdS* n. 14, 2000, p. 230: "la problemática surge a mi entender en el momento en que el accionista o grupo que se halla en desacuerdo con la gestión social se plantea captar el voto disperso de los restantes accionistas. En esta tesitura, la posición de los accionistas que forman parte del núcleo de control es netamente y, en mi opinión injustificadamente, ventajosa respecto de la que ostenta el eventual grupo disidente (...). En primer lugar, una vez reunido el 5% del capital social que exige el art. 100.2 del TRLSA, deberá dirigirse a los administradores, solicitándoles la convocatoria de Junta general. Nuestro ordenamiento no reconoce el derecho a solicitar la inclusión de puntos en la Junta ya convocada (...) cosa que se entiende mal, ya que parece más lógico aprovechar una convocatoria en marcha que forzar una Junta extraordinaria. Tampoco se ha incorporado a nuestro Derecho la posibilidad de dicha solicitud cuando los accionistas sin alcanzar el 5% de participación, umbral muy alto en las sociedades cotizadas, reúnan sin embargo un volumen accionarial considerable, que la norma proyectada europea cifra en los 100.000 ecus (en favor de un sistema de minorías decrecientes inversamente proporcional a la cifra del capital se pronuncian diversos autores) (...). El siguiente problema que se plantea a este accionista o grupo accionarial es el de conocer la identidad de los restantes accionistas".

ejercitarse en el marco de las Juntas previamente convocadas por los administradores, sin forzar en tal medida la estructura societaria.[23] Además, téngase en consideración los requisitos[24] que dicha solicitud por parte de la minoría conlleva: necesidad de que en la solicitud se expresen los asuntos a tratar en la junta; necesidad de que la solicitud se haga mediante requerimiento notarial.[25] La cuestión es importante. Si los accionistas quieren que se discuta, exista votación y, consecuentemente, se decida sobre determinados asuntos, es necesario que lo digan expresamente en la solicitud. Ahora bien, la facultad de redacción del orden del día corresponde a los administradores. En cuanto a la necesidad del requerimiento notarial, la Ley no ha variado esa exigencia respecto del art. 56 LSA de 1951. Bajo estos parámetros de actuación, hemos de tener en cuenta el esfuerzo que nuestra mejor doctrina[26] está ya realizando a fin de elaborar propuestas — *de lege ferenda* — de adecuación de la vigente normativa reguladora de las Juntas generales de accionistas a las Juntas de las grandes sociedades "abiertas" que cotizan en Bolsa.

Creemos así que la solución a los obstáculos enunciados debería encontrarse en lo siguiente:

I. Posibilitar el que la minoría — con carácter previo — introduzca nuevos puntos en el orden del día[27] dentro del desarrollo de la Junta ordinaria sin necesidad de acudir a la Junta extraordinaria tal y como sucede en el Derecho de sociedades francés.[28]

23. Siguiendo así a Trías Sagnier, M. *Los Inversores..., ibídem*, pp. 331 y 333.

24. R. Morral Soldevilla, "Art. 100 de la LSA", *op. cit.*, pp. 997 y 998.

25. Al respecto, véase: STS. de 23 de octubre de 1987 (RA. 7.466), dice que la inclusión de los asuntos a tratar es esencial, a su vez, se confirma la nulidad de los acuerdos adoptados en una junta por falta del requerimiento notarial correspondiente al cursarse la petición mediante una "simple carta particular" en la que no se expresaron los asuntos a tratar.

26. Así se expresa y da cuenta de ello L. M. Miranda Serrano, en "La Junta Universal de accionistas o socios (una propuesta de solución a la problemática que encierran los requisitos de universalidad de las Juntas)", *RDM* n. 243, 2002, p. 97.

27. Considérese como lo realiza J. Tapia Hermida, "La Junta general de accionistas de la sociedad", *op. cit.*, p. 2.936: "en particular, la práctica de las sociedades cotizadas españolas permite observar que, con frecuencia, se incluyen como puntos del orden del día la renovación por parte de la junta de las autorizaciones otorgadas en favor del Consejo de Administración para aumentar el capital (art. 153.1.b) LSA) o para emitir obligaciones (art. 319 RRM)". Inclusión de puntos en el orden del día que ha de vincularse al derecho de información tal y como lo realiza: Rocío Martí Lacalle, *El Ejercicio de los Derechos de Minoría*, *op. ult. cit.*, p. 279: "una posible solución que facilitaría indirectamente el ejercicio del derecho de información limitado a los asuntos del orden del día vendría dada por la posibilidad prevista en otros ordenamientos (art. L 225-105 del Código de Comercio francés; art. 122.2 AktG) en favor de determinados porcentajes, de solicitar la inclusión de puntos en el orden del día, pues ello permitiría durante el desarrollo de la misma, pedir aclaraciones sobre los mismos. De este modo, se soslayaría la necesidad de solicitar convocatoria de Junta". Explica Luis Fernández del Pozo, "El Reglamento de la Junta General en la Ley de transparencia de las sociedades anónimas cotizadas (art. 113 LMV)", *RDBB* n. 93, 2004, p. 83: "en los ordenamientos de Derecho comparado — especialmente en el norteamericano — la praxis societaria de las *shareholder's proposals* se ha revelado un instrumento básico de revitalización del papel de la junta (...). El informe Winter, por su parte, estima que el derecho de que eventualmente gozan los accionistas minoritarios de integrar el orden del día de la convocatoria con sus propuestas constituye una pieza básica de tutela de la minoría cuyo funcionamiento debe ponerse en relación con el (eventual) reconocimiento del derecho de la mayoría de amortización forzosa del minoritario (*squeeze our*). Es opinión de los expertos que el minoritario que puede escapar de la amortización forzosa de su posición por decisión del mayoritario debería poder disfrutar del derecho de integración del orden del día de la junta convocada".

28. Explica Rocío Martí Lacalle, *El Ejercicio de los Derechos de Minoría*, *op. ult. cit.*, p. 92: "se echa de menos en nuestra LSA la presencia de un derecho de minoría presente en otros ordenamientos, cual es la facultad concedida a determinados porcentajes de introducir puntos en el orden del día. Así, por ejemplo el ordenamiento francés, además de reconocer en el artículo L225-103 del Código de comercio a la minoría que represente el 35% de capital social, el derecho a solicitar la designación ju-

El art. 56 del Reglamento CE 2.157/2001 del Consejo de 8 de octubre de 2001, por el que se aprueba el Estatuto de la Sociedad Anónima Europea, permite que los accionistas que posean como mínimo el 10% del capital suscrito de una Sociedad Europea *puedan solicitar la inclusión de uno o más nuevos puntos en el orden del día de una junta general*, remitiendo los procedimientos y plazos aplicables a dicha solicitud a lo dispuesto en la legislación nacional del Estado miembro del domicilio social de la Sociedad Europea. Así, será lícita toda ampliación del orden del día siempre que ésta llegara, de forma efectiva, al conocimiento de todos los accionistas y no se lesionara ninguno de los intereses que las reglas del art. 97 LSA pretende tutelar. En suma, siempre que los accionistas tuvieran un conocimiento anticipado — al margen del concreto plazo — de la ampliación del orden del día, no se verían sorprendidos en su buena fe, porque la junta no deliberaría más que sobre asuntos suficientemente conocidos por todos. Al margen de este supuesto, habrá que considerar la ilicitud de tal ampliación del orden del día.[29]

El régimen especial de las sociedades anónimas cotizadas debería consagrar el deber de dar publicidad no sólo del contenido del orden del día sino también del texto de las propuestas de acuerdos que en él se incluyen. Esta publicidad podría alcanzarse mediante el mecanismo de los hechos significativos del art. 82 de la LMV.[30] Unido a esto, otra especialidad de la convocatoria de la junta general en las sociedades cotizadas habrá de referirse al plazo de su publicación, que se debe ampliar del plazo general de quince días a un mes.

En este sentido y de conformidad con todo lo expresado, el Título IV, del Libro III, de la *Propuesta de Código de sociedades* disciplina las especialidades en materia de órganos sociales en la sociedad cotizada. En su art. 386, trata de las especialidades en materia de solicitud de convocatoria de la junta general extraordinaria de accionistas: "el consejo de administración convocará la junta general extraordinaria de la sociedad cotizada cuando lo solicite la minoría o la Comisión Nacional del Mercado de Valores,[31] debiendo incluirse necesariamente en el orden del día los asuntos que hubiesen sido objeto de solicitud. Si el consejo de administración no atendiera oportunamente esta solicitud, deberá realizarse la convocatoria por el Juez de Primera Instancia del domicilio social". Se reglamenta en la *Propuesta*, igualmente, la forma de la convocatoria de la Junta: "la Junta general de accionistas de sociedad cotizada deberá ser convocada mediante anuncio publicado en el Boletín Oficial del Registro Mercantil y en uno de los diarios de mayor circulación en la provincia donde la sociedad tenga su domicilio, por lo menos un mes antes del día fijado para su celebración". Como se infiere el prelegislador atiende a algunas de las consideraciones que venimos señalando en torno a la mejora de la convocatoria de la Junta.

Por último, cabe destacar un aspecto especialmente relevante, a la vista de la creciente presencia de inversores extran-

dicial de un mandatario que convoque la Junta, prevé en el artículo L225-105, en favor del mismo porcentaje, el derecho a incluir proyectos en el orden del día, circunstancia que permite o al menos intenta tutelar a la minoría sin necesidad de que para ello inste la convocatoria de una junta, ya que en todo caso podrá incluir asuntos sobre los que interese discutir, aunque finalmente decida la mayoría".

29. Así: J. A. Romero Fernández, "La convocatoria de junta general de la sociedad anónima europea con domicilio social en España", *RDBB* n. 142-143, julio-agosto 2002, pp. 19-20.

30. Opina de este modo: J. Tapia Hermida, "La Junta general de accionistas de la sociedad", *op. cit.*, p. 2.936.

31. En contra de esta opinión, se manifiesta C. Paz-Ares, en <http://www.datadiar.com/actual/pjuridic/10xii02a.htm>, Noticias Mercantil-Civil, 10.12.2002, critica aspectos recogidos en la futura norma, como el de la legitimación de la CNMV para convocar la Junta general de accionistas como "*excesivamente impositiva y hasta cierto punto, intervencionista*".

jeros[32] en el accionariado de nuestras sociedades cotizadas, es el relativo a la convocatoria de los accionistas extranjeros. Interesa recordar que las sociedades extranjeras cuyos valores están admitidos a cotización en las Bolsas de Valores españolas publican las convocatorias de sus Juntas generales de accionistas (Disp. Adic. 6ª del Real Decreto 726/1989, de 23 de junio). De ahí que este aspecto habrá de contemplarse por parte del prelegislador en futuras reformas sobre la materia.

2. Delimitar de manera precisa el porcentaje de capital (socios minoritarios) que puede ejercitar el derecho a convocar la Junta extraordinaria en función de la proporción del capital social de la sociedad cotizada. Es decir, la necesidad de proveer de un sistema de minorías decrecientes[33] inversamente proporcional a la cifra del capital, o bien sin determinar un porcentaje fijo, sí establecer la consecución de una cifra numérica en relación al capital social para poder actuar los derechos de minoría. Aunque ésta no sea la línea adoptada en la normativa comunitaria — que a nuestro parecer deja que desear —, puesto que se dispone un 10% del capital suscrito para solicitar la celebración de la Junta (en el Reglamento (CE) 2.157/2001 del Consejo de 8 de octubre de 2001, por el que se aprueba el Estatuto de la Sociedad Anónima Europea[34]), y este porcentaje no representa una minoría baladí. Todo lo contrario, creemos que se trata de una minoría de volumen importante que puede llegar a hacer que en las grandes SE de accionariado disperso la potestad de los accionistas para solicitar la convocatoria de la junta general termine por resultar impracticable. No resulta extraño, pues, que el art. 55.1 *in fine* del Reglamento de la CE permita que los estatutos o la legislación nacional puedan fijar un porcentaje inferior en las mismas condiciones aplicables a las sociedades anónimas; pero creemos que en ningún caso será válida la cláusula estatutaria que exija

32. Así lo señala J. Tapia Hermida, "La Junta general de accionistas de la sociedad", *op. cit.*, p. 2.931.

33. Dice en esta línea de modificar el porcentaje preestablecido: Carmen Alonso Ledesma, "El papel de la Junta", *ibídem*, p. 647: "nuestro Derecho reconoce a los socios que representen, al menos, el 5 por 100 del capital social capacidad de iniciativa para solicitar a los administradores la convocatoria de la Junta lo que, indudablemente, constituye una medida de fomento de la participación accionarial en la vida societaria, también es verdad que la cifra de capital a la que se anuda este derecho de minoría puede resultar inalcanzable en grandes sociedades con una cifra de capital elevado (...) el establecimiento de cuotas o porcentajes fijos, aunque sean reducidos, constituye en estas sociedades un obstáculo prácticamente insalvable que hace escasamente operativo el derecho reconocido a la minoría, salvo, claro está su utilización por los inversores institucionales, sea de forma individual o asociándose con otros. De ahí que hubiera sido conveniente adoptar un sistema de minorías decrecientes inversamente proporcional a la cifra del capital, como la doctrina viene reclamando desde hace tiempo".

Para N. Fernández Pérez, *La Protección Jurídica del Accionista Inversor* n. 14, Madrid, Aranzadi, 2000, pp. 142 y 397: "respecto a la Junta general, sería preciso instaurar un concepto decreciente de la minoría, en el que podría tenerse en cuenta el sistema francés, que se ajuste a las peculiaridades de una sociedad, que aun contando con núcleos duros de accionistas, cuenta con un importante número de pequeños inversores. Legitimación que debería extenderse no sólo a la posibilidad de exigir la convocatoria de la Junta, sino también en materia de responsabilidad. Igualmente, debería prohibirse las limitaciones estatutarias que impiden la participación de los accionistas en la Junta, como acertadamente recoge la Ley alemana sobre el control y la transparencia, e introducir modificaciones en el régimen de representación (...) instaurar un sistema de cálculo degresivo de la minoría, atendiendo al tipo de sociedad, cerrada o abierta, y dentro de estas últimas, a la cifra de capital social y volumen del accionariado. Medida que se apuntó en el Anteproyecto del Ministerio de Justicia de 19 de enero de 1998 — y, que había sido reclamada con anterioridad por algunos autores". También, piensa J. Juste Mencía, *Los Derechos de Minoría*, *op. ult. cit.*, p. 211: "la exigencia de la posesión de un número de acciones que represente una cuota del capital social tiene una indudable función de garantía de la seriedad de la solicitud, que permite evitar actuaciones tendentes a entorpecer la marcha de la sociedad".

34. J. A. Romero Fernández, "La convocatoria de junta general de la sociedad anónima europea con domicilio social en España", *RDBB* n. 142-143, julio-agosto 2002, p. 19.

una representación de capital superior al 10% del capital, porque el Reglamento CE concibe esta potestad para solicitar la convocatoria de la junta general por parte de los accionistas como un derecho de minoría que no puede ser suprimido ni limitado.

En este ámbito, resulta de interés atender a la Dirección General de los Registros y del Notariado, en su Resolución de 13 de enero de 1994,[35] confirmando la doctrina de otros pronunciamientos, ha establecido en relación al derecho de solicitar la convocatoria de la Junta general prevista en el art. 100.2 LSA, que los estatutos sociales puedan establecer un porcentaje de capital inferior al cinco por ciento fijado en la Ley, para que pueda ejercitarse tal derecho sobre la base de que: "al configurar (el derecho de solicitud de convocatoria de la Junta) uno más de los derechos básicos e inderogables de los accionistas, especialmente destinado a proteger a las minorías, ha de entenderse como un tope máximo que una previsión estatutaria no puede rebasar (*cfr.* art. 10 LSA) siendo admisible, por el contrario, su reducción en beneficio de los propios accionistas".

3. Permitir agruparse a los accionistas minoritarios con vistas a la convocatoria de la Junta extraordinaria. La posibilidad, igualmente, de difusión de la información referida a los asuntos a tratar en la reunión como apuntábamos y, de modo especial, a los efectos del ejercicio del derecho de voto por correspondencia y como éste puede ser efectuado por ciertos grupos sociales o asociaciones de accionistas.[36]

4. Posibilitar la introducción de las nuevas tecnologías,[37] que favorezcan la convocatoria de la Junta y su posterior desarrollo.[38] Esto es, habrá que estar a

35. Comentada por F. Calbacho Losada, *El Ejercicio de las Acciones de Responsabilidad contra los Administradores de la Sociedad Anónima*, Valencia, Tirant lo Blanch, 1999, pp. 274 a 276.

36. De acuerdo con F. Sánchez Calero, *La Sociedad Cotizada en Bolsa...*, *op. cit.*, p. 184. También la incorporación o mayor participación de inversores institucionales, así J. Mª De Paz Arias, "Los inversores institucionales como medio de resolución del conflicto de intereses entre administradores y accionistas en la sociedad abierta", *RDBB*, octubre-diciembre 1995, pp. 857 y ss.

37. Apunta J. Tapia Hermida, "La Junta general de accionistas de la sociedad", *op. cit.*, p. 2.931, "en cuanto al modo de convocar la Junta general, el examen de la práctica nos muestra que deben mejorarse dos aspectos: por un lado, la forma de la convocatoria, permitiendo la aplicación de las nuevas tecnologías de la información y, en concreto, la convocatoria electrónica (por ejemplo, por medio de Internet). Por otro lado, el plazo que debe mediar entre la publicación de la convocatoria y la celebración de la reunión de la Junta, respecto del cual conviene recordar que determinados Ordenamientos extranjeros han ampliado dicho término a 30 días cuando de SSAA cotizadas se trata. A la vista de estos ejemplos, se puede plantear la posible extensión del plazo de 15 días previsto con carácter general por el artículo 97.1 de la LSA hasta los 20 días hábiles que recomienda el Informe Hampel o hasta los 30 días o el mes que se prevé para las Juntas que deben pronunciarse sobre una fusión (art. 240.2 LSA). Participamos de la opinión de que convendría extender aquel plazo para posibilitar un conocimiento efectivo por los accionistas de las SSAA cotizadas de los temas a tratar en sus Juntas Generales y para dilucidar el sentido de su voto". También: F. Sánchez Calero, "Publicación del Informe Winter sobre el Derecho de sociedades en Europa", *RDBB* n. 89, 2003, p. 398: "el uso de la moderna tecnología electrónica en varias áreas de Derecho de sociedades, pudiendo destacarse, dentro de este aspecto, la importancia de la página *Web* de cada sociedad, que debe ofrecer una información completa de sus hechos, lo cual debe ser un medio fácil para la difusión de la información de la sociedad y el acceso a la misma desde todos los Estados Miembros de la Unión Europea, al tiempo que se debe llegar a un registro europeo de sociedades único, igualmente sobre una base electrónica".

Además, *cfr.*, Comunicación de la Comisión al Consejo, al Parlamento Europeo, al Comité económico y social y al Comité de las regiones. Comunicaciones electrónicas: el camino hacia la economía del conocimiento (Bruselas, 11.2.2003, COM 2003, 65 Final): "la importancia del sector de las comunicaciones radica en sus efectos sobre todos los demás ámbitos de la economía. Las comunicaciones permiten a empresas y otras entidades aprovechar al máximo sus inversiones en tecnologías de la información y mejorar sus niveles de productividad y calidad, y facilitan la inclusión social".

38. En opinión de L. M. Miranda Serrano, "La Junta Universal", *op. cit.*, p. 199: "el principal reto que la 'sociedad de la información' plantea hoy día al Derecho de las Asambleas: hacer compatible las exigencias mínimas que, desde siempre, han debido

aquellas propuestas sobre utilización de Internet[39] para las comunicaciones societarias bien sea a través del correo electrónico o de la página *Web*[40] que pudiera tener abierta la sociedad. Se ha de valorar, incluso, la utilidad de este nuevo instrumento de comunicación a los efectos de la constitución y de la celebración de las Juntas generales, así como en relación con la emisión del voto por los accionistas.

Sea como fuere y en este marco de propuestas resulta de singular relieve y de bienvenida el hecho de que el mandato contenido en el art. 117[41] de la novedosa

cumplirse para la válida formación de la voluntad social con las importantes ventajas que — para la formación de dicha voluntad — pueden derivarse del uso de los modernos instrumentos electrónicos y telemáticos". También se hace eco A. Recalde Castells, "Organización y 'buen gobierno' de las sociedades anónimas cotizadas", *Noticias de la Unión Europea* n. 210, 2002, p. 94. Por su lado, apunta Javier Ibáñez Jiménez, "El ejercicio telemático de los derechos del accionista en las sociedades cotizadas españolas", *RDM* n. 249, 2003, p. 1.021: "la comunicación interna societaria por Internet será válida siempre que venga pactada como mecanismo ordinario de comunicación entre sociedad (incluyendo el órgano de administración, naturalmente) y socios. Conviene destacar que el pacto por el que los socios y la sociedad determinan o designan Internet como cauce informático ordinario, particularmente para la realización de comunicaciones públicas de la sociedad al accionariado, no necesita una forma particular. Será válido dicho pacto, en efecto, ya sea estatutario, imponiéndose la sociedad obligación de mantener una *Webpage*, verdadero 'domicilio designado' (*cfr*. art. 46.2 LSRL) a efectos de EDIs; sea extraestatutario, en contrato-marco autónomo de intercambio electrónico de datos; o sea, incluso, elíptico".

39. Así, J. Mª Garrido, *La Distribución y el Control del Poder en las Sociedades Cotizadas y los Inversores Institucionales*, Bolonia, Publicaciones del Real Colegio de España, 2002, p. 283: "una Junta general podría celebrarse por Internet". Para el Derecho alemán: C. Goedecke y F. Heuser, "NastraG: Erster Schritt zur Öffnung des Aktienrechts für moderne Kommunikations-techniken", *BB*, 2001, pp. 369 y ss.

40. En la página *Web* de la empresa Repsol-Ypf se relatan los principios y prácticas del Consejo de Administración traducidas en el Informe Anual de Gobierno Corporativo que cada año pone a disposición de sus accionistas y de la Comunidad inversora en general con ocasión de la celebración de su Junta General Ordinaria. Así se contempla el Informe de Gobierno corporativo y junto a éste se contienen los principios y prácticas, entre estos: Estatutos de Repsol YPF; Reglamento de la Junta general de accionistas; Reglamento del Consejo de Administración y sus Comisiones; Reglamento interno de conducta en el ámbito del Mercado de Valores; Reglamento del Comité Interno de Transparencia; Norma de ética y conducta de los empleados de Repsol YPF; Representación en Junta y voto a distancia. Junto a este informe con los extremos reseñados, también se contiene información sobre la Junta General de Accionistas; Informe Anual 2003; Memoria Anual 2003; Hechos Relevantes y Cauces de comunicación entre Repsol YPF y sus accionistas: <http://www.repsolypf.com/esp/todosobrerepsolypf/accionistaseinversores/>.

Véase, a su vez, el Reglamento de la Junta y toda la información de Gobierno Corporativo dando cumplimiento a la Orden del Ministerio de Economía de la empresa ENDESA SA, en <http://www.endesa.es/conozcanos/>. De igual modo la empresa TELEFÓNICA SA, en <http://www.telefonica.es/junta/esp/reglamentojunta.html>.

41. Así, establece el art. 117 de la LMV, incorporado por la Ley 26/2003, los instrumentos de información: "1. Las sociedades anónimas cotizadas deberán cumplir las obligaciones de información a las que las somete la Ley de Sociedades Anónimas por cualquier medio técnico, informático o telemático, sin perjuicio de los derechos que corresponden a los accionistas, de acuerdo con la legislación aplicable, para solicitar la información en forma impresa. 2. Las sociedades anónimas cotizadas deberán disponer de una página *Web* para atender el ejercicio, por parte de los accionistas, del derecho de información, y para difundir la información relevante, de acuerdo con lo dispuesto en el artículo 82.5 de esta Ley. 3. Corresponde al consejo de administración establecer el contenido de la información a facilitar, de conformidad con lo que establezca el Ministerio de Economía o, con su habilitación expresa, la Comisión Nacional del Mercado de Valores. 4. Asimismo, se faculta al Ministerio de Economía y, con su habilitación expresa, a la Comisión Nacional del Mercado de Valores, para desarrollar las especificaciones técnicas y jurídicas necesarias respecto a lo establecido en este artículo". J. Sánchez Calero Guilarte, "Proyecto de Ley de Transparencia de las sociedades cotizadas", *RDBB* n. 90, 2003, p. 296: "es de subrayar el nuevo deber legal consistente en la inmediata adopción por cada sociedad cotizada de una página *Web*, cuyos destinatarios serán tanto los accionistas como los posibles inversores y el mercado (...) se refuerzan los deberes informativos por la incorporación como nuevas infracciones de las constituidas por el incumplimiento de cualquiera de estas dos obligaciones informativas". Apunta José Mª Garrido, "El Informe Winter y el Gobierno so-

Ley 26/2003 (BOE 171, 18 de julio), sobre transparencia de las sociedades cotizadas, incorpore las nuevas tecnologías para mejorar los instrumentos de información que proporcione la sociedad. En tal sentido se obliga a que las sociedades anónimas cotizadas deberán disponer de una página *Web* hasta el punto de que la inexistencia de esta página será considera como infracción, así como que sus obligaciones de información sean llevadas a cabo a través de cualquier medio técnico, informático o telemático, sin perjuicio de los medios tradicionales (escritos-impresos) que la legislación actual ofrece a los accionistas. Además y como desarrollo de la precitada Ley 26/2003, hemos de atender a la ORDEN ECO/ 3.722/2003 (BOE 7, 8 de enero de 2004), de 26 de diciembre 2003, sobre el informe anual de gobierno corporativo y otros instrumentos de información de las sociedades anónimas cotizadas y otras entidades, el funcionamiento de la Junta general, y desarrollo de las sesiones de la Junta como contenido del informe de gobierno corporativo, se dice que "dentro de este epígrafe, se contendrá, al menos, la siguiente información: existencia y *descripción del Reglamento de la Junta General*; derechos de los accionistas en relación con la Junta general; datos de asistencia en Juntas generales anteriores; y relación de los acuerdos adoptados por la Junta general durante el ejercicio".

I.1 — La reglamentación comparada del derecho a convocar y participar en la Junta

Veamos cómo se reglamenta esta materia en otras legislaciones,[42] en este ámbito y en lo que hace al Derecho italiano,[43] la minoría que posea el 10% del capi-

cietario en la Unión Europea", *RdS* n. 20, 2003, pp. 117 y ss., "el Informe Winter plantea que las sociedades cotizadas estén obligadas a ofrecer a los accionistas mecanismos electrónicos para acceder a la información societaria y para dar mandatos de representación o instrucciones de voto, pero que no se debería exigir a los accionistas el uso obligatorio de estos mecanismos (...) el desarrollo de medios tecnológicos a través de los cuales los accionistas puedan comunicarse con los administradores, puedan también comunicarse entre sí, y que permita la toma de decisiones sin reunirse físicamente, junto con la facilitación de estos desarrollos por el Derecho, conduce inevitablemente a la cuestión de si una Junta de accionistas física puede todavía desempeñar una función útil".

42. Para el Derecho francés, explican: M. Cozian, A. Viandier, F. Deboissy, *Droit...*, *op. cit.*, pp. 295 y ss., espec. p. 301: "les actionnaires, des lors qu'ils possèdent au moins 5% du capital social, ont la possibilité de déposer des projets de résolution, lesquels sont obligatoirement rattachés à l'ordre du jour; par ce moyen, les dirigeants ne sont pas les seuls maîtres de l'ordre du jour (C. de c., art. L.225-105). La même prérogative est reconnue au comité d'entreprise (...) dans les sociétés cotées, il faut en réalité près de trois mois pour convoquer una assemblée compte tenu du temps nécessaire à la collecte des pouvoirs par les banques et les sociétés de bourse (...) cependant, cette prérogative est conditionnée par la détention de 5% au moins du capital social, ce seuil étant dégressif en fonction de l'importance du capital social selon un barème fixe par le décret du 23 mars 1967. Les propositions doivent être adressées à la société vingt-cinq jours au moins avant la date de l'assemblée, lorsqu'il s'agit d'une société non cotée". Y. Guyon, "Le nouveau code de commerce et le droit des sociétés", *Rev. Soc.* n. 4, octubre-diciembre 2000, pp. 647 y ss. J. Ph. Dom, "La protection des minoritaires", *Rev. Soc.* n. 3, 2001, pp. 533 y ss.

43. Apunta N. Fernández Pérez,"La reforma del mercado de valores italiano y del régimen de las sociedades cotizadas a la luz del *testo unico delle disposizioni in materia di intermediazione finanziaria, ai sensi degli articoli 8 e 21 della legge 6 febbraio 1196, n. 52* (Decreto legislativo de 24 de febrero de 1998, n. 58)", *RdS* n. 11, 1999, p. 254: "se produce un reforzamiento de las facultades conferidas a las minorías cualificadas al rebajar algunos de los quórums previstos en el régimen anterior (...). Así se rebajan los quórums previstos para la convocatoria de la Junta general por los accionistas de un veinte a un diez por ciento del capital social (art. 125 TU), se rebaja de un cinco a un dos por ciento de la denuncia al colegio sindical con obligación de convocatoria inmediata de la Junta (art. 128.1), así como de un diez a un cinco por ciento del capital social la denuncia al órgano jurisdiccional por la existencia de irregularidades en la gestión (art. 128.2)". También, Campobasso, "La tutela delle minoranze nelle società quotate", *Convegno in onore di A. Cerrai*, Pisa, 25 de septiembre 1998. Montalenti, "*Corporate Governance*: raccomandazioni Consob e prospettive di riforma", *Riv. Soc.*, 1997, pp. 719 y ss. P. G. Marchetti, "Il Ruolo dell'As-

tal puede solicitar a los administradores la convocatoria de una Junta, a condición de determinar aquéllos los argumentos a tratar.[44] Legitimados están los socios titulares de acciones con derecho de voto, con exclusión de los accionistas/ahorradores según se dispone explícitamente en el art. 145, 6 TU italiano; o bien, la legitimación compete también a los socios cuando en sus acciones se hayan suspendido su derecho de voto ya que conservan el derecho de intervenir en Junta y, por tanto, está tutelado su derecho de debatir en Junta argumentos de interés para la sociedad. Los administradores tienen así la obligación de tomar en consideración la solicitud entre los treinta días siguientes a la petición, pero pueden no considerarla si no encuentran argumentos a tratar conformes al interés de la sociedad (art. 125, 2 TU). La decisión de los administradores es, a su vez, recurrible ante el Presidente del tribunal competente por los mismos socios que quieren convocar la Junta.

En síntesis: la Junta podrá ser convocada (art. 125 TU)[45] bajo petición de una minoría igual al 10%[46] (o un menor porcentaje establecido estatutariamente). Los administradores pueden oponerse, salvo que el Presidente del tribunal decida lo contrario, o bien que la petición provenga de tantos socios que representen un quinto del capital social, ratificándose en esta hipótesis el contenido del art. 2.367 C.c.[47]

Por otra parte, prescribe el art. 126 TU que para constituir válidamente la Junta extraordinaria en primera convocatoria, será necesario la presencia de al menos la mitad del capital social, en segunda, de un tercio del capital y, en tercera, de un quinto.[48] En los tres casos, la adopción válida

semblea nel TUE nella *Corporate Governance*", en AA.VV., *Assemblea degli Azionisti e Nuove Regole del Governo Societario*, Padova, Cedam, 1999, p. 14: "l'introduzione del quorum qualificato per l'Assemblea straordinaria (o se si preferisce l'introduzione del sistema della minoranza di blocco) rafforza notevolmente il ruolo ed il peso dell'assemblea nelle competenze che già in sede straordinaria ad essa competono".

44. Según Nicola Soldati, "La tutela dei soci di minoranza nel testo unico della intermediazione finanziaria", *Rivista Diritto dell'economia* n. 3, 1999, pp. 706 y 707: "el primer instrumento previsto por el legislador del TU, tradicionalmente inserto entre los instrumentos de tutela de la minoría, está constituido por el poder de convocar la Junta de la sociedad. Así, el art. 125 TU dice: los socios que representen al menos el 10% del capital social, o bien aquella porcentual eventualmente prevista en el acto constitutivo. En la solicitud de convocatoria de la Junta deben ser indicados también aquellos argumentos a poder desarrollar en el orden del día".

45. Más información en Cristina Bauco, "Il Tuf rafforza gli strumenti azionabili dalle minoranze nelle società quotate", *Diritto e Pratica delle Società* n. 23, 20 diciembre 1999, p. 16: "la minoría cualificada que quiere hacer valer el instrumento ofrecido por el art. 125 TU tiene la carga de indicar *gli argomenti da trattare*. Ahora bien, en razón de los argumentos a tratar, los administradores podrían en interés de la sociedad, llegar a la conclusión de no convocar la Junta de socios (...) con el fin de no evitar abusos por parte del órgano de gestión, el legislador prevé que los socios peticionarios de la convocatoria de la Junta puedan recurrir la decisión, en caso de negativa, al Presidente del Tribunal el cual, oído el parecer de los administradores y síndicos, puede *ordenar la convocatoria de la Junta designando la persona que debe presidirla* (art. 125, 3 TU)".

46. *Vid.*, P. Montalenti, "*Corporate governance*: la tutela delle minoranze nella riforma delle società quotate", *Giur. Comm.* n. 25.3, mayo-junio 1998, p.3 40: "la norma es coherente con análogas disposiciones presentes en la mayor parte de ordenamientos europeos (art. 158, 1 de la Ley 66-537, en Francia; art. 100.1 en España; sec. 368, Companies Act 1985 inglesa y parágrafo 122 AktG alemana)".

47. G. Bergomi, "Convocazione dell'assemblea di società per azioni: diritti della minoranza, doveri degli amministratori e provvedimenti d'urgenza", t. II, *Giur. Comm.*, 1989, p. 993, explicaba que "el art. 2.367 del C.c. atribuía a la minoría un derecho a convocar la Junta y, por ello, se impone a los administradores una obligación incondicionada de proveer la convocatoria, siempre que éstos verifiquen el cumplimiento del capital prescrito, igual a un quinto del capital social y, si en la solicitud se han indicado los argumentos a tratar en Junta, siempre que éstos no sean ilícitos o imposibles".

48. Conforme a Cristina Bauco, "Il Tuf rafforza gli strumenti azionabili", *op. ult. cit.*, p. 15: "el art. 126 establece que para regularizar la constitución de la asamblea extraordinaria es necesario la participación de tantos socios que representen el 50,01% del capital social, en primera convocatoria; el 33,34% del capital social en segunda convocatoria;

de acuerdos requerirá los votos de las dos terceras partes del capital social presente o representado en la Junta, frente a la mitad, un tercio y un quinto del capital social respectivamente que exigía el art. 2.369 C.c. Parece que, una vez más, el objetivo perseguido es el de proteger a minorías cualificadas y no a los pequeños accionistas inversores individualmente considerados.[49]

De modo que la minoría de la sociedad cotizada en el Derecho italiano vendrá tutelada mediante: 1) la atribución de una mayor participación de los socios minoritarios en la Junta, (convocatoria, constitución y deliberación de acuerdos) y; 2) en consecuencia, se reducen los quórums que establecía la Ley para incentivar de esta manera su eficaz actuación. Ahora bien, en la realidad práctica la tutela de la minoría no podrá ir más allá de los quórums establecidos *ex lege*.[50] En tal sentido, se puede decir que es una cuestión de mercado: así la Bolsa puede apreciar mayormente las acciones de una sociedad que subordina a un quórum particularmente elevado una fusión o una escisión, que otra cuyos porcentajes son más reducidos. El problema práctico en este ámbito es que hoy día, un ingreso masivo de los inversores institucionales en el capital de una sociedad puede ser subordinado a la presencia o a la introducción en el acto constitutivo de cláusulas inherentes a los quórums, que garanticen que ciertas operaciones no pueden ser puestas en marcha sino se obtiene el prefijado quórum.

Para concluir con el análisis del derecho a convocar y participar en la Junta por parte de la minoría en el Derecho italiano, hemos de señalar que el interés social[51] es el límite de actuación y, éste no puede ser determinado abstracta y apriorísticamente. En el caso de la convocatoria de la Junta, de un lado, se debe apreciar el interés de los socios minoritarios a participar activamente en la vida social proponiendo a la atención de todos los accionistas argumentos y propuestas de deliberación que podrían aumentar el rendimiento de la sociedad; de otro lado, se presenta el interés de los socios (aquellos que no proponen) a la eficiencia, en cuanto cumplen la exigencia de no ser llamados a decidir sobre cuestiones no de competencia de la Junta, sino sobre cuestiones ilícitas o reiterativas. Así, los administradores son llamados a ser árbitros y tutores del comportamiento de to-

el 20,01% del capital social en tercera convocatoria (quórum constitutivo) (...) Desaparece, respecto a la disciplina del Código civil, los quórums deliberativos reforzados. Es decir, el principio según el cual se calculan los quórums viene dado por las acciones que estructuralmente dan derecho de voto también cuando el ejercicio de tal derecho es de hecho marginado, así el quórum necesario para la constitución de la Junta, será el mismo que para ejercer la deliberación". Añade N. Salanitro, "La tutela delle minoranze nelle assemblee delle società quotate", *Banca-Borsa, Titoli di credito* n. 6, noviembre-diciembre 1999, p. 687: "la disciplina riduttiva dei quorum dell'assemblea straordinaria mira a rendere più agevoli le modifiche statutarie, e sopratutto l'emissione degli strumenti di debito per la raccolta di finanziamenti di massa. Sopratutto con riguardo alla riduzione del quorum deliberativo, non più riferito al capitale sociale ma al capitale presente in assemblea". A. Mazzoni, "Gli azionisti di minoranza nella riforma delle società quotate", *Giur. Comm.* n. 25.4, julio-agosto 1998, p. 499: "el art. 126 TU prevé tres distintos tipos de quórums constitutivos (más de la mitad del capital social en primera convocatoria; un tercio en la segunda; un quinto en la tercera) y un quórum deliberativo, calculado siempre en relación al capital representado en Junta, igual en todo caso al menos al 2/3 del capital social". También se recoge por P. Montalenti, "*Corporate governance*", *op. cit.*, pp. 342 y ss.

49. Así se pronuncia N. Fernández Pérez, "La reforma del mercado de valores italiano", *op. cit.*, p. 254.

50. Según B. Libonati, "Il ruolo dell'assemblea nel rapporto tra azionisti e società quotate", *Riv. Soc.* n. 1, 2001, pp. 86-117, "el incremento de la autonomía estatutaria en las sociedades cotizadas (...) considera que se trata *per se* de una medida incompatible con un propósito de tutelar a las minorías".

51. *Vid.*, Nicola Soldati, "La tutela dei soci di minoranza", *op. ult. cit.*, p. 706. Formichelli, "Commento all'art. 125", en *Il Testo Unico della Intemediazione Finanziaria, Commentario del D. Legs. 24 febbraio 1998, n. 58* (Dir. Rabitti Bedogni), Milano, 1998, pp. 685 y ss.

dos los socios según los principios de corrección y buena fe. En este sentido, cabe apuntar que los administradores tienen un poder/deber de interpretar el interés de la sociedad lo que provoca que puedan rechazar la convocatoria de los socios a la Junta. Pero este rechazo no sólo se desarrolla en relación con la minoría, sino también con la mayoría que está llamada a expresar su parecer. Ciertamente que cuanto es menor la presencia de los socios en la Junta tanto menor es la cuota de capital necesaria para obstruir el éxito de la votación. A tal propósito, se favorece a la minoría hasta el punto de reconocer su poder de bloquear las propuestas de la mayoría relativa, siempre y cuando esta minoría participe de modo consistente en la Junta social.

En lo tocante al Derecho francés,[52] cabe apuntar que se permite la inclusión por parte de la minoría de puntos en el orden del día, así y de conformidad con la modificación del art. 160.2, se permite a las asociaciones ejercer el derecho a solicitar la inclusión de puntos que necesariamente formarán parte del orden del día para ser discutidos durante la celebración de la misma. Relacionamos este derecho con el de representación de la minoría en la Junta disciplinado en el art. 172, que determina una serie de porcentajes decrecientes que deberán de ser exigidos para el ejercicio de este derecho si se superan los márgenes de capital social dispuestos *ex lege* tal y como veremos cuando tratemos el derecho de representación.

A su vez, incluso el legislador francés permite que la minoría solicite el nombramiento de un experto de gestión. En este marco de actuación, la petición se lleva al Presidente del Tribunal de Comercio (art. 195 del Decreto de 1967), y en ella el demandante debe invocar los hechos precisos sobre los que solicita que se haga la luz, es decir, sobre los que estima estar insuficientemente informado por los canales ordinarios previstos por la Ley.[53] Además de esta posibilidad, también tendría la minoría el derecho a formular preguntas en supuestos especiales y sobre la solicitud de recusación o sustitución de los comisarios de cuentas. De modo que estas facultades no implican el reconocimiento de derechos "propios", exclusivos de las asociaciones que puedan constituirse en las sociedades cotizadas, sino que se trata de facilidades para el ejercicio de derechos ya reconocidos por la Ley a accionistas titulares de determinados porcentajes de capital.

Por lo que respecta al Derecho alemán,[54] cabe anotar que la NaStraG (*Gesets zur Namensaktie und zur Erleichterumg der Stimmrechtsausübung*) aprobada en noviembre de 2000 prevé la posibilidad de contemplar en los estatutos las comunicaciones vía Internet[55] (comunicaciones me-

52. *Cfr.*, Rocío Martí Lacalle, *El Ejercicio de los Derechos de Minoría*, *op. ult. cit.*, p.196: "la Orden de 18 de septiembre 2000, tomada en aplicación de la Ley de 16 de diciembre 1999, supone la publicación en Francia de un nuevo Código de Comercio, cuyo Libro II reproduce y reemplaza las disposiciones de la Ley de 24 de julio 1966, sobre Sociedades Comerciales (...) los derechos de minoría y las asociaciones de accionistas en las sociedades cotizadas, podemos apuntar que se trata de una reforma puramente formal que no afecta al contenido de los derechos de minoría (...)".

53. Seguimos a Rocío Martí Lacalle, *El Ejercicio de los Derechos de Minoría*, *op. ult. cit.*, pp. 190 y 191.

54. Dice Rocío Martí Lacalle, *El Ejercicio de los Derechos de Minoría*, *op. ult. cit.*, p. 142: "con la revitalización de la Junta, se refuerza el papel de los accionistas que actúan como instrumentos de control interno de la gestión, a través de un nuevo régimen del derecho de voto. Las principales medidas son la supresión de las acciones de voto plural (*Mehrstimmrechte*), al derogarse el parágrafo 12 apartado segundo, y de las limitaciones estatutarias al ejercicio del derecho de voto en las sociedades cotizadas, restableciéndose la proporcionalidad entre el capital y el ejercicio del derecho de voto (parágrafo 134)". También, Claussen y Bröcker, "Corporate-Governance-Grundsätze in Deutschland-nützliche Orientierungshilfe oder regulatorisch Ubermass?", *AG* n. 11, 2000, pp. 881 y ss.

55. U. Noack, "Internet stärkt Actionärsschutz", *Das Wertpapier* n. 5, 2001, pp. 85 y ss. *Ídem* en "Hauptversammlung dr Aktiengesellschaft und moderne Kommunikationstechnick-Bestandsaufnahme und Ausblick", *NZG*, 2003, pp. 241 y ss.

diante canales electrónicos de los anuncios sociales,[56] a través de la modificación del pargf. 67.6 AktG y, respecto de otras comunicaciones sociales, pargf. 125) y favorecer así a los accionistas dispersos en el ejercicio de sus derechos.

II — La celebración y el desarrollo de la Junta

Dispone el art. 104, 1º LSA: "los estatutos podrán condicionar el derecho de asistencia a la Junta general a la legitimación anticipada del accionista, pero en ningún caso podrán impedir el ejercicio de tal derecho a los titulares de acciones nominativas y de acciones representadas por medio de anotaciones en cuenta que las tengan inscritas en sus respectivos registros con cinco días de antelación a aquél en que haya de celebrarse la junta, ni a los tenedores de acciones al portador que, con misma antelación, hayan efectuado el depósito de sus acciones en la forma prevista por los estatutos. Si los estatutos no contienen una previsión a este último respecto, el depósito podrá hacerse en el domicilio social". Del mandato expuesto se deriva la posibilidad de condicionar estatutariamente la asistencia a la junta[57] a la previa legitimación de los accionistas, lo que, no obstante, no podrá afectar a los titulares de acciones nominativas y de acciones representadas mediante anotaciones en cuenta cuando las tuvieran inscritas en sus correspondientes registros[58] con cinco días de antelación, puesto que la condición de accionista se ha de reconocer a aquellos que aparezcan en dichos registros. Recuérdese que en las sociedades cotizadas las acciones vienen representadas mediante anotaciones en cuenta.

Además, desde el punto de vista instrumental, en las Juntas generales de las sociedades anónimas cotizadas, el accionista se legitima para asistir mediante un documento denominado "tarjeta de asistencia" en el que consta la identidad del accionista, el número de acciones de las que es titular y la posibilidad de confiar su representación a otra persona. Estas tarjetas se expiden por las Entidades encargadas de los registros contables de las acciones anotadas o por la propia sociedad anónima.

En lo tocante a la lista de asistentes, ésta tiene por principal función determinar si la Junta se halla válidamente constituida y puede, por tanto, comenzar a actuar. Esto representa una pieza esencial para controlar la regularidad formal de la constitución de la Junta y del ejercicio del voto en la misma, siendo práctica común en las sociedades con gran número de socios la redacción anticipada de la lista de presencia sobre la base de los socios que hayan cumplido temporáneamente los requisitos de legitimación anticipada (*cfr.*, art. 104 LSA).

La responsabilidad de la formación de la lista de asistentes corresponde a la mesa de la Junta a través de su secretario bajo la dirección del presidente, quiénes con gran frecuencia coinciden respectivamente con el secretario y el presidente del Consejo.[59]

56. Más al respecto Spindler, "Internet und Corporate Governance — ein neuer virtueller (T) Raum?", *ZGR* n. 3, 2000, pp. 420 y ss. Las propuestas en esta línea en el Derecho inglés en torno a las comunicaciones sociales, véase <http://www.dti.gov.uk>. También: Fernández del Pozo y Vicent Chuliá, "Internet y Derecho de sociedades. Una primera aproximación", *RDM* n. 237, 2000, pp. 946 y ss.

57. Véase: Lourdes Ferrando Villalba, "Impugnación de acuerdos de Junta General nula por haberse impedido la asistencia a un socio titular de acciones nominativas (STS. de 30 de septiembre de 1997 RA. 6.461)", *RDM* n. 228, 1998, pp. 897 y 898: "el art. 48 letra c) reconoce el derecho del accionista a 'asistir y votar en las juntas generales y el de impugnar los acuerdos sociales'. De este modo, se plasma de forma expresa en el texto del precepto la consideración de que asistencia, voz y voto vienen a integrar un derecho con perfiles propios que es el de participación en las Juntas".

58. Para más información en A. Recalde Castells, "Los Registros de accionistas creados por las sociedades anónimas cotizadas", en *Derecho de Sociedades. Libro Homenaje al Prof. Sánchez Calero*, v. III, Madrid, McGraw-Hill, 2002, pp. 2.897 y ss.

59. Gay de Montellá, *Tratado de Compañías Anónimas. Legislación Comercial y Tributaria*, 3ª ed., Barcelona, Bosch, 1941, p. 254.

Será el presidente quién declare válidamente confeccionada la lista de asistentes. Simultáneamente a la formación de la lista y también bajo la responsabilidad del presidente de la Junta se efectúa la valoración de los actos[60] que la lista comporta. Precisamente habría que evitar a través de un Reglamento interno de funcionamiento de la Junta el hecho que el Presidente de la Junta coincida con el del Consejo. Esto es, garantizar la independencia de ambos órganos. A su vez, debería impedirse que, en las sociedades cotizadas, se puedan establecer requerimientos reforzados de quórum constitutivos de sus Juntas generales para los casos en los que las mismas nazcan del ejercicio, por los accionistas, de su derecho de solicitar la convocatoria, por cuanto supone una medida destinada a dificultar o impedir el ejercicio de aquel derecho sin base objetiva en el interés social de los asuntos a tratar y los acuerdos a adoptar; sino en una discriminación *intuitu personae* que lesiona injustificadamente los derechos de la minoría inversora.[61] Además, nótese que muchos de los inconvenientes que se les presentan a la minoría derivan del dato que la mayoría de los derechos de minoría están relacionados con la Junta General, órgano societario que ha perdido la importancia que tradicionalmente se le había reconocido, circunstancia que dificultará su ejercicio.

En tal sentido y para evitar los problemas que se derivan del sistema vigente, se dispone en el art. 388 de la *Propuesta de Código de Sociedades Mercantiles*: "1. El cargo de presidente de la junta general de accionistas de sociedad cotizada deberá recaer necesariamente en consejero independiente.[62] 2. En el caso de que los estatutos de la sociedad no atribuyan la presidencia de la junta de accionistas a un consejero independiente determinado, será presidente de la junta aquel consejero independiente que hayan elegido o que elijan los consejeros independientes. 3. En los casos de convocatoria judicial, el Juez designará como presidente de la Junta a letrado de reconocido prestigio".

Además, parecería oportuno como precisa el Prof. Sánchez Calero:[63] "del deber de la propia Junta general de procurar

60. Según J. Tapia Hermida, "La Junta general de accionistas de la sociedad", *op. cit.*, pp. 2.937 y 2.938, "la fijación de los quórums constitutivos en primera y segunda convocatoria resulta, en la práctica de las SSAA cotizadas, perfectamente inútil por cuanto el acuerdo mínimo entre los accionistas relevantes de las SSAA los que tienen una minoría de bloqueo para la válida constitución en primera convocatoria porque, sin su concurrencia, no se pueden alcanzar aquellos quórums y se otorga relevancia únicamente a la fecha de la segunda de las convocatorias. Por otro lado, el examen de los Estatutos de las grandes corporaciones españolas muestra la existencia de dos tipos de mecanismos de refuerzo de los quórum de constitución: los que los fijan en atención a los asuntos a tratar, con independencia de quién convoque la Junta y sigue el artículo 103 de la LSA exigiendo el quórum para los asuntos allí señalados, a los que suelen añadir explícitamente el acuerdo de disolución voluntaria (...)".

61. *Cfr.*, J. Tapia Hermida, "La Junta general de accionistas de la sociedad", *op. cit.*, p. 2.938.

62. C. Paz-Ares, en <http://www.datadiar.com/actual/pjuridic/10xii02a.htm>, Noticias Mercantil-Civil, 10.12.2002, considera "*rígida e impositiva*" la obligatoriedad de limitar el número de consejeros (...) así como impedir que los Presidentes de dichas sociedades puedan compatibilizar su cargo con el de consejero delegado o el de presidente de la Junta de accionistas de su propia compañía.

63. F. Sánchez Calero, *La Sociedad Cotizada en Bolsa...*, *op. cit.*, p. 182. *Ídem*, "Observaciones preliminares al proyecto de Ley de modificación del régimen de las sociedades cotizadas", *op. ult. cit.*, p. 33: "en la reforma llevada a cabo en Alemania de la Ley alemana de sociedades de 1965, en 1998 en la llamada Ley de control y transparencia, se añadió un apartado al art. 129.1, que dice que 'la junta general, por mayoría de al menos tres cuartas partes del capital social representado en el momento de la adopción del acuerdo, puede dotarse de un reglamento de régimen interior con reglas para la preparación y la realización de la junta general' (...). En una línea similar, el Informe Aldama recomienda que la Junta apruebe un Reglamento, cuyo contenido se difunda también, entre otros medios, por la página *Web* de la sociedad. El contenido del Reglamento dice el Informe que debe ser la regulación de la convocatoria, de la información, de la concurrencia, del desarrollo y ejercicio de los derechos políticos, todo ello, 'en tanto la propia Junta no lo modifique, siempre de acuerdo con la Ley y los estatutos'".

su autorregulación mediante la formulación y aprobación de un reglamento de funcionamiento de la misma, contenido dentro de los límites señalados por la Ley y los estatutos". En línea con lo contemplado en el Derecho italiano[64] y alemán.[65] Así, el parágrafo 129 admite la posibilidad de que la Junta, a través de una mayoría cualificada pueda dotarse de un reglamento de régimen interior con reglas para la preparación y desarrollo de la Junta general que puede ser de interés en las grandes sociedades para revitalizar la Junta general como órgano, y para mejorar el control a realizar por parte de los accionistas en la misma.

Ahora ya el Reglamento de autodisciplina por parte de la Junta — en nuestro país — está habilitado tras la Ley 26/2003, tal y como prescribe el art. 113 de la LMV,[66]

64. F. Carbonetti, "Il Regolamento di assemblea", *Riv. Soc.*, 2001, pp. 1.571 y ss. El mismo autor en "Schema-tipo di regolamento dell'assemblea degli emitenti con azioni quotate", Circolare Assonime, *Riv. Soc.* n. 63/2000, 2001, pp. 167 y ss., creado por Assonime y ABI (Associazione Bancaria Italiana), en ejecución del principio de autorregulación previsto en el Código de Autodisciplina de las sociedades cotizadas, *Riv. Soc.*, 1999, pp. 1.386 y ss. (punto 12.5).

65. En este sentido, la Ley alemana de 1998 KontraG, modifica la Ley de 1965, en su art. 129.1, donde se dispone que "la Junta general puede aprobar su reglamento de régimen interior. En el fundamento de la modificación que acompañaba a la propuesta de Ley se dice, entre otras cosas, que en este reglamento se pueden regular cuestiones sobre controles de seguridad, el nombramiento de la persona que ejerza de presidente de la asamblea y sus facultades de dirección y de orden, el derecho de asistencia del auditor de cuentas y otros terceros, la grabación de la cinta magnetofónica y el derecho de los oradores concretos a que se interrumpa la grabación". Al respecto, véase además A. Alonso Ureba, "El gobierno de la Sociedad Anónima Cotizada (reforma legal *versus* Códigos de conducta)", en AA.VV., *Instituciones del Mercado Financiero*, Madrid, 1999, pp. 3.259 y 3.260: "la Ley alemana (KontraG) sobre control y transparencia de la empresa de 1998, en su Exposición de Motivos hace referencia a las disfuncionalidades del modelo legal cuando éste se pone en conexión con la sociedad abierta al mercado de capitales, destacándose, entre otros aspectos, el vaciamiento de funciones de la Junta a través del derecho de representación del accionista (el denominado *Depots o Vollmachtsstimmrecht*), por ello, la Ley intenta dotar a la Junta general de un margen amplio de autonomía para organizar su propio funcionamiento (derechos de información, asistencia de terceros, procedimientos de recuento de votos, grabación de intervenciones (...) a través de un Reglamento de Organización de la Junta general en el que se contemple no sólo la celebración de la Junta, sino también su preparación, lo que abre la vía para la creación de Comités de accionistas entre Junta y Junta que canalicen propuestas de accionistas que intervengan en la solicitud de información (...). En conexión con ello y en orden a revitalizar los derechos políticos del socio y fundamentalmente el derecho de voto en la Junta general, se suprimen las acciones de voto plural y el límite máximo al derecho de voto, si bien ello sólo en relación con las sociedades cotizadas". *Vid.*, Carmen Alonso Ledesma, "El papel de la Junta general", *op. cit.*, pp. 648 y 649: "ésta ha sido la opción alemana que, como fórmula para mejorar y rodear de seguridad la celebración de las reuniones y la ordenación del debate, ha introducido en el parágrafo 129 de la AktG una modificación a través de la KonTraG facultando a la Junta para dotarse de un reglamento de régimen interno".

66. *Cfr.*, A. Emparaza, "El Reglamento de la Junta de accionistas tras la nueva Ley 26/2003, de 17 de julio, de transparencia de las sociedades cotizadas", *RdS* n. 21, 2003, p. 153: "es una medida que sigue la línea emprendida en el Derecho alemán, el cual a través de la Ley para el control y la transparencia en el ámbito empresarial de 27 de abril de 1998 modificó el parágrafo 129 de la Ley de Sociedades Anónimas incorporando la posibilidad de que este tipo de sociedades en general pudieran contar con un reglamento de junta (...) nuestra nueva regulación difiere de ese modelo normativo en dos aspectos realmente relevantes. En primer lugar, en el hecho de que la regulación alemana concibe el reglamento de la junta como una facultad de que dispone la sociedad dirigida a facilitar la participación de los socios en la Junta, pero no obliga a las sociedades a que cuenten con un instrumento de estas características, sino solamente sugiere o recomienda que así lo hagan para mejorar el funcionamiento de la junta. Además, como segunda diferencia debe subrayarse que el legislador alemán efectúa esta recomendación en general, esto es, extiende la utilidad del reglamento de junta no sólo a las sociedades cotizadas, sino a cualquier tipo de sociedad anónima, con lo que su ámbito de aplicación es notoriamente más amplio". Luis Fernández del Pozo, "El Reglamento de la Junta General...", *op. cit.*, p. 57, "el art. 113 LMV incorporado por la Ley de Transparencia añade al Derecho positivo de sociedades una recomendación contenida en el 'Informe de la Comisión Especial para el fomento de la transparencia y seguridad en los mercados y en las sociedades cotizadas' (en adelante, 'Informe Aldama'):

dedicado a la Junta general de accionistas: "1. La Junta general de accionistas de la sociedad anónima con acciones admitidas a negociación en un mercado oficial de valores, constituida con el quórum del art. 102 de la Ley de Sociedades Anónimas o el superior previsto a este propósito en los estatutos, aprobará un reglamento específico para la Junta general. En dicho reglamento podrán contemplarse todas aquellas materias que atañen a la junta general, con respecto de las materias reguladas en la Ley y en los estatutos. 2. Dicho reglamento será objeto de comunicación a la Comisión Nacional del Mercado de Valores, acompañando copia del documento en que conste. Una vez efectuada esta comunicación se inscribirá en el Registro Mercantil con arreglo a las normas generales".

Nótese pues que tras la Ley 26/2003 (véase art. 113[67]), las sociedades cotizadas están obligadas a aprobar un reglamento para la Junta de accionistas, con ello se persigue el activar e incentivar un mejor funcionamiento y desarrollo de este órgano.[68] El art. 129 AktG en la redacción proporcionada por la KontraG (Ley alemana para el control y la transparencia en el ámbito empresarial de 27 de abril de 1998), constituye el antecedente precursor de nuestro art. 113 LMV. Dicho mandato (art. 129 AktG) apunta lo que sigue: "la junta general, por mayoría de al menos tres cuartas partes del capital social representado en el momento de adopción del acuerdo, puede dotarse de un reglamento de régimen interior con reglas para la preparación y la realización de la junta general".

En lo tocante a la naturaleza jurídica del Reglamento de la Junta, hemos de apuntar que no tiene carácter estatutario y hemos de inferir que tal Reglamento vendrá a considerarse como elemento complementador de aquél. Con todo, considérese que de acuerdo con el art. 113.2 de la Ley del Mercado de Valores deberá inscribirse en el Registro Mercantil con el fin de que terceros sean conocedores de tal Reglamento sin implicar una modificación estatutaria y esto se hace patente en el hecho que el Reglamento podrá ser aprobado por la propia Junta con la mayoría simple requerida para cualquiera de los acuerdos o decisiones previstos en el art. 93.1 de la LSA, aunque también podría pensarse que cabría considerarse como una modificación esta-

que mediante un soporte normativo adicional a la legislación existente se impusiera a las cotizadas la 'obligación de dotarse de un conjunto de disposiciones en materia de gobierno corporativo' que comprende, junto al del Consejo, de un 'Reglamento de la Junta General' (Capítulo IV, 1.3)".

67. Dice este mandato, "la junta general de accionistas de la sociedad anónima con acciones admitidas a negociación en un mercado oficial de valores (...) aprobará un reglamento específico para la junta general".

68. A. Emparaza, "El Reglamento de la Junta de accionistas...", *RdS* n. 21, 2003, p. 152: "un instrumento ágil y eficaz para adecuar el régimen de las sociedades anónimas a las exigencias de información y transparencia que exigen los socios. Es un medio de que este órgano deliberante recobre la importancia que legalmente posee pero que había perdido, entre otros motivos, debido al gran número de accionistas que forman parte de las sociedades cotizadas (...) en el Informe de la Comisión Especial para el Fomento de la Transparencia y Seguridad en los Mercados y en las Sociedades Cotizadas publicado el 8 de enero de 2003, conocido como el Informe Aldama, es donde se ha recomendado a las sociedades cotizadas que, dentro de un conjunto de medidas dirigidas a potenciar los derechos del accionista a intervenir en la toma de decisiones de la sociedad, elaboren un Reglamento de la junta general". Luis Fernández del Pozo, "El Reglamento de la Junta General...", *op. cit.*, pp. 70 y 71: "La ley de transparencia no ataca de una vez una imprescindible redefinición de la minoría; cuestión que sigue siendo prioritaria en toda futura y necesaria reforma del Derecho de cotizadas y que tenía una solución razonable en la Propuesta de Código de Sociedades (*cfr*. art. 370). No puede pretenderse, por lo demás, que esa cuestión — la definición y tutela de la minoría — se resuelva satisfactoria y complicadamente en un reglamento de junta. Es difícil pensar, por ejemplo, que por reglamento puedan bajarse los porcentajes mínimos legales para el ejercicio de los derechos del minoritario o que el régimen de propuestas alternativas — ese instrumento trascendental de la 'democracia accionarial' — llegue a funcionar en ausencia de previsión normativa imperativa¼aunque los redactores del 'Informe Aldama' quisieran hacernos creer que el reglamento puede disciplinar la cuestión".

tutaria y siendo así se demandaría el quórum reforzado en caso de que concurran menos del cincuenta por ciento del capital suscrito con derecho a voto (art. 103.2 LSA).[69] Según Fernández del Pozo:[70] "los reglamentos societarios son verdaderos negocios de colaboración: son verdaderos contratos. Su naturaleza negocial no es esencialmente distinta de la propia del contrato societario o la de contrato parasocial. La diferencia aquí radica en la conexión negocial de supremacía — y correlativa subordinación — que se produce entre los estatutos (y la Ley) y el Reglamento".

Hay que tener en cuenta que el reglamento no puede menoscabar el "núcleo esencial" de los derechos corporativos del accionista tal y como se definen en los estatutos y en la Ley. También es materia estatutaria la regulación del régimen interno de funcionamiento de la Junta general. El art. 9.i) LSA nos dice que en los estatutos que han de regir el funcionamiento de la sociedad se hará constar: "el modo de deliberar y adoptar sus acuerdos los órganos colegiados de la sociedad". Igualmente, el art. 126.1 del RRM dispone que "los estatutos determinarán el modo en que la Junta general de accionistas deliberará y adoptará sus acuerdos".

Por lo que respecta al contenido, decir solamente que el Reglamento habrá de contemplar todas aquellas disposiciones tendentes a facilitar la preparación, convocatoria, orden del día, información, desarrollo y ejercicio de los derechos políticos que tienen como objeto ofrecer a los accionistas tanto mayoritarios como minoritarios la mayor información posible a los efectos de conocer el devenir de la sociedad y los instrumentos con los que se cuentan. En este contexto, adviértase que la página *Web* de la sociedad habrá de publicar el Reglamento de la Junta y así activar toda la información para el accionariado. Quiere expresarse así que el Reglamento no sólo activa el mejor desarrollo de la junta, sino que a su vez, va a facilitar una mayor eficacia en el derecho de información del accionista.[71]

Junto a lo expresado, hemos de añadir y reiterar el dato que la aprobación del Reglamento ha de ser adoptado por la sociedad dentro de su orden del día, demandándose en este sentido la mayoría de los

69. Así se expresa A. Emparaza, "El Reglamento de la Junta de accionistas...", *op. cit.*, p. 154. Explica Luis Fernández del Pozo, "El Reglamento de la Junta General...", *op. cit.*, pp. 72 y 73: "a mi entender, sería deseable la existencia de 'códigos de buenas prácticas' en materia de participación de la minoría en el gobierno de la sociedad; prácticas que se traduzcan en recomendaciones que las sociedades voluntariamente asuman en su reglamento; sobre las que informen los administradores (por el principio de *comply or explain*: *cfr.* apartado primero 1.f) del informe anual sobre grado de seguimiento de las recomendaciones de Gobierno Corporativo en la Orden ECO/3.722/2003) (...). La Orden ECO/ 3.722/2003, de 26 de diciembre, encomienda a la CNMV la elaboración de 'un documento único sobre gobierno corporativo con las recomendaciones existentes' para que pueda servir de criterio para la voluntaria asunción de buenas prácticas. Con todo, es pronto para saber si se incluirán en ese nuevo 'código' recomendaciones sobre funcionamiento de junta general y tutela de la posición del socio".

70. Luis Fernández del Pozo, "El Reglamento de la Junta General...", *op. cit.*, pp. 61 y 63, que añade el origen de la naturaleza de estos reglamentos: "constituyen los *by-laws* o reglamentos societarios la habitual fuente normativa secundaria — subordinación a los estatutos — de las relaciones societarias. Los *by-laws* disciplinan todas las cuestiones societarios (no sólo el régimen de funcionamiento de los órganos) y son aprobados según los Derechos de sociedades de los estados, por la junta o/y el consejo".

71. Siguiendo a Luis Fernández del Pozo, "El Reglamento de la Junta General...", *op. cit.*, pp. 59 y 79, nos indica "de su contenido específico puede formar parte, se nos dice, todo lo relativo a la regulación de los servicios de seguridad, el nombramiento de la persona que presida la asamblea, sus facultades para dirigir y ordenar la junta, la participación de los auditores de cuentas, la grabación de las intervenciones, su limitación de tiempo, el derecho de hacer preguntas, el procedimiento de escrutinio de votos, la entrega de copias y otros aspectos". Precisa el art. 6.1 del Reglamento de Junta del BSCH, SA, "(...) desde la fecha de su publicación de la convocatoria de la Junta general la sociedad publicará a través de su página *Web* el texto de todas las propuestas de acuerdos formuladas por el Consejo de Administración en relación con los puntos del orden del día (...)".

accionistas que estén presentes o representados en la Junta y con posterioridad, inscrito en el Registro Mercantil (art. 113.1 LMV). Si se quiere proceder a una alteración o modificación del Reglamento habrá de pensarse que ésta habrá de llevarse a cabo mediante mayoría al igual que se exigía para su aprobación.[72]

Así las cosas y como hemos explicado ya, en las sociedades bursátiles, la minoría se traduce en una masa dispersa y desorganizada, y no pueden hacer valer sus derechos de forma individual ante la Junta si no poseen mecanismos que le permitan una defensa organizada. De ahí, que la mayoría de ellos decidan no asistir[73] a las Juntas al pensar que su voto no va a alterar el resultado final, decidiendo delegar su voto a través de una tarjeta con claras lagunas informativas; o bien, por ejemplo, ante lo costoso de la vía judicial, decidan no emprender acciones judiciales contra los administradores conocedores de la inferioridad de condiciones en la que se hallan frente a los mismos.

En la realidad práctica y en opinión de Trías:[74] "se forma la voluntad social, en las sociedades abiertas de capital disperso a través de medios diversos (anuncios formales, prensa, información, contactos informales, pactos, etc.). A la fecha señalada para la reunión material de la Junta de estas sociedades se llega con la voluntad social prácticamente formada. Dicha formación ha tenido lugar en el proceso de captación de apoderamientos previo a la misma. Las deliberaciones que se producen en la reunión tienen un carácter prácticamente ritual. Por medio de este proceso queda determinado el tenor de la mayoría de los votos, emitidos a través de apoderamientos. Por lo tanto es a la luz de esta consideración que debe analizarse el proceso constitutivo de la Junta de las grandes sociedades, no sólo como una serie de procedimientos preparatorios, sino como un proceso de tracto sucesivo en el que se va conformando la voluntad social y que culmina en un acto declarativo de la misma".

Junto a lo dicho, debe recordarse que además de confeccionar la lista de asistentes, en nuestro Derecho corresponden al presidente de la Junta la dirección de las deliberaciones, pudiendo ordenarlas e incluso limitar el uso de la palabra cuando el buen orden de la Junta lo aconseje. La atribución al presidente de funciones arbitrales en nuestro Derecho merece, sin embargo, una reflexión crítica,[75] ya que las más de las veces el presidente de la Junta es, a su vez, presidente ejecutivo tal y como hemos indicado. Consecuentemente, su neutralidad para ejercer de moderador en los debates e intérprete del interés social hay que ponerla en duda en los supuestos en los que las posiciones del equipo directivo son contestadas por un grupo accionarial disidente. De ahí que el grupo disidente no tendrá más remedio que el de la impugnación de acuerdos sociales para revisar la validez del voto emitido, resultando difícil, incluso en la instancia judicial, verificar que el grupo directivo o las entidades que hayan solicitado públicamente la representación han ejercitado realmente el voto de los accionistas y cuyas instrucciones

72. En este sentido, nótese lo que precisa el art. 2 del Reglamento REPSOL-YPF, SA.

73. Así se pone de manifiesto en el Derecho alemán: Hocker, "Minderheitenschutz und Recht der Aktionäre in Europe", en *Festschrift Bezzenberger*, Berlín, 2000, pp. 147 y ss.

74. M. Trías Sagnier, *Los Inversores Institucionales*, *op. cit.*, p. 153.

75. A. Recalde Castells, "Organización y 'buen gobierno' de las sociedades", *op. cit.*, p. 96, critica que "tampoco se han precisado suficientemente en algunos de estos documentos y, especialmente en el elaborado en nuestro país — Código Olivencia —, una cuestión de tanta trascendencia como es la referida a las facultades del presidente de la Junta general en relación con la constitución de la Junta y con la acreditación de los poderes de representación o en relación con la aprobación de los acuerdos sociales, competencia que es del presidente de la Junta pues a él le corresponde realizar el cómputo de votos". También en esta línea: Sánchez Ruiz, *Conflictos de Intereses entre Socios en Sociedades de Capital*, Pamplona, Aranzadi, 2000, p. 362.

no les eran favorables. Nos encontramos así que el Derecho español no tiene prevista la intervención de personas independientes para el control de la asistencia, la representación y el voto, aunque se trate de un tema que puede dar lugar a no pocas manipulaciones y problemas, especialmente en las grandes sociedades.[76] Lo explicado hasta ahora debe llamar a una particular reflexión, ya que los propios administradores pueden actuar como representantes de grupos accionarial) es en la Junta, con lo cual se presenta una delicada situación donde unas mismas personas ejercitan la representación y controlan dicho ejercicio.[77]

A la vista de lo hasta aquí expresado, parece claro que se ha de pretender en la medida de lo posible el reducir el sometimiento de la Junta al Consejo de administración y, con ello, eliminar la práctica de que el presidente de la Junta coincida con el del Consejo de administración. Del mismo modo y siguiendo al Prof. Sánchez Calero:[78] "el levantamiento del acta de la Junta ha de establecerse, dada la importancia de las sociedades cotizadas, que, frente al carácter puramente potestativo en las sociedades anónimas no cotizadas, fuera levantada en todo caso por notario, debiendo fijarse un plazo máximo para la redacción del acta y limitarse la legitimación para solicitar del notario copia de la misma a aquéllos que estuvieran legitimados para impugnar los acuerdos sociales, con el fin de no hacer extremadamente onerosa la labor del notario (...) legitimación que ha de transformarse de ser un derecho de todo socio, a ser un derecho de la minoría y de la CNMV".

En esta línea de actuación no resulta extraño lo que expresa el art. 392 de la *Propuesta de Código de Sociedades*: "1. El acta de la junta general de accionistas de sociedad cotizada, aunque haya sido convocada por el juez, deberá ser necesariamente en acta notarial. 2. Los acuerdos sociales sólo serán ineficaces si constan en acta notarial. El notario deberá confeccionar el acta dentro de los quince días siguientes a aquel en el que la junta general de accionistas hubiera finalizado, entregando copia a la sociedad. Sólo las personas legitimadas para impugnar los acuerdos sociales de la junta general de accionistas de sociedad cotizada tendrán derecho a obtener copia de las actas notariales".

Siguiendo con el hilo argumental, cabe decir además que — en ocasiones — se constata que es una minoría organizada (a veces porcentualmente ridícula) la que ante el absentismo de la mayoría desorganizada y dispersa domina la Junta, en cuyo caso poco varia la situación de los accionistas que permanecen fuera del grupo minoritario de control, dándose idéntica divergencia de intereses entre accionistas (mayoritarios) y administradores, ya que estos últimos no siempre persiguen en su actuación los intereses de la sociedad o los del conjunto de los propietarios de la misma, sino los suyos propios, coincidentes con los de esa minoría

76. Tras la aprobación y reconocimiento del Reglamento de la Junta muchos de estos inconvenientes se subsanan tal y como explica A. Emparaza, "El Reglamento de la Junta de accionistas...", *op. cit.*, p. 157: "se han previsto mecanismos de control de acceso a la Junta a fin de que sólo puedan estar presentes los accionistas y demás invitados legítimamente acreditados, así como en su caso los medios de comunicación acreditados (...) tarea al presidente para que él imparta *ex ante* las instrucciones pertinentes a fin de evitar cualquier desorden o altercado en el normal desarrollo de la Junta (...) se admite que pueda constituirse válidamente la junta aun cuando vaya a tener lugar en distintas salas en las que se acojan a los accionistas asistentes a la reunión".

77. M. Trías Sagnier, *Los Inversores...*, *op. cit.*, pp. 326 y 327.

78. Añade, además, F. Sánchez Calero, *La Sociedad Cotizada en Bolsa...*, *op. cit.*, p. 186: "los estatutos sociales o el reglamento de la Junta pueden concretar determinados aspectos referentes a esa labor, dentro de los márgenes previstos por las normas legales y reglamentarias, como el reflejo en el acta de los votos por correspondencia y su documentación, los términos de las solicitudes de las delegaciones de voto y los términos en los que éste se ha producido, la utilización de medios informáticos que registren estos hechos, el empleo de otros medios técnicos para ir recogiendo las intervenciones en la propia Junta (magnetófonos, vídeos, etc.)".

que los designa.[79] Todo ello supone que la Junta como canalizadora del buen desarrollo de la utilidad social, en las sociedades bursátiles plantee una serie de problemas que afectan si cabe aún más a la posición que detentan los socios minoritarios — fuera del control societario —, que se ven de este modo más desprotegidos ante la actuación de minorías oligárquicas, que sí poseen el control.

Nos encontramos en el desarrollo de la Junta con otro derecho de minoría en lo que prescribe el art. 109.2 de la LSA:[80] "la prórroga podrá acordarse a propuesta de los administradores o a petición de un número de socios que represente la cuarta parte del capital presente en la Junta".

Ciertamente el porcentaje exigido (25%) del capital presente en la Junta dificultará extraordinariamente el ejercicio de este derecho, sobre todo en el ámbito de las grandes sociedades, y en especial en las sociedades anónimas cotizadas. Una vez que se ha iniciado la Junta de accionistas, debe continuarse la celebración hasta que se haya tratado los puntos del orden del día. Se pretende que continúe la reunión de forma sucesiva el día o días siguientes al previsto en la convocatoria. Se quiere respetar el principio de unidad de la junta con independencia del número de sesiones que deban celebrarse. Así lo ha declarado la RDGRN de 23 de junio de 1997 (RA. 4.569).

La Ley establece que "a petición de un número de socios que represente la cuarta parte del capital presente en la Junta". La Ley no especifica si esta referencia a los titulares del capital excluye a los accionistas que tengan algún tipo de limitación respecto del ejercicio del derecho de voto. Cabe entender que podrán formularla los accionistas que, si bien pueden disfrutar del derecho de asistencia, no puedan votar, como los accionistas sin voto y los accionistas morosos por dividendos pasivos. Sin embargo, deberán excluirse del cómputo las acciones propias de la sociedad o las de la sociedad dominante (art. 79 LSA), pues al estar en suspenso sus derechos políticos ello afecta al derecho de asistencia, por lo que sus titulares no podrán estar presentes para realizar una hipotética propuesta de prórroga de la sesión.

Del mismo modo, hay que subrayar que el primer párrafo del art. 109 LSA señala que las juntas "podrán ser prorrogadas" y, en el segundo párrafo, que "la prórroga podrá acordarse". A nuestro juicio, en ambos casos se alude al "podrá" porque es una decisión que ha de someterse a la consideración de la junta, que acabará decidiendo sobre el particular. Más, para que ello suceda, es condición necesaria que se someta el asunto a votación. Contrariamente, quedaría desvirtuada la redacción del precepto. Por consiguiente, no ha de quedar en manos del presidente la posibilidad de que pueda someterse a votación la propuesta de prórroga de la junta. Si la Ley permite que determinadas personas hagan la propuesta es para que se pueda decidir sobre ella. En cualquier caso y sin descender a mayores detalles, puede inferirse de lo dicho que es improbable en una sociedad anónima cotizada que concurra y se ponga de acuerdo tal porcentaje a los efectos de llevar a cabo o no la continuación de la junta.

En definitiva, el panorama actual de reglamentación basado, principalmente, en la normativa de la Ley de sociedades anónimas viene caracterizado de este modo por una insuficiencia en la tutela de la minoría que ve limitados sus derechos, fundamentalmente, el de iniciativa y participación en la Junta y, por ende, en la buena eficacia de sus derechos políticos y administrativos, aunque se hayan solventado muchos inconvenientes tras la Ley 26/2003 y la Orden económica que los desarrolla.

79. Carmen Alonso Ledesma, "El papel de la Junta", *ibídem*, p. 623.

80. R. Morral Soldevilla, "Art. 109 de la LSA", en *Comentarios a la Ley de Sociedades Anónimas*, 2º v., Madrid, Tecnos, 2001, pp. 1.049 y ss.

III — Las nuevas competencias a asumir por la Junta en la sociedad cotizada en Bolsa

Hemos puesto de manifiesto en anteriores apartados que la Junta general es el órgano soberano[81] de la sociedad anónima porque a ella le corresponde nombrar y destituir a los administradores, que son el órgano de administración y representación de la sociedad. Incluso se puede proceder por parte de la Junta general a la separación de los administradores (o de algunos) de su cargo sin necesidad de que dicho tema figure en el orden del día, entre otros extremos. En las sociedades cotizadas, que tienen muchos accionistas o socios, la importancia real de la Junta general es más limitada[82] como anotábamos. Con frecuencia, los socios mayoritarios y los administradores controlan la sociedad,[83] es decir,

81. Según C. Ducouloux-Favard, "Le contrôle de l'actionnariat en Droit Français", en *Le Contrôle du Gouvernement des Sociétes Cotées dans l'Espace Européen*, n. 123, Les Petites Affiches, 14 octubre 1998, p. 26: "l'assemblée n'est plus souveraine mais reste l'épicentre du pouvoir".

82. Véase, *Informe Olivencia sobre el Gobierno de las Sociedades*, *op. cit.*, p. 134, se dice respecto a las limitaciones de la Junta general de accionistas: "la efectividad de la Junta general de las sociedades cotizadas como instrumento de control y decisión está sujeta a muchas limitaciones estructurales (frecuentemente el coste de participar en la asamblea es superior al rendimiento que puede obtenerse). En buena medida, el movimiento de reforma en que se inserta este informe, orientado a impulsar el Consejo como órgano de supervisión, tiene su origen en la constatación de la escasa eficacia disciplinar de la Junta general. Siendo todo ello así, esta comisión abriga dudas sobre la efectividad de determinadas políticas encaminadas a reactivar la Junta general estimulando la participación de los accionistas, fundamentalmente, a acentuar la comunicación de la sociedad con sus accionistas y a estimular la actividad de aquellos accionistas que más pueden contribuir al control de la gestión: los inversores institucionales". L. A. Velasco San Pedro, "La información en el Consejo de administración", en AA.VV., *El Gobierno de las Sociedades Cotizadas*, Madrid, Marcial Pons, 1999, p. 359: "en el caso de las sociedades bursátiles de capital disperso (...) la constatada ineficacia de la Junta como órgano de control". F. Rodríguez Artigas, "Reflexiones en torno a la retransmisión por televisión de la J.G. de la SA", *RDM* n. 121, 1971, p. 353: "la progresiva disociación existente entre el significado legal y el significado real de la Junta". F. Sánchez Calero, *La Sociedad Cotizada en Bolsa...*, *op. cit.*, p. 177: "el régimen de la Junta general de accionistas plantea una de las más difíciles cuestiones de la sociedad cotizada. La crisis de este órgano y el declive de su importancia son manifiestos".

Más preocupante, aún es la actitud adoptada por el Reglamento de la Sociedad Europea, como señala bien: J. A. Romero Fernández, "La convocatoria de junta general de la sociedad anónima europea con domicilio social en España", *RDBB* n. 142-143, julio-agosto 2002, p. 14: "ese relativo desinterés por articular de forma minuciosa cada una de las cuestiones que giran en torno a la junta general de la SE va en armonía con la filosofía que inspira al Reglamento (CE) n. 2.157/2001 del Consejo de 8 de octubre de 2001, por el que se aprueba el Estatuto de la Sociedad Anónima Europea. Una filosofía que podemos calificar de tradicional y de corto alcance, porque el legislador comunitario es consciente de la concentración de poder en las sociedades de una cierta dimensión en un reducido grupo de personas y de alejamiento de la gran masa de accionistas del ejercicio de sus funciones tradicionales de cooperación y control. Y es que del texto del articulado del Reglamento se deduce, por un lado, que no se ha querido restaurar la posición de la Junta general como un auténtico órgano soberano y, por otro lado, que aquélla ha dejado de ser un órgano de competencia general para tener sólo facultades concretas, que permanece al margen de la gestión. Las decisiones de la junta general de la SE sólo son necesarias para algunos asuntos muy trascendentales de la sociedad. No es competente para la gestión y la representación de la sociedad, ni para el control permanente de sus actividades, tarea que se confía a otros órganos".

83. *Cfr.*, C. Alonso Ledesma, "El 'buen gobierno' de las sociedades en Europa", *op. cit.*, p. 152: "una característica esencial de prácticamente todos los códigos de buenas prácticas es la falta de atención a los accionistas y, sobre todo, al órgano en el que éstos deben hacer oír su voz y adoptar las correspondientes decisiones: la junta general (...). No es ésta, sin embargo, la realidad de la mayoría de los países de la Europa continental en los que, como ya se dijo, existe un sistema de propiedad concentrada que exigiría adoptar soluciones de otro tipo que las contempladas para un sistema de propiedad dispersa, como son, por citar sólo algunos ejemplos, el control de las operaciones realizadas por los accionistas dominantes con la propia sociedad, o la revisión del propio concepto de minoría, o los problemas de conflicto de intereses que pueden suscitarse o la prohibición de las cláusulas de blindaje o de otras medidas defensivas contra OPAs hostiles u otras muchas cuestiones".

disponen del número de votos suficientes para que sus propuestas sean aprobadas. En tal caso, los restantes socios carecen de fuerza para oponerse al grupo mayoritario como hemos tenido ocasión de apuntar más arriba, esto es, sucede que en múltiples ocasiones las Juntas generales de las sociedades cotizadas son más bien reuniones de ratificación y aplauso[84] al órgano de administración, que verdaderas reuniones de carácter deliberante y decisor.[85] Este fenómeno se incrementa en cuanto que se produce la inasistencia a las Juntas de socios minoritarios — porque saben que su voto es irrelevante en la práctica; concesión de representaciones en blanco (más o menos) en favor de los administradores o en favor de las entidades financieras depositarias o administradores de los valores.

En otros términos: la masificación de la Junta da lugar a la creación de una mayoría, movida por unos intereses fácilmente satisfechos con el reparto de beneficios, que, generalmente, y en razón de la creciente complejidad de la gestión social, no puede sino aprobar por unanimidad — cuando no por aclamación — todos los puntos del orden del día y que hace prácticamente ineficaz la posible, pero casi teórica, intervención de la minoría.[86] Significativas en este punto nos parecen las palabras de Sagasti Aurrekoetxea:[87] "las grandes sociedades anónimas comprenden miles de accionistas repartidos por todo el país o, incluso, por el extranjero y, por ello, resulta inconcebible pensar que tal colectivo se reúna alguna vez, sí, además, pudiera encontrarse un local con el aforo suficiente para permitirlo. Por otro lado, tal colectivo accionarial se halla integrado por personas poseedoras de pequeños paquetes de acciones, cuyo ánimo no es el de participar en la gestión y dirección de la empresa, sino invertir sus ahorros en unos títulos que les produzcan algún dividendo o les permita obtener alguna plusvalía. En semejante estado de la cuestión, su participación en la gestión carece de toda lógica. Como consecuencia de ello, un gran número de células del poder de voto que sus titulares no desean ejercitar permanecen en suspensión sin una aplicación concreta, con la paradoja de que en las grandes sociedades tal cuerpo de partículas representa la efectiva mayoría de capital y de votos. Este fenómeno cobra su dimensión más aguda cuanto mayor sea el capital social y más numeroso el colectivo de accionistas. El efecto directo e inmediato de esta realidad no es otro que el hecho de que el poder termina por concentrarse en una minoría inversamente proporcional al volumen de la sociedad. Esta minoría gobierna con una apariencia democrática, solicitando y logrando las delegaciones de voto de la mayoría inhibida; delegaciones — en la mayoría de los casos, por no hablar de la totalidad de ellos — en blanco, que le otorgan la disponibilidad de votar de acuerdo con su personal y libre criterio e interés".

84. Apunta F. Sánchez Calero, *La Sociedad Cotizada en Bolsa...*, *op. cit.*, pp. 32 y 36: "la Junta general resulta un órgano inoperante, pues carece de todo sentido el pensar en la posibilidad que pueda reunirse una asamblea o junta a la que se convoca a millones de personas, los cuales además no entienden el alcance de los pasos precisos para la buena marcha de la sociedad (...) la Junta general en estas sociedades es una comedia bien representada". J. E. Cachón Blanco, "El régimen jurídico de la sociedad anónima cotizada en Bolsa de Valores", *Actualidad Civil* n. 42, noviembre 1994, p. 2.675: "es precisamente en las sociedades cotizadas donde juegan especialmente la pérdida del *affectio societatis* y los mecanismos de conferimiento de representaciones eludiendo las normas legales al efecto".

85. *Cfr.*, André Tunc, *L'Effacement des Organes Légaux de la Sociéte Anonyme*, París, 1952, pp. 73 y ss. Gráficamente señala Josu J. Sagasti Aurrekoetxea, *El Régimen Jurídico de las Acciones Sin Voto en el Derecho Español y Comparado de Sociedades y de Valores*, Madrid, Cívitas, 1997, p. 38: "la Junta general es, hoy día, en la mayoría de las Sociedades, y en particular en las Grandes Sociedades Anónimas, el órgano más ineficaz, y, a decir verdad, un órgano casi fiction".

86. En palabras de, F. Rodríguez Artigas, "Reflexiones en torno a la retransmisión por televisión de la J.G. de la SA", *RDM* n. 121, 1971, p. 376.

87. Josu J. Sagasti Aurrekoetxea, *El Régimen Jurídico de las Acciones Sin Voto...*, *op. cit.*, p. 32.

Se afirma así que la existencia en las sociedades abiertas de una multiplicidad de accionistas — ninguno de los cuales posee el suficiente número de acciones para tener el incentivo o la posibilidad, sea individualmente o asociado con otros —, puede ejercer el control sobre las decisiones operativas o estratégicas de la sociedad,[88] ha originado la existencia de "un poder libre" en manos de los *managers* profesionales que lo ejercen en su propio interés y a expensas de los accionistas.[89] Se comprende, de este modo, que las Juntas generales en las sociedades cotizadas ofrezcan un papel más formal que real, es decir, son menos relevantes en la práctica de lo que se afirma teóricamente.

Ahora bien, descrito y planteado el anterior fenómeno no puede descuidarse el hecho de que se ha de potenciar la presencia de los accionistas en la Junta[90] (la posibilidad de que los accionistas participen a distancia a través de los nuevos medios de comunicación,[91] puede servir para revi-

88. Recuérdese que el verdadero sujeto decisor de las sociedades cotizadas es el grupo de control, junto con aquellos otros sujetos (accionistas significativos, administradores, etc.) que colaboran ordinariamente con el citado grupo.

89. *Vid.*, Carmen Alonso Ledesma, "El papel de la Junta", *op. cit.*, p. 622. También se pronunciaba así el Prof. M. A. Eisenberg, *The Structure of Corporation. A Legal Analysis*, Boston-Toronto, 1976.

90. En esta línea de pensamiento, apuntan J. Fernández-Armesto y Frco. Hernández, *El Gobierno de las Sociedades Cotizadas: Situación Actual y Reformas Pendientes*, n. 56, Papeles de la Fundación, 2000, p. 35: "la adopción de algunas medidas, como la presencia del auditor en la junta general para que responda a las preguntas que le planteen los accionistas sobre su trabajo, o una nueva regulación del voto por representante (...)". Otra medida es la utilización de las nuevas tecnologías, así véase las reflexiones vertidas ya en 1971 por F. Rodríguez Artigas, "Reflexiones en torno a la retransmisión por televisión de la J.G. de la SA", *RDM* n. 121, 1971, p. 352: "la retransmisión por televisión de la Junta (CTNE) se justificó en base al elevado número de accionistas con que cuenta la sociedad en cuestión — alrededor de 350000 en la fecha de celebración de la J.G. —, número que, por muy elevado que sea el índice de absentismo y el recurso al sistema de representación, impide prácticamente la celebración de una J.G., si son muchos los asistentes, incluso en un local de las características de un Pabellón de Deportes". J. Tapia Hermida, "La Junta general de accionistas de la sociedad", *op. cit.*, p. 2.922: "desde un punto de vista instrumental, el funcionamiento de las Juntas, aspecto en el que deben potenciarse las posibilidades de convocatoria por iniciativa de los accionistas minoritarios y las garantías de conocimiento efectivo del anuncio y de la constancia fidedigna de los asuntos tratados y acuerdos adoptados. Desde un punto de vista sustancial, el ejercicio efectivo por los accionistas minoritarios de sus derechos de información, asistencia, voto e impugnación de los acuerdos sociales. Para ello, partiendo de la base de que el accionista minoritario actúa, por regla general, como mero inversor; debería reconocerse la legitimación de la CNMV para ejercitar algunos de aquellos derechos, al ser esta entidad la que tiene legalmente encomendada (art. 13 LMV) la función de protección de los inversores (...) deberían regularse las asociaciones de accionistas en pos de su efectiva independencia como paso previo al reconocimiento de su legitimación para el ejercicio de algunos derechos".

Para el Derecho alemán, explica M. Hüther, "Namensaktien, Internet, und die Zukunf der Stimmrechtsvertretung", *AG* n. 2, 2001, pp. 68 a 78, en cuanto que la formación de la voluntad social en las grandes sociedades experimenta actualmente importantes modificaciones debido a la aplicación de las nuevas técnicas de comunicación en la celebración de la Junta general, así como en el ejercicio del derecho de voto en el órgano administrativo, como consecuencia de la NaStraG, cuyos efectos se valoran de manera diferente por la doctrina. Algunos autores piensan que Internet posibilita la mejor participación de los accionistas en el ejercicio del control corporativo. En cambio y pese a las buenas intenciones, el autor que comentamos considera y opina que incluso el futuro desarrollo de las nuevas tecnologías a través del ejercicio del derecho de voto a través de representante no hará sino fortalecer al órgano administrativo. Salvatore Tondo, "Aspetti del regime delle assemblee societarie", en AA.VV., *Assemblea degli Azionisti e Nuove Regole del Governo Societario*, Padova, Cedam, 1999, p. 68: "tutela delle minoranze, è impegnata a promuovere una attiva partecipazione anche dei piccoli azionisti ai processi deliberativi assembleari (...) sia nell'agevolare l'esercizio del diritto di voto pur a distanza (voto per corrispondenza), sia nel favorire la sostituzione nell'esercizio del diritto stesso (regime delle deleghe)".

91. Explica Javier Ibáñez Jiménez, "El ejercicio telemático de los derechos del accionista en las sociedades cotizadas españolas", *RDM* n. 249, 2003, pp. 1.031 y 1.032: "una junta apoyada por medios de comunicación innovadores (transmitida electrónicamente) donde se permita el voto electrónico debe

talizar el papel de la junta general como órgano de representación de todos los accionistas), sean los particulares como los institucionales. Un modelo de buen gobierno corporativo, además, no puede ignorar tampoco la importancia que el desarrollo y dirección de la Junta[92] posee para que ésta pueda cumplir con las funciones que la Ley le asigna.[93] Más si cabe, la minoría en la sociedad cotizada debe asumir un papel diverso en la Junta en orden a poder desarrollar otra serie de facultades y derechos.

Al hilo de lo precedente, y en palabras del maestro Garrigues,[94] ya en 1955, apuntaba que "la realidad nos está demostrando cada día que, en las grandes sociedades, los accionistas se agrupan entre sí antes de la Junta general, cambian impresiones entre ellos y se comprometen a votar en la Junta en un determinado sentido, bien sea respecto de la Junta que se va a celebrar inmediatamente o bien respecto de un número indeterminado de futuras Juntas. A pesar de eso, la doctrina clásica del Derecho mercantil, sin establecer distinción alguna sobre el ejercicio del derecho del voto, reacciona violentamente contra todos esos pactos, considerándolos como incompatibles con ese concepto clásico de la sociedad por acciones y de la Junta general de accionistas (...). La experiencia nos enseña que el resultado de las Juntas generales suele ser

ser equiparada a todos los efectos, y principalmente a la hora de recontar los quórums y los votos que sostienen o rechazan los puntos del orden del día, a una junta presencial. Debe recordarse en este orden de cosas que el Informe Aldama (IV.1.6) propone como medida interna, asumible por vía de autorregulación, la implantación de sistemas necesarios para el cómputo electrónico del quórum, sin perjuicio de la posibilidad de representación y de voto por vía telemática (...). Consiguientemente, debe entenderse que las juntas celebradas simultáneamente en distintas localizaciones por videoconferencia no quiebran la unidad de acto ni el tenor del precepto citado, eso sí, siempre que se centralice el progreso *íntegramente por la sociedad y desde la sede social*". Escéptico con los nuevos medios tecnológicos advierte A. Emparaza, "El Reglamento de la Junta de accionistas...", *op. cit.*, pp. 157 y ss., "los reglamentos también han acogido las potencialidades que ofrecen las nuevas tecnologías (...) estas potencialidades técnicas no dejan de ser una declaración de principios que no parece que vaya a suponer su aplicación inmediata en el ámbito español de las sociedades cotizadas ya que no se atisba en modo alguno que se promueva la creación de plataformas o asociaciones de accionistas que se encarguen de 'gestionar' el voto de los accionistas, a fin de lograr una mayor representatividad en el órgano soberano de la sociedad".

92. Compartimos con Rocío Martí Lacalle, *El Ejercicio de los Derechos de Minoría*, *op. ult. cit.*, p. 95: "la oportunidad de la utilización conjunta de los derechos de solicitud de convocatoria de Junta (art. 100.2), y de información cualificada (art. 112.2 LSA), como vía para extender la información a cualquier asunto que se le ocurra a la minoría legitimada para uno y otro derecho (5%, 25% del capital social) respectivamente (...)".

93. L. A. Velasco San Pedro, "La información en el Consejo de administración", *op. cit.*, p. 316: "tal como están las cosas, es seguramente (la Junta) el único órgano con capacidad real de reacción para cambiar el actual estado de cosas". A su vez, P. G. Marchetti, "Il Ruolo dell'Assemblea nel TUE nella Corporate Governance", en AA.VV., *Assemblea degli Azionisti e Nuove Regole del Governo Societario*, Padova, Cedam, 1999, p. 11: "se ha de encontrar el punto de equilibrio entre la natural propensión al absentismo del socio inversor en la sociedad con accionariado difuso, de un lado, y revitalizar la función de vigilancia que posee la Junta, de otro, en incentivar de este modo la participación en Junta". Opina M. Trías Sagnier, *Los Inversores...*, *ibídem*, p. 146: "la Junta entendida como órgano (...) como la articulación del proceso de formación de voluntad de los accionistas en torno a los grandes temas sociales, vuelve a ganar su importancia como punto de referencia decisivo en la vida de la sociedad. Dicho carácter decisivo puede manifestarse de forma explícita, a través de una abierta lucha de poder, o bien de forma implícita, a través de negociaciones entre los accionistas y el equipo directivo que eviten esa lucha abierta".

Decía, a su vez: F. Rodríguez Artigas, "Reflexiones en torno a la retransmisión", *op. cit.*, p. 376: "la Junta se presenta, si no ya como el órgano soberano de la sociedad, sí al menos como el necesario contrapeso al creciente poder de los administradores. De aquí que el legislador se preocupe de garantizar la celebración de las reuniones de este órgano y de proteger el interés del socio a su participación en las mismas. Y quizá también por esta razón, los movimientos de reforma de la SA traten de paliar, con medios de índole diversa, el absentismo de los accionistas facilitando su participación en la formación de la voluntad social".

94. *Cfr.*, J. Garrigues, "Sindicatos de Accionistas", *RDM* n. 55, 1955, pp. 93 y 95.

conocido de antemano, precisamente por esto: porque los votos que a ese resultado conducen están también de antemano comprometidos. ¿Qué inconveniente puede haber en que se anticipe la deliberación de la Junta general de accionistas? Ninguno. Como siempre, también en tal caso la voluntad social se sigue expresando dentro de la Junta general. Lo que ocurre es que no se engendra la voluntad dentro de la Junta general y de una manera precipitada, como suele ocurrir en las Juntas generales, sino fuera de la Junta y más despacio que cuando se forma dentro de la Junta".

De ahí que ante esta situación, se peticione un mayor incentivo para el derecho de asistencia e intervención en los debates y en el cómputo de los votos, que son necesarios para comprender los mecanismos de control de la Junta y la posible participación activa[95] en ella de accionistas minoritarios. Lo anterior se traduciría, por ejemplo, en la conformación de una agrupación de accionistas;[96] nótese que este derecho de agrupación existe aunque no figure en los estatutos, siendo suficiente la previsión legal y, además, no hay obstáculo en que se agrupen acciones de distintas clases y pertenecientes a distintas categorías de accionistas (accionistas ordinarios, privilegiados, sin voto, incluso morosos). También cabe la agrupación de acciones totalmente desembolsadas con aquellas que sólo lo están parcialmente.[97] Pero si los Estatutos exigen un determinado porcentaje de capital desembolsado para ejercitar el derecho de voto, el representante de las acciones agrupadas sólo podrán emitir los votos que correspondan, de acuerdo con ese porcentaje. Igualmente, si la agrupación se hace con acciones privadas del derecho de voto (acciones sin voto o de accionistas morosos), hay que tenerlo en cuenta en el momento en el que el representante emita los votos de las acciones representadas.

Y lo anterior es derivado del hecho de que debemos partir de la pluralidad de intereses que se dan cita en la Junta general[98] de una sociedad anónima cotizada y

95. Es de esta opinión M. Trías Sagnier, *Los Inversores...*, *ibídem*, p. 325. Así A. J. Tapia Hermida, "Francia: nueva regulación del voto de los accionistas no residentes en sociedades cotizadas", *RDBB* n. 88, octubre-diciembre 2002, p. 263: "uno de los aspectos en que se está centrando la atención del movimiento de revisión y evaluación de los códigos de buen gobierno corporativo de las sociedades cotizadas, tanto en nuestro país — en el marco de la denominada Comisión Aldama — como en los países de nuestro entorno, es el de la junta general, a la que se quiere dotar de una capacidad real de decisión de la que manifiestamente carece (...) destaca la consistente en facilitar la participación de los accionistas extranjeros, partiendo del conocimiento de la convocatoria".

96. También a través de la creación de sindicatos de votos para la Junta podría incentivarse la participación de los socios en la gestión, así: A. Pérez Moriones, *Los Sindicatos de Voto para la Junta General de Sociedad Anónima*, Valencia, Tirant lo Blanch, 1996, pp. 58 y 59: "sindicato de voto para la Junta general de accionistas de la sociedad anónima es aquel contrato por el que uno o varios accionistas, ya sean personas físicas o personas jurídicas, de una sociedad anónima, se obligan entre sí o frente a terceros, a no ejercitar el derecho de voto o a ejercitarlo en la Junta general de dicha sociedad, bien por sí, bien por medio de representante, en el sentido acordado en el sindicato, previamente a la celebración de aquélla. La finalidad a la que se dirigen los sindicatos de voto para la Junta general de accionistas de la sociedad anónima es influir en la formación de la voluntad social, mediante el ejercicio unificado del derecho de voto, lo cual se pone de manifiesto, para el caso concreto y dependiendo de la clase de sindicato de voto de que se trate, en la consecución o el mantenimiento de la mayoría en la Junta de accionistas, en la defensa frente a grupos mayoritarios o en el ejercicio de una influencia relativamente estable y coherente que deba ser tenida en cuenta por aquéllos, en la obtención de estabilidad en la gestión de los administradores o también en la obtención de estabilidad en la gestión de la sociedad, entre otros (...) habrá que tener en cuenta, en su caso, los motivos que hayan podido mover a sus miembros para participar en los mismos, entendidos aquéllos como fines psicológicos, individuales o puramente personales que conducen al sujeto a tomar parte en el contrato". Esta autora de manera exhaustiva examina la eficacia y organización de los sindicatos de voto en pp. 429 y ss.

97. A. Tobío Rivas, *Limitaciones de los Derechos*, *op. cit.*, pp. 93 y 94.

98. Siguiendo la argumentación de J. Tapia Hermida, "La Junta general de accionistas de la sociedad", *op. cit.*, p. 2.934.

la necesidad de intensificar la protección de los accionistas en su faceta de inversores. Ambos datos recomiendan, por un lado, restringir la posible limitación estatutaria del ejercicio del derecho de asistencia y, por otro, enriquecer la asistencia a la misma de sujetos o entidades que, desde el exterior, puedan aportar información y contribuir a la transparencia. En este segundo sentido, la función de protección del inversor que el art. 13 de la LMV confía a la CNMV justificaría la atribución *ex lege* a la misma de un derecho de asistencia con carácter general. Por otro lado, la circunstancia de que la Junta general de una sociedad anónima cotizada adopte, con frecuencia, sus acuerdos teniendo en cuenta informes elaborados por los auditores de cuentas — que a menudo versan sobre informes previamente elaborados por los administradores (por ejemplo, en el caso de emisión de obligaciones convertibles conforme al art. 292.2 de la LSA) — hace recomendable que, en tales casos, el deber de asistencia que impone la LSA a los administradores se extienda a los auditores. Adicionalmente, no cabe desconocer que, en la sociedades cotizadas, los informes generales y especiales de los auditores cumplen funciones de información interna y externa adicionales[99] a los de la sociedad no cotizada (así, por ejemplo, con ocasión del cumplimiento por aquéllas de los deberes de información trimestral y semestral que les impone el art. 35 de la LMV y su normativa de desarrollo reglamentario). En esta línea de pensamiento y con carácter recapitulativo de las diversas medidas hasta aquí apuntadas para reactivar la Junta nos encontramos con el Prof. Esteban Velasco[100] que explica la necesidad de un "*derecho de la minoría a solicitar la inclusión de nuevos asuntos en el orden del día, reforma del derecho de información del accionista en cuanto a la función del presidente y el derecho de minoría*, conflicto de intereses del socio con la sociedad, *pactos de sindicación de derecho de minoría*, determinación de la mayoría en la adopción de acuerdos de la Junta general, *introducción de la minoría decreciente*, etc.)".

En el ámbito del Derecho comparado, resulta conveniente atender a la regla dispuesta por el Código de Autodisciplina italiana en torno al fortalecimiento de la Junta en relación con los accionistas minoritarios: "se prevé que vengan fijados porcentajes mínimos para el ejercicio de las acciones y de las prerrogativas de la minoría, el Comité recomienda a los administradores una valoración continuada de la oportunidad de adoptar tales porcentajes en relación al desarrollo y evolución de la di-

99. J. E. Cachón Blanco, "El régimen jurídico de la sociedad anónima cotizada en Bolsa de Valores", *op. ult. cit.*, p. 2.674: "La Disposición Adicional 1ª, epígrafe 1, de la Ley de Auditoría de Cuentas, de 12 de julio de 1988, prevé la auditoría obligatoria en el caso de sociedades que coticen sus valores en Bolsa. Asimismo, el artículo 35 LMV establece que las entidades admitidas a negociación en mercados secundarios oficiales deben someter anualmente a auditoría sus estados financieros, aplicándose a dicha auditoría lo previsto en los artículos 27 y 92 LMV".

100. *Cfr.*, G. Esteban Velasco, "Sociedad anónima: principales aspectos y problemas de su regulación", *RdS* n. 2, 1994, p. 145. También, se expresa en este sentido: F. Sánchez Calero, *La Sociedad Cotizada en Bolsa...*, *op. cit.*, pp. 179 y 180: "uno de los puntos de esta reforma (la de la sociedad cotizada), a nuestro juicio, en tratar de fortalecer la independencia de la junta general respecto al órgano de administración (...) la revitalización, aun cuando sea modesta o tenue, de la Junta puede venir por la reducción en lo posible de su dependencia respecto a los administradores, lo que exige la posibilidad de la incidencia de los accionistas en la reunión, especialmente en su votación, por medio de la telemática y de forma más modesta la correspondencia tradicional, el reconocimiento de la posibilidad de su organización de forma clara y transparente al margen de la Junta para influir en ella, considerándose por lo tanto lícitos los sindicatos de voto — los pactos parasociales —, y las asociaciones de pequeños accionistas que reúnan ciertas condiciones (evitando tanto su dependencia de los administradores, como su función puramente extorsionadora para beneficio de sus gerentes), una regulación más cuidada de la solicitud y recogida de delegaciones de voto, la difusión de la separación entre la titularidad de la inversión que permanece en los accionistas y sus gestores, el crecimiento de la inversión institucional, etc.".

mensión y de la estructura accionarial de la sociedad".[101]

En otro orden, con la Ley francesa 2001-420 de 15 de mayo de 2001 "relativa a la nueva normativa en materia económica" (JO de 16 de mayo de 2001),[102] se ha potenciado asimismo el funcionamiento de la junta general de la SA mediante el reforzamiento de alguna de sus competencias, como es la de revocar a los miembros del directorio o del director general que antes requería hacerse a propuesta del consejo de vigilancia, y que ahora está habilitado con tales competencias sólo si los estatutos lo prevén (art. 108 de la Ley, que modifica el art. 225-61 del Código de comercio). Además, cabe apuntar que el aumento de las competencias de la Junta general de la SA lleva consigo también en algún caso el refuerzo de la transparencia[103] mediante la atribución de la capacidad de un mayor control sobre otros órganos de la sociedad. Éste es el caso de la exigencia de que el informe de gestión que el Consejo de administración o, en su caso, el directorio han de presentar ante la Junta, contenga ahora

101. En la regla número 12 del *Código de Autodisciplina, Circular de 27 de octubre de 1999, op. cit.*, p. 522 se dice: "12.1 Los administradores han de incentivar y facilitar la participación más amplia posible de los accionistas en la Junta. 12.2 En la Junta, por norma, participan todos los administradores. 12.3 La Junta presupone una ocasión única para la comunicación a los accionistas de información sobre la sociedad, siempre en el respeto de la disciplina sobre la información *price sensitive*. El Comité considera que, incluso en presencia de una amplia diversificación (también telemática) de la modalidad de comunicación con los socios, los inversores institucionales y el mercado, la Junta tiene la oportunidad para instaurar un sólido diálogo entre los administradores y accionistas. Coherentemente, el Comité recomienda que en la elección del lugar, del día y de la hora de convocar la Junta, los administradores tengan presente el objetivo de ofrecer, en cuanto sea posible, mayor agilidad a la participación de los accionistas en la Junta y que, siendo la Junta el momento del diálogo entre los socios y administradores, sea aconsejable que estos últimos estén presentes en la Junta o que lo estén en particular aquellos que, por los encargos encomendados en el Consejo o en las comisiones establecidas, puedan aportar una útil contribución a la discusión asamblearia. 12.4 El Consejo de administración propone la aprobación a la Junta de un reglamento que discipline el buen funcionamiento y desarrollo de la Junta ordinaria y extraordinaria de la sociedad, garantizando el derecho de cada uno de los socios de tomar la palabra sobre los argumentos puestos a discusión. *El Comité recomienda que la sociedad se dote de un reglamento asambleario que indique el procedimiento a seguir con el fin de consentir el normal funcionamiento de la Junta*, sin que ello, perjudique el derecho de cada uno de los socios de expresar su propia opinión sobre los argumentos objeto de debate. En el reglamento se podrá precisar, entre otros extremos, *la duración máxima de las singulares intervenciones, su orden, la modalidad de la votación, las intervenciones de los administradores o de los síndicos, también se delimitarán los poderes del presidente al punto que pueda verificar las situaciones de conflictos de intereses* que se presenten durante la Junta. 12.5 Los administradores, en caso de variaciones significativas del valor complesivo de la capitalización, de la composición de la compañía social o del número de los accionistas de la sociedad, valorarán la oportunidad de proponer a la Junta las modificaciones del acto constitutivo de la Junta, en relación al porcentaje establecido para dar así oportunidad a los accionistas y para el ejercicio de las prerrogativas que componen la tutela de la minoría".

102. Explica A. Sequeira Martin, "La Ley francesa n. 2001-420 de 15 de mayo de 2001 'relativa a la nueva normativa en materia económica' (JO de 16 de mayo de 2001) y las modificaciones introducidas por ella en el régimen jurídico de las sociedades mercantiles", *RDBB* n. 83, 2001, pp. 261 y 262, "en aras de una mayor participación del accionariado en la vida de la sociedad, se intenta potenciar el funcionamiento real de la junta general mediante la supresión de la posibilidad de que los estatutos pudieran establecer un número mínimo de acciones para poder participar en las juntas ordinarias (art. 115 de la Ley, que deroga el artículo 225-112 del Código de comercio), en consonancia con lo ya preceptuado en el Código de comercio cuando establecía que todo asociado tiene derecho a participar en las decisiones colectivas (art. 184). Se introducen las novedades técnicas en auxilio de un perfeccionamiento del funcionamiento de los órganos de la SA. Esta atención se pone de relieve en si los estatutos lo prevén, se reputen como presentes para el cálculo de quórum y de mayoría los accionistas que participen en la junta mediante videoconferencia o por algún medio de telecomunicación que permita su identificación (art. 109 de la Ley, que modifica el artículo 225-7 del Código de comercio)".

103. Así: A. Sequeira Martin, "La Ley francesa n. 2001-420 de 15 de mayo de 2001", *op. cit.*, p. 265.

la exigencia de presentar una información completa sobre la remuneración total y las ventajas de toda naturaleza recibidas por los miembros de los órganos de administración de la SA, o de las sociedades controladas por ellas, así como de las actividades y funciones desarrolladas por cada uno de ellos (el art. 116 de la Ley introduce a estos efectos un nuevo art. 225-102-1 en el Código de comercio).[104] Quiere decirse y manifestarse con todo lo dicho hasta aquí, que la Junta no puede ser el órgano olvidado en las nuevas reformas sobre la materia societaria, puesto que los derechos administrativos y políticos de todo socio encuentran su marco de actuación en el eficaz funcionamiento de este órgano societario. De ahí la necesidad de articular las medidas oportunas destinadas a que los socios minoritarios tengan una mayor presencia en la Junta y, por ende, se les permita la posibilidad tanto de convocar la Junta como el incluir más temas a tratar en el orden del día, para posteriormente ejercitar así sus derechos correspondientes.

IV — A modo de conclusión

De conformidad con todo lo expresado y con carácter recapitulativo, hemos de destacar una vez más el hecho de que en la sociedad cotizada la minoría ha de estar facultada para solicitar la convocatoria de la Junta u Asamblea sobre unos precisos puntos del orden del día, lo que implica la facultad de someter ante la Junta una deliberación que puede anticiparse en su confección. Desde este punto de vista, la sociedad (su normativa) debe instrumentar la voz de la minoría hacia la masa de los singulares socios a través de los mecanismos más oportunos como es la asociación de accionistas[105] y su actuación en Junta a través de pactos parasociales o sindicatos de voto y, a su vez, la mejora de las medidas pertenecientes al desarrollo de los derechos de participación a través de la reactivación del papel de la Junta respecto al órgano de administración (formulación del voto por delegación y por correspondencia, así como el derecho de representación).

Del mismo modo, creemos de especial interés el hecho de que la Junta pueda autoreglamentarse en cuanto a su modo de proceder (ya recogido parcialmente en el art. 113 de la Ley 26/2003, ya que se reconoce esta posibilidad, si bien no se desciende a qué detalles ha de contener el Reglamento[106] de disciplina de la Junta) y

104. En efecto, la Ley de 15 de mayo de 2001, trata de obligar a los operadores del mundo económico a respetar las reglas del juego como son la transparencia y la competencia. Se modifica así el Derecho de sociedades, en concreto, a través de una serie de ejes como son: la mejora de la transparencia y de la información; modernización del Derecho de sociedades (posibilidad para el consejo de administración y el consejo de supervisión de utilizar la videoconferencia; la introducción del voto por videoconferencia y el voto electrónico dentro de las Juntas generales de la SA), entre otras novedades.

105. Decía ya el maestro Garrigues, "Sindicatos de Accionistas", *op. cit.*, p. 107: "no me preocupa ni poco ni mucho este fracaso de la Junta general de accionistas (...) rompí yo una lanza contra el concepto clásico que entronizó la Junta general de accionista como órgano supremo de la sociedad anónima, y frente a esta concepción democrática y parlamentaria de la sociedad yo postulaba el retorno a un concepto aristocrático de las sociedad por acciones (...) una sociedad anónima no es la obra de una mayoría inatacable y arbitraria, sino la obra de unos pocos hombres capaces, tenaces, decididos, trabajadores y entusiasmados con su empresa. Pero estos hombres, para poder colmar sus legítimas aspiraciones como empresarios, necesitan precisamente lo contrario de lo que les ofrecía el legislador del siglo pasado: necesitan, frente a la inestabilidad de las Juntas generales de accionistas, siempre cambiantes y tornadizas, la estabilidad de una fuerza mayoría compacta (o una minoría añadimos nosotros). Pues bien, esta estabilidad y esta fortaleza son las que se pueden recibir por el cauce de los sindicatos (o a través de las asociaciones)".

106. Prescribe el art. 113 de la Ley 26/2003. De la junta general de accionistas. 1. La junta general de accionistas de la sociedad anónima con acciones admitidas a negociación en un mercado oficial de valores, constituida con el quórum del artículo 102 de la Ley de Sociedades Anónimas o el superior previsto a este propósito en los estatutos, aprobará un reglamento específico para la junta general.

— todo ello desde la perspectiva de independencia que ha de poseer la Junta con relación al órgano administrativo —, hasta el punto de poder dar voz en la Junta a auditores — si procede —, que expliquen la situación y marcha de la sociedad.[107]

Igualmente nos parece adecuado el hecho de instrumentalizar y reconocer todas aquellas técnicas informáticas que posibiliten una mejor y eficaz intervención en la gestión de la sociedad de la cual es partícipe el accionista (utilización de medios telemáticos).[108] Más si cabe, esta reflexión tiene que poseer aún mayor calado en la sociedad bursátil — derivado de la insuficiencia del sistema vigente actual —, que requiere así que en futuras normas el legislador delimite y perfile adecuadamente esta facultad de convocar y participar en la Junta por parte de la minoría.

En dicho reglamento podrán contemplarse *todas aquellas materias que atañen a la junta general*, con respeto de las materias reguladas en la Ley y en los estatutos. 2. Dicho reglamento será objeto de comunicación a la Comisión Nacional del Mercado de Valores, acompañando copia del documento en que conste. Una vez efectuada esta comunicación se inscribirá en el Registro Mercantil con arreglo a las normas generales. Al respecto y sobre la proposición de Ley, véase: J. Sánchez Calero Guilarte, "Proyecto de Ley de Transparencia de las sociedades cotizadas", *op. cit.*, p. 295.

En cambio, opina A. Emparaza, "El Reglamento de la Junta de accionistas...", *op. cit.*, p. 162: "los reglamentos aprobados hasta la fecha no han profundizado en otras materias de mayor relevancia como podía ser facilitar la representación de los accionistas en la junta, propiciar el asociacionismo accionarial, o canalizar debidamente el derecho de información del que gozan los accionistas (...) el reglamento de la junta, con todo, no logra por sí sólo revitalizar este órgano societario. No sirve para mejorar el control de los socios sobre la gestión de la sociedad, y desde luego no tiene por qué tener en cuenta los intereses de los pequeños accionistas".

107. En este marco de actuación y según el art. 389 de la *Propuesta de Código de Sociedades Mercantiles*, se prescribe el derecho de asistencia de representante de la Comisión Nacional del Mercado de Valores: "la Comisión Nacional del Mercado de Valores podrá asistir, por medio de persona habilitada, a cualquier clase de junta general de sociedad cotizada". Por su parte, el art. 390 establece el deber de asistencia del auditor a la Junta de accionistas: "el auditor o los auditores de cuentas de la sociedad cotizada deberán asistir personalmente a la junta general ordinaria de accionistas que celebre la sociedad y a todas aquellas juntas en las que, al tiempo de la convocatoria, se hayan puesto a disposición de los socios informes o certificaciones de los que fueren autores".

108. Acogidas por los diversos Reglamentos de las Juntas de las sociedades cotizadas españolas, entre ellas, a modo de ejemplo: art. 20.3 del Reglamento del BSCH SA; art. 15 del Reglamento de ENDESA, SA; art. 13 del Reglamento de CAMPOFRÍO ALIMENTACIÓN, SA. Véase, a su vez, lo que sucede en el Derecho italiano: la deliberación de la Comisión del Consejo de Notarios de Milán, massima n. 1, 23 de enero de 2001, donde se indica en relación a la celebración de la "asamblea por videoconferencia" (en *Riv. delle Società* v. 5, 2001, pp. 1.023 y 1.024): "es lícita la cláusula estatutaria que prevea la posibilidad que la asamblea ordinaria y extraordinaria de una sociedad de capitales se desarrolle con participantes en distintos lugares, contiguos o distantes, conectados a audio/video, a condición que sean respetados el método colegial y los principios de buena fe y de paridad de tratamiento de los socios. En particular, es necesario que: se consienta al presidente de la asamblea, también a la oficina de la presidencia de aceptar la identidad y la legitimación de los intervinientes, regular el desarrollo del consentimiento, constatar y proclamar los resultados de la votación; se consienta al sujeto participante de percibir adecuadamente los eventos asamblearios objeto de debate; se consientan a los intervinientes el participar en la discusión y en la votación simultánea sobre los argumentos del orden del día; vengan indicados en el aviso de la convocatoria (salvo que se trate de asamblea totalitaria) el puesto del audio/video de la sociedad, mediante el cual los intervinientes podrán asistir, debiendo reunirse en el lugar donde estarán presentes el presidente y el sujeto participante". Para el Derecho alemán, *cfr.*, M. Habersack, "Aktienrecht und Internet", *ZHR* n. 2/3, abril, 2001, pp. 172 a 203, donde manifiesta la incidencia de las nuevas tecnologías en la posibilidad de celebración de las Juntas de accionistas virtuales y de la emisión del voto por medios electrónicos, así como servir de refuerzo del derecho de información en las sociedades cotizadas o no.

PESSOAS JURÍDICAS NO CÓDIGO CIVIL DE 2002. ELENCO, REMISSÃO HISTÓRICA, DISPOSIÇÕES GERAIS[1]

PAULO SALVADOR FRONTINI

Dedico este texto ao ilustre Advogado e estimado amigo, Doutor José Carlos Dias.

I — Pessoas jurídicas no Código Civil de 2002: I.1 O conceito de pessoa jurídica; I.2 Decorrências do reconhecimento da existência de pessoas jurídicas pelo Código Civil de 1916. II — Recapitulação brevíssima da evolução do instituto da personalidade jurídica: II.1 Direito romano; II.2 O direito canônico; II.3 Pessoa jurídica no direito civil brasileiro, antes do Código de 1916: II.3.1 Consolidação das leis civis; II.3.2 Fundações; II.4 Personalidade jurídica à luz do Código Comercial de 1850. III — O Código Civil de 1916. IV — O Código Civil de 2002 — Pessoas jurídicas — Pessoas jurídicas de direito público interno: IV.1 Pessoas jurídicas de direito público interno; IV.2 Pessoas jurídicas de direito público: demais entidades de caráter público: IV.2.1 Situações pendentes que o inciso V, do art. 41, soluciona; IV.3 A Ordem dos Advogados do Brasil: entidade de caráter público; IV.4 Fundações públicas e outras entidades. V — Pessoas jurídicas de direito público externo. VI — Código Civil de 2002: rol das pessoas jurídicas de direito privado: VI.1.1 Alteração do texto original do art. 44; VI.1.2 A empresa pública: pessoa jurídica de direito privado; VI.1.3 Pessoas jurídicas de direito privado de diversa índole; VI.1.4 "ONGs", "organizações sociais" e "OSCIP". VII — Disposições gerais do Código Civil sobre associações, sociedades, fundações, organizações religiosas e partidos políticos: VII.1 Ato constitutivo: negócio jurídico atípico? Seu registro e publicação; VII.2 Atos que obrigam a pessoa jurídica; VII.3 Desconsideração da personalidade jurídica; VII.4 Pessoa jurídica e direitos da personalidade. VIII — Conclusões.

I — PESSOAS JURÍDICAS NO CÓDIGO CIVIL DE 2002

Este estudo versa sobre as pessoas jurídicas, conforme o regramento instituído pelo Código Civil de 2002.[2]

Mais especificamente, cinge-se, o estudo, às disposições gerais sobre pessoas jurídicas (Parte Geral, Livro I, Título II, Capítulo I, arts. 40 a 52).

Nesse tema — *pessoas jurídicas* — o Código Civil de 2002 trouxe várias e consideráveis inovações.

1. Texto elaborado originariamente para a *Revista do Advogado*, editada pela Associação dos Advogados de São Paulo — AASP (n. 77, pp. 65 e ss.).

2. Lei 10.406, de 10.1.2002, vigente um ano depois de sua publicação, conforme disposto em seu art. 2.044. Já sofreu três modificações: o art. 377 foi revogado pela Lei 10.677, de 22.5.2003. Os arts. 44 e 2.031 foram alterados pela Lei 10.825, de 22.12.2003. Finalmente, a lei dos últimos dias de janeiro de 2004 — Lei 10.838 — alterou o art. 2.031, *caput*, dilatando para dois anos o prazo de adapta-

O novo Código cuidou desde logo de classificá-las, dizendo que "(...) são de direito público, interno ou externo, e de direito privado".

É o que consta do art. 40.

Até aí nada de novo: esse texto repete literalmente o do Código Civil de 1916 (art. 13), ressalvada irrelevante diferença quanto à aposição de vírgulas.[3]

I.1 O conceito de pessoa jurídica

O atual Código Civil não enuncia o conceito de pessoa jurídica.

Também nesse passo acompanhou a codificação de Beviláqua.

Mas, vem a talho o magistério de Caio Mário, com o entendimento de que se trata ou de um conjunto de pessoas, ou de um patrimônio destinado a um fim, "com aptidão para adquirir e exercer direitos e contrair obrigações".[4]

Essa formulação encontra oportuna síntese nas palavras de Washington de Barros Monteiro, ao observar: "No âmbito do direito, portanto, as pessoas jurídicas são dotadas do mesmo subjetivismo outorgado às pessoas físicas".[5]

É por força de ponderações desse jaez que vale colacionar, em suma, o conceito dado por Silvio Rodrigues: "pessoas jurídicas, portanto, são entidades a que a lei empresta personalidade, isto é, são seres que atuam na vida jurídica com personalidade diversa da dos indivíduos que os compõem, capazes de serem sujeitos de direitos e obrigações na ordem civil".[6]

Assim, perante o Código Civil de 1916, a noção de pessoa jurídica ficou configurada nos termos do conceito acima exposto.

O Código Civil de 2002 manteve para a pessoa jurídica esses contornos. Esta última afirmativa, contudo, é válida *em termos*.

I.2 Decorrências do reconhecimento da existência de pessoas jurídicas pelo Código Civil de 1916

Firmaram-se, a partir do conceito matriz, condensado pelo Código Civil de 1916, alguns corolários, daí emanados.

O primeiro deles fez-se evidente na verdade proclamada, incontroversamente, a partir de então, de que a pessoa jurídica não se confunde com seus membros.

Súditos e cidadãos, com efeito — e aqui falamos do direito público — não se confundem com as *pessoas políticas* em que a Nação se institucionaliza, nem com as *pessoas jurídicas de direito público*, através das quais opera.

No direito privado, associações e sociedades são pessoas diversas das pessoas que figuram como associados ou sócios. O mesmo se diga das fundações, atendida a peculiaridade de que não têm sócios.

Outrossim, a pessoa jurídica, sendo um sujeito de direitos, tem nome próprio, registro público próprio, direitos e obrigações próprias, vontade própria, manifestada por seus *órgãos societários* e patrimônio próprio. E, como a pessoa natural, extingue-se, pelos variados modos previstos na legislação.

A esse ponto conceitual e legislado se chegou, no Brasil, com o Código Civil de 1916.

ção de associações, sociedades e fundações se adaptarem às nova codificação.

3. "As pessoas jurídicas são de direito público, interno, ou externo, e de direito privado" (art. 13 do CC/1916).

4. Caio Mário da Silva Pereira, *Instituições de Direito Civil*, 20ª ed., Forense, 2004, I/297. Impõe-se, todavia, dar atenção a todo pensamento do ilustre civilista, exigindo, para constituição ou nascimento da pessoa jurídica, "a conjunção de três requisitos: a vontade humana criadora, a observância das condições legais de sua formação e a liceidade de seus propósitos" (ob. cit., p. 298). No mesmo sentido, explícita é, também, a lição de Maria Helena Diniz, in *Curso de Direito Civil*, 20ª ed., Saraiva, 2003, I/206, invocando em seu abono, Ruggiero.

5. Washington de Barros Monteiro, *Curso de Direito Civil*, 39ª ed., Saraiva, 2003, I/126.

6. Silvio Rodrigues, *Direito Civil*, 34ª ed., Saraiva, 2003, 1/86.

II — Recapitulação brevíssima da evolução do instituto da personalidade jurídica

Não foi sempre assim, entretanto.

A plena elaboração, no plano jurídico, da noção de personalidade jurídica, e do efeito imediato desta, que é o reconhecimento da existência de pessoas jurídicas, demorou-se por séculos e séculos.

II.1 Direito romano

No Direito Romano havia nítida distinção entre os institutos jurídicos de direito público e os de direito privado. Essa distinção estava presente, por igual, na qualificação do Estado e de certos *corpos públicos*, em face de coletividades privadas. Reconhecia-se àqueles, em função da autoridade estatal, capacidade jurídica própria (*sodalitatis*, *municipii*, *societas publicanorum*, *aerarium*, p. ex.).

No plano do direito privado, forte a noção de pessoa natural, titular de direitos (*sui júris*), o mesmo não se dava com os entes coletivos. *Universitatis*, corporações e congêneres não alcançaram um conceito definido, restando assim situadas em território impreciso. Não se pode assim dizer que ficou elaborado um regime jurídico para as coletividades não públicas, necessariamente distinto do das pessoas naturais. Daí a conclusão de que não foi concluída, pelo Direito Romano, a elaboração do conceito de personalidade jurídica.[7-8-9]

II.2 O direito canônico

Do Direito Romano, a questão se transpôs para o Direito Canônico.[10]

Pois bem, teve o Direito Canônico de lidar com a inquestionável realidade jurídica das *estruturas coletivas*, vale dizer, supra-individuais que emanavam da Igreja.

Veio, por aí, um inequívoco acréscimo para a formulação da teoria da personalidade jurídica, naturalmente sob a ótica *confessional* inerente à concepção da Igreja como instituição de origem divina.

Serpa Lopes, com a precisão de sempre, sintetiza a respeito: "Considerando a Igreja um corpo místico, o Império de Deus como um organismo vivo, o problema da pessoa jurídica irrompeu-se, no seio daquelas doutrinas, como um cunho institucional".

E acrescenta: "Todos os institutos da Igreja foram reputados entes ideais fundados por uma vontade superior. Assim, qualquer ofício eclesiástico, dotado de um patrimônio, é tratado como uma entidade autônoma e a cada novos ofícios criados correspondem outras tantas entidades independentes".[11-12]

Essa concepção até hoje prevalece.

O Código de Direito Canônico de 1917 — contemporâneo, como se vê, de nosso revogado Código Civil — oficializou o reconhecimento da existência de pessoas jurídicas no âmbito da Igreja Católica Apostólica Romana.

De fato, esse arcabouço institucional de Direito Canônico ficou dotado, finalmente, de contornos bastante claros, eis que passou a admitir expressamente, ao lado da Igreja, pessoa moral de natureza divina, *pessoas jurídicas em face do direito posi-*

7. Francesco Ferrara, *Le Persone Giuridiche*, UTET, 1938, pp. 8 e ss.

8. Vareilles Sommière, *Les Personnes Morales*, Paris, LDGJ, 1919, pp. 15 e ss.

9. Sobre a evolução da idéia de pessoa jurídica, das origens até o direito pós-clássico, ver José Carlos Moreira Alves, *Direito Romano*, 4ª ed., Forense, 1978, pp. 171 e ss.

10. Com a queda do Império Romano, fragmentado em incontáveis unidades territoriais e povos dotados de diversidade cultural, tudo no quadro histórico da Idade Média (a longa noite escura, a que muitos historiadores se referem), sobressaíram-se as concepções do Direito Canônico, o grande instrumento jurídico do Cristianismo e da Igreja.

11. M. M. Serpa Lopes, *Curso de Direito Civil*, 9ª ed., Freitas Bastos, I/358-9.

12. "Foi o direito canônico que desenvolveu tal instituto com o incremento das fundações, então denominadas *corpus mysticum*", palavras de Washington Barros Monteiro, *Curso de Direito Civil*, 39ª ed., Saraiva, 2003, I/121.

tivo canônico. Foi a solução normativa que, após cerca de dois mil anos da fundação dessa Igreja, foi dada à necessidade de conferir individualidade e autonomia jurídica às unidades corporativas e patrimoniais presentes na estrutura do catolicismo.

Vista na perspectiva dos mais de vinte séculos da Igreja Católica, foi, como se percebe, solução muito recente.[13]

O Código de Direito Canônico vigente, promulgado pelo Papa João Paulo II, aos 25 de janeiro de 1983, manteve essa disciplina.[14]

É interessante observar como no plano institucional da Igreja Católica a maturação da idéia de pessoa jurídica deu-se em tempo praticamente igual àquele em que isso se deu na vida leiga, no direito estatal positivo.[15-16]

Toda essa questão conceitual e normativa afinal solidificou-se.

Perante o Direito Canônico, a Santa Sé é uma pessoa *moral*, dotada de personalidade de direito internacional. Esse mesmo *status* ela ostenta na ordem jurídica leiga, de direito internacional.[17-18-19]

Valem essas breves remissões, para que se perceba como a evolução da idéia de pessoa jurídica se deu lentamente, e de modo paralelo, tanto no Direito Canônico, como no direito privado vigorante no Brasil.

13. Eloy Montero y Gutierrez, *Instituciones de Derecho Canónico*, 3ª ed., Madri, Saez, 1947, p. 12, obra escrita ao tempo em que vigente o Código de Direito Canônico de 1917. Claríssimo o autor ao dizer da existência da Igreja Católica, "persona moral (...) por derecho divino" e as demais, "por disposición de la autoridad eclesiástica competente".

14. O vigente Código de Direito Canônico, p. ex., contém, no *Cânone 113*, contém disposição deste teor:

"§ 1º. A Igreja católica e a Sé Apostólica são pessoas morais pela própria ordenação divina. § 2º. Na Igreja, além das pessoas físicas, há também pessoas jurídicas, isto é, sujeitos de direito canônico, de obrigações e direitos, consentâneos com a índole delas."

Comentando esse cânone, e as três configurações que apresenta — pessoa moral, pessoa jurídica e pessoa física — Jesus Hortal, SJ, Doutor em Direito Canônico, observa que "a personalidade da Igreja não é de direito positivo, mas se encontra na ordem moral, exceto no caso de personalidade internacional" (in *Código de Direito Canônico*, Loyola, São Paulo, 2001, p. 52).

15. A legislação comum — normas de caráter ordinário — da Igreja Católica conceitua esta, bem como a Sé Apostólica, como pessoas morais, pela própria ordenação divina. Ambas, Igreja Católica e Sé Apostólica, são "realidades de direito divino". Há que aceitar-se isso como um axioma, um proposição evidente e válida por si só, que dispensa demonstrações. No mesmo Código Canônico, estão previstas, aliás, num mesmo cânone, paralelamente, "pessoas físicas e jurídicas, sujeitos de direito canônico, de obrigações e direitos".

16. Pedro Lombardia e Juan Ignacio Arrieta, *Código de Direito Canônico*, edição anotada, Braga, Universidade de Navarra e Instituto Martin de Azpilcueta, 1997, pp. 139 *usque* 279, *passim*.

17. Trata-se do Estado do Vaticano, oficializado pelo Tratado de Latrão, de 1929. "A Treaty of Conciliation, a concordat, and a financial convention were signed, Feb, 11, 1929, by Cardinal Gasparri and Premier Mussolini. The documents established the independent state of Vatican City and gave the Roman Catholic Church special status in Italy", in portal internet <www.vatican.va>. A Constituição italiana de 1947, e um aditamento ao Tratado, em 1984, imprimiram o feito atual a todo esse complexo estatuto jurídico.

18. Silvio Rodrigues, *Direito Civil*, 34ª ed., Saraiva, 2003, I/90 e Maria Helena Diniz, *Curso de Direito Civil*, 20ª ed., Saraiva, 2003, I/90, ambos denominando o *Vaticano* como *Santa Sé*.

19. Relativamente às pessoas jurídicas previstas no Código de Direito Canônico, assim se qualificam "porque a personalidade delas não se baseia na moral e sim no direito positivo", consoante o magistério doutrinário de Jesus Hortal (ob. e loc. cits.). Extrai-se, do texto, a conclusão de que no Direito Canônico os conceitos de pessoa moral e de pessoa jurídica não são equivalentes. A referência ao direito positivo, entenda-se, diz respeito às normas que provém do poder legiferante da autoridade eclesiástica, que não se confundem com as normas que emanam naturalmente da própria ordenação divina. Assim, são pessoas jurídicas, em face do Código de Direito Canônico, as associações de fieis (cânone 298), os institutos de vida consagrada e as sociedades de vida apostólica (cânones 573 e ss.), as províncias e casas (cânones 634 e ss.). Interessa anotar que, após a oficialização da Santa Sé como um Estado soberano, por via do Tratado de Latrão, ficou fácil reconhecer no *Vaticano* uma pessoa jurídica de direito internacional público. Antes desse tratado, porém, desprovida a Igreja Católica de qualquer poder temporal e de território, essa questão se revestia de forte complexidade jurídico-doutrinária.

Tudo isso se transcorreu, ao mesmo tempo, em cenário de evidente indefinição conceitual e perceptível insegurança jurídica.

II.3 Pessoa jurídica no direito civil brasileiro, antes do Código de 1916

Ora, todas essas incertezas estiveram presentes na legislação brasileira precedente ao Código Civil de 1916.

"Não era pacífico o elenco das pessoas jurídicas", diz textualmente J. Lamartine Correa de Oliveira, "mesmo após a entrada em vigor do Código Comercial, em 1850".[20]

Boas indicações, nesse tema, são proporcionadas pelo intenso labor científico de Teixeira de Freitas.

II.3.1 Consolidação das leis civis

Na *Consolidação das Leis Civis*, são referidas as *pessoas collectivas*, conforme consta do art. 40.

É textual: "São pessoas collectivas as Cidades, Villas, Concelhos, Confrarias, Cabidos, Prior, e Convento, marido e molher, irmãos em uma herança; e outras semelhantes, que se considerão como um pessoa".[21]

A Consolidação, como se sabe, correspondia ao direito positivo em vigor, à época, qual seja, as Ordenações Filipinas e textos subseqüentes que as complementaram ou modificaram, sempre fragmentários e assistemáticos.

De seus esforços para elaborar um projeto de Código Civil, conforme autorizado pelo Decreto Imperial 2.318, de 22 de dezembro de 1858, que, como é sabido, não prosperou, elaborou o eminente jurisconsulto baiano a obra clássica *Código Civil — Esboço.*

Nesse trabalho, Teixeira de Freitas renova suas convicções no tema, prevendo a disciplina das *pessoas de existência ideal* (art. 272), denominando as pessoas de existência ideal *públicas* — e somente elas — como *pessoas jurídicas* (art. 273). Subdividiu estas em *pessoas jurídicas de existência necessária* e *pessoas jurídicas de existência possível.*

Essas *pessoas jurídicas de existência necessária* (que hoje chamaríamos de *pessoas jurídicas de direito público*), Teixeira de Freitas enumerou-as em pequeno elenco, sendo encabeçadas pelo "Povo do Império", "isto é, a generalidade dos habitantes do seu território ou dos habitantes de cada um de seus Municípios".

É inevitável, a propósito, a correlação, no período clássico da história de Roma, com o *populus romanus*, conceito em que se identificava o Estado, como ensina Moreira Alves.[22] Acrescentou, Teixeira de Freitas, o Estado (ou seja, o Brasil), cada uma de suas Províncias e de seus Municípios, adicionou ao rol a "Coroa, isto é, a Dinastia Imperante do atual Imperador e seus sucessores", fechando o rol com a "Igreja Católica".

É o que se lê no art. 274 do *Esboço.*[23]

Ainda como *pessoas jurídicas*, mas de *existência possível*, relacionou "os estabelecimentos de utilidade pública, religiosos

20. Traz à colação, nessa passagem, a lição de Carvalho de Mendonça sobre a personalidade jurídica das sociedades comerciais. "Nenhum artigo do Código lhes reconheceu a personalidade; ao contrário, parece que muitos a contestam". Ressalva, porém, que "o grande comercialista, porém, sustentava a personalidade jurídica das sociedades mercantis, em todas suas formas (...)" (J. Lamartine Corrêa de Oliveira, *A Dupla Crise da Pessoa Jurídica*, Saraiva, 1979, p. 95). O texto de Carvalho de Mendonça, transcrito pelo saudoso Professor do Paraná, está no *Tratado de Direito Comercial Brasileiro*, v. III, Freitas Bastos, 1958, n. 602, p. 80.

21. In *Legislação do Brasil — Consolidação das Leis Civis — Publicação Autorisada pelo Governo*, 3ª ed., Rio de Janeiro, B. L. Garnier, 1876, p. 32.

22. José Carlos Moreira Alves, *Direito Romano*, 4ª ed., Forense, 1978, 1/174.

23. Augusto Teixeira de Freitas, *Código Civil — Esboço*, co-edição Universidade de Brasília/Ministério da Justiça, 1983, pp. 96 a 99.

ou pios, científicos ou literários e quaisquer outros existentes no Império para fins de bem comum: como Igrejas, Capelas, Cabidos, Mitras, Seminários, Asilos, hospitais, Misericórdias, Colégios, contanto que tenham patrimônio seu e não subsistam só com o que percebem do Estado"; ademais: "quaisquer corporações instituídas para iguais fins, como Comunidades Religiosas, Ordens Terceiras, Confrarias, Irmandades, e quaisquer outras associações existentes no Império: contanto que também tenham patrimônio seu e estejam autorizadas"; e, ainda, as "sociedades anônimas, ou em comandita por ações, destinadas a qualquer fim de indústria ou comércio, como Bancos de qualquer espécie, Estabelecimentos de crédito, Caixas Econômicas, Companhias de Navegação ou de estradas, Companhias de Seguros, também existentes no Império e uma vez que também tenham sido autorizadas" (art. 276).

Finalmente, o *Esboço* cuida das "pessoas privadas de existência ideal", qual seja, as "sociedades civis ou comerciais, (...) existindo somente em virtude de seus contratos", as "heranças jacentes", as "representações voluntárias por procuradores", as "representações voluntárias por testamenteiros, inventariantes e herdeiros" e as "representações necessárias nos casos do art. 44 (...)" (representação de incapazes, falidos, etc.) (art. 278).

Em outro dispositivo, sem lhes reconhecer personalidade ideal, o *Esboço* disciplinava as *corporações de mão morta* (art. 281).

Como se percebe, buscava o ilustre civilista baiano sistematizar o assunto pertinente às pessoas jurídicas, que, pelos termos de sua própria proposta, e como se percebe à leitura das normas aqui invocadas, achava-se ainda em estado de maturação.

Tanto isso é verdade que o mesmo Teixeira de Freitas, alguns anos mais tarde, em seu *Promptuário das Leis Civis*, publicado em 1876 — um trabalho remissivo à fonte normativa dos verbetes constantes do texto —, apenas situa a referência a pessoas *collectivas* (*ou universaes*), indicando que assim são "as Cidades, Villas, Concelhos, Collegios, Confrarias, Cabidos, Prior, Convento, marido e mulher, irmãos em uma herança, e outras semelhantes, que se considerão como uma só pessoa", e apontando a fonte: "Ord. L. 1º T, 31 § 1º, T 84 § 3º, e L. 3º T 78, princ, e § 1º". Vale dizer, o mesmo que, a respeito, constava da Consolidação das Leis Civis, retro-citada.

Fica claro, assim, à luz de uma perspectiva de mais de um século, que incertezas de toda ordem avultavam no tema. E delas deu testemunho doutrinário Silvio Rodrigues ao dizer que "a Lei 173, de 10 de dezembro de 1893, veio, ao que sei pela primeira vez, regular entre nós a organização das associações que se fundarem para fins religiosos, morais, científicos, artísticos, políticos ou de simples recreio, invocando em seu apoio o § 3º do art. 72 da Constituição de 24 de fevereiro de 1891". O diploma dispunha sobre a possibilidade de adquirirem "individualidade jurídica".[24]

Mas, a confirmar a incerteza reinante no tema, outras disposições da mesma lei revelavam as dificuldades do legislador, ainda então em busca de sistematização da matéria.[25]

24. Silvio Rodrigues, *Curso...*, I/91. Faça-se, com a devida vênia, uma ressalva: a Lei 173 é de 10 de setembro de 1893, e não de 10 de dezembro como registra o texto do ilustríssimo civilista da USP.

25. Esse diploma estabelecia: "Os directores ou administradores serão solidariamente responsáveis para com a associação e os terceiros prejudicados pelas infracções dos estatutos ou por excesso de mandato" (art. 9º); e, mais, rezava o art. 13: "As associações que não adquirirem personalidade jurídica, nos termos desta lei, reger-se-ão pelas regras das sociedades civis". E o art. 16: "As associações fundadas para os fins declarados no art. 1º, que tomarem a forma anonyma, serão em tudo sujeitas às leis e decretos relativos às sociedades anonynas". Ou seja, como nas sociedades comerciais do Código Comercial, impunha-se a figura de pessoas naturais solidárias; as sociedades civis remanesciam sem personalidade jurídica. E poderia haver associações (com fins indicados, nenhum deles de índole mercantil) sob a

II.3.2 Fundações

Também é digno de registro, tanto no *Esboço*, como no *Promptuário*, o silêncio de Teixeira de Freitas sobre *fundações*.

A elas se refere, porém, Carlos de Carvalho, no art. 152 da obra citada.

Clóvis Bevilaqua, em tempo posterior, já vigente o Código Civil de 1916, analisando seu art. 24,[26] versante sobre as fundações afirma, quanto ao *direito anterior*, que era "Conforme, ainda que o preceito se não achasse formulado em lei".[27]

Isso significa que, anteriormente ao Código Civil de 1916, fundações existiam, eram admitidas na vida jurídica, mas sua constituição e existência não estava prevista na incipiente e esparsa legislação de direito privado, sobrevinda a partir das Ordenações Filipinas.

O comentário de Clóvis, deveras lacônico, é confirmado por Gustavo Saad Diniz, reportando origens das entidades fundacionais desde os tempos do período colonial.[28]

Confirma o rol de perplexidades a *Nova Consolidação das Leis Civis*, de Carlos de Carvalho, cujo art. 152, invocando remissões a normas do Império e da recém instalada República, qualifica como pessoas jurídicas de direito privado as "fundações, estabelecimentos de utilidade pública, ou de fins pios, religiosos, moraes, scientíficos, artísticos, taes como casas de educação, asylos, hospitaes, misericórdias, igrejas, capellas, ermidas, religiões, academais, universidades, escolas livres de ensino superior, collegios, caixas econômicas, comtanto que tenham patrimônio seu, sejam ou não subsidiados pelos cofres públicos; associações ou communidades ecclesiasticas, clausuras ou regulares, mosteiros ou conventos, ordens terceiras, irmandades, confrarias, devoções, igrejas; associações fundadas para fins religiosos, beneficientes, de caridade, Moraes, scientíficos, artísticos, políticos ou de simples recreio; fabricas das parochias, os cabidos e mitras; sociedades commerciaes e civis que revestem forma commercial; e a massa falida".[29]

Em 1899, como se denota da obra, respeitabilíssima, de Carlos de Carvalho, nada de pacífico se vislumbrava, no Brasil, no capítulo da personalidade jurídica.

Isso às vésperas do século XX.[30] Século que, no dizer de Silvio Venosa, "foi o século da pessoa jurídica".[31]

forma de sociedades anônimas (in *Leis Usuaes do Brazil*, Coletânea — Tarquínio de Souza e Caetano Montenegro, Rio de Janeiro, 1903).

26. Código Civil de 1916, art. 24: "Para criar uma fundação, far-lhe-á o seu instituidor, por escritura pública ou testamento, dotação especial de bens livres, especificando o fim a que se destina, e declarando, se quiser, a maneira de administrá-la". Essa redação foi acolhida, por completo, pelo atual Código Civil, no art. 62, *caput*. A inovação do CC/2002 consistiu no acréscimo de um parágrafo único: "A fundação somente poderá constituir-se para fins religiosos, morais, culturais ou de assistência".

27. Clóvis Bevilaqua, *Código Civil dos Estados Unidos do Brasil, Comentado*, Livraria Francisco Alves, 1956, 1/191.

28. Gustavo Saad Diniz, *Direito das Fundações Privadas*, 2ª ed., Síntese, 2003, p. 39. O ilustre autor, promissor jurista, reporta-se aos ensinamentos, no tema, de Edson José Rafael (in *Fundações e Direito*, São Paulo, Melhoramentos, 1997, *apud* Gustavo Saad Diniz, Edson José Rafael, segundo o autor que o colaciona, remonta o histórico das fundações, no Brasil, ao ano de 1738, quando Romão de Matos Duarte, "homem solteiro e milionário, resolveu separar de seu patrimônio uma quantia considerável para amparar os expostos na 'roda'(...). Então a criança era acolhida e atendida na Santa Casa de Misericórdia".

29. Carlos Augusto de Carvalho, *Direito Civil Brazileiro Recopilado ou Nova Consolidação das Leis Civis — Vigentes em 11 de agosto de 1899*, Rio de Janeiro, Livraria Francisco Alves, 1899, p. 44.

30. Clóvis Bevilaqua, tempos depois, já comentando o Código Civil, dissertou no sentido de que "As sociedades de fins econômicos adquiriam personalidades jurídicas, se se ajustavam às formas de direito mercantil, que a possuíam, como as anônimas, as em comandita por ações, ou simples e as em nome coletivo". Válida sem dúvida, e como sempre, sua lição, mas antes da vigência do CC/1916, tais questões não se mostravam nada tranqüilas. In *Código Civil dos Estados Unidos do Brasil, Comentado*, Livraria Francisco Alves, 1956, 1/174.

31. Silvio de Salvo Venosa, *Direito Civil*, 4ª ed., Atlas, 2004, I/254. Observa esse talentoso

II.4 Personalidade jurídica à luz do Código Comercial de 1850

É justamente no exame da legislação comercial que se pode ter uma clara visão das tergiversações que sempre se fizeram presentes nesse tópico, o que ficou facilitado pela circunstância de que, para regência da mercancia e dos comerciantes, elaborou-se, em 1850, o "Código Commercial do Império".

Sob o ponto de vista do direito nacional, foi obra pioneira, produto do talento de um conjunto de homens versados em matéria de negócios mercantis, dotados de vasto senso prático. Mas, em tema de personalidade jurídica, passou ao largo: nada disse a respeito.

Omisso na temática da pessoa jurídica, versou, todavia, sobre as sociedades comerciais.

Atento àqueles tempos, e aos modelos, que seguiu, vindos do Código Comercial português, de 1833, de autoria do jurista Ferreira Borges e, especialmente, do *Code de Commerce* francês de 1807, o codificador do Império ocupou-se, no Título XX da Parte Primeira (arts. 287 a 353), das companhias e sociedades comerciais.

Em apenas cinco artigos (295 a 299) cuidou sumariamente das *companhias de comércio ou sociedades anônimas*.[32]

As demais sociedades aparecem sob a forma "em nome coletivo", "comandita simples", "capital e indústria" e "sociedade em conta de participação".

Nota-se, na configuração de todas essas sociedades, a ausência da idéia de pessoa jurídica. Disso, na verdade nem se cogitava. Tanto é verdade, que em todas elas o Código Comercial exigia a participação, como sócio, de ao menos um comerciante.[33]

O que pretendia o codificador de 1850 com a presença, sempre, de pelo menos um sócio comerciante?

Queria que houvesse *uma pessoa* que, perante os credores, respondesse ilimitadamente, de modo solidário, pelas obrigações da sociedade, ainda que com benefício de ordem, pois o art. 350 era claro em afirmar a subsidiariedade da obrigação do sócio solidário.

Como essas sociedades não eram personificadas, pelo menos um sócio haveria de incorporar as obrigações societárias, já que o sócio, sendo pessoa, tinha patrimônio apto a garantir os credores.

No exame dessas figuras societárias, os casos mais expressivos são dois.

Inevitável destacar, em primeiro lugar, a velha fórmula da *comandita simples*, constante do venerando código do Império.

Foi incluída desde logo no texto original do nosso código de comércio, originária do contrato de comenda. Foi esse instituto, a *comenda marítima*, que viabilizou a era do *comércio à distância*, praticado por Gênova e Veneza,[34] ainda no âmbito do Mediterrâneo, mas antecipando fórmulas que ensejariam, posteriormente, os descobrimentos marítimos — o caminho e o comércio com as Índias (em seu intercurso, a descoberta do Brasil). Viabilizou porque, em empreendimento de tantos riscos, os aportadores de capital (a Ordem do Templo de Salomão, a Ordem de Cristo, a família Médici, os banqueiros alemães Fugger

civilista: "A pessoa jurídica, da mais singela à mais complexa, imiscui-se na vida de cada um, até mesmo na vida privada. Sentimos um crescimento exacerbado da importância das pessoas jurídicas" (ob. e loc. cits.)

32. Esses textos foram revogados em 1891 — Decreto 434, de 4 de julho, na verdade uma consolidação de legislação anterior, esparsa, especialmente a Lei 3.150, de 4 de novembro de 1882.

33. Vejam-se o art. 311, para a comandita simples ("sendo ao menos uma {pessoa) comerciante"), o 315 para a sociedade *em nome coletivo* ("ainda que algumas não sejam comerciantes"), o 317, segunda parte, *a contrario sensu*, para o sócio capitalista na sociedade de capital e indústria e o art. 325 para a sociedade em conta de participação ("sendo ao menos uma comerciante").

34. Pietro Bonfanti, *Lezioni di Storia del Commercio*, Milão, Giuffrè, 1982, pp. 338 e 339.

além dos cristãos novos), não se dispunham a assumir outras responsabilidades senão as do capital investido.

É por essa razão que o art. 311 do Código Comercial do Império já dizia, sabiamente, que na sociedade em comandita obrigavam-se uns como sócios solidariamente responsáveis, "(...) sendo outros simples prestadores de capitais, com a condição de não serem obrigados além dos fundos que forem declarados no contrato". Alertava mais que os comanditários não estavam obrigados a repor "os lucros que houverem recebido".

O que o codificador do Império quis dizer, *nas entrelinhas*, é que os *prestadores de capital* (*v.g.*, *investidores*) não se tornariam sócios em outras circunstâncias. Aportariam capital, sim, "com a condição de não serem obrigados além dos fundos que forem declarados no contrato".

Sem essa cláusula, não haveria adesão de *comanditários*, cujos nomes, aliás, ficavam, pelo art. 312, dispensados de ser declarados ao Registro do Comércio.

O segundo caso expressivo é o da sociedade em conta de participação, dita "acidental, momentânea ou anônima", ademais "não sujeita às formalidades prescritas para a formação das outras sociedades", como avisadamente dizia o art. 325.

Ora, o que se vislumbra nessa sociedade é a preocupação de preservar o *sócio oculto*, que outro não era senão o *investidor*.

Aportando recursos em mãos do *sócio ostensivo* — um comerciante — corria o sócio oculto o risco de perder, em caso de insucesso, os capitais investidos. Nenhum outro risco correria. Se falência sobreviesse, seria do sócio ostensivo e somente dele.

Mas, salvo pela particularidade, aliás, relevante, de que o sócio oculto deveria permanecer ao de todo na sombra — e a comandita simples também admitia essa ocultação — esse tipo de sociedade não escapava à regra geral: exigia sempre um *comerciante*, *sócio ostensivo*, quer dizer, uma pessoa, sujeito de direitos, titular de um patrimônio, apto a responder perante seus credores.

Claro está que esse raciocínio é lógico a partir da concepção de que a sociedade comercial não é uma pessoa, não tem patrimônio próprio.

Aliás, foi por certo pela mesma razão que as fundações, ao tempo do Brasil — Império, não se incorporaram ao direito positivo. Sendo um agregado de bens afetado a um fim, pela vontade do instituidor, mostrava-se ausente, nelas, uma pessoa natural, com seu respectivo patrimônio, a responder por obrigações assumidas.

O que se nota aí, portanto, é o desconhecimento ou irrelevância da noção de personalidade jurídica.

Foi dentro desse cenário, em meio a dúvidas sobre a qualificação jurídica das sociedades comerciais esculpidas no Código Comercial de 1850, que, afinal, sobreveio o Código Civil de 1916.

III — O Código Civil de 1916

Com a codificação de 1916, essa verdadeira *promiscuidade* de figuras e conceitos ficou depurada. Tudo se sistematizou.

Fruto da genialidade de Clóvis Bevilaqua, o notável Código assumiu a existência, no âmbito do gênero "pessoas" (sujeitos de direito) das espécies *pessoa natural* e *pessoa jurídica*.

A *pessoa natural* foi havida, sem exceção, como sujeito de direito, mesmo atributo outorgado às *pessoas jurídicas*.

Precisa, a respeito, para aqueles tempos, a asserção de Pontes de Miranda: "As pessoas jurídicas, como as pessoas físicas, são criações do direito; é o sistema jurídico que atribui direitos, deveres, pretensões, obrigações, ações e exceções a entes humanos ou a entidades criadas por esses, bilateral, plurilateral (sociedade, associações) ou, unilateralmente (fundações)".[35]

Quanto às pessoas jurídicas, ficaram subdivididas em duas amplas categorias, as de direito privado e as de direito público, estas últimas podendo ser de direito público externo ou interno.

O Código de 1916 relacionou as pessoas jurídicas de direito público interno, a saber, a União, cada um de seus Estados, o Distrito Federal e cada um dos Municípios legalmente constituídos, conforme art. 14, I, II e III.

Relacionou também as pessoas jurídicas de direito privado.

Sobre estas, o art. 16, em sua redação original, dispôs:

> São pessoas jurídicas de direito privado:
>
> I — As sociedades civis, religiosas, pias, morais, científicas ou literárias, as associações de utilidade pública e as fundações;
>
> II — as sociedades mercantis.
>
> § 1º. As sociedades mencionadas no n. 1, só se poderão constituir por escrito, lançado no registro civil (art. 20 § 2º) e reger-se-ão pelo disposto a seu respeito, neste Código, Parte Especial;
>
> § 2º. As sociedades mercantis continuarão a reger-se pelo estatuído nas leis comerciais.

Uma lei posterior adicionou um inciso III ao *caput*, para relacionar como pessoas jurídicas de direito privado *os partidos políticos*, e acrescentou um § 3º:[36]

> § 3º. Os partidos políticos reger-se-ão pelo disposto, no que lhes for aplicável, nos arts. 17 a 22 deste Código e em lei específica.

Assim constava do texto do Código Civil de 1916, até que sobreveio sua revogação pelo atual Código.

35. Pontes de Miranda, *Tratado de Direito Privado* (atual. por Vilson Rodrigues Alves), Bookseller, 1999, 1/345.

36. As inserções feitas no art. 16 resultaram da Lei 9.096, de 1995.

IV — O Código Civil de 2002 — Pessoas jurídicas — Pessoas jurídicas de direito público interno

Cumpre, doravante, analisar o tema em face do Código Civil de 2002.

IV.1 Pessoas jurídicas de direito público interno

O assunto, nesse tópico, foge ao âmbito do direito privado. É matéria de direito público. Cabe, sem dúvida, ao direito internacional, ao direito constitucional e ao direito administrativo dispor sobre a matéria.

É compreensível que o codificador de 1916, ante as imprecisões que até então se apresentavam em torno ao assunto, houvesse tido o cuidado de elencar todas as pessoas jurídicas, tanto as de direito público como as de direito privado. Isso constou dos arts. 13, 14 e 16.

À luz do Código Civil de 2002, reafirmou-se a existência de pessoas jurídicas de direito privado e de direito público, interno e externo.

Parece-nos correta a referência, pelo seu caráter esclarecedor.

Mas, o art. 41, afigura-se meramente enunciativo. Especificou, sem nos parecer de sua alçada, quais são as pessoas jurídicas de direito público interno.

Leia-se o art. 41.

Esse dispositivo indicou, como sendo pessoas jurídicas de direito público interno:

> I — a União;
>
> II — Os Estados, o Distrito Federal e os *Territórios*;
>
> III — os Municípios;
>
> IV — as *Autarquias*; e
>
> V — as demais entidades de caráter público criadas por lei.

No rol acima, grifadas (em *negrito*), estão destacadas as figuras não previstas no Código Civil de Clóvis Bevilaqua. Em verdade, o Código Civil de 1916 apenas se referia à União, a cada um dos seus Estados e do Distrito Federal e a cada um dos Municípios legalmente constituídos (art. 14).

Autarquias e *Territórios*, como é público e notório, surgiram depois de 1916, mas desde a década de 1930 estão essas entidades incorporadas ao direito público interno.[37]

Ora, esse preceito (art. 41) nada determina. Não compete ao Código Civil dispor a respeito, como de há muito já fora observado por Valdemar Ferreira, em parecer que oferecera à Comissão de Justiça da Câmara dos Deputados, em setembro de 1936.[38]

A qualificação das pessoas jurídicas de direito público interno é matéria de direito público, seja constitucional ou administrativo.

Felizmente, o inciso V desse art. 41, referindo-se às *demais entidades de caráter público criadas por lei*, deixou em aberto o rol das outras pessoas jurídicas de direito público interno, não referidas nos incisos I a IV do preceito em pauta. Esse inciso V, assim, pela sua abrangência e generalidade, permite que o elenco apresentado pelo Código Civil valha pelo teor de sistematização, que imprime ao conjunto das pessoas jurídicas.

IV.2 Pessoas jurídicas de direito público: demais entidades de caráter público

Quanto às *demais entidades de caráter público criadas por lei*, eis aí norma sábia, constante do art. 41, V. É norma de encerramento, que abrange toda e qualquer outra pessoa jurídica de direito público interno que vier a ser criada pelas normas competentes, sejam de direito constitucional, sejam de direito administrativo.

Deveras, o Código Civil não pode dispor sobre essa matéria, nem poderia pretender imobilizar o direito público nesse assunto. A vida institucional e administrativa do Estado, com demandas próprias, vai dispor sobre pessoas jurídicas de direito público, através da respectiva legislação.

Assim, sejam elas quais forem ou vierem a ser no futuro, estarão incluídas no conceito geral formulado no inciso V do art. 41, pois sempre se tratará de *entidades de caráter público, criadas por lei*.

IV.2.1 Situações pendentes que o inciso V, do art. 41, soluciona

É interessante observar, entretanto, que, desde logo, o inciso V do art. 41 dá resposta a algumas situações que se achavam pendentes.

Ei-las:

1ª) a situação das fundações públicas, sem dúvida *entidades de caráter público, criadas por lei*;

2ª) a posição da Ordem dos Advogados do Brasil.

IV.3 A Ordem dos Advogados do Brasil: entidade de caráter público

Neste estudo, voltado fundamentalmente à análise das pessoas jurídicas de direito privado, não se erige em extravagância examinar a natureza da *Ordem dos Advogados do Brasil*, haja vista a existência de respeitável entendimento dando-a como pessoa jurídica de direito privado.

A Ordem dos Advogados do Brasil foi criada pelo art. 17 do Decreto 19.408, de 16 de novembro de 1930. É a lição de Te-

37. A Constituição de 1934, no art. 1º, proclamou que a Nação Brasileira era constituída pela união perpétua e indissolúvel dos Estados, do Distrito Federal e dos Territórios. Quanto às autarquias, registramos a criação do Instituto do Açúcar e do Álcool, pelo Decreto 22.789, de 1º de julho de 1933 (fonte: Temístocles Brandão Cavalcanti, *Curso de Direito Administrativo*, 6ª ed., Freitas Bastos, 1961, p. 276).

38. *Apud* Temístocles Brandão Cavalcanti, ob. cit., p. 272.

místocles Brandão Cavalcanti, sobre o assunto.[39]

Esse ilustre administrativista e antigo Ministro do Supremo Tribunal Federal, preocupado em examinar a natureza jurídica da OAB, anota: "Apesar de seu caráter corporativo, isto é, de se constituir como associação de pessoas e não de bens, a Ordem dos Advogados foi criada como um serviço público federal, executando funções de natureza essencialmente estatais, atribuídas especificamente ao Estado, ou por órgãos por ele organizados que realizam o serviço público por uma delegação do poder público".

Daí concluir o renomado autor, à luz daquela legislação, que a OAB se apresenta "como um serviço público inteiramente autônomo".[40]

Rege a matéria, atualmente, o Estatuto da Advocacia — Lei 8.906, de 4 de julho de 1994. Define a OAB como exercendo "serviço público", sendo ela "dotada de personalidade jurídica e forma federativa" (art. 44). Como decorrência, "por constituir serviço público, goza de imunidade tributária total em relação a seus bens, rendas e serviços" (art. 45, § 5º).

E, mais, "A OAB não mantém com órgãos da Administração Pública qualquer vínculo funcional ou hierárquico" (art. 44, § 1º).

A questão surge do fato de que o Estatuto da Advocacia apenas diz que a OAB é dotada de personalidade jurídica.

De que natureza?

Enfrentou a questão Pedro Luiz Netto Lobo. Rememorou o entendimento, em face da legislação pretérita, de se tratar, a OAB, de "autarquia especial, de contornos imprecisos". Mais: invocou a tentativa governamental, nos anos setenta do século passado, de vinculá-la ao Ministério do Trabalho, o que foi refutado pelos Tribunais Superiores e pela própria Consultoria-Geral da República.[41]

À vista do perfil constitucional da advocacia, nos termos do art. 133 da Constituição, obtempera, esse ilustre doutrinador: "a OAB não é nem autarquia nem entidade genuinamente privada, mas serviço público independente, categoria *sui generis*, submetida fundamentalmente ao direito público, na realização de atividades administrativas e jurisdicionais, e ao direito privado, no desenvolvimento de suas finalidades institucionais e de defesa da profissão".[42]

Assumiria, assim, feitio híbrido, misto de direito público e de direito privado.

Cândido Rangel Dinamarco adota entendimento diverso, que, pela autoridade da pessoa de quem emana, merece especial referência. Afirma, quanto à OAB que "é uma pessoa jurídica de direito privado e portanto independente em relação às entidades públicas e seus agentes".

Fundamenta-se, o ilustríssimo processualista, para fazer essa afirmativa, no argumento de que "ela recebe da lei, além da função corporativa de selecionar advogados (...) também certas missões políticas perante o Estado e a população, cumprindo-lhe promover o primado da Constituição e da lei e a defesa do próprio Estado e suas instituições, dos direitos humanos, da boa administração da justiça, etc." (art. 44, I).

Cuida, outrossim, Dinamarco, de arrimar a legitimidade da OAB, para figurar como autora de ação direta de inconstitucionalidade (art. 103, VII, da Constituição), na *feição político-institucional* da entidade.[43]

Em reforço dessa posição, vale lembrar que a OAB não é uma autarquia, visto

39. Ob. cit., p. 294.
40. Ob. cit., p. 295.

41. Paulo Luiz Netto Lobo, *Comentários ao Estatuto da Advocacia e da OAB*, 3ª ed., Saraiva, 2002, p. 232.
42. Ob. cit., p. 235.
43. Cândido Rangel Dinamarco, *Instituições de Direito Processual Civil*, 4ª ed., Malheiros Editores, I/703, 704.

não integrar a administração pública, nem direta, nem indireta, nem fundacional.

Não é, aliás, referida na Constituição, salvo no tópico já mencionado de estar legitimada a propor ação direta de inconstitucionalidade, conforme art. 103, VII. De fato, embora a Lei Maior cuide da advocacia — função essencial à justiça — é omissa a respeito da Ordem dos Advogados.

Não a situa na estrutura do Estado, o que é um argumento de peso no sentido de sua personalidade ser de direito privado. Deveria, contudo, fazê-lo, situando-a no Estado, mas desvinculada de qualquer dos Poderes.

Já quanto à advocacia, a Constituição realça seu exercício, dando-lhe qualificação constitucional, no Título IV — "Da Organização dos Poderes", dentro do Capítulo IV — "Das Funções Essenciais à Justiça".

Assim, o exercício da advocacia deve ser visto como verdadeiro *múnus* público, especialmente se se considerar que, assegurado constitucionalmente a qualquer pessoa o direito ao *contraditório*, à *ampla defesa* e ao *devido processo legal* (Constituição, art. 5º, LIV e LV), não poderá ser efetivada a prestação jurisdicional sem a participação de advogado.

Vê-se, assim, que respeitáveis opiniões vêem a OAB ou como instituição *sui generis*, híbrida entre o direito público e o direito privado, ou como pessoa jurídica de direito privado. Neste último caso, tratar-se-ia de entidade privada que exerce *serviço público*, a exemplo dos serviços notariais e de registro. Estes, como prevê a Constituição, no art. 136, desempenham serviço público, por delegação do Estado. A OAB não atua por delegação, mas por autoridade própria, que a lei lhe outorga.

Não obstante a força desses fundamentos, impressiona-nos a circunstância, expressa em lei, de que a OAB exerce *serviço público,* e da maior relevância, à vista de suas atribuições, mui especialmente a de "defender a Constituição, a ordem jurídica do Estado democrático de direito, os direitos humanos, a justiça social (...)". Missão de tal envergadura não parece compatível com a natureza privada da entidade investida dessas atribuições, que, ademais, exerce *poder de polícia,* como se vê da atribuição, dentre outras, de "promover, com exclusividade, (...) a disciplina dos advogados em toda República Federativa do Brasil" (art. 44 da Lei 8.906).

Poder de polícia é função de autoridade, é atribuição *inalienável, intransmissível, irrenunciável*, de quem, mediante relação jurídica de direito público, se situa, por força de lei, em posição de superioridade e de autoridade em face do outro sujeito dessa relação jurídica. E esse é, a nosso ver, o quadro institucional da Ordem dos Advogados.

Mostra-se, assim, evidente a autoridade sobre seus inscritos, advogados, sociedades de advogados e estagiários. A seu turno, a atividade do advogado, qualificada como *ministério privado* (art. 2º, § 1º, do Estatuto da Advocacia), tem o timbre de *serviço público,* notabilizado por sua *função social* (Estatuto da Advocacia, mesmo dispositivo). Aliás, tem *autoridade impositiva* para prover seus recursos financeiros, sendo contribuintes seus filiados.

Ora, se a OAB exerce sobre seus inscritos inequívoca autoridade, decorrente do caráter de órgão disciplinar da classe, cuja atividade constitui *função essencial à justiça*, e se esses inscritos exercem *serviço público*, não parece lógico ver na respeitável entidade natureza jurídica de direito privado.

Extrai-se essa conclusão da análise da substância da entidade, da relevância de suas funções, do enraizamento constitucional da advocacia, bem como das atribuições para o exercício do poder de polícia sobre a nobre classe profissional que congrega.

Assim, com a devida vênia, deve-se afastar a idéia de ser a OAB pessoa jurídica de direito privado.

Trata-se, pois, em nosso entendimento, de um *ente estatal autônomo*, somente podendo ser considerada como portadora de personalidade jurídica de *direito público*.

Dessas ponderações se extrai a conclusão de que o Código Civil de 2002 ensejou, assim, com o oportuno inciso V do art. 41, classificar-se naturalmente, a OAB, no rol a que realmente pertence: o das demais entidades de *caráter público, criadas por lei*.

Anote-se, em destaque final, a locução usada pelo inciso V — "entidades de caráter público" — e não *entidades públicas*.

Ter *caráter público* significa ter *características públicas*, não se igualando a entidades públicas, que tem *natureza pública*.

Assim, em suma, a OAB, a nosso parecer, é pessoa jurídica de direito público, por se tratar de *entidade de caráter público, criada por lei*.

IV.4 Fundações públicas e outras entidades

Cabe ao direito público versar sobre essa matéria.

Relativamente às fundações de direito público, ou *fundações públicas*, a legislação administrativa de há muito efetivara avanços, cumprindo apenas registrar que se ajustam, tais fundações, ao molde flexível da previsão constante do art. 41, V, do Código Civil.[44]

Em suma, nessa matéria, nem o codificador civil, nem a legislação de direito privado tem nada a dizer, valendo apenas o enunciado constante da codificação civil como uma norma classificatória e conceitual.[45]

44. Quanto às fundações públicas, o dispositivo resolveu de vez antiga pendência, que já estava na prática superada. Indagou-se, originariamente, se seria admissível cogitar da existência de *fundação pública*. É que, previstas apenas no Código Civil, e versadas na legislação de reforma da administração federal (Decreto-lei 200, alterado pelo Decreto-lei 900) sempre como pessoas jurídicas de direito privado, entendia a boa doutrina que não fazia sentido o Estado instituir fundações que não fossem de direito privado. O grande doutrinador dessa tese foi Hely Lopes Meirelles. A legislação federal, posteriormente, passou a admitir *fundações de direito público* (as universidades federais, p. ex.), cada qual criada por lei. Na prática, quase — autarquias (patrimônio próprio, com personalidade de direito público, devotadas a um objetivo certo, porém desprovidas de poder de polícia). Dentro dessa orientação, Estados e Municípios passaram a instituir *fundações públicas*, criadas por lei, subtraindo-as ao registro público comum e à vigilância do Ministério Público. Poderiam Estados e Municípios fazê-lo? Não temos dúvida de que sim, mediante lei própria. Relativamente a fundações de direito privado, Estados e Municípios, como não legislam sobre Direito Civil, tinham e continuam tendo o dever de sujeitar-se à legislação de direito privado. Mas, quanto às fundações de direito público, se a lei as cria, nada há que objetar, pois Estados e Municípios legislam sobre direito administrativo. A antiga polêmica, assim, não faz mais sentido. E o art. 44, V, do Código Civil mais uma vez mostrou-se útil, pois deu enquadramento às fundações públicas. Fica claro, assim, que, além das pessoas *políticas* de direito público interno (União, Distrito Federal, Estados, Territórios e Municípios), outras podem existir, tais como as autarquias e "*demais entidades de caráter público criadas por lei*".

45. Entendemos cabível a indagação sobre se a União, Estados, Distrito Federal e Municípios podem entrelaçar-se, após formalização legal, em *consórcios* ou *associações* dotados de *personalidade de direito público*. Máxime em matéria que envolva *competência administrativa concorrente*, como registra a Constituição em certas hipóteses. Em caso de resposta afirmativa, enquadrar-se-iam no rol previsto no citado inciso V do art. 44, do Código Civil. Mas, é matéria de direito público, não de direito privado.

Previsão constitucional, sobre essa possibilidade, existe, constando do art. 241 do texto vigente, O preceito foi introduzido pela Emenda Constitucional 19, de 4.6.1998. No que diz respeito às autarquias, a Constituição vigente manteve o figurino convencional, inserindo essa figura, sempre, no âmbito da administração indireta, ou seja, vinculando-a à determinada administração pública, de determinado Estado, de determinado Município ou da União. Manteve, assim, silêncio sobre outras modalidades de pessoas jurídicas de direito público. A matéria, interessantíssima, escapa, porém, ao âmbito do direito privado. Caberia à Constituição definir-se, oportunamente, a respeito.

No âmbito das fundações, essa conjugação de esforços, através da posição de instituidor, sempre revestiu forma de direito privado, pois o patrimônio

V — PESSOAS JURÍDICAS DE DIREITO PÚBLICO EXTERNO

Finalmente, o Código Civil de 2002 deixou claro, que "são pessoas jurídicas de direito público externo os Estados estrangeiros e todas as pessoas que forem regidas pelo direito internacional público".

O dispositivo, sem equivalência no Código Civil de 1916, é meramente declaratório. Tornou expresso, na codificação de direito privado, o que já se admitia pacificamente: os organismos internacionais são pessoas jurídicas de direito público externo, nascidos de tratados internacionais, ao lado dos Estados nacionais estrangeiros, pessoas jurídicas de direito público internacional, por sua própria natureza.[46]

VI — CÓDIGO CIVIL DE 2002: ROL DAS PESSOAS JURÍDICAS DE DIREITO PRIVADO

VI.1 O vigente Código Civil, na redação original de seu art. 44, *caput*, enunciou serem pessoas jurídicas de direito privado:

I — as associações;

II — as sociedades;

III — as fundações.

O parágrafo único declarou: "As disposições concernentes às associações aplicam-se, subsidiariamente, às sociedades que são objeto do Livro II da Parte Especial deste Código".

A redação original desse art. 44 teve origem no próprio projeto de Lei 634-B, de 1975, nele figurando com a mesma numeração (art. 44).[47] Esse dispositivo, portanto, atravessou incólume as etapas do processo legislativo cumpridas na Câmara dos Deputados, no Senado da República, novamente na Câmara, passando a constar inalterado do texto da Lei 10.406, o atual Código Civil.

VI.1.1 Alteração do texto original do art. 44

O art. 44, todavia, foi alterado.

A Lei 10.825, de 22 de dezembro de 2003, dando *nova redação aos arts. 44 e 2.031 da Lei 10.406 de 10 de janeiro de 2002*, que instituiu o Código Civil, acrescentou dois incisos ao art. 44, renumerou o parágrafo único, para § 2º, criou um § 1º e um § 3º, e adicionou um parágrafo único ao art. 2.031 do Código.

Esse art. 44 passou então a ter esta redação:

> Art. 44. São pessoas jurídicas de direito privado:
>
> I — as associações;
>
> II — as sociedades;
>
> III — as fundações;
>
> IV — as organizações religiosas;
>
> V — os partidos políticos.
>
> § 1º. São livres a criação, a organização, a estruturação interna e o funcio-

da fundação pertence a esta, não se admitindo que um ente fundacional, instituído por mais de uma pessoa jurídica de direito público (mais de um Município, p. ex.), seja figura de direito público. Fundação intermunicipal tem de ser de direito privado, e não integra a administração indireta de nenhuma pessoa jurídica de direito público, pois não pode essa fundação compor, ao mesmo tempo, o organograma de duas ou mais de duas pessoas de direito público, que a tenham instituído. Se a fundação instituída por mais de um Município for considerada vinculada à administração pública, estará, por certo, submetida a dois (ou mais de dois) chefes, uma aberração, um monstro de duas cabeças.

46. O Decreto 2.427/1997 promulgou a Convenção Interamericana sobre Personalidade e Capacidades das Pessoas Jurídicas no Direito Internacional Privado (*apud* Vilaça e Venosa, *Código Civil Anotado*, Atlas, 2004, p. 75).

47. Projeto de Lei 634-B, de 1975, redação final, *Diário do Congresso Nacional*, suplemento ao n. 47, 17.5.1984, O texto, exatamente com essa redação, e numerado como art. 43, constou do anteprojeto de Código Civil, apresentado aos 23.5.1972, pela Comissão Elaboradora e Revisora, supervisionada pelo Professor Miguel Reale, e encaminhado aos 12 de junho do mesmo ano pelo Coordenador da Comissão de Estudos Legislativos, Professor José Carlos Moreira Alves, ao Ministério da Justiça, cujo titular, à época, era o Professor Alfredo Buzaid (*Anteprojeto de Código Civil*, Departamento de Imprensa Nacional, 1972).

namento das organizações religiosas, sendo vedado ao poder público negar-lhes reconhecimento ou registro dos atos constitutivos e necessários ao seu funcionamento.

§ 2º. As disposições concernentes às associações aplicam-se subsidiariamente às sociedades que são objeto do Livro II da Parte Especial deste Código;

§ 3º. Os partidos políticos serão organizados e funcionarão conforme o disposto em lei específica (NR).

No Livro Complementar do Código Civil — Disposições Finais e Transitórias — o art. 2.031 previa o prazo de um ano para associações, sociedades e fundações, constituídas na forma de leis anteriores, se adaptarem às disposições do Código.

Esse artigo, pela citada Lei 10.825, sofreu o acréscimo de um parágrafo único, assim redigido:

Parágrafo único. O disposto neste artigo não se aplica às organizações religiosas nem aos partidos políticos.

Por força desses preceitos, percebe-se que a Lei 10.825 trouxe as seguintes inovações:

a) proclamou a existência, como pessoa jurídica de direito privado, de uma nova espécie, as *organizações religiosas*;

b) determinou terem elas a prerrogativa de livre criação, com o relevante adendo de que também seria livre "(...) a organização, a estruturação interna e o funcionamento das organizações religiosas, sendo vedado ao poder público negar-lhes reconhecimento ou registro dos atos constitutivos e necessários ao seu funcionamento";

c) submeteu os partidos políticos — que já eram qualificados como pessoas jurídicas de direito privado pela respectiva lei orgânica — Lei 9.096, de 19 de setembro de 1995, art. 1º — e que constavam do texto do art. 16 do Código de 1916 e não foram contemplados no texto inicial do Código de 2002, à regência de sua lei específica, subtraindo-os à disciplina do Código Civil;

d) liberou tanto as organizações religiosas, como os partidos políticos, do mandamento constante do art. 2.031, que admitia a interpretação de estarem submetidos ao prazo de adaptação ao Código Civil, fixado nesse preceito.[48]

VI.1.2 A empresa pública: pessoa jurídica de direito privado

É de se lamentar que tanto em sua redação original, como no texto modificado pela Lei 10.825, haja sido omitida uma norma equivalente ao art. 41, inciso V, que dissesse serem também pessoas jurídicas de direito privado *outras modalidades como tal admitidas pela legislação*.

Isso porque pelo menos um caso já existe, ignorado pelo codificador, respeitante à empresa pública, que a legislação ordinária — do mesmo nível hierárquico-normativo do Código Civil — admite expressamente. Com efeito, o art. 5º, II, do Decreto-lei 200 (de 25.2.1967), com a redação dada pelo Decreto-lei 900, de 29 de setembro de 1969, definiu a empresa pública: "entidade dotada de personalidade jurídica de direito privado, com patrimônio próprio e capital exclusivo da União, criada por lei para exploração de atividade eco-

48. A Lei 10.825 resultou de projeto de Lei 396, de 2003, do Senado, apresentado pelo senador Marcelo Crivella. Destacamos tópico da justificativa: "Segundo alguns civilistas, as igrejas estariam inseridas no conceito dessas associações (associações referidas no art. 44, I, do Código Civil) (...). Numa outra corrente, onde pontificam até participantes da elaboração do Código e, majoritariamente, os dirigentes de igrejas, há os que entendem ser essas disposições, se a elas forem aplicadas, uma interferência estatal no livre exercício dos cultos religiosos". A justificativa invoca, ainda, Miguel Reale: "Assenta Miguel Reale, revisor do Código Civil, que as igrejas não são associações civis, pois se constituem livremente, de conformidade com os fins que lhes são próprios e decorrem de seus atos constitutivos autônomos(...)" (*Diário do Congresso Nacional*, edição de 19.9.2003, Diário do Senado Federal, p. 28.044). Nessa linha de raciocínio, ver Paulo Sanches Campos, "As associações no novo Código Civil e a liberdade de religião", *RT* 819/77.

nômica que o Governo seja levado a exercer por força de contingência ou de conveniência administrativa, podendo revestir-se de qualquer das formas admitidas em direito".

Trata-se de verdadeira *empresa unipessoal*: seu capital somente tem um subscritor, a União Federal. Sua personalidade é de direito privado. Seu objeto é a exploração de atividade econômica. E pode revestir qualquer forma admitida em direito, podendo essa forma ser original, única, exclusiva, desde que a lei criadora da entidade assim disponha.[49]

VI.1.3 Pessoas jurídicas de direito privado de diversa índole

No rol de outras pessoas jurídicas de direito privado, estranhas aos moldes postos no art. 44, despontam outras entidades, que ensejam maiores investigações jurídicas. Elenca-se aí, exemplificativamente, o SESC — Serviço Social do Comércio, criado pelo Decreto-lei 9.853, de 13 de setembro de 1946, "com personalidade jurídica de direito privado, nos termos da lei civil". É um caso curioso de *pessoa jurídica de direito privado* cuja criação foi determinada por norma legal, sem integrar a administração pública, sendo vinculada a uma entidade sindical (Confederação Nacional do Comércio), beneficiária de contribuições compulsórias, de natureza tributária, eis que impositivas. Ficaria muito bem no figurino de fundação de direito privado. Ocorre que não tem feitio fundacional, o que indica que, ao lado de outros serviços sociais autônomos, do chamado "sistema S", seja tido como pessoa jurídica de direito privado *sui generis*.

Outras pessoas jurídicas de direito privado, de estrutura anômala, são o "Operador Nacional do Sistema — ONS", dotado de personalidade jurídica de direito privado, mas criado por lei, com atribuições de coordenação da distribuição da energia elétrica gerada e consumida no Brasil e a recentíssima "APEX-BRASIL", criada pelo Decreto 4.584, de 5 de fevereiro de 2003, qualificado como "serviço social autônomo — agência de promoção de exportações do Brasil", pessoa jurídica de direito privado, sem fins lucrativos, de interesse coletivo e utilidade pública.

Desses exemplos se extrai a conclusão de que, por mais que o codificador civil tenha buscado sistematizar o quadro de pessoas jurídicas de direito privado, a realidade sempre apresenta inovações.

Disso se extrai que, no momento atual, em face da legislação civil brasileira, são pessoas jurídicas de direito privado: as *associações*, as *sociedades*, as *fundações*, as *organizações religiosas*, os *partidos políticos*, as *empresas públicas* e *outras entidades a quem, por lei, seja outorgada personalidade de direito privado.*

VI.1.4 "ONGs", "organizações sociais" e "OSCIP"

Uma palavra precisa ser dita, ainda, sobre outras figuras que atualmente freqüentam o universo jurídico nacional.

Trata-se de fazer referência às *organizações não governamentais,* as chamadas "*ONGs*". Se são *não governamentais*, claro está que não podem ter personalidade jurídica de direito público. É preciso dizer, todavia, que se trata, em essência, de associações ou fundações, pelo que se ajustam naturalmente ao figurino do Código Civil.

À mesma conclusão se chega examinando as *organizações sociais,* previstas na Lei 9.637, de 15 de maio de 1998 e as *organizações da sociedade civil de interesse público* (atendem pela estranha sigla Oscip). Umas e outras, como determina a lei, devem ser pessoas jurídicas de direito privado. Ou são associações, ou são fundações.

49. São empresas públicas, dentre outras, o BNDES, a Caixa Econômica Federal e a EBCT — Empresa Brasileira de Correios e Telégrafos.

VII — Disposições gerais do Código Civil sobre associações, sociedades, fundações, organizações religiosas e partidos políticos

Há, no Código Civil, alguns artigos que constituem normas gerais válidas para todas pessoas jurídicas de direito privado.

VII.1 Ato constitutivo: negócio jurídico atípico? Seu registro e publicação

Nesse sentido, o art. 45 afirma começar a existência *legal* das pessoas jurídicas de direito privado *com a inscrição do ato constitutivo no respectivo registro, precedida, quando necessário, de autorização ou aprovação do Poder Executivo.*

Diga-se, desde logo, que o ato constitutivo, relativamente às associações, deixou de ser um contrato típico. No Código Civil de 1916, o *contrato de sociedade,* previsto no próprio Código (arts. 1.363 a 1.409), estava lá nominado e tipificado. Valia para todas as sociedades civis, fossem de fins não econômicos (associações) ou de fins econômicos.

No Código vigente, contrato *típico* é o de sociedade, sobre o que dispôs o Livro do Direito de Empresa. O vocábulo "sociedade" designa apenas as pessoas jurídicas voltadas a fins econômicos.

O negócio jurídico que faz surgir a pessoa jurídica — *associação* — não se acha mais regrado pelo Código Civil: tornou-se atípico. E, salvo melhor juízo, isso nos parece correto, face à variedade de modelos que podem ser adotados.

O Código cuidou apenas de explicitar os requisitos mínimos do que deve constar do *registro* do ato constitutivo de qualquer pessoa jurídica de direito privado. Esses requisitos despontam no art. 46, incisos I a VI.[50]

O dispositivo em foco estabelece as exigências a que se submete o registro a ser feito perante o serviço delegado de *registro civil de pessoas jurídicas*. É evidente que, se o ato cartorial de registro demanda esses requisitos, eles devem constar necessariamente do ato constitutivo.

As exigências do art. 46 do Código Civil complementam-se em relação a cada tipo de pessoa jurídica de direito privado. É o que se vê no art. 54, relativamente às associações; ou, relativamente às fundações, conforme o art. 65; ou quanto às sociedades, empresárias ou não, como consta do art. 997 (sociedade simples), art. 1.054 (sociedade limitada) e art. 84 da Lei 6.404/1976 (sociedades por ações).

O ato constitutivo deve ser publicado na imprensa oficial, por extrato do registro referido no art. 46. A obrigatoriedade da publicação resulta do parágrafo único do art. 46, pois é a data da publicação o termo inicial (*dies a quo*) do prazo para postular em juízo a anulação do ato constitutivo.

Esse prazo é de três anos, e é de decadência, como expressamente o declara o Código.

VII.2 Atos que obrigam a pessoa jurídica

O art. 47 estabelece:

> Obrigam a pessoa jurídica os atos dos administradores, exercidos nos limites de seus poderes definidos no ato constitutivo.

Essa norma não tinha equivalência no Código Civil de 1916.

Trata-se de questão de inegável magnitude. No centro do problema está a indagação se as obrigações assumidas por administradores, além dos poderes de que investidos, obrigam a pessoa jurídica.

Impõe-se desde logo destacar que as obrigações, assumidas pelos administradores, a que se refere o dispositivo, são as negociais, decorrentes da prática de atos

50. O art. 120 da Lei de Registros Públicos (Lei 6.015, de 31.12.1973) contém exigências praticamente idênticas às impostas pelo art. 46 do Código Civil.

jurídicos. Obrigações, em síntese, que geram responsabilidade contratual.

É a esse tipo de obrigações que se dirige o comando constante do art. 47, em foco.

É a teoria dos atos *ultra vires*, que, ao impacto da literalidade do texto, parece-nos novamente consagrada. Nessa linha, faça-se remissão ao pensamento de Caio Mário, ao destacar que a pessoa jurídica obriga-se pelos atos de seus administradores, seus *órgãos*, "subordinados (estes, os órgãos), contudo, a se conterem nos limites traçados no ato constitutivo e suas subseqüentes alterações".[51] Dessa asserção, prossegue o eminente civilista observando, sempre em referência aos órgãos de administração: "se exorbitarem, a pessoa jurídica não é obrigada, mas respondem eles pessoalmente pelos prejuízos causados a terceiros, em razão dos abusos cometidos".[52]

O art. 1.015 e seu parágrafo único reforçam esse entendimento.

Eis a redação:

> Art. 1.015. No silêncio do contrato, os administradores podem praticar todos os atos pertinentes à gestão da sociedade; não constituindo objeto social, a oneração ou a venda de bens imóveis depende do que a maioria dos sócios decidir.
>
> Parágrafo único. O excesso por parte dos administradores somente pode ser oposto a terceiros se ocorrer pelo menos uma das seguintes hipóteses:
>
> I — se a limitação estiver inscrita ou averbada no registro próprio da sociedade;
>
> II — provando-se que era conhecida de terceiro;
>
> III — tratando-se de operação evidentemente estranha aos negócios da sociedade.

Ora, a questão central desse problema gira em torno justamente da conduta do administrador que, tendo investidura, com certas atribuições demarcadas, excede seus poderes, contraindo obrigações em nome da pessoa jurídica. Os poderes dos administradores, com suas respectivas atribuições e limitações, devem constar dos estatutos, ou contrato social, quer de associações, quer de fundações, quer de sociedades. E esses documentos institucionais sempre estão arquivados em algum registro público de pessoas jurídicas ou sociedades. Assim, a regra geral é a de que, em tema de sociedades, havendo obrigações contraídas com excesso de poder, terão essas pessoas jurídicas amparo no art. 1.015 e incisos do seu parágrafo único, para se oporem ao reconhecimento do ato praticado abusivamente pelo administrador.

É esse, aliás, o entendimento de Modesto Carvalhosa, com temperamentos que, todavia, ressalva.[53]

Será inevitável a controvérsia a respeito.

Vai se agravar, esse dissídio, quando surgirem casos concretos, como houve no passado, em que, sob o manto da *aparência*, administradores inescrupulosos, legalmente investidos, assumiram em nome da pessoa jurídica obrigações excedentes a seus poderes, causando enorme prejuízo a dilatado número de pessoas, que, de boa-fé, foram levadas a celebrar negócios jurídicos com a pessoa jurídica.

Os dispositivos acima colacionados serão argüidos, em prol da pessoa jurídica cujo administrador agiu *ultra vires*.

"Em regra – diz Carvalhosa – o art. 1.015, parágrafo único, deve ser aplicado. Porém, tendo em vista a proteção dos terceiros de boa-fé que contratam com a sociedade, e com fundamento na 'teoria da aparência', cabe à jurisprudência interpretar

51. Caio Mário, ob. cit., I/314.

52. Caio Mário, idem, ibidem.

53. Modesto Carvalhosa, *Comentários ao Código Civil — Parte Especial — Direito de Empresa*, Saraiva, coord. Antonio Junqueira de Azevedo, 2003, 13/140.

essa regra para que não se cometam graves injustiças contra terceiros de boa-fé".[54]

Carvalhosa acresce mais um requisito: o de que a contratação com terceiro de boa fé se deu no âmbito dos *atos ordinários de gestão*. Destaca: "(...) *especialmente nos atos celebrados em massa, ou nos de adesão*, não se pode exigir, desse terceiro, *o dever de certificar-se acerca dos poderes conferidos aos administradores no contrato social e o respectivo registro*".[55]

Já quanto a *atos de administração extraordinária*, o festejado doutrinador societário desenvolve argumentação firme, pela aplicação do art. 1.015 e seu parágrafo único do Código Civil.

Sérgio Campinho, advogado, jurista e professor admirável, examina a questão apenas no âmbito do art. 1.015 e seu parágrafo do Código Civil, ou seja, não analisa o art. 47. Por primeiro, afirma que, ante a legislação revogada, no plano da antiga sociedade por quotas de responsabilidade limitada, não se aceitava pudesse esta eximir-se de responsabilidade, ante ato jurídico abusivo de seu administrador. Porém, afirma com clareza que "diante da nova sistemática estabelecida pelo Código Civil, não há mais espaço para idêntica conclusão".[56]

Assim, não obstante o texto literal, em casos de *uso indevido* e *abuso do nome empresarial*, as regras do art. 1.015 devem ser interpretadas, diz o ilustrado autor, "com racionalidade e com razoabilidade", dando ênfase à posição do consumidor, "visto a sua condição de hipossuficiência, não se lhe podendo exigir que se dirija ao registro de comércio e obtenha certidão de seu ato constitutivo para prévia verificação".[57]

Percebe-se, assim, desde logo, que o teor das disposições constantes dos arts. 47 e 1.015 do Código Civil não merece interpretação ao pé da letra.

Afirmamos, em conseqüência, que não nos convence a idéia da aplicação pura e simples dos preceitos sobre a ineficácia, perante a pessoa jurídica, de atos praticados *ultra vires*, vale dizer, além das forças da investidura do agente que atuou e em seu nome assumiu obrigações.

A pessoa jurídica é sujeito de direitos, tem vontade própria, deliberou investir certas pessoas naturais em postos de administração, inerentes e necessários para que ela, pessoa jurídica, tenha vida e vontade própria.

Essas pessoas naturais são *órgãos societários*. E, conforme a *teoria do órgão*, *encarnam* legitimamente a pessoa jurídica.

São *órgãos de manifestação de vontade* que obviamente integram o *organismo — pessoa jurídica*. E se a pessoa jurídica, ali presente por seu órgão, age além de poderes estatutários de seu administrador, mesmo assim ela, pessoa jurídica, está agindo, está manifestando sua vontade.

O exame da questão posta no art. 47 do Código Civil, e exalçada pelo art. 1.015, por evidente, merece desenvolvimento maior, que escapa ao âmbito deste estudo. Mas, vai gerar, com certeza, incontáveis pendências, cujo desfecho, já se pode antever, será no mesmo sentido da jurisprudência que nega validade à teoria da ineficácia dos atos praticados além das forças do órgão societário.

A extrema fluência dos negócios jurídicos, particularmente na esfera empresarial e muito especialmente nas relações de consumo, a par do incontestável peso que tem a *teoria da aparência*, certamente determinarão esse rumo para precisa interpretação e inteligência do indigitado dispositivo.

Quanto aos *atos ordinários de gestão*, conforme referidos por Carvalhosa, ou aos atos de consumo, como destaca Campinho, nenhuma dúvida temos a respeito: nesses

54. Modesto Carvalhosa, ob. cit., p. 141.

55. Modesto Carvalhosa, ob. cit., p. 142.

56. Sérgio Campinho, *O Direito de Empresa à Luz do Novo Código Civil*, 2ª ed., Renovar, 2003, p. 241.

57. Sérgio Campinho, ob. cit., p. 242.

tópicos, a teoria *ultra vires* não poderá prevalecer.

A *boa-fé,* subjetiva e objetiva, consagradas pelo mesmo Código, a ser considerada em cada caso concreto, será, por certo, o vetor que, afinal, definirá o verdadeiro alcance do art. 47 do Código Civil.

Quando se reconhecer que terceiro (a pessoa, que celebrou contrato com a pessoa jurídica) agiu sob primado da *boa-fé*, inevitável será que esta, a pessoa jurídica, venha a ser considerada obrigada, mesmo que tenha agido através de administrador que exorbitou de sua alçada de atribuições.

Afinal, o administrador — órgão estatutário de pessoa jurídica — que, em determinada operação, age além de seus poderes, está praticando ato abusivo. Incide em abuso de direito. E sempre caberá, nesses casos, examinar se a espécie, o caso concreto, não se ajusta ao art. 50 do Código Civil, a *desconsideração da personalidade jurídica*, que tem no *abuso de personalidade jurídica* o seu eixo de gravitação.

É essa figura que se examinará abaixo.

VII.3 Desconsideração da personalidade jurídica

O art. 50 do Código Civil, em consonância com marcante tendência voltada a relativizar a autonomia da pessoa jurídica, incorporou ao direito codificado esse instituto, originária da *disregard doctrine*.

Trata-se de tema polêmico, merecedor da preocupação dos tratadistas.

Rememora-se o texto legal.

> Art. 50. Em caso de abuso da personalidade jurídica, caracterizado pelo desvio de finalidade, ou pela confusão patrimonial, pode o juiz decidir, a requerimento da parte, ou do Ministério Público quando lhe couber intervir no processo, que os efeitos de certas e determinadas relações de obrigações sejam estendidos aos bens particulares dos administradores ou sócios da pessoa jurídica.

Como se percebe, o preceito autoriza o juiz, nas circunstâncias indicadas pelo texto, a *atravessar* a pessoa jurídica, para estender efeitos de certas relações de obrigações aos bens particulares de administradores ou sócios.

Evidentemente, o dispositivo atinge em pleno o instituto da personalidade jurídica, como se consagrou após longa elaboração. E por essa razão dissemos, linhas atrás, que o atual Código Civil acatou o instituto da pessoa jurídica, tal qual consagrado pelo Código de 1916, mas, *em termos.*

O conceito de pessoa jurídica, como sujeito de direito com personalidade própria, inconfundível com a de seus sócios ou membros, tal como reconhecido pelo nosso Código Civil de 1916, sugerindo construção doutrinária e legal definitivamente elaborada, e estabilizada, com visos de permanência e continuidade, foi atropelado e desafiado pelos fatos que se desencadearam ao longo do século XX.

De um lado, no âmbito das pessoas jurídicas, teve início um processo análogo ao da formação das famílias de pessoas naturais. Assim como os seres humanos se casam, tem filhos, netos, etc., as pessoas jurídicas começaram a associar-se, a criar subsidiárias e a filiar-se a controladoras.[58]

Se é certo que as pessoas naturais formam famílias, também as pessoas jurídicas, especialmente no âmbito mercantil, passaram a organizar-se de forma análoga, gerando *conglomerados*, *grupos societários*, *consórcios*, *cartéis*, *oligopólios* e outras combinações geralmente questionadas.

O fenômeno, muito visível no plano das sociedades empresárias — e tendo sempre no centro a sociedade anônima — desdobrou-se em outros setores. As entidades

58. Já em 1943, a Consolidação das Leis do Trabalho imprimiu relevância jurídica ao agrupamento de empresas, tendo, embora, cada uma delas personalidade jurídica própria, sob direção comum, tudo afim de considerá-las, "para os efeitos da relação de emprego, solidariamente responsáveis a empresa principal e cada uma das subsidiárias" (art. 2º, § 2º).

sindicais passaram a formar federações (sindicatos de 2º grau, ou associações de sindicatos) e as federações deram surgimento às confederações.

No cooperativismo e no associativismo, também surgiram pessoas jurídicas de diversos graus.

E, finalmente, a Administração Pública, após fazer surgir entes descentralizados de direito público (autarquias e fundações públicas), gerou pessoas jurídicas de direito privado, empresas públicas e sociedades de economia mista, a seu turno ramificadas em subsidiárias e coligadas. Sem dúvida, uma estranha simbiose de direito administrativo e direito comercial.

Em meio a esses usos, brotaram os abusos.

Manifestaram-se em forma de *fraude à lei, fraude contra credores* e *confusão patrimonial.*

São conhecidos os autores que, a partir de casos concretos registrados nos Estados Unidos da América e na Alemanha,[59] começaram a desenvolver doutrina identificando o *abuso de direito* no uso da pessoa jurídica.

A isso deu-se o título de *crise da pessoa jurídica.*

Os estudos desenvolvidos por Rolf Serick e Piero Verrucoli, seguidos, dentre outros, por Hector Masnatta e Nabil Fadel Raad[60] ganharam seguidores no Brasil. A partir da introdução do tema, entre nós, por Rubens Requião, seguiram-se os estudos de Comparato, J. Lamartine Correa, João Casillo, Fabio Ulhoa Coelho, Marçal Justen, Rui Celso Reali Fragoso, Calixto Salomão Filho e Suzy Elizabeth Cavalcanti Koury,[61] numa remissão por certo apenas exemplificativa.

Traço marcante dessa teoria assinala-se na circunstância de que não se destina ela a extinguir a pessoa jurídica, por meio da argüição de nulidade ou anulabilidade. O contrato social ou o ato institutivo da sociedade não é questionado nem combatido. A pessoa jurídica permanece hígida. Apenas, tendo em vista certos fatos, específicos e demarcados, fica o juiz, no caso concreto, autorizado a *desconsiderar* a pessoa jurídica, sobrepassando-a, alcançando-se o patrimônio das pessoas que se situam *além* daquela. Daí falar-se, a propósito, também em *teoria da penetração*, porque o ato do juiz atravessa a pessoa jurídica (como um projétil que nela penetrasse, perfurando-a), atingindo um corpo situado além.

Rubens Requião, pioneiro entre nós na divulgação dessa doutrina, assinala com clareza: "Com efeito, o que se pretende com a doutrina do *disregard* não é a anulação da personalidade jurídica em toda sua extensão, mas apenas a declaração de sua ineficácia para determinado efeito, em caso

59. Não obstante tal, o *leading case*, apontado na doutrina, ocorreu na Inglaterra, o famoso caso *Salomon vs. Salomon* (cf. Hector Masnatta, ob. cit., p. 18; Requião, idem, pp. 75 e ots.).

60. Rolf Serick, *Forma e Realtá della Persona Giuridica*, Milão, Giuffrè, 1966; Piero Verrucoli, *Il Superamento della Personalitá Giuridica delle Società di Capitale nella "Common Law"* (*apud* Requião); Hector Masnatta, *El Abuso del Derecho a traves de la Persona Colectiva — Teoria de la Penetración*, Córdoba/Argentina, Orbir, 1967; Nabil Fadel Raad, *L'Abus de la Personalité Morale en Droit Privé*, Paris, LGDJ, 1991, dentre outros incontáveis autores, esmiuçaram o tema, especialmente em face da jurisprudência alemã, norte-americana e inglesa.

61. Requião, *Aspectos Modernos de Direito Comercial*, Saraiva, 1977, p. 67; Comparato, *O Poder de Controle...*, tese de concurso, São Paulo, 1975, pp. 276 e ss.; J. Lamartine Corrêa de Oliveira, *A Dupla Crise da Pessoa Jurídica*, Saraiva, 1979; João Casillo, "Desconsideração da pessoa jurídica", *RT* 528/24; Fábio Ulhoa Coelho, *Desconsideração da Personalidade Jurídica*, Ed. RT, 1989; Marçal Justen Filho, *Desconsideração da Personalidade Societária no Direito Brasileiro*, Ed. RT, 1987; Rui Celso Reali Fragoso, "Da desconsideração da pessoa jurídica", in *Justitia* 146/79; Calixto Salomão Filho, *O Novo Direito Societário*, Malheiros Editores, 1998, pp. 76 a 119; Suzy Elizabeth Cavalcante Koury, *A Desconsideração da Personalidade Jurídica — "Disregard Doctrine" — e os Grupos de Empresas*, 2ª ed., Forense, 1998.

concreto, em virtude do uso legítimo da personalidade ter sido desviado de sua legítima finalidade (abuso de direito) ou para prejudicar credores ou violar a lei (fraude)".[62]

Expressivo é o estudo de Calixto Salomão Filho em torno ao tema.[63]

Interessa, porém, destacar, no magistério do jovem e ilustre Professor Titular da Universidade de São Paulo a sua convicção de que uma característica do método da desconsideração "é seu caráter casuístico".[64]

Essa afirmação é feita após minuciosa análise da *casuística* de aplicação da teoria, desenvolvida nas páginas precedentes do ensaio citado.

Em outra obra, o conceituado autor, examinando especificamente a teoria da desconsideração, à perspectiva da *sociedade unipessoal*, e sempre considerando a casuística das hipóteses concretas de aplicação da doutrina, louva-se nas concepções de Bigiavi, onde se identifica o caso da sociedade dominada por um "sócio tirano", "ou seja, do sócio que faz uso da sociedade como 'coisa própria'".[65]

Considera, também as posições de Serick, e de outros autores, a quem cita, "identificando o elementos intencional na utilização fraudulenta da forma societária". Também traz à colação o entendimento de Galgano, fundado na idéia de que a personalidade jurídica é uma disciplina especial, em exceção ao direito comum, "disciplina consistente em um 'somma di privilegi che, ricorrendo specifici pressuposti, il legislatore ha concesso ai membri".[66]

Na análise da posição de Galgano, o ilustre Professor Titular da Universidade de São Paulo critica a posição do jurista italiano, eis que "reduz o conteúdo normativo do conceito de pessoa jurídica à responsabilidade limitada de seus membros" observando ato contínuo que a desconsideração imaginada por Galgano "mostra-se possível apenas em caso de abuso e para o fim de atribuição de responsabilidade a sujeito diferente do devedor". Daí a observação de que tudo isso "levaria a admitir a desconsideração com base em princípios vagos e de difícil determinação como os de equidade e justiça".[67]

Consoante se extrai das meticulosas reflexões de Calixto Salomão, a teoria da desconsideração se radica, sempre, em situações casuísticas, donde extrair-se concentrar seus fundamentos *nos pressupostos específicos de aplicação* dessa doutrina.[68]

Valorizar a casuística — ou seja, um a um cada caso concreto, levou o ilustre autor a proclamar, outrossim, a incompatibilidade entre a teoria da *disregard of legal entity* e o instituto da falência.

Nesse sentido, faz afirmação peremptória: "O real motivo que deve guiar a não-vinculação da teoria da desconsideração à falência da sociedade é teleológico".

E explica: "Desconsideração e falência são conceitos antinômicos. A desconsideração é, como se vê, um método para permitir exatamente a continuação da atividade social".[69-70]

62. Rubens Requião, ob. cit., p. 74.

63. Apoiando-se em modernas fontes doutrinárias, o jovem Professor Titular de Direito Comercial invoca o jurista Muller-Freienfelds, com seus argumentos formuladores da teoria dos *centros de imputação*. Assim, "respeitar ou não a separação patrimonial para ele depende da análise da situação concreta e da verificação do objetivo do legislador ao impor uma determinada disciplina". A idéia dos centros de imputação, como critério identificador da individualidade, ou não, da pessoa jurídica parece-nos, salvo melhor juízo, tendente a concentrar a questão no item da chamada *confusão patrimonial* (ob. cit., p. 85).

64. Calixto Salomão Filho, ob. cit., p. 108.

65. Calixto Salomão Filho, *A Sociedade Unipessoal*, Malheiros Editores, 1995, pp. 119 e ss. Trecho citado, p. 120.

66. Calixto Salomão Filho, ob. cit., p. 123.

67. Idem, ob. e loc. cits.

68. Idem, p. 105.

69. Idem, p. 84.

70. "Quanto aos sócios de sociedade com responsabilidade limitada doutrina e jurisprudência são uníssonas ao afirmar a impossibilidade de arrecada-

Sumula-se, assim, em apertada síntese, mas na palavra da melhor doutrina, acima colacionada, o ponto de erosão do conceito de pessoa jurídica, outrora tido como de elaboração jurídica final e intocável.

Ou, como quer J. Lamartine Corrêa de Oliveira, desponta nessa erosão a *dupla crise da pessoa jurídica.*

Pois bem: *crise de função,* derivação indevida na *causa* do negócio jurídico societário, prática de *negócio jurídico indireto, abuso de direito,* subsunção *a pressupostos específicos de aplicação,* ou *fraude à lei ou aos credores,* como fundamentam respectivamente J. Lamartine Corrêa, Comparato, Marçal Justen Filho, Rubens Requião, Calixto Salomão Filho e Rolf Serick, ou, ainda, *confusão patrimonial* entre controladora e subsidiária, como todos doutrinadores invocados admitem, de todas essas lições é possível extrair uma principal conclusão.

A conclusão é no sentido de que, para aplicação da teoria da desconsideração da personalidade jurídica, há que se verificar, concretamente, aferidos caso a caso, uma ou mais de uma das anomalias apontadas: o exercício irregular de direito, por seu titular, *excedendo os limites impostos pelo seu fim econômico ou social, pela boa-fé ou pelos bons costumes.*

É isso que, afinal, está dito no art. 50 do Código Civil.

O dispositivo invocado (art. 50) pressupõe a ocorrência de *abuso de personalidade jurídica* e diz que este se manifesta *pelo desvio de finalidade* ou *pela confusão patrimonial.* Nessas estritas hipóteses, faculta ao juiz que os efeitos de certas e determinadas relações de obrigações sejam estendidos aos bens particulares dos administradores ou sócios da pessoa jurídica.

Urge destacar, no preceito, a cláusula que restringe a incidência do instituto aos *efeitos de certas e determinadas relações de obrigações.*

Isso significa, em outras palavras, que a desconsideração da personalidade jurídica não pode ser utilizada para abranger a totalidade de um conjunto geral de obrigações de uma pessoa jurídica.

O instituto, em suma, foi adotado pelo Código Civil para ser usado, moderada e fundamentadamente, de modo a alcançar os efeitos de *certas e determinadas relações de obrigações.* Por isso mesmo, sua aplicação se subordina à necessária demonstração de que, em específico caso concreto, houve abuso da personalidade jurídica, desde que comprovado ("*caracterizado*") o *desvio de finalidade* ou a *confusão patrimonial.*

Corrigiu-se, assim, a inadequada formulação traçada, a respeito, pela Lei 8.078, de 1990, o Código de Defesa do Consumidor, cujo art. 28, com seus cinco parágrafos, tratou atabalhoadamente do assunto.

Observe-se, por derradeiro: a norma do art. 50 do Código Civil restringe-se à problemática da *desconsideração da personalidade jurídica.*

Outros fundamentos jurídicos, sediados em outros institutos deverão ser invocados para outras hipóteses de impugnação de negócios jurídicos praticados por pessoas jurídicas. A *anulação* ou o *defeito* de determinado negócio jurídico bilateral ou unilateral, ou a *invalidade por simulação entre a pessoa jurídica e seus sócios, quando aparentarem conferir ou transmitir direitos a pessoas diversas,* eis exemplos de situações que deverão ser enfrentadas por outros meios.

VII.4 Pessoa jurídica e direitos da personalidade

Neste tópico, entra em cena o art. 52 do Código Civil.

ção dos bens do sócio (ou na eufemística expressão do legislador, 'extensão dos efeitos da falência ao sócio')". São palavras textuais de Calixto Salomão Filho. Ademais, diz: "A desconsideração não tem sido admitida durante a falência exatamente com base na vedação da extensão dos efeitos da falência ao sócio limitadamente responsável. Exige-se que a massa falida faça valer os seus direitos através de processo de conhecimento" (*A Sociedade Unipessoal*, p. 125).

Literalmente: "Aplica-se às pessoas jurídicas, no que couber, a proteção dos direitos da personalidade".

Estão eles previstos logo no início do Código (Parte Geral, Livro I, Título I, Capítulo II), arts. 11 a 21.[71]

Nada havia, com equivalência, na codificação de 1916.

O codificador de 2002, entretanto, entendeu de sistematizar a matéria no Código Civil. Cumpre observar que os dispositivos que versam sobre o assunto já figuravam no primitivo *anteprojeto*, publicado em 1972 pela Imprensa Nacional. Constaram do texto, numerados do art. 11 ao 21.

A rigor, salvo pequenos ajustes de redação, o único acréscimo havido foi o do art. 21, referente à inviolabilidade da vida privada, em conformidade, aliás, a preceito constitucional.

A Constituição, com efeito, afirma: "São invioláveis a intimidade, a vida privada, a honra e a imagem das pessoas, assegurado o direito a indenização pelo dano material ou moral decorrente de sua violação" (art. 5º, X).

A doutrina, que também identifica a matéria sob a designação — "direitos personalíssimos" — afirma tais direitos como sendo inatos a todo e qualquer ser humano, "ínsitos na pessoa, em função de sua própria estruturação física, mental e moral", como bem observado por Carlos Alberto Bittar.[72]

Apresentam-se, os direitos de personalidade, em relações jurídicas despidas "de expressão econômica intrínseca", como observa Caio Mário. Dizem respeito à individualidade em si, à dignidade da pessoa, com elevado grau de relevância, tanto que, na sua mais lídima expressão, revelam-se *absolutos e inatos,* deles não podendo dispor nem mesmo o próprio titular. Caio Mário imprime a esses direitos de personalidade — *inatos* e *absolutos* — as caracte-

71. Os arts. 11 a 21 têm esta redação:

"Capítulo II — Dos Direitos da Personalidade

"Art. 11. Com exceção dos casos previstos em lei, os direitos da personalidade são intransmissíveis e irrenunciáveis, não podendo o seu exercício sofrer limitação voluntária.

"Art. 12. Pode-se exigir que cesse a ameaça, ou a lesão, a direito da personalidade, e reclamar perdas e danos, sem prejuízo de outras sanções previstas em lei.

"Parágrafo único. Em se tratando de morto, terá legitimação para requerer a medida prevista neste artigo o cônjuge sobrevivente, ou qualquer parente em linha reta, ou colateral até o quarto grau.

"Art. 13. Salvo por exigência médica, é defeso o ato de disposição do próprio corpo, quando importar diminuição permanente da integridade física, ou contrariar os bons costumes.

"Parágrafo único. O ato previsto neste artigo será admitido para fins de transplante, na forma estabelecida em lei especial.

"Art. 14. É válida, com objetivo científico, ou altruístico, a disposição gratuita do próprio corpo, no todo ou em parte, para depois da morte.

"Parágrafo único. O ato de disposição pode ser livremente revogado a qualquer tempo.

"Art. 15. Ninguém pode ser constrangido a submeter-se, com risco de vida, a tratamento médico ou a intervenção cirúrgica.

"Art. 16. Toda pessoa tem direito ao nome, nele compreendidos o prenome e o sobrenome.

"Art. 17. O nome da pessoa não pode ser empregado por outrem em publicações ou representações que a exponham ao desprezo público, ainda quando não haja intenção difamatória.

"Art. 18. Sem autorização, não se pode usar o nome alheio em propaganda comercial.

"Art. 19. O pseudônimo adotado para atividades lícitas goza da proteção que se dá ao nome.

"Art. 20. Salvo se autorizadas, ou se necessárias à administração da justiça ou à manutenção da ordem pública, a divulgação de escritos, a transmissão da palavra, ou a publicação, a exposição ou a utilização da imagem de uma pessoa poderão ser proibidas, a seu requerimento e sem prejuízo da indenização que couber, se lhe atingirem a honra, a boa fama ou a respeitabilidade, ou se se destinarem a fins comerciais.

"Parágrafo único. Em se tratando de morto ou de ausente, são partes legítimas para requerer essa proteção o cônjuge, os ascendentes ou os descendentes.

"Art. 21. A vida privada da pessoa natural é inviolável, e o juiz, a requerimento do interessado, adotará as providências necessárias para impedir ou fazer cessar ato contrário a esta norma."

72. Carlos Alberto Bittar, *Os Direitos da Personalidade*, atual. e ampl. por Eduardo C. D. Bittar, 6ª ed., Forense Universitária, 2003, p. 5.

rísticas de irrenunciabilidade, intransmissibilidade e imprescritibilidade.[73]

Daí a feliz asserção de Bittar, no sentido de que "nos direitos da personalidade, a pessoa é, a um só tempo, sujeito e objeto de direitos, remanescendo a coletividade, em sua generalidade, como sujeito passivo".[74]

Pois bem: definidos os direitos de personalidade no Código Civil — arts. 11 a 21 — resta dizer que, por força do art. 52, a proteção legal deles decorrente aplica-se às pessoas jurídicas, *no que couber*.

Parece evidente que as disposições dos arts. 12 a 15 e 19 são de aplicação exclusiva às pessoas naturais.

Por outro lado, os preceitos dos arts. 16 a 18 e 20, valem também para as pessoas jurídicas, arrolando-se aí o direito ao nome, sua proteção quanto a não ser empregado em publicações ou representações que o exponham a desprezo público, nem a ser usado, sem autorização, em propaganda comercial; bem como à preservação da imagem.

Relativamente à proteção de pseudônimo (art. 19), seu emprego, por pessoas jurídicas, geralmente se reveste de outra natureza, tais como *designações de fantasia*, *títulos de estabelecimento* e figuras congêneres, cuja proteção se faz por legislação própria. Mas, analogicamente, o dispositivo do art. 19 sem dúvida será invocável em favor de pessoa jurídica.

Resta meditar sobre a hipótese do art. 21, que cuida de preservar, como direito de personalidade, a *vida privada da pessoa natural*, dizendo-a inviolável. Parece difícil admitir incida a hipótese sobre a pessoa jurídica, eis que o dispositivo se destina a resguardar modos de ser da pessoa em sua esfera personalíssima, respeitante a hábitos pessoais e comportamentais que não interferem com terceiros, visto se manifestarem, como diz o texto, no âmbito da mais estrita privacidade. E, sob esse aspecto, o desrespeito à vida privada, íntima, da pessoa jurídica certamente se refere, na verdade, à intimidade de seus sócios, associados, membros ou administradores. Claro está que, nesse caso, são essas pessoas naturais que estarão sendo objeto da violação de seu direito de personalidade à vida íntima.

VIII — Conclusões

Os apontamentos registrados não necessitam de conclusões. Não é o caso de cogitar de conclusões científicas.

A despeito disso, fazemos aqui o registro de que, não obstante imperfeições, registradas pontualmente, o *Código Civil*, no trato das disposições gerais sobre pessoas jurídicas, sem romper com a sistemática adotada pelo Código de 1916, logrou introduzir avanços, cujos desdobramentos despontam com maior visibilidade nestes pontos:

a) ampliação do rol de pessoas jurídicas de direito público interno;

b) disciplina específica para as associações, apartando-as das pessoas jurídicas de fins econômicos;

c) ampliação das espécies de pessoas jurídicas de direito privado, inovando de modo especial quanto às organizações religiosas;

d) enunciação dos atos dos administradores como aptos a obrigar a pessoa jurídica, nos limites de seus poderes (ensejando, como exposto, ressalvas e abrindo espaço para sérios questionamentos);

e) definição dos contornos do instituto da desconsideração da pessoa jurídica;

f) aplicabilidade, no que couber, às pessoas jurídicas, dos direitos de personalidade.

São Paulo, maio de 2004.

73. Caio Mário, ob. cit., I/242. O ilustre civilista aqui citado refere-se, também, a direitos de personalidade "adquiridos". Afirma que "existem nos termos e na extensão de como o direito os disciplina" (ob. e loc. cits.).

74. Ob. cit., p. 30.

ANÁLISE DO ART. 124, § 5º, II, DA LEI DAS S/A À LUZ DA TEORIA DA REGULAÇÃO

JULIO RAMALHO DUBEUX

e

RODRIGO OLIVEIRA BOTELHO CORRÊA

Introdução. Regulação econômica. Constituição Federal. Função regulatória da CVM. Art. 124, § 5º, II, da Lei 6.404/1976. Pertinência do novo instrumento regulatório. Conclusão. Bibliografia.

Introdução

O presente trabalho objetiva analisar o art. 124, § 5º, II, da Lei 6.404/1976. Trata-se de dispositivo recentemente incluído na Lei das S/A pela Lei 10.303/2001 e que constitui instrumento atualíssimo da regulação estatal sobre o mercado de capitais.

Ver-se-á adiante que o dispositivo em foco atribui à Comissão de Valores Mobiliários (CVM) a competência para manifestar-se sobre a legalidade das deliberações propostas a assembléia geral extraordinária de companhias abertas, isto é, companhias que têm valores mobiliários admitidos à negociação no mercado de balcão ou nas bolsas de valores.

Suscitaram o tema razões teóricas e práticas.

De um lado, a crescente e formidável discussão na Academia acerca das considerações sobre as formas de intervenção do Estado na economia, suas características, seus objetivos. Referimo-nos especificamente àquilo que alguns autores têm chamado hoje de Direito Regulatório.[1]

De outro lado, foi desafiador o fato de o renomado comercialista Modesto Carvalhosa ter sustentado, em parecer anexado a demanda[2] recentemente ajuizada contra a Comissão de Valores Mobiliários, que a competência prevista no art. 124, § 5º, II, da Lei 6.404/1976 autoriza a CVM apenas a analisar a legalidade formal das propostas sujeitas a deliberação assemblear de companhia aberta.

Nos próximos itens, portanto, tentar-se-á demonstrar que o art. 124, § 5º, II, da Lei 6.404/1976 tem amplitude muito maior, cabendo à CVM, no exercício dessa competência, analisar a legalidade material das propostas sujeitas a assembléia geral extraordinária de companhias abertas, entendimento esse que decorre essencialmente da leitura constitucional que deve ser atribuída ao dispositivo.

Regulação econômica

O sentido e o alcance do art. 124, § 5º, II, da Lei 6.404/1976 dependem necessaria-

1. Diogo de Figueiredo Moreira Neto, *Direito Regulatório*.

2. Processo 2004.51.01.004044-7; Juízo: 23ª VF-RJ; Autores: Tele Centro-Oeste Celular Partici-

mente da análise da competência administrativa da CVM, no contexto constitucional em que a referida entidade reguladora está inserido. Faz-se de rigor definir, portanto, o alcance da competência constitucional e legal da autarquia, no que tange à regulação do mercado de capitais.

A intervenção do Estado na economia variou muito ao longo do tempo. Luís Roberto Barroso,[3] com a clareza que lhe é peculiar, distingue o histórico da atuação estatal em três fases: pré-modernidade, modernidade e pós-modernidade. A classificação é útil ao presente trabalho, e dela nos valeremos, porque da classificação se denotará o contexto histórico em que se apresenta a regulação a cargo da CVM.

A pré-modernidade é a fase do Estado Liberal, caracterizado por funções reduzidas, confinadas à segurança, justiça e serviços essenciais. É o Estado do século XIX e início do século XX. A intervenção do Estado Liberal na economia também era mínima, embora não se possa afirmar que fosse inexistente.[4] As políticas governamentais eram utilizadas em prol dos interesses burgueses. Daí a grande preocupação com políticas protecionistas do comércio e da indústria.

A modernidade é a fase do Estado Social, também chamado de Estado do Bem-Estar (*welfare state*), no qual o Estado assume diretamente alguns papéis econômicos, sendo de se destacar sua atuação como agente econômico condutor do desenvolvimento (atuação marcada principalmente pela criação e funcionamento de empresas estatais). É a época também em que se afirmam os direitos sociais e econômicos. Tem início na segunda década do século XX (Constituição de 1917 do México e Constituição de 1919 de Weimar) e vai até o último quarto do século XX.

A pós-modernidade, por sua vez, corresponde ao último e mais recente período histórico da atuação estatal, o qual, independentemente de posições político-ideológicas, verifica-se na remodelação do Estado, sobretudo no que diz respeito à sua intervenção na economia. No mais das vezes, o Estado deixa de ser empresário, e passa a ser agente regulador da atividade econômica.

De notar que "a redução expressiva das estruturas públicas de intervenção direta na ordem econômica não produziu um modelo que possa ser identificado como o de Estado mínimo".[5] Pelo contrário, apenas se deslocou a atuação estatal do campo empresarial para o domínio da disciplina jurídica, com a ampliação de seu papel na regulação e fiscalização das atividades econômicas. Ou, nas palavras do próprio Diogo de Figueiredo,[6] "o papel do Estado muda: de agente monopolista, concorrente ou regulamentador, torna-se um agente regulador e fomentador. Não se trata de um movimento para chegar a um Estado mínimo, como se poderia pensar, mas para torná-lo um Estado melhor".

É nesse contexto que surgem, com enorme importância, as diversas entidades reguladoras da economia. Estruturadas em

pações S/A e Telesp Celular Participações S/A; Ré: CVM.

3. Luís Roberto Barroso, "Aspectos constitucionais", in Diogo de Figueiredo Moreira Neto, *Direito Regulatório*, pp. 16-22.

4. "Sem dúvida, mesmo no apogeu do capitalismo, o ideal de liberdade e de individualismo não foi jamais inteiramente realizado, nem no âmbito externo onde o *laisser passer* foi atenuado mais ou menos fortemente pelo protecionismo, nem internamente, onde a política monetária, fiscal e social do Estado entravou desde cedo a disposição absolutamente livre dos produtos de troca e dos instrumentos de produção. O individualismo foi, aliás, desde logo temperado pelas concepções coletivas do sindicalismo e dos grupamentos econômicos no setor privado, pelo protecionismo comercial, pela empresa do Estado e pela percepção de certos impostos no setor público. Donde resulta que o capitalismo é inconcebível sem um mínimo de intervenção" (H. Laufenburger, *apud* Marcos Juruena Villela Souto, in *Direito Administrativo da Economia*, 3ª ed., pp. 9-10).

5. Luís Roberto Barroso, *Temas de Direito Constitucional*, t. II.

6. Diogo de Figueiredo Moreira Neto, *Direito Regulatório*, p. 74.

modelo que lhes garante independência perante o poder central e especializadas quanto ao objeto de sua regulação, a essas novas entidades se atribuiu a tarefa de enfrentar os desafios cada vez maiores de sociedades complexas, cuja eficiência depende de regulação dotada de independência política, celeridade, flexibilidade, neutralidade técnica e participação dos administrados.

Trata-se da tentativa de proporcionar o "máximo de eficiência na solução de problemas, aliando, na dosagem necessária para cada hipótese, as vantagens da flexibilidade negocial privada com o rigor da coercitividade estatal",[7] em troca da antiga Administração centralizada, burocratizada, lenta, inflexível e sujeita a ingerências do poder central.

Constituição Federal

O constituinte de 1988 adotou posicionamento muito claro no que tange ao papel do Estado na economia, situando o Brasil no contexto de pós-modernidade. Merece destaque, nesse sentido, o seu Capítulo I, Título VII, da Carta Magna.

Nesse Capítulo, como assevera o Prof. Eros Roberto Grau,[8] restaram bem claras três possibilidades de atuação do Estado na economia: (i) através da exploração direta de atividade econômica (CF, art. 173); (ii) como prestador, direta ou indiretamente, de serviço público (CF, art. 175); (iii) como agente normativo e regulador da atividade econômica (CF, art. 174).

A toda evidência, a atuação de intervenção econômica a cargo da CVM não se confunde com a excepcional atuação direta na atividade econômica (CF, art. 173), nem com a atuação de prestador de serviço público (CF, art. 175). Isso porque a regulação do mercado de capitais consiste, em poucas palavras, em disciplinar o sistema de financiamento das empresas que captam recursos de forma direta do público, através da emissão de valores mobiliários.

Não há dúvida, por conseguinte, de que a atuação da CVM deve ser analisada e percebida à luz do comando contido no art. 174[9] da Constituição da República, dispositivo que, como referido, trata da atuação estatal como agente normativo e regulador da atividade econômica, isto é, nos moldes característicos da atuação estatal pós-moderna.

Para corroborar essa assertiva, basta lembrar que a CVM, com a reforma empreendida pela Lei 10.303/2001 sobre a Lei 6.385/1976 (Lei que criou a CVM e estabeleceu sua competência), passou a ser dotada de autoridade administrativa independente, ausência de subordinação hierárquica, mandato fixo e estabilidade de seus dirigentes, autonomia financeira e autonomia orçamentária (art. 5º e art. 6º da Lei 6.385/1976[10]).

Função regulatória da CVM

A função regulatória da CVM tem amparo no art. 174 da Constituição da Re-

7. Diogo de Figueiredo Moreira Neto, ob. cit., p. 107.

8. Eros Roberto Grau, *A Ordem Econômica na Constituição de 1988*, 3ª ed.

9. "Art. 174. Como agente normativo e regulador da atividade econômica, o Estado exercerá, na forma da lei, as funções de fiscalização, incentivo e planejamento, sendo este determinante para o setor público e indicativo para o setor privado."

10. "Art. 5º. É instituída a Comissão de Valores Mobiliários, entidade autárquica em regime especial, vinculada ao Ministério da Fazenda, com personalidade jurídica e patrimônio próprios, dotada de autoridade administrativa independente, ausência de subordinação hierárquica, mandato fixo e estabilidade de seus dirigentes, e autonomia financeira e orçamentária."

"Art. 6º. A Comissão de Valores Mobiliários será administrada por um Presidente e quatro Diretores, nomeados pelo Presidente da República, depois de aprovados pelo Senado Federal, dentre pessoas de ilibada reputação e reconhecida competência em matéria de mercado de capitais.

"§ 1º. O mandato dos dirigentes da Comissão será de cinco anos, vedada a recondução, devendo ser renovado a cada ano um quinto dos membros do Colegiado."

pública. É à luz desse dispositivo constitucional, orientado com vistas à promoção da atuação célere, flexível, democrática, especializada e independente, que deve ser lida, por conseguinte, a Lei 6.385/1976, diploma que criou a CVM e delimitou o âmbito de sua competência. Essa competência, cumpre acrescentar, observa também os contornos dados pela Lei 6.404/1976, a qual, por dispor sobre as companhias abertas (que mantêm íntima ligação com o mercado de capitais), também confere atribuições à CVM.

Simplificadamente pode-se dizer que a regulação visa a corrigir as imperfeições do mercado de capitais, seja mediante a autuação normativa da CVM, seja mediante a fiscalização dos atos e eventuais abusos praticados pelos partícipes do mercado (acionistas controladores, acionistas minoritários, distribuidores de valores mobiliários, auditores, sociedades distribuidoras, corretores etc.).

Por hora, entretanto, é necessário destacar apenas que, por força do art. 11, *caput*, da Lei 6.385/1976,[11] compete à CVM fiscalizar, no âmbito do mercado de capitais, o cumprimento da Lei 6.404/1976, da Lei 6.385/1976 e dos demais atos normativos baixados pela própria CVM, no que se inclui, por exemplo, a proteção dos titulares de valores mobiliários e dos investidores contra atos ilegais dos administradores e acionistas controladores das companhias abertas (art. 4º, IV, *b*, da Lei 6.385/1976).

Art. 124, § 5º, II, da Lei 6.404/1976

Estando claro que cabe à CVM, no âmbito do mercado mobiliário, prezar pelo cumprimento da lei das sociedades por ações (Lei 6.404/1976), protegendo os acionistas minoritários contra práticas ilegais de administradores e acionistas controladores (Lei 6.385/1976), é o momento de se examinar o art. 124, § 5º, II, da Lei 6.404/1976, dispositivo cuja análise suscitou o presente trabalho, que disciplina a interrupção do prazo de convocação de assembléia geral extraordinária de companhia aberta.

> Art. 124. A convocação far-se-á mediante anúncio publicado por três vezes, no mínimo, contendo, além do local, data e hora da assembléia, a ordem do dia, e, no caso de reforma do estatuto, a indicação da matéria.
>
> (...).
>
> § 5º. A Comissão de Valores Mobiliários poderá, a seu exclusivo critério, mediante decisão fundamentada de seu Colegiado, a pedido de qualquer acionista, e ouvida a companhia:
>
> (...).
>
> II — interromper, por até 15 (quinze) dias, o curso do prazo de antecedência da convocação de assembléia geral extraordinária de companhia aberta, a fim de conhecer e analisar as propostas a serem submetidas à assembléia e, se for o caso, informar à companhia, até o término da interrupção, as razões pelas quais entende que a deliberação proposta à assembléia viola dispositivos legais ou regulamentares.

O texto legal em comento é de rara clareza, facilitando demasiadamente a sua compreensão e impedindo elucubrações sobre a *ratio legis*.

Com efeito, o dispositivo confere à CVM a atribuição de, num primeiro momento e a seu exclusivo critério, postergar a realização de assembléia geral extraordinária de companhia aberta; num segundo momento, o dispositivo confere-lhe o poder para conhecer e analisar as propostas que serão submetidas à assembléia e, se for o caso, informar à companhia, antes da realização da assembléia, as razões por que entende que as propostas a serem deliberadas violam dispositivos legais ou regulamentares.

11. "Art. 11. A Comissão de Valores Mobiliários poderá impor aos infratores das normas desta Lei, da lei de sociedades por ações, das suas resoluções, bem como de outras normas legais cujo cumprimento lhe incumba fiscalizar, as seguintes penalidades: (...)."

Como facilmente se verifica da literalidade da norma, a competência da CVM não diz respeito a aspectos formais (por exemplo, forma da convocação da assembléia, *quorum* de instalação etc.). A CVM tem o *munus* de analisar o mérito das propostas a serem submetidas à assembléia e, se se sentir em condições para tanto, informar à companhia por que entende que as deliberações propostas são ilegais.

De notar que nesse procedimento, de natureza nitidamente preventiva e capaz de responder à necessidade de celeridade na atuação regulatória, a CVM não pune ninguém. Ela apenas adverte a companhia ou as companhias envolvidas de que a proposta sujeita a deliberação assemblear, se aprovada, implicará violação a disposições legais ou regulamentares.

Visa, portanto, a resguardar a própria ordem jurídica da prática de atos irregulares que já na origem são flagrantemente ilegais, evitando-se assim a atuação fiscalizatória repressiva *a posteriori*, a qual, muito bem se sabe, nem sempre é eficaz, visto que a simples prática dos atos ilegais, por si só, já pode implicar efeitos deletérios irreversíveis, especialmente no mercado de capitais, cuja eficiência depende essencialmente da sua confiabilidade. Em outras palavras, o dispositivo visa a evitar ilegalidades explícitas, em troca da atualização *a posteriori* reparadora, nem sempre suficiente para a eficiente regulação.

Por conseqüência, fica claro que a análise da CVM sobre a legalidade das propostas submetidas às assembléias gerais não concerne a aspectos formais. Muito pelo contrário, a competência é de analisar o mérito das deliberações propostas. Essa conclusão decorre tanto da clareza rara da lei, quanto do contexto histórico de pós-modernidade em que surgiram as entidades reguladoras independentes, marcadas pela busca da regulação eficiente de sociedades complexas, que exigem atuação célere e especializada do Estado.

Nesse esteio, comparar a atividade da CVM à de um registro público (como o faz o renomado comercialista Modesto Carvalhosa, referido na Introdução), como o desempenhado pelas Juntas de Comércio, cuja fiscalização se restringe à análise da legalidade formal dos atos que lhe são sujeitos, parece-nos inadequado. Afinal, as Juntas Comerciais não têm nenhuma das principais características das entidades regulares do mercado. A elas não se aplica o art. 174 da Constituição; não gozam da independência própria das entidades reguladoras, com mandato fixo e estabilidade dos seus diretores; finalmente, as Juntas Comerciais não surgiriam no contexto de pós-modernidade em que foi criada a CVM.

Desse modo, a CVM pode e deve sim analisar o mérito das deliberações propostas às assembléias gerais extraordinárias, manifestando-se, eventualmente, no sentido da ilegalidade das deliberações propostas, por exemplo, quando implicarem abuso dos administradores ou do acionista controlador.

Na verdade, a medida prevista pelo art. 124, § 5º, II, da Lei 6.404/1976 constitui importante e atualíssimo mecanismo de regulação, próprio da pós-modernidade, pois que permite ao Estado brasileiro, mediante a CVM, dar respostas céleres e especializadas ao mercado de capitais, evitando assim a prática de condutas ilícitas. Trata-se de privilegiar a atuação regulatória preventiva, em troca da atuação repressiva *a posteriori*, quase sempre incapaz de reverter por completo as conseqüências deletérias decorrentes da atuação ilegal.

Pertinência do novo instrumento regulatório

Definido o alcance do art. 124, § 5º, II, da Lei Societária, é de rigor confirmar a sua plena pertinência em relação às atuais e pós-modernas técnicas de regulação das atividades econômicas. Para tanto, fazemos referência aos oportunos ensinamentos de Alexandre Santos Aragão, João Bosco Leopoldino da Fonseca e Eros Roberto Grau, os quais analisam os instrumentos utilizados na regulação da atividade econômica à luz do direito pátrio e do direito comparado.

Alexandre Santos Aragão, valendo-se das lições de Juan Carlos Cassagne, ensina que os poderes conferidos a entidades reguladoras de atividades econômicas são de variada natureza e extensão, abrangendo desde a fiscalização das atividades desenvolvidas pelos particulares, o cumprimento das regras estabelecidas nos atos de admissão ao ordenamento setorial, incluindo o estabelecimento de eventuais tarifas, poderes disciplinares, sancionatórios e preventivos de condutas prejudiciais aos interesses coletivos tutelados.[12] Ora, a competência do art. 124, § 5º, II, da Lei 6.404/1976, viu-se acima, tem nítida finalidade preventiva, visa a evitar condutas prejudiciais ao mercado de capitais, adequando-se assim perfeitamente à lição invocada.

Ainda Alexandre Santos Aragão, ao tratar da competência das entidades reguladoras para buscar a harmonização dos interesses que envolvem o Poder Público ou apenas particulares participantes do mercado regulado, cita como exemplo os conflitos entre acionistas minoritários e a direção de companhias abertas, no Brasil tratados administrativamente pela CVM.[13] Ora, sendo fora de dúvida que compete à CVM buscar a solução dos conflitos em sede administrativa, evitando-se o quanto possível a necessidade do recurso ao Judiciário, é forçoso confirmar a pertinência do art. 124, § 5º, II, da Lei 6.404/1976, dispositivo que, mediante a autuação da CVM sobre o mérito das decisões assembleares, busca evitar conflitos morosos prejudiciais a todo o mercado. Agindo assim, a CVM dá efetividade aos princípios da eficiência e da subsidiariedade, característicos da regulação.

Da lição de João Bosco Leopoldino da Fonseca vê-se, por outro lado, que a atuação da CVM manifestando-se sobre a ilegalidade de propostas sujeitas a deliberação de assembléias gerais está em plena sintonia com o quadro jurídico ou mecanismo regulatório que hoje alguns chamam de *soft-law*. Segundo o autor, "(...) a crescente complexidade das políticas públicas continua a corroer a efetividade das técnicas tradicionais de comando e controle da burocracia governamental. Adquirem predomínio a informação e persuasão com as quais se procura modificar os comportamentos das pessoas. Por isso, a mais importante característica da nova forma de regulação econômica e social está em que o seu sucesso depende de se conseguir mudar as atitudes, expectativas, hábitos de consumo ou padrões de produção de milhões de indivíduos. (...) Os instrumentos normativos para se conseguir a construção social dos problemas não se restringem mais unicamente aos textos legais tradicionais. Surgem no mundo jurídico figuras que se podem denominar de *soft-law*, ou seja, normas menos rígidas que as tradicionais, mas nem por isso menos eficazes. São resoluções, declarações, programas de ação, deliberações, memorandos, *guidelines* e outros. Se sua eficácia não se revela diretamente sobre as ações, estes instrumentos normativos influenciam a criação de normas e decisões legais".[14]

Com efeito, a manifestação da opinião da CVM sobre a legalidade das propostas colocadas às assembléias gerais de companhias abertas corresponde às declarações referidas na lição acima, restando evidente a pertinência entre art. 124, § 5º, II, da Lei 6.404/1976 e a nova feição regulatória do Estado.

Por fim, Eros Roberto Grau,[15] ao tratar da atividade regulatória do Estado, enaltece o poder fiscalizatório que dela de-

12. Alexandre S. Aragão, "Os ordenamentos setoriais e as agências reguladoras independentes", in *Revista de Direito da Associação dos Procuradores do Novo Estado do Rio de Janeiro* VI/87-136 (Direito Político).

13. Ibidem.

14. João Bosco L. Fonseca, *Direito Econômico*, 4ª ed., pp. 262-264.

15. Eros Roberto Grau, ob. cit., p. 301.

corre, e cujo propósito vem a ser o de fazer com que práticas ilícitas efetivamente não ocorram, a espelho do que busca o art. 124, § 5º, II, da Lei 6.404/1976. Nas palavras do atual Ministro do STF, "trata-se de normação e regulação que, como já anotei neste ensaio, reclamam fiscalização. Essa atividade, de fiscalização, é desenvolvida, evidentemente, em torno de um objeto. Fiscalizar significa verificar se algo ocorre, sob a motivação de efetivamente fazer-se com que ocorra — ou não ocorra".

Assim, não há dúvida de que, na esteira da função regulatória atribuída pela Constituição à CVM, bem como na esteira do comando do art. 124, § 5º, II, da Lei 6.404/1976, a CVM deve manifestar seu entendimento acerca da legalidade das proposições, analisando o próprio mérito das deliberações propostas, buscando, com isso, evitar a prática de atos ilegais iminentes.

Conclusão

Esperamos com o presente trabalho ter deixado claros alguns pontos fundamentais sobre a feição regulatória da economia a cargo do Estado, mormente no que diz respeito à Comissão de Valores Mobiliários e à competência instituída pelo art. 124, § 5º, II, da Lei 6.404/1976.

O quadro constitucional e legal brasileiro atribuiu a entidades reguladoras independentes, a exemplo da CVM, a competência para regular mercados especializados, dotando-lhes de mecanismos de regulação céleres e, por isso, mais eficientes.

O art. 124, § 5º, II, da Lei 6.404/1976 é um exemplo inconteste desses novos mecanismos. Lido a partir do quadro constitucional em que está inserido, o dispositivo confere à CVM a competência para analisar o mérito das deliberações propostas às assembléias gerais extraordinárias de companhias abertas, cabendo-lhe, se for o caso, declarar a sua ilegalidade em face de dispositivos legais ou regulamentares vigentes, protegendo, assim, os titulares de valores mobiliários e os investidores contra atos ilegais.

Outubro/2004.

Bibliografia

ARAGÃO, Alexandre dos Santos. *Agências Reguladoras e a Evolução do Direito Administrativo Econômico.* 2ª ed., Rio de Janeiro, Forense, 2004.

______. "Os ordenamentos setoriais e as agências reguladoras independentes", *Revista de Direito da Associação dos Procuradores do Novo Estado do Rio de Janeiro* VI.

BARROSO, Luís Roberto. *Temas de Direito Constitucional.* t. II, Rio de Janeiro, Renovar, 2003.

______. "Aspectos constitucionais", in MOREIRA NETO, Diogo de Figueiredo, *Direito Regulatório.* Rio de Janeiro, Renovar, 2003.

GRAU, Eros Roberto. *A Ordem Econômica na Constituição de 1988.* 3ª ed., São Paulo, Malheiros Editores, 1997.

FONSECA, João Bosco Leopoldino. *Direito Econômico.* 4ª ed., Rio de Janeiro, Forense, 2002.

MOREIRA NETO, Diogo de Figueiredo. *Direito Regulatório.* Rio de Janeiro, Renovar, 2003.

VILLELA SOUTO, Marcos Juruena. *Direito Administrativo da Economia.* 3ª ed., Lumen Juris, 2003.

SOCIEDADE DE ADVOGADOS COM FORMA DE SOCIEDADE DE CAPITAIS: UMA DISCUSSÃO A SER ENFRENTADA

RENATO VENTURA RIBEIRO

I — Introdução. II — Da utilização da forma de sociedade mercantil para exercício de atividades civis: 1. A disciplina atual das sociedades de advogados e o problema da responsabilidade ilimitada; 2. Da possibilidade de exercício de atividades civis por sociedades mercantis; 3. Da aplicação de institutos do direito comercial na regulação das atividades civis. III — Sociedade de advogados com responsabilidade limitada: 1. A sociedade de advogados com responsabilidade limitada do direito alemão; 2. A questão da limitação da responsabilidade dos sócios de sociedades de advogados em direito comparado; 3. A sociedade de advogados de responsabilidade limitada e o direito brasileiro. IV — Ensaio sobre a normatização das sociedades de advogados com responsabilidade limitada dos sócios: 1. Forma societária; 2. Constituição; 3. Denominação; 4. Objeto social; 5. Limitação ao ingresso de sócios, estranhos ou não à profissão; 6. Vicissitude pessoal do sócio; 7. Administração; 8. Procuração para sociedade; 9. Responsabilidade dos sócios; 10. Seguro de risco de responsabilidade civil; 11. Perda de inscrição profissional; 12. Dissolução. V — Responsabilidade civil dos advogados e seguro obrigatório: 1. A proliferação de ações de responsabilidade civil; 2. Seguro de risco de responsabilidade civil. VI — Considerações finais.

I — Introdução

Em solenidade realizada no Palácio do Planalto, no dia 4 de julho de 1994, foi promulgado o Estatuto da Advocacia e da Ordem dos Advogados do Brasil — EAOAB (Lei 8.904/1994). Oriundo de anteprojeto elaborado no âmbito do Conselho Federal da OAB e transformado no Projeto de Lei 2.938/1992, do Deputado Ulysses Guimarães e outros, é grande conquista da classe dos advogados, fruto de dois anos de intensa atuação junto aos membros do Legislativo federal.

O Estatuto da OAB enfatiza o vínculo *intuitus personae* entre advogado e cliente. No tocante às sociedades de advogados, não só estipula a exclusividade da forma de sociedade civil (art. 15), como veda expressamente o registro e o funcionamento de sociedade de advogados com forma ou características mercantis (art. 16).

Enquanto no Brasil era feita a adaptação à nova lei, na Alemanha uma Corte Estadual proferia decisão permitindo a constituição de sociedades de advogados sob a forma de sociedades limitadas,[1] causando

1. Trata-se de decisão do *Bayerisches Oberstes Landesgericht (BayObLG)* datada de 24.11.1994, publicada em *Anwaltsblatt — AnwBl*, 1995, p. 35; *Betriebsberater — BB*, 1994, p. 2.433; *Der Deutsche Rechtspfleger*, 1995, p. 215; *GmbH-Rundschau — GmbHR*, 1995, p. 42; *Monatsschrift für Deutsches Recht — MDR*, 1995, p. 95; *Neue Juristische Wochenschrift — NJW*, 1995, p. 199 e *Zeitschrift für Wirtschaftsrecht — ZIP*, 1994, p. 1.868.

tamanha influência, a ponto de, mais tarde, determinar a mudança da legislação.

Passados dez anos da promulgação da lei brasileira e após profundas alterações na matéria em direito comparado, o escopo deste artigo, como consta no título, é discutir a pertinência da adoção, no Brasil, da forma de sociedades limitadas e até de anônimas, para sociedades de advogados, permitindo a responsabilidade limitada dos sócios, desde que conjuntamente com a adoção de seguro de responsabilidade civil compulsório.

Não se trata de desvirtuar a atividade da advocacia, como atividade personalíssima, com predominância de grau máximo de confiança entre cliente e advogado. Mas sim do reconhecimento de situação fática, já vivida por grandes escritórios, notoriamente organizados de forma empresarial.

E o modelo proposto (limitação da responsabilidade dos sócios com seguro obrigatório) objetiva dupla proteção. Primeiro, dos clientes, que passarão a contar com mais segurança no caso de prejuízos por culpa (no sentido amplo) de seus contratados. Segundo, dos profissionais que atuam em sociedades de advogados, pela limitação da responsabilidade, com a proteção de seu patrimônio pessoal.

II — Da utilização da forma de sociedade mercantil para exercício de atividades civis

1. A disciplina atual das sociedades de advogados e o problema da responsabilidade ilimitada

Pelo critério legal brasileiro, a sociedade de advogados deve revestir-se da forma de sociedade civil, com responsabilidade ilimitada dos sócios.

Aponta-se a finalidade exclusiva, com a impossibilidade de inclusão de outra atividade, para justificar a proibição da forma mercantil.[2]

Uma das questões mais delicadas é a responsabilidade ilimitada da sociedade e de todos os sócios pelos prejuízos causados por danos aos clientes. Com isto, um profissional, sócio de sociedade de advogados, pode ver seu patrimônio comprometido para ressarcimento de danos causados a clientes por outro sócio ou profissional da sociedade.

O problema envolve alguns aspectos. Sob a ótica da proteção do destinatário dos serviços, aparentemente a responsabilidade ilimitada dos sócios parece resguardar o cliente, o que é verdade apenas em parte, pois o patrimônio da sociedade e dos sócios pode ser insuficiente para cobrir os prejuízos,[3] além da demora do Judiciário e de inúmeras possibilidades de proteção patrimonial.

Sendo o dano causado por advogado associado, estagiário ou funcionário da sociedade de advogados, cabível a responsabilidade da pessoa jurídica por atos de seus prepostos, por força de legislação específica (Lei 8.906/1994, art. 17) e pela responsabilidade objetiva pelos atos dos prepostos (Código Civil, art. 932, III). Porém, mesmo com a possibilidade de desconsideração da personalidade jurídica, se for o caso (Lei 8.078/1990,[4] art. 28; Código Civil, art. 50), não fica afastada a possibilidade de não reparação do dano em razão da insuficiência de patrimônio da sociedade e dos sócios.

No caso da responsabilização por dano causado por outro sócio, pode-se invocar a

2. Cf. Lôbo, *Comentários ao Estatuto da Advocacia*, 2ª ed., Brasília, Brasília Jurídica, 1996, p. 93.

3. Como questionado por Vassilieff, *A Responsabilidade Civil do Advogado*, tese, São Paulo, FADUSP, 2004, p. 157: "Nossa exposição tem pressuposto a solvabilidade do patrimônio do profissional. Mas e se isso não se verificar, caso não possua patrimônio suficiente para reparar o prejuízo causado à vítima, ficará esta sem reparação ou deverá o profissional vincular seu trabalho futuro a esse ressarcimento; dessa forma, como poderá prover para si e para os seus?".

4. Pela aplicação da lei de proteção ao consumidor à relação advogado-cliente, REsp 364.168-SE, 3ª T., rel. Min. Pádua Ribeiro, j. 20.4.2004, *DJU* 21.6.2004. Contra, deliberação do Conselho Federal da OAB, nos autos da Consulta 001/2004-OE, *DJU* 12.3.2004.

máxima do direito romano de que quem escolhe um mal sócio só de si deve se queixar.[5] Se houve má escolha do sócio, a culpa é de quem escolheu-o ter como parceiro. Neste caso, tem-se argumento favorável à responsabilidade ilimitada dos sócios não só nas sociedades de advogados, como nas demais. E como nas demais atividades é possível a adoção de forma societária com responsabilidade limitada, não se justifica a exceção no caso de sociedade de advogados.

Nem o caráter *intuitus personae* da advocacia serve para explicar a responsabilidade ilimitada. Diversas outras atividades personalíssimas podem ser exercidas através de sociedades com responsabilidade limitada. Ademais, deve-se lembrar que atualmente, na prática, em muitos escritórios a advocacia é exercida de forma empresarial, com diminuto grau de vínculo pessoal entre cliente e advogado.

Em nenhum dos casos, a responsabilidade ilimitada dos sócios afasta o risco de não ressarcimento dos danos. Mantido o atual modelo normativo e com a tendência de aumento de ações por responsabilidade profissional, o cliente pode passar a escolher o profissional em função de seu patrimônio e não da habilidade profissional ou, entre dois ou mais profissionais com capacidade técnica em níveis parecidos, optar por aquele com maior quantidade de bens.[6] Isto como forma de resguardo para o caso de eventual demanda futura contra o profissional.

Por isto, é melhor a possibilidade de adoção de forma societária com responsabilidade limitada. Até porque, mesmo com a permissão para sociedades de advogados com responsabilidade limitada, há a possibilidade de desconsideração da personalidade jurídica nos casos de abuso de direito, excesso de poder, infração da lei, fato ou ato ilícito, violação do estatuto ou contrato social e insolvência por má administração (Lei 8.078/1990, art. 28) e abuso de personalidade jurídica ou confusão patrimonial (Código Civil, art. 50). E ainda assim, com o risco de não reparação dos danos por falta de patrimônio da sociedade e dos sócios.

Apesar dos institutos de responsabilidade civil terem sido criados com o escopo de prover a reparação de danos, hoje tal função reparatória é melhor exercida, com mais amplitude e eficiência, pelo sistema segurador,[7] pois nem sempre o causador do dano possui patrimônio suficiente para tal ressarcimento.

Por isto, para assegurar o cliente, urge a instituição de seguro obrigatório de responsabilidade civil. A mantença da ilimitação da responsabilidade nas sociedades de advogados deve ser revista, por não ser garantia de reparação de danos e nem incompatível com o exercício da advocacia, como exposto a seguir.

2. Da possibilidade de exercício de atividades civis por sociedades mercantis

A advocacia constitui atividade civil, por ser profissão liberal e não estar incluída entre os chamados atos de comércio.[8] Mesmo se exercida por meio de sociedades comerciais, continua sendo atividade civil e não perde o seu caráter *intuitus personae*.

5. Cf. *D.* 17, 2, 72: "Socius socio etiam culpae nomine tenetur, id est desidiae atque neglegentiae. Culpa autem non ad exactissima diligentiam dirigenda est: sufficit etenim talem diligentiam communibus rebus adhibere, qualem suis rebus adhibere solet, quia qui parum diligentem sibi socium adquirit, de se queri debet".

6. Cf. Vassilieff, *A Responsabilidade Civil do Advogado*, cit., pp. 157-158.

7. Cf. Comparato, "Função social da propriedade dos bens de produção", *RDM* 63 (1986), pp. 71-79, à p. 73 (= *Direito Empresarial: Estudos e Pareceres*, São Paulo, Saraiva, 1990, pp. 27-37, à p. 30).

8. Conforme as definições legais do Código Comercial francês (art. 632) e do Regulamento 737, de 1850 (art. 19). Apesar da referência, vale lembrar que atualmente o Direito Comercial tem como elemento central a empresa e não mais os atos de comércio, como exposto adiante, no item 3.

As atividades civis podem ser exercidas por sociedades simples (correspondentes às antigas sociedades civis) ou por sociedades comerciais. Mesmo as atividades civis possuem escopo lucrativo. Neste caso, o lucro não advém da atividade comercial ou industrial, mas da prestação de serviços.

A lei das sociedades anônimas admite expressamente a adoção daquelas sociedades para exercício de atividades civis (não comerciais), ao tratar do objeto social: "Qualquer que seja o objeto, a companhia é mercantil e se rege pelas leis e usos do comércio" (Lei 6.404/1976, art. 2º, § 1º). Assim, por exemplo, uma mineradora, embora exerça atividade civil, pode revestir-se da forma de sociedade anônima, como há vários casos no direito brasileiro (dos quais a Companhia Vale do Rio Doce é o mais conhecido). E o exercício de atividade civil não desnatura o fim lucrativo da sociedade anônima, pois é característica de toda companhia a finalidade lucrativa (Lei 6.404/1976, art. 2º).

Como proposto por Waldemar Ferreira no VI Congresso Jurídico Nacional, em 1955, em lição que permanece atual, "quando as sociedades civis revestirem as formas estabelecidas nas leis comerciais, elas se reputarão sociedades mercantis, obedecerão aos respectivos preceitos e se regerão pelas leis e usos do comércio".[9]

No caso de sociedades comerciais que tem por objeto atividades civis, a atividade exercida não perde o caráter de civil. Mas a sociedade é considerada comercial pela forma, estando sujeita às leis e normas comerciais, como, por exemplo, a falência.

Mesmo com a adoção de forma de sociedades comerciais para exercício da advocacia, a atividade continua sendo civil e incompatível com a mercantilização. A forma societária adotada não descaracteriza a atividade como civil.

9. Cf. "A elaboração do conceito de empresa para extensão no âmbito do direito comercial", *RDM*, fase inicial, 5 (1955), pp. 1-34, à p. 16.

3. Da aplicação de institutos do direito comercial na regulação das atividades civis

A história do direito comercial divide-se em três fases: subjetiva, objetiva e mista ou empresarial.

Na primeira fase, denominada subjetiva, o direito comercial somente é aplicado aos sujeitos que ostentam a condição de comerciantes, sendo considerados como tais os membros das corporações. Cuida-se do período inicial do direito comercial, marcado por sua aplicação exclusiva aos comerciantes.

Na segunda fase, chamada objetiva, que tem como marco inicial o Código Comercial francês de 1807, o direito comercial passa a ser aplicado a todos aqueles que praticam atos de comércio, sendo ou não comerciantes regulares. Trata-se do reconhecimento da realidade fática pelo Ordenamento Jurídico, a partir do conceito legal de atos de comércio. Neste caso, pode-se estender a aplicação de institutos de direito comercial, como a falência, às sociedades civis que exerçam, mesmo irregularmente, atividades comerciais.

Na fase atual, o objeto do direito comercial é a empresa, a atividade organizada para produção de bens e serviços ao mercado. A idéia de empresa engloba a prestação de serviços quando exercida com a organização de fatores de produção. Portanto, a atividade empresarial abrange tanto atividades civis quanto comerciais. O elemento caracterizador da empresa é a organização e não o exercício exclusivo de atividades comerciais.

A legislação atual já reconhece a aplicação de institutos de direito comercial em casos de atividades civis exercidas por empresas. Como exemplo, a extensão da ação renovatória de locação às sociedades civis com fins lucrativos (Lei 8.245/1991, art. 51, § 4º), já adotada pela jurisprudência antes da norma legal, demonstrando o reconhecimento de estabelecimento empresarial.

No direito falimentar, tem-se a aplicação dos institutos de direito comercial às empresas que exerçam atividades civis e de prestação de serviços. Em Portugal, o revogado Código dos Processos Especiais de Recuperação da Empresa e de Falência considera empresa toda organização dos fatores de produção destinada ao exercício de qualquer atividade agrícola, comercial, industrial ou de prestação de serviços (Decreto-lei 132/1993, art. 2º). O novo Código da Insolvência e da Recuperação de Empresa mantém entendimento semelhante, considerando empresa toda organização de capital e de trabalho destinada ao exercício de qualquer atividade econômica (Decreto-lei 53/2004, art. 5º). A lei de insolvência alemã de 1994 (*Insolvenzordnung*) abrange a sociedade civil (§ 11, 2, 1).

No âmbito das sociedades de advogados, o destaque em direito comparado é a sociedade de advogados com responsabilidade limitada do direito alemão (*Rechtsanwaltsgesellschaft mit beschränkter Haftung* ou *Anwalts-GmbH*).

III — Sociedade de advogados com responsabilidade limitada

1. A sociedade de advogados com responsabilidade limitada do direito alemão

Assim como no Brasil, na Alemanha (antes da decisão do *BayObLG*) as sociedades de advogados somente podiam ser constituídas como sociedades civis.[10]

Na ação que deu origem à referida decisão questionou-se a constitucionalidade da restrição da adoção da forma exclusiva de sociedade civil para sociedades de advogados em razão do direito constitucional de livre exercício da profissão (art. 12, 1 da Constituição alemã — *Grundgesetz*).

Com base na norma constitucional da liberdade de exercício profissional, o *Bayerisches Oberstes Landesgericht* admitiu a forma de sociedade limitada para constituição de sociedade de advogados. Desde que respeitadas as demais regras referentes à profissão e a garantia da independência dos profissionais. Entre as quais, a constituição somente por profissionais, administração exclusiva por advogados, não interferência da administração da sociedade na liberdade de atuação do profissional, proibição de capital externo.[11]

A decisão de novembro de 1994 foi seguida por outras, de diversos tribunais. Com isto, foram constituídas 49 sociedades de advogados com responsabilidade limitada entre 1994 e 1997.[12]

O último foco de resistência era o Conselho Federal da Ordem dos Advogados (*Bundesrechtsanwaltskammer*), por receio da perda da independência dos profissionais e que reviu sua posição em novembro de 1997,[13] deixando mais livre o caminho para a mudança do texto legal.

As decisões jurisprudenciais influenciaram a alteração da lei das profissões forenses de 1959 (*Bundesrechtsanwaltsordnung — BRAO*), em 31 de agosto de 1998, para disciplinar a sociedade de advogados com responsabilidade limitada.[14]

Não só por coincidência, mas ressaltando a preocupação com soluções práticas, foi na Alemanha que, pouco mais de um século antes, em 1892, surgiu a idéia de sociedade limitada. Foi uma resposta dos

10. Para uma visão histórica da regulamentação alemã sobre sociedades de advogados, cf. Somma, "Brevi note in tema di organizzazione colletiva della professione forense nella Repubblica federale tedesca", *Rivista Trimestrale di Diritto e Procedura Civile* 52 (1998), v. 4, pp. 1.323-1.336.

11. Cf. nota 1, acima.

12. Cf. Sangiovanni, "La società a responsabilità limitata tra avvocati nel diritto tedesco", *Rivista delle Società* 44 (1999), fasc. 4, pp. 914-938, à p. 917.

13. Cf. Henssler, "Die Rechtsanwalts — GmbH — Zulässigkeit und Satzungserfordernisse", *ZHR* 161 (1997), pp. 305-331, à p. 306.

14. Cf. Sangiovanni, "La società a responsabilità limitata tra avvocati nel diritto tedesco", cit., p. 916.

juristas à restrição de escolha pelo empresário entre a sociedade de pessoas, com estrutura simples e flexível, mas com responsabilidade ilimitada, e a sociedade anônima, com a vantagem da responsabilidade limitada dos sócios, mas com o inconveniente da estrutura mais complexa e onerosa.

O mesmo direito alemão brinda-nos com a sociedade de advogados com responsabilidade limitada, talvez inspirado na antiga lição do Supremo Tribunal Federal alemão, em decisão de 1953, também em matéria societária: "O direito deve servir à vida e deve por à disposição as formas correspondentes. Um juiz consciente de seu dever não pode subtrair-se à tarefa de continuar a desenvolver o direito em caso de necessidade".[15]

2. *A questão da limitação da responsabilidade dos sócios de sociedades de advogados em direito comparado*[16]

No direito comparado, a discussão sobre o tema surge no final dos anos oitenta.[17] Nos Estados Unidos, desde início dos anos noventa, há movimento contra sociedades limitadas de profissionais, para evitar restrição da responsabilidade pessoal. Mas não é a redução da responsabilidade que pode tornar os profissionais menos zelosos. Ainda mais num país capitalista, com elevado grau de concorrência, o que incentiva a busca de melhor qualidade dos serviços.

A discussão pela limitação da responsabilidade dos sócios de sociedades de advogados tem significativo avanço no direito europeu. Além da Alemanha, a sociedade limitada de advogados é permitida na França, Dinamarca, Finlândia, Noruega e Suécia.[18]

Na França, um pouco antes da decisão tedesca, em 1990, a Lei 90-1.258 passou a permitir o exercício de profissões liberais através de sociedades comerciais, como sociedades de responsabilidade limitada, anônimas, comanditas por ações e até em contas de participação. No caso das sociedades de advogados, a matéria foi regulamentada pelos Decretos 92-680 e 93-492.

Na Inglaterra, os profissionais da advocacia podem organizar-se sob a forma de *private and public limited company*. Em contrapartida à liberdade de opção, condiciona-se a constituição da sociedade a elevadas exigências de seguro de responsabilidade profissional.

Apesar do avanço nos demais países, na Itália a *società tra professionisti* adota o modelo de responsabilidade ilimitada dos sócios (Decreto Legislativo 96/2001, art. 16, 2).

3. *A sociedade de advogados de responsabilidade limitada e o direito brasileiro*

A situação legislativa brasileira é similar à alemã da época da decisão do *BayObLG*. A lei específica prevê somente forma societária com responsabilidade ilimitada para sociedade de advogados. E a Constituição Federal possui a mesma garantia de liberdade de exercício profissional, prevendo o exercício de qualquer profissão, "atendidas as qualificações profissionais que a lei estabelecer" (CF, art. 5º, XIII).

O direito de livre exercício da profissão só é restringido pela necessidade de observância das qualificações previstas em lei. Na qualificação profissional estão compreendidas as qualidades pessoais[19] a se-

15. *BGHZ* 9/157 (= *NJW* 153/780).

16. Cf. Henssler, "Die Rechtsanwalts — GmbH — Zulässigkeit und Satzungserfordernisse", cit., pp. 321-329.

17. Idem, p. 305.

18. Idem, p. 328; Hellwig, "Die Rechtsanwalts — GmbH", *ZHR* 161 (1997), pp. 337-365, à p. 359.

19. Cf. De Plácido e Silva, *Vocabulário Jurídico*, IV, 11ª ed., Rio de Janeiro, Forense, 1991, verbete "qualificação", p. 3, com grifos do original: "A qualificação, pois, tem a função de *assinalar* ou de determinar as qualidades individuais do fato, da coisa ou da pessoa, para que por elas se caracterizem. Pela

rem exigidas, como título de bacharel em Direito, aprovação em Exame de Ordem e inexistência de incompatibilidades.

No entanto, a forma societária não pode ser considerada qualificação profissional. Assim, a exemplo do *leading case* alemão, a restrição de opção de forma societária prevista em lei pode ser considerada como atentatória à liberdade de exercício profissional.

Além disto, como já dito, o exercício de atividade civil por sociedade com responsabilidade limitada, mesmo com forma mercantil, não descaracteriza a advocacia como serviço civil e nem prejudica a independência do profissional.

Nem se pode argumentar que as normas para constituição de sociedades já estão determinadas, inclusive a responsabilidade ilimitada dos sócios, e ninguém é obrigado a constituir sociedade caso não concorde com tais regras, tendo em vista a possibilidade de exercício individual da advocacia.

Ainda assim pode haver restrição do direito constitucional de liberdade profissional. A associação de profissionais, em sociedade ou não, para realização de determinados trabalhos jurídicos, é imprescindível. Não se trata de escolha pessoal do profissional em constituir ou não sociedade. A própria atividade exige atuação conjunta de mais de um profissional, como, entre outras, no caso de auditoria legal de sociedades (*due diligence*).

Pode-se falar em sociedade de advogados com responsabilidade limitada, desde que, a exemplo do direito alienígena, se concilie os princípios deontológicos da profissão com direito societário[20] e se assegure aos clientes a efetiva reparação de prejuízos causados no exercício profissional.

qualificação, portanto, determina-se a natureza jurídica do fato, da coisa ou da pessoa. É a demonstração das *qualidades*, sejam estas elementares ou essenciais, ou acessórias ou acidentais".

20. Sangiovanni, "La società a responsabilità limitata tra avvocati nel diritto tedesco", cit., p. 915.

IV — Ensaio sobre a normatização das sociedades de advogados com responsabilidade limitada dos sócios

Passa-se agora à análise *de lege ferenda* sobre possível regulamentação de alguns aspectos das sociedades de advogados com responsabilidade limitada, concomitante com exame do direito alemão.

1. Forma societária

Na Alemanha, fora a forma de sociedade limitada, não se impede que as sociedades de advogados também sejam constituídas como sociedades anônimas, comanditas por ações e cooperativas,[21] em razão da não proibição e da liberdade constitucional de exercício profissional.

No Brasil, o benefício da responsabilidade limitada dos sócios pode ser obtido pela adoção da forma de sociedades limitadas ou anônimas.

Caso possa haver a opção pela forma de sociedade anônima, a constituição deve ser feita mediante subscrição particular de ações e a companhia deve ser fechada.

A sociedade de advogados é uma sociedade *sui generis*,[22] que tem por objetivo não o exercício de uma atividade,[23] mas ser um meio de instrumento para exercício da profissão.[24] Assim, mesmo sendo anô-

21. A respeito, cf. Somma, "Brevi note in tema di organizzazione colletiva della professione forense nella Repubblica federale tedesca", cit., pp. 1.335-1.336.

22. Cf. Lobo e Costa Neto, *Comentários ao Estatuto da OAB e às Regras da Profissão do Advogado*, Rio de Janeiro, Ed. Rio, 1978, p. 168.

23. Cf. Gomes, em parecer reproduzido em Pinheiro Neto & Cia. — Advogados (org.), *Exclusão de Sócios: Prevalência do Contrato*, São Paulo, 1975, p. 117: "não é a pessoa jurídica que exerce a atividade profissional, mas as pessoas físicas que a integram, cabendo a estas a prática dos atos privativos de advogados".

24. Esta parece ser a opinião unânime dos doutrinadores. Para Sodré, *Sociedades de Advogados*, São Paulo, Ed. RT, 1975, o objeto social deve ser a administração do expediente e dos resultados patrimoniais auferidos no exercício da advocacia.

nima, deve ser afastada, pela via estatutária e em observância à disposição legal (Lei 8.906/1994, art. 16), a possibilidade de ingresso de terceiros, não sócios, como meros prestadores de capitais, bem como a negociação de suas ações (ainda que só preferenciais) no mercado de balcão ou em bolsas de valores. Quiçá num futuro, ainda remoto, se possa, mesmo que só teoricamente, vir a ser discutido tal tema.

Atualmente há apenas a vedação de constituição de uma sociedade de advogados sob a forma de sociedade comercial. Mas, tirante a proibição, não há incompatibilidade entre a advocacia, como atividade civil, e seu exercício através de uma sociedade comercial.[25] Isto porque a própria lei permite que atividades civis sejam exercidas por sociedades comerciais (Lei 6.404/1976, art. 2º). A conseqüência é a sujeição da sociedade às leis comerciais, como, por exemplo, a falência.

2. *Constituição*

As sociedades simples adquirem personalidade jurídica com o registro de seus atos constitutivos no cartório de registro de títulos e documentos. No caso das sociedades de advogados, mediante o registro dos atos constitutivos na Seccional da OAB. Já as sociedades comerciais passam a ter personalidade jurídica com a publicação do

Para Gomes, idem, ibidem, "os efeitos propriamente societários do ente criado pelo contrato social restringem-se, limitam-se, circunscrevem-se à distribuição dos resultados obtidos com a remuneração do trabalho dos advogados e à disciplina do expediente do escritório". Conforme Lobo e Costa Neto, *Comentários...*, cit., p. 169, a sociedade serve para regular as relações profissionais, em especial a vida administrativa e financeira. Tal posição não se alterou com a edição da Lei 8.906/1994. Após a nova disciplina legal, tem-se a opinião de Lôbo: "Diferentemente das demais sociedades de serviços, a finalidade das sociedades de advogados, como lembram Haddock Lobo e Costa Neto, é regular e disciplinar relações recíprocas entre advogados, no que pertine, fundamentalmente, à vida administrativa e financeira do grupo, ou, como disse Orlando Gomes, por eles citado, 'a remuneração dos resultados obtidos com a remuneração do trabalho dos advogados e disciplina do expediente do escritório'" (*Comentários...*, p. 92 e nota 83). No mesmo sentido, Gonçalves Neto, *Sociedades de Advogados*, 2ª ed., São Paulo, Juarez de Oliveira, 2002, p. 11, com destaques nossos: "(...) quando a norma fala em uma sociedade cuja finalidade é o exercício da advocacia, quer referir-se à atividade que é realizada por intermédio de seus sócios e demais advogados a ela vinculados. Idêntico entendimento deve-se ter com relação ao objeto social. Há uma impossibilidade material de a sociedade exercer a advocacia, privativa dos inscritos na OAB (art. 3º do Estatuto), eis que, para tanto, teria de preencher as exigências de inscrição (art. 8º do Estatuto), inatendíveis por pessoa jurídica. *A sociedade existe para apoiar a atividade conjunta de advogados, gerir suas contas e facilitar-lhes o trabalho*". E ainda (p. 13, destaques no original): "(...) ela não tem por fim *atuar na advocacia, mas possibilitar* que os advogados nela reunidos (como sócios, associados ou empregados), possam exercê-la de modo mais racional e organizado". O mesmo autor, rebatendo eventuais argumentos contrários, esclarece (idem, p. 10, destaques do original): "O artigo 15 do atual Estatuto, ao dispor que "os advogados podem reunir-se em sociedade civil de prestação de serviço de advocacia", deixa de declarar, como ocorria no regime anterior, a função a ser por ela preenchida. Pode parecer, à primeira vista, que a sociedade de advogados é constituída para *exercer a advocacia* — o que não é verdade, pois, sendo a atividade de advocacia privativa de advogado, certamente essa sociedade não tem por fim exercê-la, mas, permitir ou facilitar a "colaboração recíproca" entre si dos sócios-advogados e demais advogados a ela vinculados, "para a disciplina do expediente e dos resultados patrimoniais auferidos na prestação dos serviços" por eles individualmente realizados para os clientes, como enunciava o art. 77, *caput*, da Lei 4.215, de 1963". Também Meyer e Penteado, "Notas sobre sociedades de advogados: características, peculiaridades, e a influência do novo Código Civil em seu regime jurídico", in *Sociedade de Advogados*, v. II, Ferraz (coord.), Brasília, OAB Editora, 2004, pp. 11-14, que ressaltam, à p. 11: "É mais uma sociedade voltada para os próprios sócios, servindo-lhes como gestora do expediente e dos recursos financeiros auferidos na advocacia". Por fim, o Provimento 92/2000, do Conselho Federal da OAB, veio reforçar o entendimento, ressaltando a possibilidade de a sociedade celebrar contratos, ressaltando que os serviços de representação, consultoria, assessoria e defesa dos clientes não seriam feitos pela sociedade e sim "por intermédio de advogados de seus quadros" (cf. art. 4º).

25. Tanto que a hipótese já foi levantada, com o natural reconhecimento da proibição legal, por Verçosa, "Atividade mercantil. Ato de comércio. Mercancia. Matéria de comércio. Comerciante", *RDM* 29 (1982), pp. 29-39, à p. 32.

arquivamento de atos constitutivos no órgão de registro empresarial.

No caso de sociedades de advogados sob a forma limitadas ou anônimas, dois podem ser os caminhos: manter o registro exclusivo na OAB ou exigir o arquivamento dos atos constitutivos no órgão de registro empresarial.

A opção pela manutenção do registro exclusivo na OAB das sociedades de advogado limitadas ou anônimas pode representar uma exceção à regra geral, assim como o é atualmente. Sendo prevista em legislação (por exemplo, através da manutenção do disposto no art. 16, § 3º do EAOAB), não há nenhum outro óbice.

No caso de se optar pela necessidade de arquivamento dos atos constitutivos no órgão de registro empresarial,[26] recomenda-se que este último somente aceite atos constitutivos e alterações previamente vistados pela OAB nos últimos trinta dias antes da entrada da documentação no registro empresarial. No processo de visto, caberia à OAB verificar a regularidade ou não da pretensa constituição da sociedade.

A segunda alternativa é mais complexa, em virtude da questão da inscrição da sociedade na OAB. Duas são as opções mais prováveis. A primeira é a reserva de número de inscrição, quando do visto prévio da OAB nos atos constitutivos, por determinado período, como por exemplo, noventa dias. Se em noventa dias não houver a confirmação do arquivamento dos atos constitutivos no órgão de registro empresarial, caducaria a reserva do número de inscrição, que também não poderia ser utilizado por outra sociedade. A outra opção é o recebimento do número de inscrição na OAB somente após o arquivamento dos atos constitutivos no registro empresarial. Neste caso, o registro na OAB deveria ser feito no prazo de trinta dias após a publicação dos atos constitutivos. Em ambas as últimas hipóteses, há o problema da sociedade estar com seus atos constitutivos arquivados no registro empresarial e com sua inscrição na OAB ainda não realizada. Por isto, não são recomendáveis tais caminhos.

Um *tertius genus*, caso se defenda a obrigatoriedade de todas as sociedades comerciais terem seus atos constitutivos arquivados no órgão de registro empresarial, é manter a OAB como órgão competente para constituição e atribuição de personalidade jurídica às sociedades de advogados, atribuindo-lhe a obrigação de envio de uma cópia dos atos constitutivos e suas posteriores alterações ao órgão de registro empresarial, para arquivamento e publicação.

Na Alemanha, a sociedade limitada de advogados deve ser inscrita no órgão de registro empresarial, após a obtenção da habilitação profissional. Além dos documentos exigidos para constituição das demais sociedades (*GmbHG*, § 8º), deve ser juntada cópia da ato de habilitação pela entidade corporativa, requisito essencial para inscrição da sociedade. Se, por erro, for inscrita no registro empresarial uma sociedade não habilitada pelo órgão corporativo profissional, tal ato deve ser anulado ou deve a sociedade ser dissolvida pela impossibilidade de preenchimento do fim social, dada a falta de habilitação.[27]

3. Denominação

No Brasil, a razão social deve ter, obrigatoriamente, o nome[28] de, pelos menos um advogado responsável, podendo permanecer o nome de um sócio falecido, desde que prevista expressamente tal possibilidade no ato constitutivo (EAOAB, art. 16, § 1º), sendo vedada denominação de fantasia (art. 16). Tais regras decorrem do caráter *intuitus personae* conferido pelo legislador às

26. Para tanto, deve-se alterar o disposto nos arts. 15, §§ 1º e 5º e 16, § 3º da Lei 8.906/1994.

27. Para Sangiovanni, "La società a responsabilità limitata tra avvocati nel diritto tedesco", cit., p. 926, a sociedade deve ser dissolvida.

28. Interpretação mais liberal admite a possibilidade de prenome em lugar do nome.

sociedades de advogados.[29] Em outros casos de sociedades de profissionais liberais, como clínicas de médicos, permite-se o uso de denominação.

Em outros países, como na França, admite-se o uso de denominação para sociedades de advogados. Na Alemanha, isto não é permitido, devendo constar o nome de, pelo menos, um sócio e indicação de que se trata de sociedade de advogados (*BRAO*, § 59k, 1º).[30]

Como o propósito da forma de sociedades de capitais para constituição de sociedades de advogados é apenas a limitação de responsabilidade e não a participação de terceiros estranhos à profissão, pelas características peculiares da advocacia, deve ser mantida a obrigatoriedade da presença do nome ou prenome de, no mínimo, um sócio responsável no nome empresarial.

Surge um problema teórico se a sociedade de advogados tiver a forma de anônima. Pela lei do anonimato, o nome empresarial de uma companhia será sempre denominação, ainda que conste o nome do fundador ou de outra pessoa (Lei 6.404/1976, art. 3º e § 1º). Se a sociedade de advogados for uma companhia, mesmo havendo a obrigatoriedade de constar o nome de um sócio, deve-se entender o nome empresarial como denominação, por analogia à regra acima mencionada.

Dada a especificidade da atividade profissional como relação *intuitus personae* e a proibição da mercantilização (Lei 8.906/1994, art. 15), mesmo tendo a sociedade de advogados responsabilidade limitada ou forma comercial, deve ser mantida a vedação de uso de título de estabelecimento, insígnia e marca. Até porque o objetivo da adoção de forma comercial é apenas a responsabilidade limitada dos sócios e não a mercantilização da advocacia.

4. Objeto social

O objeto da sociedade de advogados não é exercer a advocacia, pois a atividade advocatícia é privativa dos advogados, mas facilitar a colaboração recíproca.[31] Os atos devem ser praticados não pela sociedade, mas por "intermédio de advogados dos seus quadros" (art. 4º). Como conseqüência, as procurações devem ser outorgadas individualmente aos advogados com indicação da sociedade de que façam parte (art. 15, § 3º).

No Brasil, o objeto social deve consistir, exclusivamente, no exercício da advocacia (cf. Lei 8.906/1994, art. 16, *caput*, § 3º e Provimento 92, art. 2º, II). É vedado, às sociedades de advogados, ter em seu objeto atividades estranhas à advocacia (Lei 8.906/1994, art. 16) e as demais sociedades não podem ter por objeto atividade de advocacia (Lei 8.906/1994, art. 16, § 3º). A atual lei veda a constituição de sociedades multiprofissionais, tendo por objeto advocacia, permitida pelo diploma anterior.

A lei alemã também mantém a exclusividade, permitindo que o objeto social seja constituído apenas por consultoria e representação legal (*BRAO*, § 59c, 1º). Embora a lei seja omissa quanto à exclusividade da atividade advocatícia, a doutrina defende a vedação da inclusão de outras atividades, para evitar conflito de interesses e garantir a independência. A lei tedesca somente veda expressamente a participação em outras sociedades de advogados (*BRAO*, § 59c, 2º).

Apesar de a lei brasileira proibir a inclusão, no objeto social, de atividades estranhas à advocacia, a norma poderia trazer uma exceção, para permitir a participação em sociedades de capital aberto. Ou seja, para permitir que a sociedade de ad-

29. Sobre o caráter *intuitus personae* de sociedades, cf. Ribeiro, *A Exclusão de Sócios nas Sociedades Anônimas*, tese, São Paulo, FADUSP, 2002, Parte I.

30. Cf. Dittmann, "Überlegungen zur Rechtsanwalts — GmbH", *ZHR* 161 (1997), pp. 332-336, à p. 334; Hellwig, "Die Rechtsanwalts — GmbH", cit., pp. 355-356.

31. Cf. nota n. 24 supra.

vogados possa investir parcela de seu patrimônio em ações. Contra tal possibilidade, pode-se argumentar que o objetivo da sociedade é advocacia e não investimentos no mercado de capitais. Mas a possibilidade de realização de tais investimentos permite não só a aplicação de reservas para novos investimentos, para eventual utilização em períodos de menor receita (em razão da sazonalidade própria de algumas atividades advocatícias, como a forense) e até para reparação de eventuais prejuízos a clientes. Vê-se, portanto, que tal permissão traz benefícios, desde que usada conforme as normas deontológicas, para evitar, por exemplo, captação de clientela ou conflito de interesses.

5. Limitação ao ingresso de sócios, estranhos ou não à profissão

Nas sociedades de capitais, como regra geral, permite-se o ingresso de terceiros, sem necessidade de concordância dos demais sócios. Nas sociedades anônimas personalistas,[32] nas quais se reconhece a importância da figura de determinado sócio ou grupo de sócios,[33] pode haver restrição à transmissão da participação societária e prestações acessórias (Lei 6.404/1976, art. 36, parágrafo único).

Uma sociedade anônima com objeto social de advocacia é típico exemplo de companhia personalista. Pode ser vedada, por lei (no caso, o EAOAB, art. 16) ou disposição estatutária, a participação de terceiros estranhos à profissão.

Assim, qualquer que seja a forma adotada (inclusive a de companhia), a sociedade somente pode ter sócios como advogados. Assim também no direito alemão (*BRAO*, § 60, 1º), que prevê a participação somente de inscritos. Uma particularidade do direito alemão é a limitação da sociedade de ter, no máximo, dois sócios habilitados a atuar perante a Suprema Corte (*Bundesgerichtshof*). A explicação é simples: em razão do ínfimo número de advogados habilitados a exercer atividades na mais alta Corte,[34] eventual permissão para constituição de sociedade com mais de dois profissionais tem graves implicações nos aspectos concorrencial e deontológico. No plano concorrencial, constituição de sociedade com grande número de profissionais habilitados pode prejudicar a concorrência ou favorecer a criação de poucas grandes estruturas, quase cartelizadas, reduzindo a liberdade de escolha dos clientes. E, sob o aspecto ético, a existência de poucas sociedades pode favorecer o aparecimento de conflitos de interesses.

32. Sobre as sociedades anônimas personalistas, cf. Immenga, *Die personalistische Kapitalgesellschaft*, Bad Hamburg, Atheneum, 1970. Ribeiro, *A Exclusão de Sócios nas Sociedades Anônimas*, cit., pp. 26 e ss.

33. Como afirma Comparato, "a velha classificação das sociedades mercantis em sociedades de capitais e de pessoas (...) aparece agora subvertida; ou melhor, a clivagem entre as espécies passa no interior do próprio direito acionário. Se ainda é aceitável classificar a companhia aberta na categoria das sociedades de capitais, pelo seu caráter marcadamente institucional, a companhia fechada já apresenta todas as características de uma sociedade de pessoas, animada por uma *affectio societatis* que se funda no *intuitus personae*. Ao contrário da simples consideração dos capitais, na companhia fechada prepondera, tanto entre acionistas quanto perante terceiros, a confiança e a consideração pessoal" (cf. "A natureza da sociedade anônima e a questão da derrogabilidade das regras legais de *quorum* nas assembléias gerais e reuniões do conselho de administração", *Novos Ensaios e Pareceres de Direito Empresarial*, Rio de Janeiro, Forense, 1981, pp. 116-131, à p. 120). Com base em tal raciocínio, em outro estudo, "Restrições à circulação de ações em companhia fechada: *nova et vetera*", *RDM* 36 (1979), pp. 65-76 (= *Novos Ensaios e Pareceres de Direito Empresarial*, cit., pp. 32-51), à p. 65, diferencia as sociedades anônimas em "sociedades de anônimas de pessoas" e "sociedades anônimas de capitais", em razão do vínculo *intuitus personae* nas primeiras.

34. Para poder advogar perante a Suprema Corte alemã, deve-se preencher os requisitos de idade mínima de 35 anos e 5 anos de exercício ininterrupto de atividade profissional, bem como obter autorização concedida após indicação do órgão profissional (*BRAK — Bundesrechtes-anwaltskammer*).

A restrição a sócios advogados e somente sua participação nos lucros justifica-se para evitar que outras empresas, como escritórios de advocacia estrangeiros, auditorias e consultorias empresarias, aufiram lucros com o trabalho dos profissionais da advocacia, bem como concorram, em desigualdade de condições e com possibilidade de captação de clientela.[35] Em suma, o sócio deve ser ativo e não investidor.

Por força de disposição legal, cada advogado somente pode ser sócio de uma sociedade de advogados em cada Seccional da OAB. Mas o fato de ser sócio de uma sociedade não o impede de atuar sozinho, inclusive prestando serviços pessoais a outra sociedade, desde que não se falte ao dever de concorrência nem haja conflito de interesses. Tome-se o caso de uma sociedade de advogados que somente atue em direito penal. Um de seus sócios não estará fazendo concorrência se prestar serviços pessoalmente a outra sociedade, que não atue na área criminal. No entanto, na Alemanha tal possibilidade é vedada expressamente (*BRAO*, § 59e, 2º).

6. Vicissitude pessoal do sócio

Nas sociedades personalistas em geral, no caso de falecimento ou qualquer outra vicissitude pessoal do sócio (falecimento, ausência, interdição, incapacidade, falência, insolvência), a tendência é seu afastamento.

No caso da sociedade de advogados, mesmo que o sócio falecido tenha herdeiros que sejam advogados (e, portanto, habilitados a ingressar como sócios), compete aos sócios da sociedade optar ou não pelo seu ingresso. A confiança pessoal dos sócios remanescentes no colega finado não se estende a seus herdeiros.

Os casos de ausência, interdição e insolvência justificam a exclusão do sócio. No caso de falência ou liquidação da quota, o sócio é excluído automaticamente (Código Civil, art. 1.030, parágrafo único).

O advogado que passa a exercer atividade incompatível com a advocacia em caráter permanente está proibido de atuar na profissão (EAOAB, art. 28), tanto isoladamente como em sociedade. Logo, não pode permanecer como sócio.

No caso de licença para exercício de atividade incompatível em caráter temporário, também há a proibição de advogar. Embora não possa atuar, pode permanecer como sócio,[36] devendo o licenciamento ser averbado no registro da sociedade, sem alterar sua constituição (EAOAB, art. 16, § 2º).

No caso de sanção disciplinar de expulsão, o sócio deve ser excluído, por faltar-lhe o requisito da inscrição profissional. No caso de suspensão temporária por processo disciplinar, deve ser aplicada a regra do licenciamento.

7. Administração

Quanto à administração, a principal discussão é a possibilidade de administradores não sócios.

Atualmente, nas sociedades em geral, é permitida a possibilidade de administradores não sócios, salvo previsão contratual ou legal. E, nas sociedades de maior porte, há muito tempo administração é profissional.[37] Mas, nas sociedades de advogados, o administrador deve ser sócio (Provimento 92/2000, art. 2º, VII).

Também no modelo alemão, por razões deontológicas, a administração é exclusiva de advogado ou profissional da área

35. Sobre a questão, cf. Gonçalves Neto, "As sociedades multidisciplinares de prestação de serviços e os escritórios estrangeiros de advocacia", in *Anais da XVII Conferência Nacional dos Advogados — Justiça: Realidade e Utopia*, v. I, Brasília, Pax, 2000, pp. 779 *et seq.*

36. Cf. Gonçalves Neto, *Sociedades de Advogados*, cit., p. 25.

37. A respeito, cf., entre outros, Burnham, *The Managerial Revolution*, New York, John Day, 1941.

(*BRAO*, §§ 59a, 1º e 60, 1º). Pelo mesmo motivo, um sócio só outorgar procuração, para tratar de interesses sociais, para outro sócio com direito a voto (§ 59e, 5º).

Por outro lado, a independência profissional pode ser prejudicada pela administração por terceiros, mormente no caso de grandes redes internacionais de escritórios e empresas de auditoria procurando atuar em sociedades com escritórios de advocacia.

8. Procuração para sociedade

No Brasil, embora o contrato de prestação de serviços possa ser firmado entre o cliente e a sociedade de advogados, a pessoa jurídica não pode receber procuração e substabelecer aos sócios.[38] As procurações devem ser outorgadas individualmente aos advogados e indicar a sociedade de que façam parte (EAOAB, art. 15, § 3º). Mas a sociedade tem legitimidade para executar, em seu nome, verba honorária concedida em processo para o qual foi outorgado mandato a um dos seus integrantes.[39]

Na Alemanha, a sociedade pode ser indicada para representar cliente em juízo (*BRAO*, § 591), substabelecendo posteriormente a procuração para advogados. Somente a defesa penal deve ser outorgada obrigatoriamente a advogado (*Strafprozeßordnung*, § 137). A possibilidade de outorga de procuração à sociedade indica a confiança do cliente na sociedade e não em determinado profissional, evitando eventual discussão no caso de saída de profissionais da sociedade.

38. Cf. Lôbo, *Comentários ao Estatuto da Advocacia*, cit., p. 96. No entanto, já se decidiu que o simples fato de o subscritor do recurso integrar sociedade civil de advocacia composta, também, pelos advogados credenciados nos autos, não revela a regularidade da representação processual (AgReg no RE 161.650-5, *DJU* 18.2.1994, Seção I, p. 1.798).

39. REsp 651.157-SP, 3ª T., rel. Min. Pádua Ribeiro, j. 2.9.2004, *DJU* 3.11.2004.

9. Responsabilidade dos sócios

No Brasil, além da sociedade, o sócio responde subsidiária e ilimitadamente pelos danos causados aos clientes por ação ou omissão no exercício da advocacia, sem prejuízo da responsabilidade disciplinar (EAOAB, art. 17). Têm-se duas responsabilidades: uma enquanto sócio e outra como profissional. A responsabilidade dos sócios é subsidiária e, portanto, não solidária.[40] Somente o sócio causador dos danos responde solidariamente (CC, arts. 265, 990, 1.039 a 1.045).

O contrato social deve prever a responsabilidade subsidiária e ilimitada dos sócios pelos danos causados aos clientes e a responsabilidade solidária deles pelas obrigações que a sociedade contrair perante terceiros, podendo ser prevista a limitação da responsabilidade de um ou de alguns dos sócios perante os demais nas suas relações internas (Provimento 92, do Conselho Federal da OAB, art. 2º, X).

A responsabilidade civil do advogado é regulada por diversas normas (EAOAB, arts. 17 e 32; Código Civil, arts. 186, 389, 927 a 954; CLT, art. 462; Regulamento Geral do Estatuto da Advocacia e da OAB, art. 40). Como a prestação de serviços advocatícios pode caracterizar relação de consumo, as sociedades e os profissionais também ficam sujeitos à reparação pelos danos causados mediante culpa (Lei 8.078/1990, art. 14, *caput* e § 4º).

Enquanto no Brasil não há limites ao valor da indenização, a lei alemã prevê a possibilidade de limitar contratualmente a indenização devida por advogado por danos culposos ao cliente (*BRAO*, § 51a).

40. Cf., entre outros, Gonçalves Neto, *Sociedade de Advogados*, cit., pp. 45-48, à p. 47; Naves, "Responsabilidade das sociedades de advogados", in *Sociedade de Advogados*, v. II, cit., pp. 35-46, à p. 41. No entanto, entendendo pela responsabilidade solidária dos sócios, Lôbo, *Comentários ao Estatuto da Advocacia*, cit., p. 96.

Como visto acima, o problema da responsabilidade do sócio de sociedades de advogados é a repercussão do erro de um profissional sobre os demais,[41] embora, de certa forma, possa se entender haver *culpa in eligendo*, quer em relação a sócios quanto aos demais profissionais.

Mas em momento algum a mudança na responsabilidade deve prejudicar a reparação dos danos causados a clientes. O meio de conciliar os interesses dos clientes em obterem a devida reparação por eventuais prejuízos causados por profissionais, e procurando evitar que todos os bens pessoais dos sócios devam suportar danos causados por outrem, é a estipulação de seguro de responsabilidade profissional, a ser visto no item seguinte.

Quanto à responsabilidade ético-disciplinar, não é imputável à sociedade, por serem os advogados que cometem as infrações.[42] Somente é atribuída à sociedade a responsabilidade patrimonial pelos danos causados a clientes, decorram ou não de infrações ético-disciplinares.

10. Seguro de risco de responsabilidade civil

Na Alemanha é condição para inscrição da sociedade limitada no órgão de classe a obrigação de manter por toda sua duração seguro de responsabilidade civil (*BRAO*, § 59d e 59j, 1º). Havendo modificações no contrato, devem ser informados os órgãos locais de administração da justiça e da entidade corporativa (*BRAO*, § 51, 6º).

O seguro deve garantir a reparação de danos ao cliente por erros causados pela sociedade em responsabilidade contratual e extracontratual (*BRAO*, § 51, 1º). Pode ser pactuado que todos os prejuízos em determinado trabalho possam ser encarados como único sinistro (*BRAO*, § 51, 2º). Há também casos de exclusão da responsabilidade da seguradora (*BRAO*, § 51, 3º).

São estipulados valores mínimos por cada evento danoso (*BRAO*, § 59j, 2º), dez vezes maior que os previstos para advogado autônomo (*BRAO*, § 51, 4º). Comparados com a média dos danos, os valores assegurados são elevados.[43]

A lei delega competência ao Ministério da Justiça (*Bundesministerium der Justiz*) para fixar valor mínimo diverso, quando ocorrerem mudanças nas condições econômicas, para assegurar ressarcimento dos danos (*BRAO*, § 59j, 3º).

Na falta do seguro mínimo, respondem solidariamente pelo valor faltando, além da sociedade, os sócios e os administradores (*BRAO*, § 59j, 4º).

Na introdução deste trabalho, já foi manifestada a opinião pela obrigatoriedade do seguro de responsabilidade civil, como forma de proteção tanto aos clientes como aos profissionais. Por estar relacionado com o assunto central, o tema de seguro de responsabilidade no Brasil será abordado adiante (Cap. V, 2).

11. Perda de inscrição profissional

Na Alemanha, a sociedade perde registro no caso de dissolução (*BRAO*, § 59h, 1º), que pode ser motivada por decurso do tempo previsto no ato constitutivo, deliberação dos sócios, decisão judicial ou administrativa, decretação de falência, vício de ato constitutivo e falta de patrimônio ou outros previstos no ato constitutivo (*BRAO*, § 60, 1º e 2º).

A inscrição pode ser cancelada se a sociedade deixar de satisfazer condições legais, como objeto social e limitação a participação em outras sociedades (*BRAO*,

41. Dittmann, "Überlegungen zur Rechtsanwalts — GmbH", cit., p. 335.

42. Cf., entre outros, Sodré, *Sociedades de Advogados*, cit., p. 14; Lôbo, *Comentários ao Estatuto da Advocacia*, cit., p. 96; Gonçalves Neto, *Sociedades de Advogados*, cit., pp. 50-55, à p. 51.

43. A respeito, cf. Sangiovanni, "La società a responsabilità limitata tra avvocati nel diritto tedesco", cit., pp. 933-934, com indicações numéricas.

§ 59c), sócios (§ 59e), administração (§ 59f), gerir um escritório legal (§ 59i), manter seguro de responsabilidade civil (§ 59h, 3º), por renúncia (§ 59h, 4º).

Quando sociedade perde sua habilitação, é nomeado um gestor final (*Abwickler*) § 55 pela Seccional, inclusive de ofício, para defesa do interesse dos clientes, caso os representantes legais não demonstrem ter condições de resolver as questões pendentes (*BRAO*, § 59h, 6º). Sua função é diferente do liquidante, que tem funções societárias. O gestor limita-se às relações com clientes.

No caso brasileiro, ficam sugeridos os mesmos critérios, inclusive quanto à instituição de um gestor para solução de pendências com os clientes.

12. Dissolução

Como visto acima, na Alemanha a dissolução da sociedade pode ocorrer por decurso do tempo previsto no ato constitutivo, deliberação dos sócios, decisão judicial ou administrativa, decretação de falência, vício de ato constitutivo e falta de patrimônio ou outros previstos no ato constitutivo (*BRAO*, § 60, 1º e 2º).

No Brasil, a dissolução ocorre nos casos previstos em lei ou no objeto social.

V — Responsabilidade civil dos advogados e seguro obrigatório

1. A proliferação de ações de responsabilidade civil

Em alguns países, tem-se registrado uma quantidade considerável de ações de responsabilidade civil profissional contra advogados.

A título exemplificativo serão mencionados alguns números. Na Alemanha, a cada quatro anos, em média, cada advogado sofre uma ação de responsabilidade civil profissional. Em noventa por cento dos casos acaba em transação. Um em cada quatro advogados já foram responsáveis por sinistros. Segundo dados de uma seguradora, dos casos registrados, 30% foram por perda de prazo, 20% por prescrição; 22,3 por consulta jurídica e 17% por análise jurídica inadequada.[44] Quanto ao último ponto, como há obrigação legal do advogado de conhecer todas as decisões publicadas do Supremo Tribunal, defender tese contrária ao decidido por aquela Corte implica inépcia profissional.

Nos Estados Unidos, a cada ano, um em cada vinte profissionais sofre ação de responsabilidade civil, e, ao longo da carreira, em média, cada profissional responde por três ações. Cerca de 75% das ações são julgadas improcedentes, porém os custos são elevados.[45] Não só em gastos, mas por todo o tempo demandado, transtornos e eventuais prejuízos na imagem, perda de clientes e oportunidades e aborrecimentos.

Tirante os casos de culpa do profissional, a visão do conjunto indica a tentativa de uma "indústria de indenizações", que parece estar sendo barrada pelo Judiciário. Os profissionais brasileiros devem ficar atentos, pois a mesma tendência pode ocorrer futuramente em nosso país. E isto, naturalmente, despertará o debate sobre a limitação da responsabilidade das sociedades de advogados, mesmo que haja seguro, pois em alguns casos o patrimônio do profissional pode ser inferior ao valor da franquia.

2. Seguro de risco de responsabilidade civil

A obrigatoriedade de seguro é a melhor forma de garantia aos clientes. Como os bens dos sócios podem ser insuficientes para cobrir todos os prejuízos, a responsa-

44. Cf. Knappen *et alli*, *La Diligence de l'Avocat dans le Domaine Professionnel*, Berne, Staempfli, s/d, p. 7, *apud* Vassilieff, *A Responsabilidade Civil do Advogado*, cit., pp. 32 e ss.

45. Cf. Aronson e Weckstein, *Professional Responsibility*, St. Paul, Minn., West Publishing, 1991, *apud* Vassilieff, idem, ibidem.

bilidade ilimitada prevista na legislação pode não cumprir seu escopo de permitir reparação de danos. Isto sem contar as inúmeras formas de "blindagem patrimonial", tão conhecidas e difundidas por alguns profissionais, e a impenhorabilidade de receitas de honorários de advogados autônomos, dado o seu caráter alimentar.

Por isto, em alguns países o seguro de responsabilidade civil é obrigatório, como na Inglaterra, Alemanha, e Áustria. No Brasil, o seguro começou a ser utilizado em 1994 e existe projeto no Conselho Federal da OAB para contratação de seguro pela entidade, para seus inscritos, como ocorre na França[46] e Espanha.[47]

Não só deve haver seguro obrigatório, como sua fiscalização pela OAB. Dado o serviço público de competência da OAB, cabe a ela não só fiscalizar os profissionais como zelar pela proteção aos clientes.

Parece-nos que a melhor forma de garantir a obrigatoriedade do seguro profissional, tanto para sociedades como para profissionais autônomos, é o pagamento conjunto do prêmio de seguro e da anuidade, cabendo à OAB repassar o valor do prêmio às seguradoras. Além disto, condicionar a possibilidade de exercício da atividade com o pagamento do prêmio de seguro.

Um dos pontos polêmicos diz respeito ao valor a ser pago por cada profissional autônomo ou cada sociedade. Deverá haver questionamentos se o valor for igual para todos os profissionais, pois aqueles que patrocinam causas menores estarão subsidiando quem atua com questões de valor mais expressivo. Mas o inverso também pode ser alegado, pois uma série de benefícios aos advogados carentes é custeada com a anuidade paga pelos demais.

Para buscar um equilíbrio, a fixação de um valor com base no número de causas é irrelevante, pois os profissionais que concentram maior número de causas são aqueles que atuam em questões de menor valor. Talvez uma solução mais adequada seja, após o devido cálculo pelas companhias seguradoras, a fixação de valores diversos em função da localidade. Sendo a anuidade estabelecida pelos Conselhos Seccionais, o valor do seguro pode ser diferente em cada Estado. Mais do que isto, também serão justificados valores diversos em função dos Municípios de um mesmo Estado (capitais ou interior, por exemplo). Ou até, dentro do Município, havendo mais de uma Subseção, em razão do foro de maior atuação do profissional.

No caso de sociedades de advogados, o seguro pode variar em função de alguns parâmetros, além da localidade, como capital social, número de sócios e de profissionais associados, entre outros. Mesmo assim, nem sempre uma sociedade com maior número de profissionais atua em causas de maiores valores e complexidade. Basta comparar um escritório de porte médio, com vinte profissionais, com sociedade formada entre dois profissionais de notória especialização. A segunda tende a ter causas de maior complexidade e valores e faturamento mais elevado.

Outro problema é o valor da franquia. Sendo contratado o seguro pela corporação profissional, o valor, fixo ou percentual, da franquia deve ser o mesmo para todos os advogados. Com isto, o profissional perde a opção de pagar prêmio menor em troca de franquia maior ou vice-versa.

VI — Considerações finais

Como visto, atividades civis podem ser exercidas por sociedades comerciais. A atividade não perde o seu caráter civil. Mas a sociedade fica sujeita às normas comerciais.

46. Cf. Leis de 31.12.1971 (art. 17) e de 31.12.1990 e Decreto de 27.11.1991, arts. 205 e 206.

47. Sobre o seguro de responsabilidade civil no Brasil, cf. Naves, "Responsabilidade das sociedades de advogados", cit., pp. 44-46. Angélico, "Sociedade de advogados: responsabilidade pessoal, solidária e ilimitada", *RT* 585 (1984), pp. 265-268, já defendia a existência de seguro obrigatório, para evitar risco ao patrimônio pessoal dos advogados.

No Brasil, em razão da norma constitucional garantidora da liberdade de exercício das profissões (CF, art. 5º, XIII), pode-se, a exemplo da referida decisão alemã, entender como inconstitucional a restrição à forma de sociedade simples para as sociedades de advogados.

Frise-se que a adoção de sociedade de advogados com responsabilidade limitada não descaracteriza o caráter *intuitus personae* da advocacia nem é incompatível com os princípios deontológicos da profissão. Pode trazer algumas desvantagens, como a necessidade de apresentação de certidão negativa de débitos para transferência de controle[48] e a possibilidade de decretação de falência, dada a forma comercial. Mesmo assim deve ser concedida a opção ou não por sua adoção, cabendo aos sócios analisar, no caso concreto, suas conveniências ou não.

No entanto, a adoção de forma de sociedade com responsabilidade limitada dos sócios não pode servir para não reparação de danos causados a clientes, justificando a introdução de seguro de responsabilidade civil obrigatório para advogados e sociedades de advogados.

Como a mera responsabilidade ilimitada dos sócios de sociedades de advogados, por si só, não representa efetiva garantia de reparação de danos aos clientes, deve ser obrigatório o seguro de responsabilidade civil profissional, preferencialmente se contratado pela OAB, com valor do prêmio embutido no valor das anuidades.

Por isto, sugere-se a alteração da Lei 8.906/1994, com a instituição do seguro obrigatório de responsabilidade profissional e da liberdade para adoção da forma societária. Neste último caso, com as restrições necessárias em razão da especificidade da profissão, como, por exemplo, constituição somente por advogados, objeto social restrito à atividade advocatícia, administração exclusiva de profissionais em pleno exercício (não licenciados), vedação de sócio puramente capitalista.

48. Cf. Lei 8.212/1991, art. 47, I, *d*, com nova redação dada pelo art. 1º da Lei 9.528/1997.

CORRESPONDENTES BANCÁRIOS NO DIREITO BRASILEIRO: CONCEITO E DISCIPLINA

UINIE CAMINHA

Introdução. 1. Espécies de dependências de instituições financeiras e correspondentes bancários. 2. Antecedentes. 3. Resolução 2.707/2000. 4. Legislação atual — Resolução 3.110/2003. 5. Correspondentes bancários e a Resolução 2.025/1993. 6. Controle do Banco Central.

Introdução

A atividade bancária no Brasil tem se desenvolvido consideravelmente nas últimas décadas. Com efeito, uma série de novos serviços e meios de atendimento têm sido implementados, de modo a facilitar o acesso e utilização dos produtos bancários. Postos de atendimento bancário, eletrônicos, terminais eletrônicos e atendimento por telefone e *Internet* têm adequado os bancos às necessidades de seus clientes, e tornado a ida efetiva a uma agência bancária praticamente desnecessária.

Ocorre, porém, que o acesso aos instrumentos que possibilitam esse tipo de atendimento, como computadores e aparelhos de fax, não estão disponíveis à maioria da população. E, mesmo os clientes que têm acesso a esses instrumentos, ainda não absorveram a cultura de realização de operações e compra de produtos financeiros pelo telefone ou *Internet*.

Por esse motivo, as instituições financeiras têm a necessidade de oferecer um número grande de pontos de atendimento a seus clientes, sem, todavia, incorrer nos altos custos de manutenção de uma agência bancária, nem nas restrições impostas ao estabelecimento das demais dependências previstas pela legislação.

É nesse ponto que os correspondentes bancários tornam-se importantes para o desenvolvimento da atividade bancária, como forma de oferecer serviços bancários em áreas em que não seria economicamente viável se manter uma agência propriamente dita, ou em outros onde há necessidade de melhorar o atendimento já existente.

A constituição de correspondentes bancários é uma alternativa de aumento da rede de atendimento de instituições financeiras, com custo reduzido. Os produtos e serviços são oferecidos pelo banco, através de terceiros, mas mantendo-se toda a responsabilidade da instituição, da mesma forma como se tais produtos e serviços fossem oferecidos dentro de uma agência.

Note-se que não se trata de "franquia" de bancos, termo que tem sido equivocadamente utilizado no mercado, pois a franquia empresarial apresenta características bastante diferentes e até certo ponto incompatíveis com o serviço financeiro. É, na verdade, um meio de atendimento utilizado pelas instituições financeiras para, por sua conta e em seu nome, prestar serviços a seus clientes.

1. Espécies de dependências de instituições financeiras e correspondentes bancários

De acordo com o regulamento anexo à Resolução CMN 2.099, de 17 de agosto de 1999, conforme alterada, existem seis espécies de dependências de instituições financeiras para atendimento a seus clientes, quais sejam: agências, postos de atendimento bancário (PAB), postos de atendimento transitório (PAT), postos de compra de ouro (PCO), postos de atendimento bancário eletrônico (PAE) e postos de atendimento cooperativo (PAC).

A agência é o tipo de dependência mais completo de uma instituição financeira, onde ela está habilitada a prestar todos os serviços para os quais foi autorizada pelas autoridades monetárias. As agências devem preencher os requisitos de segurança e funcionalidade determinados pela regulamentação em vigor, além de demandar níveis mínimos de capital realizado e patrimônio líquido ajustado conforme determinado pela legislação, dentre outras exigências. Por esses motivos, as agências apresentam um alto custo de instalação e manutenção para as instituições financeiras.

Os postos de atendimento bancário são dependências de bancos múltiplos com carteira comercial, bancos comerciais ou caixas econômicas, instaladas dentro do estabelecimento de sociedades ou em entidade da administração pública, com o intuito de prestar serviços de interesse da sociedade ou entidade onde esteja instalado, bem como de seus funcionários.

Os PABs só podem ser alojados em municípios em que haja uma agência da instituição bancária, pois estão à ela subordinados, tendo inclusive sua contabilidade incorporada à dessa agência. Trata-se assim de mero desdobramento de uma agência que, por conveniência de seus clientes, é instalado em outro local.

Já os postos de atendimento transitório são dependências de instituição financeira, fixas ou móveis, que são instalados em feiras, eventos e locais de grande afluxo temporário de público, para prestar todos os serviços para os quais está habilitada a instituição financeira. Exatamente por ser transitório, não é permitido o funcionamento do PAT por mais de noventa dias. Assim como o PAB, o PAT subordina-se a uma agência, em cuja contabilidade deve ter sua movimentação incorporada. Essa dependência é, assim, uma forma de a instituição prestar seus serviços aos clientes em locais que freqüentem por determinado período de tempo.

Os postos de atendimento bancário eletrônico são dependências automatizadas fixas ou móveis de banco múltiplo com carteira comercial, banco comercial ou caixa econômica, que se destinam à prestação de serviços de saques, depósitos, pagamentos, informações sobre posições e movimentações, transferência de fundos e fornecimento de talonário de cheque. O atendimento nos PAEs deve ser efetuado mediante inserção de senha individual e não está sujeito aos horários estabelecidos para as instituições financeiras. Os PAEs são cada vez mais comuns e cada vez é mais ampla a gama de serviços que podem ser prestados através deles, todavia, no mais das vezes, não há atendimento pessoal aos clientes, mas, sim, atendimento eletrônico padronizado.

Os PCOs são postos exclusivos para aquisição de ouro físico em regiões produtoras, não podendo realizar qualquer outra espécie de operação. Já os PACs são dependências de cooperativas de crédito que podem ser instaladas no município da sede da cooperativa, ou municípios limítrofes. Ambas as dependências, por apresentarem escopo restrito, não se prestam ao atendimento do público em geral.

Os correspondentes bancários não são considerados dependências das instituições financeiras, mas terceiros contratados para prestar serviços em nome da instituição. Por isso mesmo, o custo de contratação e manutenção desse tipo de ponto de atendimento é bem menor que aquele das dependências propriamente ditas. Ressalte-se que os serviços que podem ser oferecidos são praticamente os mesmos que aqueles oferecidos em uma agência bancária.

Com efeito, de acordo com dados do Banco Central do Brasil,[1] havia, em maio de 2003, 14.823 correspondentes bancários devidamente constituídos e em funcionamento no Brasil. Note-se que nessa mesma época, o total de agências bancárias propriamente dita era de 17.069. Se esses números forem comparados com aqueles relativos ao mesmo período do ano anterior, quando o número de agências era de 16.911 e o de pontos de atendimento por correspondentes bancários era de 10.652, observa-se o crescimento de quase 40% no número de correspondentes bancários contra um crescimento de menos de 1% das agências.

Os números apresentados acima nada mais representam do que uma atitude natural dos bancos, que podem prestar seus serviços de forma mais barata, e mesmo assim consistente com a regulação.

2. *Antecedentes*

Antes de prever a figura do correspondente bancário como hoje é conhecida, o Banco Central do Brasil já havia regulamentado a terceirização de serviços financeiros. Com efeito, já em 1973, através da Circular 220, o Banco Central permitiu que estabelecimentos bancários atribuíssem a pessoas jurídicas, sob contrato especial, o desempenho de funções de correspondente. Todavia, tais funções se resumiam à cobrança de títulos e execução, ativa ou passiva, de ordens de pagamento em nome da instituição contratante. Essa Circular vedava, porém, quaisquer outras operações, inclusive a concessão de empréstimos e a captação de depósitos.

Não havia, nesse primeiro momento, uma disciplina mais detalhada a respeito do tipo de contrato ou da natureza da relação entre a instituição financeira e o correspondente, ou deste com terceiros usuários dos serviços oferecidos por seu intermédio.

Já em 1979, o Conselho Monetário Nacional expediu a Resolução 562, que tratava mais detalhadamente da contratação de prestadoras de serviço por sociedades de crédito, financiamento e investimento. Na verdade, essa Resolução tinha por escopo principal determinar que é privativa de instituições financeiras a realização de operações de coleta, intermediação ou aplicação de recursos financeiros próprios ou de terceiros. Mais adiante, determina, porém, que as sociedades de crédito, financiamento e investimento poderiam receber pedidos de financiamento encaminhados por sociedades prestadoras de serviços, nos termos que determina.

A relação dos serviços que poderiam ser prestados, porém, ainda era restrita, até mesmo em função do fato de que essa Resolução apenas se aplicava às chamadas financeiras, e não a outras espécies de instituição sob a fiscalização do Banco Central.

Em 1995, a Resolução 2.166, revogando a antiga regulamentação, estendeu aos bancos múltiplos com carteira de crédito, financiamento e investimento a possibilidade antes prevista apenas para financeiras. Todavia, os serviços que poderiam ser terceirizados não foram alterados, mantendo-se apenas o encaminhamento de propostas de financiamento, análise de crédito e cadastro, execução de cobrança amigável e outros serviços de controle de operações efetuadas.

A Resolução 2.166/1995 também trouxe uma disposição que permaneceu por muito tempo na regulamentação dos correspondentes bancários, qual seja, a proibição expressa da subcontratação por par-

1. Dados disponíveis no *site* do Banco Central do Brasil, <www.bcb.gov.br>.

te dos correspondentes de quaisquer dos serviços pactuados.

A Resolução 2.166/1995 foi revogada em 1999, pela Resolução 2.640. Nesse documento, já se adota a designação "correspondente no país", mantida até os dias atuais, e amplia o alcance e escopo da terceirização dos serviços bancários.

Com efeito, a Resolução 2.640/1999 faculta aos bancos múltiplos com carteira comercial, aos bancos comerciais e à Caixa Econômica Federal a contratação de empresas como correspondentes no país, para prestar, além dos serviços que já poderiam ser terceirizados de acordo com a regulamentação anterior, serviços de recepção e encaminhamento de propostas de abertura de contas de depósito à vista, a prazo e de poupança, recebimento e pagamentos relativos a essas contas, bem como aplicações e resgates em fundos de investimento; recebimentos e pagamentos de bloquetos de cobrança ou outros documentos de arrecadação, execução de ordens de pagamento e encaminhamento de pedidos de empréstimo.

Já nessa regulamentação, determinou-se que a contração de correspondentes para a prestação de serviços relativos a contas de depósito deve ser previamente autorizada pelo Banco Central do Brasil. Há ainda nessa Resolução uma outra restrição no que diz respeito a esses serviços: eles só poderiam ser contratados em localidades desprovidas de qualquer tipo de dependência da instituição contratante.

3. Resolução 2.707/2000

A Resolução CMN 2.707, de 30 de março de 2000, que regulou a contratação e atividades de correspondentes no país por mais de 3 anos, pouco modificou a regulamentação anterior, por ela revogada.

Com efeito, a Resolução 2.707/2000 situa o sistema de correspondente no país como parte do Programa Nacional de Desburocratização instituído pelo Decreto 83.740 em 1979. Além disso, a única modificação relevante introduzida por essa Resolução diz respeito à possibilidade, antes inexistente, de serem constituídos correspondentes onde a instituição contratante já possui algum tipo de dependência.

Assim como a regra anterior, a Resolução 2.707/2000 facultava aos bancos múltiplos com carteira comercial, aos bancos comerciais e à Caixa Econômica Federal a contratação de empresas para o desempenho das funções de correspondente no país.

É válido ressaltar que a terminologia adotada pela Resolução para definir as pessoas jurídicas que podem ser contratadas como correspondentes, qual seja, "empresas" além de juridicamente imprópria, já causou dúvidas na aplicação da Resolução. Por esse motivo, o Banco Central do Brasil emitiu, em outubro de 2001, uma Carta-Circular, esclarecendo a abrangência do "conceito de empresas" contido na Resolução. De acordo com a mencionada Carta-Circular, também podem ser contratadas como correspondentes outras instituições financeiras. Assim, pode-se inferir que, em princípio, qualquer pessoa jurídica pode ser contratada como correspondente no país.

A Resolução determinava algumas cláusulas e condições que deveriam estar presentes nos contratos de prestação de serviços de correspondente bancário, tais como a total responsabilidade da instituição contratante com relação aos serviços prestados pelo correspondente, as vedações a que estão sujeitos os correspondentes; a forma que deverão ser efetuados os acertos financeiros entre a instituição e o correspondente bem como a obrigatoriedade de divulgação, no estabelecimento do contratado, de informação ao público de que aquele estabelecimento é apenas um correspondente da instituição contratante.

O que o Banco Central visa com essas exigências nada mais é que do que assegurar que o correspondente não se torne, ele próprio, uma instituição financeira independente, e ao mesmo tempo, não sujeita ao seu controle.

Assim, é expressamente vedada ao correspondente a realização, por conta própria, de atividades que o caracterizassem como instituições financeiras, tais como o adiantamento por conta de recursos a serem liberados pela instituição contratante; a emissão, a seu favor, de carnês ou títulos relativos a operações intermediadas, a cobrança de tarifas por iniciativa própria, prestar garantias nas operações a que se refere o contrato de constituição de correspondente. Enfim, deve-se ter sempre em mente o fato de que o correspondente não é uma instituição financeira (necessariamente) e que apenas atua em nome de uma instituição contratante. Assim sendo, há necessidade de limitar seu escopo de atuação, na área financeira, à realização das operações permitidas pela regulamentação, em nome da instituição contratante.

Uma disposição crucial a respeito da atuação dos correspondentes bancários era o fato de que não era permitida, de acordo com a regulamentação, o substabelecimento, total ou parcial, dos serviços contratados por meio do contrato de constituição de correspondente no país. Isso significa que o contratado deveria prestar serviços através de seus funcionários, não podendo contratar terceiros para que os realizem.

Operacionalmente, essa restrição vinha dificultando a contratação de redes de varejo como correspondentes, pois, no caso de redes franqueadas, os contratos deveriam ser celebrados com cada um dos franqueados, e não apenas com o franqueador. Isso por que cada estabelecimento é uma pessoa jurídica distinta, e o franqueador não poderia subcontratá-los para prestar os serviços.

Da mesma forma, os correspondentes não poderiam contratar terceiros para realizar os serviços em seus estabelecimentos, pois ainda assim poderia se caracterizar o substabelecimento do contrato.

Se por um lado, na prática, esse vinha se mostrando um ponto operacionalmente delicado para as instituições que pretendiam ampliar suas redes de atendimento através da contratação de correspondentes, por outro, é importante do ponto de vista regulatório, no que diz respeito ao controle e fiscalização por parte do Banco Central do Brasil.

Os estabelecimentos contratados como correspondentes bancários normalmente são remunerados por operação realizada, sendo que não há, na regulamentação atual, nenhuma disposição a esse respeito podendo ser, em princípio, pactuada livremente entre as partes.

A Resolução 2.707/2000 foi regulamentada pela Circular 2.978, de 19 de abril de 2000, no que diz respeito à instrução de processos de pedido de autorização para constituição de correspondentes — necessário quando do desempenho de funções relativas à contas de depósito. Adicionalmente, a Circular 3.180, de 26 de fevereiro de 2003, também exigiu o envio de informações eletronicamente, por meio do Sistema de Informações sobre Entidades de Interesse do Banco Central do Brasil — UNICAD.

4. Legislação atual — Resolução 3.110/2003

A Resolução 2.707/2000 foi revogada, em 31 de julho de 2003, pela Resolução CMN 3.110. A nova regulamentação, na verdade, buscou consolidar os entendimentos no Banco Central, adquiridos com o aumento da utilização desse instrumento jurídico, nos casos práticos ocorridos na vigência da resolução anterior, bem como algumas pretensões do mercado. Buscou ainda a nova Resolução elucidar algumas dúvidas que a legislação anterior trazia.

Assim, por exemplo, já está explicito que as instituições integrantes do Sistema Financeiro Nacional podem atuar como correspondentes bancários, questão essa que já havia sido objeto de uma Carta-Circular.

Dentre as atividades que podem ser delegadas a correspondentes bancários, foi acrescentada a recepção e encaminhamento de propostas de emissão de cartões de créditos. Se por um lado essa inclusão pode ser considerada simplesmente uma extensão dos serviços que podem ser prestados via correspondentes, por outro lado, pode ser considerada uma restrição à prestação de serviços ligados a cartões de créditos, que não são considerados serviços financeiros. Se antes da nova regulamentação, a recepção e encaminhamento de propostas de emissão de cartões de crédito poderiam ser feito sem maiores formalidades, agora ele necessariamente deve ser feito por meio de correspondentes bancários, nos termos da Resolução 3.110/2003.

Apesar de parecer óbvio, a nova Resolução trata de deixar claro que as instituições financeiras só podem contratar correspondentes para o exercício de atividades que elas, instituições contratantes, estejam autorizadas. Da mesma forma, consolida a regulamentação da prestação de serviços de correspondentes bancários por meio de serviços notariais.

Visando a coibir a constituição de sociedades que tinham por único escopo prestar serviços de correspondentes no país, a Resolução 3.110/2003 proíbe expressamente que as instituições financeiras contratem estabelecimentos cuja atividade principal ou única seja a prestação desses serviços. Essa disposição se justifica pelo fato de que os correspondentes não podem se caracterizar como instituições financeiras, devendo, antes, prestar tais serviços de forma acessória e eventual. Por outro lado, as instituições financeiras não devem se utilizar desse mecanismo como meio de substituir a constituição de dependências mais adequadas e, assim, eximir-se de cumprir as exigências referentes a tais dependências, inclusive no que diz respeito a capital mínimo.

A maior inovação da Resolução 3.110/2003, no entanto, foi a permissão para o substabelecimento dos serviços contratados por parte do correspondente. Essa subcontração deve, em qualquer caso, ser precedida da anuência da instituição financeira contratante. Porém, essa liberalidade por parte da regulamentação em vigor é apenas relativa, pois, para que haja subcontratação dos serviços de recepção e encaminhamento de propostas de abertura de contas de depósito à vista, a prazo ou poupança, e de recebimento de pagamentos e aplicações referentes a essas contas e fundos de investimentos, o substabelecimento depende de prévia autorização do Banco Central. Ou seja, a subcontratação, nesses casos, estará sujeita a um procedimento igual àquele de constituição do próprio correspondente.

Não foram, assim, tão significativas as modificações observadas na nova Resolução, tratando-se mais, como antes mencionado, de consolidação de alguns entendimentos já expressados pelas autoridades monetárias.

A Resolução 3.110/2003 foi alterada pela Resolução 3.156, de 17 de dezembro de 2003, que estendeu a possibilidade de constituição de correspondentes bancários para todas as instituições financeiras e demais instituições autorizadas a funcionar pelo Banco Central do Brasil. A redação anterior, que listava exaustivamente as instituições que poderiam se utilizar desse mecanismo, exclui, por exemplo, corretoras e distribuidoras de valores mobiliários, que, com essa alteração, passaram a poder constituir correspondente.

5. Correspondentes bancários e a Resolução 2.025/1993

Um dos pontos críticos enfrentados na prestação de serviços bancários, por meio de correspondentes, era a abertura de contas de depósito. Apesar de expressamente permitida pela Resolução 2.707/2000 a prestação desse tipo de serviço, havia certas disposições na Resolução CMN 2.025, de 24 de novembro de 1993, que de certa forma inviabilizavam a atuação dos correspondentes nessa área.

Com efeito, o item II do § 1º do art. 3º da Resolução 2.025/1993, determinava que toda ficha-proposta de abertura de contas de depósito deveria conter uma declaração assinada pelo gerente responsável pela conferência dos documentos apresentados pelo proponente, com o seguinte teor: "Responsabilizo-me pela exatidão das informações prestadas, a vista dos originais do documento de identidade, do CPF/CGC e outros comprobatórios dos demais elementos de informação apresentados, sob pena de aplicação do disposto no art. 64 da Lei n. 8.383, de 30.12.1991".

Assim, em princípio, a abertura de conta corrente através do correspondente bancário seria irregular, já que tal declaração não poderia ser aposta sem a presença de um gerente da instituição financeira contratante no momento de abertura da conta, para conferir a documentação do potencial cliente.

Ocorre que a Resolução CMN 2.953, de 25 de abril de 2002, visando exatamente ajustar os procedimentos de abertura de contas de depósito à legislação de correspondentes bancários, alterou o disposto na Resolução 2.025/1993. Nesse sentido, a Resolução 2.853/2002 prevê a possibilidade de a execução dos procedimentos de conferência de dados e documentos relativos à ficha-proposta ser efetuada por correspondentes contratados pelo banco, não estando desonerados, todavia, o gerente responsável pela abertura da conta nem o diretor designado para observar o cumprimento do disposto na Resolução 2.025/1993.

Assim, apesar de ser possível a abertura de contas correntes pelo correspondente bancário, a instituição contratante deve adotar controles internos rígidos e, inclusive, designar gerentes responsáveis pela abertura das contas por meio dos correspondentes. De fato, a Resolução 2.953/2002 expressamente determina que a prerrogativa de delegar as funções acima descritas a correspondentes depende de prévia adequação dos sistemas de controles internos visando o monitoramento das atividades dos correspondentes e prevenir a utilização da própria instituição financeira para fins de práticas ilícitas ou fraudulentas.

6. Controle do Banco Central

A possibilidade de terceirização da prestação de serviços bancários não é tão recente, mas a extensão dos serviços que podem ser terceirizados e a utilização massiva desse mecanismo aumentaram consideravelmente nos últimos anos.

Todavia, esse crescimento da terceirização de serviços financeiros, tanto em quantidade quanto em qualidade, tem se dado de forma paulatina e firmemente controlada pelo Banco Central do Brasil. Com efeito, existem diversas vantagens em se flexibilizar a prestação de serviços bancários, como, por exemplo, a sua expansão, mas essa flexibilização não pode ocorrer de forma desregulada.

A prestação de serviços bancários tem características bastante complexas e por isso mesmo deve ser bem regulada e fiscalizada, com o intuito de evitar prejuízos aos usuários do sistema financeiro. Na verdade, com relação ao Banco Central e quanto a terceiros, a responsabilidade pelos serviços prestados pelo correspondente bancário é inteiramente da instituição financeira.

Na medida em que flexibiliza a legislação, eliminado obstáculos à implementação de redes de correspondentes bancários, o Conselho Monetário Nacional, também outorga às instituições que utilizam esse mecanismo, cada vez mais responsabilidades, especialmente no que diz respeito à preservação dos direitos dos usuários dos serviços dessas instituições, e aos controles internos, visando evitar o uso do sistema financeiro para propósitos ilícitos.

Assim, está cada vez mais a critério das instituições financeiras e assemelhadas, a definição de seus procedimentos operacionais e mecanismos de controles adequados a esses procedimentos, cabendo ao regulador a fiscalização e controle da efetividade desse conjunto.

A EFICÁCIA JURÍDICA DA PÓS-DATAÇÃO DO CHEQUE EM RELAÇÃO AO ENDOSSATÁRIO — CONCORRÊNCIA ENTRE OS PRINCÍPIOS CAMBIÁRIOS E O PRINCÍPIO DA FUNÇÃO SOCIAL DOS CONTRATOS — REPERCUSSÃO NA CONTAGEM DO PRAZO PRESCRICIONAL

SÉRGIO BOTREL

1. O reconhecimento da eficácia jurídica ("inter partes") do cheque pós-datado. 2. Concorrência entre princípios jurídicos. 3. Os princípios do Direito Cambial e o princípio da função social dos contratos — Concorrência e análise de maior adequação à hipótese da pós-datação do cheque. 4. Efeitos da eficácia jurídica da pós-datação do cheque em relação ao prazo prescricional. 5. Conclusão.

1. O reconhecimento da eficácia jurídica ("inter partes") do cheque pós-datado

O cheque pós-datado é fruto da realidade sócio-econômica de nosso país, eis que a diminuição da renda da população e a perda de seu poder de compra tiveram como reflexo imediato o aumento da demanda por crédito.[1]

Com efeito, muito embora a concessão de crédito seja atividade típica das instituições financeiras, os empresários (em regra aqueles que exercem o comércio varejista) encontraram no cheque pós-datado a solução para a queda do consumo.

De fato, considerando que o acesso ao crédito oferecido pelas instituições financeiras é demasiado oneroso, de modo a refrear a aquisição de bens e serviços oferecidos pelos empresários e sociedades empresárias, os varejistas, objetivando sanar a referida mazela, optaram por conceder crédito diretamente a seus clientes, operação esta que se formaliza no cheque pós-datado, instrumento perfeito para a prática aludida, atendendo aos interesses de ambas as partes: o adquirente do produto ou serviço é beneficiado com a concessão de crédito mais barato e menos burocratizado do que aquele oferecido pelas sociedades bancárias, servindo o título emitido (com a inserção da pós-datação no próprio documento) como meio de prova da operação creditória realizada; os empresários, por sua vez, são beneficiados com o aumento do consumo, sendo certo que a operação de venda a crédito nestes moldes atende aos atributos de celeridade e segurança, caracterizadoras da atividade empresária. Afinal, a venda ou prestação de serviços se concretiza de maneira informal e sem maiores

1. De acordo com os dados da Associação Brasileira das Empresas de Informação, Verificação e Garantia de Cheques (Abracheque), a previsão é de que este ano sejam movimentados mais de R$ 390 bilhões só em cheques pós-datados (*Jornal Estado de Minas*, 7.6.2004, Caderno de Economia, p. 9).

embaraços, contratação esta que se formaliza em documento ao qual a lei confere executividade.[2]

A prática noticiada certamente só seria impulsionada na hipótese de ser-lhe conferida eficácia jurídica, isto é, caso fosse reconhecida a exigibilidade judicial da observância e respeito à pós-datação, de modo a viabilizar o surgimento do direito subjetivo do consumidor beneficiado pela concessão de crédito formalizada no cheque.

Com efeito, o problema da eficácia jurídica da pós-datação se fez presente, como é do conhecimento geral, em razão das *verba legis* do parágrafo único, do art. 32 da Lei do Cheque,[3] o qual prescreve que o cheque apresentado para pagamento antes do dia indicado como data de emissão é pagável no dia da apresentação, considerando-se irrelevante, desta forma, a data de emissão dele constante.

A rigor, concebendo-se a sistemática de funcionamento do cheque, que encerra três relações jurídicas distintas,[4] não há como negar que a referida norma tem como destinatário o banco sacado[5] (ou instituição financeira a ele equiparada), o qual não poderá furtar-se de levar o cheque à compensação ou pagá-lo, conforme o caso, ainda que prematuramente apresentado.

Outrossim, considerando que a um dever jurídico sempre corresponderá um direito subjetivo, o titular deste será o legítimo possuidor do cheque, que poderá exigir da instituição sacada, desse modo, seja o cheque pós-datado levado à câmara de compensação ou mesmo "descontado na boca do caixa"[6] antes mesmo da data avençada.

Neste contexto, o pagamento do cheque, ou o encaminhamento do título à câmara de compensação, realizado pelo banco sacado, corresponde ao cumprimento de um dever legal, sendo irrepreensível a conduta da instituição bancária em situações como a examinada.

Em contrapartida, a apresentação prematura do cheque pós-datado pelo beneficiário (empresário varejista) configura, em relação ao emitente do título, verdadeira inexecução contratual,[7] cuja conseqüência é o surgimento, para este, de basicamente duas pretensões:[8] a primeira delas diz respeito à possibilidade de o emitente pleitear a resolução do contrato, cumulando o seu pedido com o de indenização pelas perdas e danos porventura apurada (danos de ordem material e moral, incluídos na primeira hipótese não só os danos emergentes, mas também os lucros cessantes), destacando-se que a resolução do contrato terá como conseqüência a restituição das partes ao *status quo ante* à contratação, cuja

2. CPC, art. 585, I.

3. Lei 7.357/1985.

4. A primeira ocorre entre os devedores cambiários (emitente, avalista e endossante) e o portador do cheque, sendo a única das relações jurídicas que tem natureza cambiária. A segunda relação jurídica se faz presente entre os devedores do cheque e o banco sacado. Por fim, a terceira relação jurídica tem lugar entre o banco sacado e o portador do cheque. Neste sentido, Luiz Emydio Franco da Rosa Júnior, *Títulos de Crédito*, 2ª ed., Rio de Janeiro, Renovar, 2002, pp. 517-518.

5. Afinal, a apresentação do cheque ao seu emitente é conduta que não corresponde aos usos e costumes e colide com o próprio instituto do cheque, tendo em vista sua sistematização, colocada na forma de lei. Em verdade, se o título é emitido para ser apresentado a pagamento junto ao seu emitente, melhor seria a formalização do crédito em nota promissória.

6. Esta expressão, vulgarmente utilizada, corresponde ao pagamento imediato do cheque, pelo banco, mediante apresentação.

7. É inegável, ainda, que além de configurar verdadeira inexecução contratual, a apresentação prematura do cheque pós-datado atenta contra o *princípio da boa-fé objetiva*, que impõe aos contratantes o dever de probidade, lealdade e cooperação em todas as fases do processo de formação do vínculo contratual.

8. Violado um direito subjetivo, surge para o seu titular a pretensão, que deverá ser deduzida em juízo no prazo legal. Na hipótese tratada, o direito subjetivo do emitente do cheque pós-datado é o de exigir a observância do que foi pactuado e ser ressarcido dos prejuízos em que incorreu em razão da inexecução da obrigação livremente pactuada.

conseqüência será a devolução da mercadoria adquirida pelo consumidor, e a exigência, por este de todo o prejuízo em que incorreu, nos termos do que se afirmou. A segunda pretensão, por sua vez, corresponde à simples possibilidade do pleito de indenização pelas perdas e danos ocasionada pela inexecução do contrato.

Com efeito, reconhecer a eficácia jurídica da pós-datação é acatar as lições de Carlos Maximiliano, no sentido de que o Direito não pode isolar-se do ambiente em que vigora, deixar de atender às outras manifestações da vida social e econômica.[9]

Apoiados nesta premissa básica, os tribunais pátrios[10] reconheceram (na modalidade *penalidade*) a eficácia jurídica[11] da pós-datação. Trata-se, hodiernamente, de questão pacificada, em que pese existir crítica doutrinária acerca da desnaturação do cheque.

Em verdade, questão intrigante diz respeito à eficácia jurídica da pós-datação em relação ao endossatário,[12] o qual julgando estar adquirindo direito originário pelo ato cambial do endosso, desconsidera o prazo de apresentação pactuado entre o emitente e o endossante.[13] Neste contexto, compete pesquisar se a conduta do endossatário, em situações como a colocada em destaque, pode vir a ocasionar o surgimento de seu dever de reparar os danos causados pela apresentação prematura do cheque.

2. *Concorrência entre princípios jurídicos*

O ordenamento jurídico é concebido como um conjunto de normas, caracterizado pela unidade, coerência e completitude. De se registrar, contudo, que as normas componentes do conjunto aludido compreendem, considerando as lições de Ronald Dworkin,[14] *regras jurídicas* e *princípios* (jurídicos), que são compreendidos como espécies, portanto, daquele gênero (*normas*).

Com efeito, quando existem no ordenamento duas ou mais regras jurídicas cujas aplicações apontam, em uma mesma situação considerada, para soluções distintas, faz-se presente o fenômeno da antinomia, cuja eliminação é realizada de acordo com os critérios da *cronologia* (*lex posterior derogat priori*), *hierarquia* (*lex superior derogat inferiori*) e *especialidade* (*lex specialis derogat generali*).[15] Nestas hipóteses, uma das regras jurídicas será considerada inválida, ainda que apenas no caso concreto.

9. Carlos Maximiliano, *Hermenêutica e Aplicação do Direito*, Rio de Janeiro, Forense, 2000, p. 157.

10. Reconhecendo a eficácia jurídica da pós-datação do cheque, de modo a condenar em perdas e danos o beneficiário que não respeita o que foi contratado, o Superior Tribunal de Justiça já se manifestou por diversas vezes, como nos seguintes precedentes: REsp 557.505 (rel. Ministro Carlos Alberto Menezes Direito, *DJ* 21.6.2004); REsp 213.940 (rel. Ministro Eduardo Ribeiro, *DJ* 21.8.2000); REsp 237.376 (rel. Ministro Carlos Alberto Menezes Direito, *DJ* 1.8.2000).

11. Sobre as modalidades de eficácia jurídica das normas, ver Ana Paula de Barcellos, *A Eficácia Jurídica dos Princípios Constitucionais: o Princípio da Dignidade Humana*, Rio de Janeiro, Renovar, 2002, pp. 59-99.

12. A utilização da figura do endossatário no singular é proposital, considerando a limitação do número de endossos no cheque, imposta pelo art. 17, da Lei 9.311, de 24.10.1997.

13. Exemplo típico de situação como esta é o de empresários e sociedades empresárias que desenvolvem atividade de faturização (*factoring*), os quais adquirem créditos dos varejistas (créditos estes formalizados em cheques pós-datados) para posterior cobrança.

14. Ronald Dworkin, *Taking Rights Seriously*, Cambridge, Harvard University Press, 1998.

15. De fato, os critérios de solução de antinomias não se esgotam a estes três, mormente por ser possível a ocorrência de conflitos entre dois critérios. Para uma análise mais detida sobre o tema, conferir Norberto Bobbio, *O Positivismo Jurídico — Lições de Filosofia do Direito*, tradução e notas de Márcio Pugliesi, Edson Bini e Carlos E. Rodrigues, São Paulo, Ícone, 1995.

Situação diversa ocorre, por outro lado, com os *princípios*, cuja *concorrência*[16] (presente quando os princípios propõem soluções diferenciadas para o mesmo caso concreto) deverá ser solucionada levando em conta o critério da *adequabilidade*, isto é, um princípio pode excepcionar a aplicação de outro princípio em um caso concreto, por mostrar-se mais adequado. E isto porque "princípios, ao contrário de regras, são fluidos e abstratos e precisam ser densificados ante o caso concreto por um esforço discursivo-interpretativo, não se aplicando em quaisquer situações que reproduzam suas circunstâncias de aplicação (...). Apesar de permanecerem abstratamente válidos, os princípios não valem incondicionalmente no caso concreto, uma vez que nem sempre se verificam todas as condições necessárias à sua aplicação".[17]

Com alicerce nestas premissas e nos fundamentos adiante apresentados é que a eficácia jurídica da pós-datação do cheque em relação ao endossatário será passível de comprovação.

3. Os princípios do Direito Cambial e o princípio da função social dos contratos — Concorrência e análise de maior adequação à hipótese da pós-datação do cheque

Tullio Ascarelli advertia que o problema dos títulos de crédito é um problema de técnica jurídica, tendo como origem o contraste entre as exigências da circulação do crédito e as regras do "Direito Comum".[18]

16. Como observa Marcelo Campos Galuppo, "os princípios não precisam ser concebidos como contraditórios no plano da justificação, mas devem ser vistos como concorrentes no plano da sua aplicação" (*Igualdade e Diferença: Estado Democrático de Direito a partir do Pensamento de Habermas*, Belo Horizonte, Mandamentos, 2002, p. 184).

17. Marcelo Campos Galuppo, *Igualdade e Diferença...*, ob. cit., p. 191.

18. Tullio Ascarelli, *Teoria Geral dos Títulos de Crédito*, 2ª ed., tradução de Nicolau Nazo, São Paulo, Saraiva, 1969, p. 13.

Com efeito, apesar da dificuldade de harmonizar o *Direito Cambiário* com o "Direito Comum", um fator que contribui consideravelmente para a solução dos contrastes mencionados por Ascarelli é o fato de serem os títulos de créditos regidos em sua quase inteireza por princípios jurídicos, os quais servem de substrato para as regras jurídicas que tratam do tema.

Não é novidade que os princípios cambiais são conseqüência das exigências econômicas vivenciadas. Isto porque a economia moderna é uma economia essencialmente baseada no crédito, cuja demanda (ao crédito) em grande escala exige a possibilidade de sua circulação (do crédito), uma vez serem raros "aqueles que podem fazer um financiamento sem a possibilidade de 'mobilizar', depois, o financiamento feito, isto é, transferi-lo a outros que o substituam. O economizador, ao aplicar seu dinheiro, ficará tanto mais à vontade quanto mais facilmente puder, de futuro, encontrar quem eventualmente tome o seu lugar.

"Por seu turno, o vendedor ou o produtor, se concorda em vender, mesmo quando o comprador não pode pagar à vista, que ter a possibilidade de transferir seu crédito, embora seja de curto prazo."[19]

Os princípios jurídicos, apesar de sua inegável normatividade, se caracterizam pela indeterminação quanto às condições de sua aplicação, "indeterminação ligada ao fato de não se poder estabelecer um escalonamento entre os mesmos e deles não preestabelecerem de forma definitiva as condições de sua aplicação".[20] Aos princípios (jurídicos), diferentemente do que ocorre com as regras jurídicas, não se aproveita a fórmula do "tudo ou nada". Deveras, como restou registrado no item anterior, a *concorrência* entre princípios deve ser solucionada pelo critério da *adequabilidade*.

Os princípios jurídicos que regem o *Direito Cambiário* são os princípios da au-

19. Tullio Ascarelli, *Teoria...*, ob. cit., p. 9.

20. Marcelo Campos Galuppo, *Igualdade e Diferença...*, ob. cit., p. 195.

tonomia (das obrigações), da abstração (do título), da literalidade e da cartularidade. E por serem princípios, insista-se, não são absolutos, podendo ceder lugar a outros que se mostrem mais adequados ao caso concreto, ou mesmo ter "temperada" sua disposição normativa, harmonizando-a com outras, oriundas de princípios concorrentes.

Analisando a pós-datação do cheque e seus efeitos jurídicos em relação ao endossatário, percebe-se a concorrência entre princípios cambiários e o princípio da função social dos contratos.

De início, importa lembrar que o problema da pós-datação do cheque relativamente àqueles que se relacionaram diretamente (emitente e beneficiário/empresário-varejista) já se encontra pacificado, no sentido de que a apresentação prematura do cheque configura verdadeira inexecução contratual, a qual possibilita o surgimento do dever indenizatório do empresário-varejista, beneficiário do cheque, desde que comprovado o prejuízo decorrente da conduta violadora do pacto firmado.[21]

Lado outro, a situação adquire maior dificuldade quando o cheque é transmitido (por meio do ato cambial do endosso)[22] a terceiro (endossatário), o qual adquire, por força do *princípio da autonomia das obrigações cambiárias*, o direito autônomo de ter satisfeito o crédito mencionado no título. Trata-se de direito originário, desvinculado (considerando o aludido princípio cambiário) da relação que precedeu a sua aquisição, de modo a tornar inoponível ao endossatário de boa-fé, as exceções que o emitente do título porventura tenha em relação ao endossante. Como já dizia Ascarelli,[23] a afirmação de que a aquisição da titularidade do direito ocorre a título originário encontra sua justificação na propriedade do título, e não no direito do titular anterior.

Assim, exercendo o direito autônomo adquirido, e observando o sistema de funcionamento do cheque e o comando normativo do art. 32 da Lei do Cheque, o endossatário poderia sentir-se no direito de desconsiderar a pós-datação do cheque e apresentá-lo à instituição sacada, a qual tem o dever, *ex vi legis*, de levar o título à câmara de compensação ou pagá-lo assim que apresentado, ainda que em data anterior àquela do dia indicado como data de emissão.

Ocorre que a desconsideração da pós-datação do cheque, pelo endossatário, atenta contra os *efeitos obrigacionais externos dos ajustes*,[24] corolários da incorporação do *princípio da função social dos contratos* ao ordenamento pátrio (CC/2002, art. 421).

Com efeito, a doutrina[25] fez registrar a expansão da eficácia dos contratos como um dos efeitos do reconhecimento de sua função social, de maneira a exigir-se, hodiernamente, uma releitura da *relatividade dos ajustes*, sendo certo que a normativa atual determina a "terceiros" o dever de não trazer quaisquer "embaraços" à contratação alheia, sob pena de responderem pelas perdas e danos.

21. Em que pese não ser comum, nada impede a inserção, no próprio título, de cláusula penal, de modo a quantificar o valor da multa a ser paga pelo empresário-varejista, caso apresente prematuramente o cheque pós-datado. Nesta hipótese, seria desnecessária a comprovação do prejuízo (CC/2002, art. 416), afigurando-se aconselhável, ainda, a ressalva expressa de indenização suplementar, servindo o valor convencionado como mínimo da indenização (CC/2002, art. 416, parágrafo único).

22. Importa não olvidar que o endosso e a cessão civil de crédito não se confundem, caracterizando-se esta última pelo fato de que o adquirente do direito (cessionário) se sub-roga nos direitos do cedente, enquanto naqueloutro o endossatário adquire direito originário, autônomo em relação ao direito a ele transferido pelo endossante.

23. Tullio Ascarelli, *Teoria...*, ob. cit., p. 215.

24. A expressão é de Cláudio Luiz Bueno de Godoy, *Função Social do Contrato — De Acordo com o Novo Código Civil*, São Paulo, Saraiva, 2004, p. 141.

25. Cláudio Luiz Bueno de Godoy, *Função Social...*, cit.; Teresa Negreiros, *Teoria do Contrato — Novos Paradigmas*, Rio de Janeiro, Renovar, 2002; Humberto Theodoro Júnior, *O Contrato e sua Função Social*, Rio de Janeiro, Forense, 2003.

Como bem assevera Antônio Junqueira de Azevedo, aceita a idéia de função social do contrato, "torna-se evidente que os terceiros não podem se comportar como se o contrato não existisse".[26] Deveras, a respeitabilidade da contratação alheia advém hoje não só do *neminem laedere*, mas também e principalmente do reconhecimento de que o contrato não importa somente aos contratantes.

Ademais, a solidariedade social, um dos princípios em que se funda a ordem constitucional vigente, impõe a todos o dever de cooperação e colaboração nas relações jurídicas, dever este também exigível em razão do princípio da tutela da dignidade da pessoa humana. Este dever, registre-se, é de observância obrigatória em todas as relações jurídicas, impondo-se reconhecer como abusiva, arbitrária e, portanto, inconstitucional, a conduta daquele que exerce os direitos subjetivos conferidos pelo ordenamento em dissonância a esta normativa.

Neste contexto, considerando a inegável interpenetração dos diversos ramos do direito, cuja função é tornar realidade o projeto constitucional, a eficácia jurídica da pós-datação do cheque em relação ao endossatário não tem como ser resolvida como um problema isolado e afeto tão-somente ao Direito Cambiário, o que poderia ser apontado em razão da *especialidade* dos princípios que regem a matéria. A concorrência entre o princípio da autonomia das obrigações cambiais e o da função social dos contratos é inegável, devendo ser dirimida pelo critério da *adequabilidade*, de modo a ser alcançada uma solução que satisfaça, simultaneamente, às condições de aceitabilidade racional e consistência.[27]

Insta registrar, desde já, que não se pretende, de forma alguma, jogar por terra a inoponibilidade das exceções pessoais aos terceiros de boa-fé, corolário da autonomia das obrigações cambiárias. O endossatário, como asseverado anteriormente, recebe *direito originário*, desvinculado de todas as demais relações precedentes, não sendo possível ao devedor do título opor-se ao pagamento, suscitando defesas relacionadas à relação pessoal (*relação fundamental*) com o endossante. O que se sustenta é tão-somente a respeitabilidade da pós-datação do cheque, inserida no corpo do título, e não a sub-rogação do endossatário nos direitos do endossante, como se cessão de crédito se tratasse, hipótese em que o devedor teria contra o adquirente do crédito todas as defesas existentes contra o alienante.

A rigor, a eficácia jurídica da pós-datação do cheque encontra alicerce no fato de não ter o endossatário como afirmar que desconhece a contratação formalizada no título, devendo, portanto, respeitá-la,[28] sob pena de responder por perdas e danos, uma vez contribuir, decisiva e diretamente, à inexecução do contrato quando apresenta o título prematuramente.

De fato, não há como justificar a apresentação prematura do cheque pós-datado pelo endossatário como *exercício regular de um direito*, afigurando-se, em verdade,

26. Antônio Junqueira de Azevedo, "Princípios do novo direito contratual e desregulamentação do mercado, direito de exclusividade nas relações contratuais de fornecimento, função social do contrato e responsabilidade aquiliana do terceiro que contribui para inadimplemento contratual", *RT* 750/117, São Paulo, Ed. RT, abr. 1998.

27. Jürgen Habermas, *Direito e Democracia — Entre Facticidade e Validade*, v. I, 2ª ed., tradução de Flávio Beno Siebeneichler, Rio de Janeiro, Tempo Brasileiro, 2003, p. 246. Elucidando os critérios de aceitabilidade racional e consistência, Habermas registra que o princípio da segurança jurídica exige decisões tomadas consistentemente, no quadro da ordem jurídica estabelecida, do mesmo modo que a pretensão à legitimidade da ordem jurídica implica decisões as quais não podem limitar-se a concordar com o tratamento de casos semelhantes no passado e com o sistema jurídico vigente, pois devem ser fundamentadas racionalmente, a fim de que possam ser aceitas como decisões racionais pelos membros do direito (ob. cit., p. 246).

28. Insista-se que a cominação de observância e respeito à contratação alheia advém do *princípio da função social dos contratos*, que tem como conseqüência os já mencionados *efeitos obrigacionais externos*.

como nítido abuso do direito, merecendo lembrança, a propósito, a sempre válida lição de Georges Ripert, no sentido de que o exercício do direito não confere impunidade. A apresentação prematura do cheque pós-datado, pelo endossatário, é abuso de direito, porquanto o que se pretende, na realidade, é "cobrir com aparência do direito o ato que era um dever de não realizar, ou pelo menos, que não era possível realizar senão indenizando aqueles que eram lesados por este ato".[29]

No que respeita aos efeitos da solução proposta, é mister consignar que ela não afeta a segurança ou celeridade das relações empresariais, na medida em que objetiva, na verdade, adequá-las (as relações empresariais) à normativa constitucional, que se funda, dentre outros, no *princípio da função social da livre iniciativa* (do qual se extrai o princípio da função social dos contratos) e no *princípio da solidariedade social*. Em verdade, autêntica insegurança se instaura quando princípios constitucionais são deixados de lado na resolução de problemas jurídicos, importando lembrar ser ela (segurança jurídica) o *meio* indispensável à consecução dos objetivos constitucionalmente consagrados.

Neste contexto, considerando que a solução proposta encontra guarida na principiologia constitucional, é inexorável a sua *consistência*, caracterizando-se, ainda, como *racionalmente aceitável* o que se propõe porquanto irracional seria admitir que o endossatário, conhecedor da data de apresentação do título, o apresentasse prematuramente, abusando, portanto, de seu direito. E o motivo de se considerar como racional (legítima) esta proposta, é que ela relativiza um princípio (da autonomia das obrigações cambiais) cuja aplicação pura e simples, sem a atenuação exigida pela concorrência com outros princípios, não encontra guarida na ordem constitucional vigente. Daí considerar-se *adequado* o reconhecimento da eficácia jurídica do cheque pós-datado nas situações colocadas em destaque.

De se observar, ainda, que acolhida a eficácia jurídica da pós-datação do cheque (seja *inter partes* ou em relação ao endossatário), a contagem do prazo prescricional prevista na Lei do Cheque há de se adequar a esta premissa (da eficácia jurídica da pós-datação), nos termos do que segue.

4. *Efeitos da eficácia jurídica da pós-datação do cheque em relação ao prazo prescricional*

Dispõe o art. 59 da Lei do Cheque que prescreve em seis meses, contados da expiração do prazo de apresentação, a pretensão executiva fundamentada no cheque.

Com efeito, considerando o reconhecimento da eficácia jurídica da pós-datação do cheque, a aplicação da referida norma deve se adequar a esta nova realidade, de maneira que o prazo prescricional terá como termo inicial não a data da emissão do título, mas aquela prevista na pós-datação.

De fato, em que pese existirem inúmeras decisões no sentido de que o prazo prescricional da pretensão executiva fundamentada no cheque não sofre quaisquer modificações em razão da pós-datação,[30] é mister atentar para o fato de que tal entendimento está a merecer reparos. Isto porque a partir do momento em que se reconhece a eficácia jurídica da pós-datação do cheque, o exercício do direito de exigir o crédito está subordinado ao *termo* pré-determinado e consignado no próprio título.

29. Georges Ripert, *A Regra Moral nas Obrigações Civis*, tradução de Osório de Oliveira, Campinas, Bookseller, 2000, p. 173.

30. Entendendo não haver alteração no prazo prescricional da pretensão executiva apoiada em cheque pós-datado, os tribunais pátrios se manifestaram, dentre inúmeros outros, nos seguintes julgamentos: apelação cível 140023700, 5ª C.Cível do TAPR, Londrina, Rel. Juiz Edson Vidal Pinto, j. 23.2.2000, pub. 17.3.2000; apelação cível 262231-5, 1ª C.Cível do TAMG, Belo Horizonte, Rel. Silas Vieira, j. 15.9.1998.

Deveras, a pretensão executiva do portador do cheque pós-datado não surge enquanto não se verifica o *termo*.[31]

Conseqüência lógica e inarredável, neste diapasão, é que sendo a prescrição a perda do direito ao exercício da pretensão em razão da inércia do titular do direito subjetivo violado, enquanto não surge a pretensão não há como admitir que o prazo prescricional tenha seu curso iniciado. Trata-se de premissa elementar. De mais a mais, seria um verdadeiro contra-senso *punir* com a prescrição aquele que respeita a pós-datação do cheque.[32]

Em assim sendo, conclui-se que em razão da eficácia jurídica da pós-datação do cheque — seja *inter partes* ou em relação ao endossatário — o termo inicial do prazo prescricional para o exercício da pretensão executiva é o dia previsto na pós-datação, e não a data da emissão do título.

5. Conclusão

Considerando a exposição realizada, é possível afirmar, em síntese, o seguinte:

1. O cheque pós-datado é o instrumento criado pelos empresários varejistas para a concessão direta de crédito aos seus clientes, cujo objetivo é incentivar o consumo em uma sociedade na qual o aumento da demanda por crédito é conseqüência da diminuição da renda da população.

2. A eficácia jurídica *inter partes* da pós-datação do cheque encontra-se hoje pacificada, uma vez ser considerada como verdadeira inexecução contratual a apresentação prematura do cheque pós-datado, não sendo possível imputar ao banco sacado, porém, qualquer responsabilidade, haja vista ser ele o destinatário da norma do art. 32 da Lei do Cheque.

3. Analisando a eficácia jurídica da pós-datação do cheque em relação ao endossatário, verifica-se a concorrência entre princípios do *Direito Cambiário* e o *princípio da função social dos contratos*, a qual deve ser solucionada pelo critério da *adequabilidade*.

4. Em que pese o endossatário do cheque adquira direito originário e autônomo pelo ato cambial do endosso (*princípio da autonomia das obrigações cambiárias*), a pós-datação inserida no título deve ser por ele respeitada, porquanto o ajuste realizado entre o emitente e o endossante (o qual o endossatário não pode afirmar desconhecer, por estar instrumentalizado no próprio título) gera efeitos *ultra partes* (em razão do *princípio da função social dos contratos*), caracterizando-se como *adequada* a premissa comentada em razão de apoiar-se na principiologia constitucional.

5. O reconhecimento da eficácia jurídica da pós-datação do cheque tem como conseqüência, ainda, a necessidade de se adequar a contagem do prazo prescricional da pretensão executiva fundamentada no cheque, eis que o exercício do direito de exigir o crédito está subordinado ao *termo* pré-determinado e consignado no título.

31. Não se perca de vista ser inexigível o cumprimento da obrigação, seja ela de que natureza for, enquanto não verificada a *condição* ou *termo* a que se encontra subordinada.

32. É o que ocorre com os empresários varejistas que concedem crédito por período superior ao prazo prescricional.

NOVOS TÍTULOS PARA FINANCIAMENTO DO AGRONEGÓCIO

RENATO BURANELLO

1. O agronegócio e a necessidade de investimentos na atividade. 2. Mercado primário e mercado secundário: o crédito à atividade agrícola. 3. O regime jurídico da atividade de armazenagem. 4. Novos títulos de financiamento ao agronegócio: (A) Certificado de Depósito Agropecuário (CDA) e "Warrant" Agropecuário (WA); (B) Certificado de Direitos Creditórios do Agronegócio (CDCA), Letra de Crédito do Agronegócio (LCA) e Certificado de Recebíveis do Agronegócio (CRA). 5. Conclusões.

1. O agronegócio e a necessidade de investimentos na atividade

O mercado agropecuário ou agronegócio pode ser definido como conjunto de atividades compreendidas entre a fabricação e suprimento de insumos, da formação e produção nas unidades agropecuárias, até o processamento, acondicionamento, armazenamento, distribuição e consumo dos produtos *in natura* ou industrializados. Dessa forma, uma visão sistemática do negócio agrícola envolve fundamentalmente também as formas de financiamento, as bolsas de mercadorias e as políticas públicas.

Expondo uma postura altamente competitiva no agronegócio, finalmente o país assumiu posição de liderança na produção, no comércio e nas negociações internacionais, resultado do impressionante aumento da produtividade verificado em diversas culturas de exportação. Contudo, o setor ainda sofre principalmente com falta de melhor estrutura logística e com sanções no ambiente mundial de controle da sanidade dos produtos agropecuários. Não deixamos de apontar, ainda, a falta de estabilidade de políticas agrícolas e da extrema dependência dos recursos públicos no financiamento da atividade.

Depois da constituição do Sistema Nacional de Crédito Rural, em 1966, as políticas públicas insistiram no modelo de grande intervenção governamental, não contando com melhores resultados nas últimas duas décadas, o que foi representado pela mínima evolução e praticidade dos títulos de financiamento rural instituídos pelo Decreto-lei 167, de 14 de fevereiro de 1967. Com a edição da Lei 11.076, de 30 de dezembro de 2004, novos títulos de crédito rural foram criados, no sentido de maximizar a captação de recursos privados ao setor.

Sabe-se que um sistema de crédito rural em regime de economia de livre mercado deve contar com uma grande participação do sistema financeiro privado. A capacidade de atração de capitais privados para o financiamento do setor deve ser uma característica importante do sistema. O governo quer atrair ainda mais o capital privado para o financiamento do agronegócio, uma vez que as taxas de juros junto às instituições financeiras privadas, *tradings companies*, agroindústrias e fundos de investimento estão próximas da oficial. Diante da escassez dos recursos públicos, o governo continuará concentrando seus recursos no financiamento dos pequenos produtores, deixando as instituições financeiras privadas com o papel de financiar a agricultura comercial profissionalizada e a agroindústria, que detém maior grau de especialização e rentabilidade.

2. Mercado primário e mercado secundário: o crédito à atividade agrícola

A Constituição Federal dispõe em seu art. 187 que a política agrícola deverá ser planejada e executada com efetiva participação dos produtores e trabalhadores rurais, bem como dos setores de comercialização, de armazenamento e de transportes, levando em conta, especialmente, os instrumentos de crédito, fiscais e de incentivo à pesquisa, seguro agrícola e cooperativismo. O Sistema Financeiro Nacional (SFN) é estruturado de forma a promover o desenvolvimento equilibrado do país, com a transferência eficaz da poupança popular, devendo desenvolver produtos financeiros e bancários que darão acesso ao crédito. O SFN é o conjunto ordenado de normas que disciplina as relações entre os sujeitos que atuam no mercado financeiro e de capitais.

O mercado financeiro é o mercado de intermediação bancária, caracterizado pela interposição da entidade financeira entre aqueles que têm recursos disponíveis e aqueles que necessitam de crédito. A instituição financeira capta o dinheiro junto ao público, para posterior transferência desses valores àqueles que precisam de financiamento, cumprindo justamente a função econômica de viabilizar a mobilização entre a poupança popular e financiamento.

O mercado de capitais ou mercado de valores mobiliários tem a natureza de transferência direta entre o detentor dos recursos e aquele que necessita de financiamento, sem a intermediação como parte da instituição financeira, que exerce participação apenas instrumental ou operacional. Por sua vez, o mercado de valores mobiliários pode ser dividido em mercado primário e mercado secundário.

No mercado primário, os agentes que necessitam de capital emitem valores mobiliários e os colocam à disposição do financiador, ou seja, a empresa emitente procura capitalizar-se junto ao mercado. A partir de sua emissão, esses valores mobiliários têm livre negociação e circulação podendo ser negociados no mercado derivado do mercado primário que se denomina mercado secundário.

No mercado secundário realizam-se as operações de negociação com valores mobiliários já emitidos no mercado primário, dando-lhe liquidez e viabilizando a liquidação dos investimentos realizados pelos investidores originais. As *clearing houses* ou entidades de compensação, liquidação ou custodia de títulos e valores mobiliários são pessoas jurídicas ou áreas das bolsas de mercadorias ou dos mercados de balcão organizados[1] que tem por objetivo dar transparência e garantir o fiel cumprimento de todos os negócios realizados no mercado.

Entre os agentes financiadores do agronegócio, grande parte das aplicações realizadas no mercado financeiro e de capitais vem dos fundos de investimentos. Os fundos são formados por uma comunhão de recursos constituídos sob a forma de condomínio fechado ou aberto com o objetivo de promover a valorização de suas cotas mediante eficaz aplicação em ativos financeiros rentáveis. Os fundos de investimentos caracterizam-se por essa captação de recursos junto a investidores e a conseqüente transmissão desses recursos através da

1. Consideram-se mercado de balcão as atividades desenvolvidas com a participação de instituições financeiras e demais sociedades que tenham por objeto distribuir emissão de valores mobiliários, a compra de valores mobiliários em circulação no mercado e as sociedades e agentes autônomos que exerçam atividade de mediação de valores mobiliários.

aquisição de títulos e valores mobiliários no mercado financeiro em sentido amplo.

3. *O regime jurídico da atividade de armazenagem*

O ordenamento jurídico brasileiro há muito regula a questão da armazenagem de produtos. Em 1903 foi editado o Decreto 1.102, que instituiu as regras para o estabelecimento de empresas de armazéns-gerais, determinando seus direitos e obrigações. Armazéns-gerais são empresas que tem por objeto a guarda e conservação de mercadorias e a emissão de títulos próprios que as representam. Estas empresas têm a faculdade de emitir títulos negociáveis de incomparável garantia, o conhecimento de depósito e o *warrant*. Aplicava-se um único regime a todo e qualquer bem depositado.

Com a edição da Lei 11.076, de 30 de dezembro de 2004, passamos a ter dois regimes jurídicos aplicáveis à atividade dos armazéns.[2] Criou-se peculiar regime jurídico ao incluir o conjunto de normas que regulam o sistema de armazenagem de produtos agropecuários, seus derivados, subprodutos e resíduos de valor econômico. Já havia sido editada a Lei 9.973/2000, de 29 de maio de 2000, que versa sobre o sistema de armazenagem de produtos agropecuários e o Decreto 3.855, de 3 de julho de 2001, que a regulamentou, bem como a Lei 8.171, de 17 de janeiro de 1991, no atendimento aos princípios gerais da política agrícola.

Da interpretação de seus dispositivos tem-se que o sistema de armazenagem de produtos agropecuários caracteriza-se pela atividade de guarda e conservação desses produtos, seus derivados, subprodutos e resíduos de valor econômico, próprios ou de terceiros, por empresas, cooperativas ou ainda pessoa jurídica de direito público, com estrutura própria para essa finalidade (art. 1º do D. 3.855 c/c o art. 4º, I, da L. 11.076). A unidade armazenadora está representada pelas edificações, instalações e equipamentos organizados funcionalmente para a guarda e conservação dos referidos produtos (art. 2º, II, do D. 3.855).

A figura central da atividade é o depositário, responsável pela guarda, conservação e pronta e fiel entrega dos produtos que tiver recebido em depósito. Conforme disposto no art. 2º da Lei 9.973/2000,[3] o Ministério da Agricultura e do Abastecimento (MAPA) criará sistema de certificação, estabelecendo condições técnicas e operacionais, assim como a documentação pertinente para a qualificação dos armazéns destinados à atividade de guarda e conservação desses produtos específicos. Nesse sentido, deverá ser arquivado na Junta Comercial o termo de nomeação de fiel depositário e o regulamento interno do armazém. Não poderão ser responsáveis pela prestação de serviços de armazenagem aqui referidos as pessoas que tiverem sofrido condenação pelos crimes de falência culposa ou fraudulenta, estelionato, falsidade ideológica e crimes contra o patrimônio no âmbito privado ou afeito a administração pública.

Ainda, de acordo com o decreto citado fica instituído, no âmbito do Ministério da Agricultura e do Abastecimento, o Sistema Nacional de Certificação de Unidades Armazenadoras, por intermédio do qual serão estabelecidas as condições técnicas e operacionais para a qualificação dos armazéns destinados à guarda e conservação de produtos agropecuários. O sistema será desenvolvido de acordo com as regras e os procedimentos do Sistema Brasileiro de Certificação, com a participação dos segmentos representativos da atividade, e de-

2. Conforme art. 46 da Lei 11.076, fica vedada a emissão do conhecimento de depósito e do *warrant* previstos no Decreto 1.102, de 21.12.1903, para produtos agropecuários, seus derivados, subprodutos e resíduos de valor econômico.

3. A Lei 8.171 também traz em seu art. 42: "é estabelecido, em caráter obrigatório, o cadastro nacional de unidades armazenadoras de produtos agrícolas".

verá dispor sobre as condições e a documentação exigíveis dos interessados.

Com as disposições citadas, tornou-se obrigatória, nos termos e prazos que a regulamentação estabelecer, a certificação das unidades que prestem serviços remunerados de armazenagem de produtos a terceiros, inclusive dos estoques públicos. Por fim, as unidades armazenadoras não certificadas na forma prevista neste Decreto não poderão ser utilizadas para a guarda e conservação de produtos agropecuários objeto de financiamento à estocagem com recursos do Tesouro Nacional.

Com a criação do sistema será possível estabelecer a verificação dos estoques e as condições de armazenagem. Conforme determina o art. 18 e ss. do Decreto 3.855, o depositante tem o direito de acesso ao local de depósito para verificar as condições de guarda e conservação dos produtos entregues em depósito, assim como o exame da documentação a eles pertinente. Ainda, o Ministério da Agricultura e do Abastecimento fixará os critérios, as normas e os procedimentos destinados à inspeção para verificar a existência dos estoques e as condições de armazenagem. No mesmo sentido, o depositário é obrigado a permitir, a qualquer tempo, o livre acesso dos técnicos do Ministério da Agricultura e do Abastecimento ou de seus conveniados, devidamente identificados e quando no exercício de suas atividades a todas as instalações da unidade armazenadora, assim como o exame da documentação pertinente. Os técnicos encarregados da verificação a que nos referimos deverão apresentar identificação funcional que os credenciem para a tarefa.

As informações que as unidades armazenadoras estão obrigadas a prestar à autoridade responsável designada pelo MAPA, serão utilizadas para a constituição do Cadastro Nacional de Unidades Armazenadoras de Produtos Agrícolas, assim entendidas as informações sobre os estoques próprios e de terceiros mantidos sob sua guarda, cabendo aos responsáveis legais pelas referidas unidades providenciar o fornecimento das informações mencionadas no art. 9º do Decreto 3.855. Ainda, conforme o art. 10 do citado decreto, as informações terão por finalidade exclusiva o registro estatístico do sistema de armazenagem e servirão de apoio à política agrícola e de armazenagem sob a responsabilidade do Ministério da Agricultura e do Abastecimento. Essas informações só poderão ser divulgadas de forma agregada, de modo a preservar os interesses comerciais dos informantes, sujeitando-se os responsáveis pelo manuseio dessas informações às penalidades previstas em lei.

No sentido de regulação das unidades armazenadoras ainda que *a priori*, no sentido de dar atenção a aplicação imediata da Lei 11.076, de acordo com o disposto no seu art. 45, foi editada a Instrução Normativa 32, de 12 de novembro de 2004, do Ministério da Agricultura, que enumera os requisitos técnicos mínimos para a prestação de serviços de armazenagem agropecuária. No sentido de exigir o seu cumprimento, o Capítulo IX do Decreto 3.855, estabelece penalidades aplicáveis à empresa armazenadora que deixar de cumprir as determinações constantes do próprio decreto e das demais normas complementares, entre as sanções estabelecidas está a suspensão temporária da certificação e exclusão do sistema de certificação.[4]

4. Fica sujeita às penalidades previstas a empresa armazenadora que deixar de: "I — observar as determinações constantes deste Decreto e demais normas complementares, relativas à prestação de serviços de armazenagem de produtos agropecuários, baixadas pelo Ministério da Agricultura e do Abastecimento; II — dispor dos documentos comprobatórios de registro ou de certificação para a prestação de serviços de armazenagem, regularizados e atualizados; III — fornecer as informações previstas no art. 9º deste Decreto; IV — atender às exigências e respeitar os prazos estabelecidos pelas autoridades competentes; V — formalizar o contrato de depósito; VI — cumprir com suas responsabilidades perante o depositante; VII — indenizar o depositante na forma e nos prazos estabelecidos; VIII — oferecer as garantias de que trata o art. 8º deste Decreto; IX — obter a prévia autorização do depositante para

4. Novos títulos de financiamento ao agronegócio

A Lei 11.076, de 30 de dezembro de 2004, passou a regular cinco novos títulos de financiamento ao agronegócio, os quais têm por objetivo permitir a captação de recursos no âmbito do mercado de capitais, constituindo relevante fonte de financiamento para o setor do agronegócio, além de configurar modalidade de investimento adicional para o público investidor, nomeadamente os investidores institucionais, dentre os quais se destacam os fundos de investimento, uma vez que os ganhos de produtividade e eficiência gerados pelo setor não foram acompanhados pelo incremento do modelo de financiamento até então vigentes.

(A) Certificado de Depósito Agropecuário (CDA) e "Warrant" Agropecuário (WA)

Com a edição da Lei ordinária 11.076, de 30 de dezembro de 2004, foram criados os Certificados de Depósito Agropecuário (CDA) e o *Warrant* Agropecuário (WA). O armazém é obrigado a prestar recibo de depósito ao receber a mercadoria para armazenamento. Contudo, é ao objeto aqui estudado que interessa os títulos representativos de mercadoria emitidos a pedido do depositante. Os títulos representativos de mercadoria são aqueles que envolvem a transferência da posse e a propriedade de mercadoria (art. 894 do CC).

O Certificado de Depósito Agropecuário — título de crédito representativo de promessa de entrega de um produto agropecuário depositado em armazéns certificados pelo governo ou que atenda a requisitos mínimos definidos pelo Ministério da Agricultura, Pecuária e Abastecimento — e *Warrant* Agropecuário — título de crédito que confere direito de penhor sobre o produto descrito no CDA correspondente.

Cabe aqui novamente destacar que ficou estabelecido no inciso II do art. 55 prazo de *trezentos e sessenta e cinco dias*, contados da data da publicação da lei em análise, para a vedação da emissão do Conhecimento de Depósito e *Warrant* previstos no Decreto 1.102, de 1903. Assim, procurou-se oferecer prazo para que todos os interessados, especialmente os produtores, armazenadores e entidades de registro, pos-

a comercialização de produto sob sua guarda; X — manter registros adequados relativos à comercialização dos produtos de propriedade de terceiros; XI — permitir o livre acesso: a) do depositante ou de seu representante à unidade armazenadora e aos documentos relativos aos produtos de sua propriedade; b) de técnicos do Ministério da Agricultura e do Abastecimento, ou seus conveniados, nas condições especificadas neste Decreto; e XII — cumprir penalidade imposta. A suspensão do sistema de certificação impede o depositário de operar nas circunstâncias em que esta é exigida e será aplicada nos seguintes casos: I — descumprimento das exigências estabelecidas em ato de verificação; II — utilizar instalações ou procedimentos operacionais inadequados e equipamentos não compatíveis com a atividade, insuficientes ou sem a devida manutenção, nos termos definidos pelo sistema de certificação; e III — registro de certificação vencido. Parágrafo único. No ato da suspensão da certificação, deverão ser estabelecidas as exigências e o prazo para o seu cumprimento".

A exclusão do sistema de certificação implica cancelamento da certificação recebida, o que impede o depositário de operar nas condições em que ela é exigida, sendo aplicada nos seguintes casos: "I — quando houver reincidência de infração já punida com suspensão do sistema de certificação; II — quando ficar comprovado dolo, inidoneidade ou má-fé; e III — quando não forem cumpridas ou sanadas as exigências relativas às irregularidades comprovadas e notificadas no momento da suspensão da certificação. Parágrafo único. Fica estabelecido o prazo mínimo de um e máximo de cinco anos para a pena de exclusão prevista no *caput* deste artigo. Nos casos de suspensão e de exclusão do sistema de certificação, ficam mantidas as responsabilidades do depositário sobre os estoques de terceiros em seus armazéns, até sua retirada pelos respectivos depositantes. Caberá ao Ministério da Agricultura e do Abastecimento, ou seus conveniados, mediante abertura de processo administrativo: I — a apuração imediata de fatos ou denúncias de seu conhecimento; II — a citação dos infratores; III — a aplicação e comunicação das penalidades aos infratores; e IV — o registro das irregularidades no Cadastro Nacional de Unidades Armazenadoras de Produtos Agrícolas, depois de encerrado o respectivo processo".

sam adaptar-se aos procedimentos estabelecidos pela Lei 11.076 para a emissão, registro e circulação dos títulos certificado de depósito agropecuário e *warrant* agropecuário, possibilitando a emissão dos antigos títulos até que a estruturação dos novos esteja consolidada.

Conforme anteriormente mencionado, *conceitua-se o certificado de depósito agropecuário como sendo um título de crédito representativo de promessa de entrega de um produto agropecuário depositado em armazéns* certificados pelo governo ou que atendam a requisitos mínimos definidos pelo Ministério da Agricultura, Pecuária e Abastecimento, e o *warrant agropecuário como título de crédito que confere direito de penhor sobre o produto descrito no certificado de depósito agropecuário correspondente*. Nesse sentido, nota-se que os novos títulos têm mesma natureza jurídica dos títulos previstos no Decreto 1.102/1903. E, da mesma forma como previsto no referido Decreto, a Lei 11.076, de 30 de dezembro de 2004, estabelece que os novos títulos serão emitidos, mediante solicitação do depositante, sempre em conjunto, ganhando circularidade e autonomia, sendo que ambos podem ser comercializados e usados em empréstimos pelos produtores, e constituem títulos executivos extrajudiciais.

Ademais, cada um dos títulos deverá conter os requisitos enumerados no art. 5º da lei em estudo, em especial: (i) a menção de que o depósito do produto se sujeita às Leis 9.973/2000 e 11.076, de 30 de dezembro de 2004, e, nos casos em que o depositário for Cooperativa, à Lei 5.764, de 16 de dezembro de 1971; (ii) a identificação, qualificação e nome comercial do depositário, bem como o endereço completo do local do armazenamento; (iii) o valor do serviço de armazenagem, conservação e expedição, periodicidade da cobrança e indicação do responsável pelo seu pagamento; (iv) a identificação, qualificação e assinatura do representante do depositário; e (v) a identificação precisa dos direitos que os títulos conferem; (vi) indicação do segurador e valor de cobertura.

A referida lei estabelece as obrigações a serem observadas pelo depositante, ao dispor que os títulos serão emitidos pelo depositário apenas mediante solicitação do depositante, a qual deverá, necessariamente, estar acompanhada de: (i) declaração de propriedade do produto, livre e desembaraçado de quaisquer ônus; e (ii) *outorga, em caráter irrevogável, de poderes ao depositário, para que esse possa proceder à transferência da propriedade da mercadoria ao endossatário do CDA*. Já o art. 9º da lei em estudo determina que o depositário que emitir o CDA e o WA será responsável, *civil e criminalmente*, inclusive perante terceiros, pelas irregularidades e inexatidões lançadas em referidos títulos, respondendo, ainda, pela guarda, conservação e manutenção da qualidade e quantidade do produto recebido em depósito, devendo entregá-lo ao credor dos títulos na quantidade e qualidade neles consignadas.

O prazo do depósito deverá ser consignado no certificado de depósito agropecuário e no *warrant* agropecuário, respeitado o limite de *um ano*, contado da data da emissão dos títulos. Esse prazo poderá ser prorrogado pelo depositário, a pedido do credor, ajustando-se, assim, as condições do depósito do produto. Nessa esteira, cumpre ainda mencionar o disposto no art. 7º da Lei 11.076, de 30 de dezembro de 2004, que estabelece ser facultativa a formalização de contrato de depósito, quando da emissão do CDA e do WA. Além disso, prevê ainda o art. 12 da Lei 11.076, de 30 de dezembro de 2004, que uma vez emitidos o certificado de depósito agropecuário e o *warrant* agropecuário, "o produto a que se referem não poderá sofrer embargo, penhora, seqüestro ou qualquer outro embaraço que prejudique a sua livre e plena disposição".

Os títulos regulamentados pela Lei 11.076, de 30 de dezembro de 2004, poderão ser negociados no mercado primário ou no mercado secundário. Assim, os títulos poderão ser vinculados como garantia em contratos de financiamento dentro do sistema bancário, de acordo com as condições da comum e eficaz operação de *warrantagem* (art. 895 do CC), mediante endosso[5] do *warrant* agropecuário à instituição financeira credora (mercado primário) ou negociados em mercado de bolsa ou de balcão (mercado secundário) na qualidade de ativos financeiros.

Para o mercado primário, a operação conhecida como *administração colateral de estoques* (*colateral agent*) tem representado grande alavancador de financiamento das operações agrícolas, na segurança e eficácia das garantias dadas às instituições financeiras nacionais e internacionais. Lembrando o *trust* dos países da *Commow Law*, porém muito mais próximo do fideicomisso argentino, esta estrutura está apoiada na constituição de um contrato de depósito firmado com a empresa armazenadora, somando-se, ao depósito, os serviços de verificação de qualidade e conservação do produto depositado, com a emissão de laudos específicos e periódicos de controle. O depositário, além da guarda e conservação da qualidade e quantidade, obriga-se à emissão dos títulos representativos das mercadorias financiáveis dentro do mercado financeiro e junto a compradores diretos. Uma operação simples, segura e muito comum no mercado agrícola, principalmente.

Contudo, na perspectiva da circulação no mercado secundário, o art. 15 da Lei 11.076, de 30 de dezembro de 2004, instituiu a *obrigatoriedade do registro do certificado de depósito agropecuário e do warrant agropecuário em sistema de registro e de liquidação financeira de ativos* autorizado pelo Banco Central do Brasil,[6] no prazo de dez dias contados da data de sua emissão, ainda que os títulos venham a ser negociados apenas no mercado primário. Essa modificação visa dar maior transparência e segurança nas operações envolvendo os títulos objeto do presente estudo, aumentando, conseqüentemente, o fluxo financeiro nas negociações ocorridas no âmbito do mercado secundário. Assim, nos termos do § 1º do art. 15 da Lei 11.076/2004 a entrega dos títulos em custódia à instituição registradora, para a efetivação do registro dos títulos dar-se-á por meio de *endosso-mandato*, autorizando essa entidade registradora a efetuar o registro da custódia e a endossá-los ao novo credor, quando de sua retirada do sistema da entidade registradora (art. 15, § 2º, da Lei 11.076).

Na circulação, quando da primeira negociação do *warrant* agropecuário, separado do certificado de depósito agropecuário, nos mercados de bolsa ou balcão, a entidade registradora deverá consignar, em seus registros, o valor da negociação do WA, a taxa de juros e sua data de vencimento ou, ainda, o valor a ser pago no vencimento ou o indicador a ser utilizado para o cálculo do valor da dívida (art. 17 da Lei 11.076). Ademais, a entidade registradora será responsável pelo registro da cadeia de negócios ocorridos no período em que os títulos estiverem registrados em sistema de registro e liquidação financeira, não se fazendo necessária, todavia, a transcrição dos negócios ocorridos em referido período no verso dos títulos (arts. 19 e 20 da Lei 10.076).

No que se refere aos aspectos fiscais da negociação dos títulos nos mercados de

5. Tais endossos têm frequentemente conexão com operações que chamamos de desconto. Mantidos os conceitos originais dos títulos, o endosso dos dois títulos confere ao endossatário a livre disposição da mercadoria depositada e o endosso do *warrant*, isoladamente, confere direito de penhor sobre a mercadoria. Ainda, o endosso não está sujeito à condição, conforme dispõe a segunda parte do art. 12 da Convenção de Genebra. Também, importa destacar que a série ininterrupta de endossos do título assegura ao último endossatário o direito de considerá-lo o seu legítimo credor (arts. 910, 911 e 912 do CC).

6. A Bolsa Brasileira de Mercadorias (BBM), entidade ligada a BM&F, vem realizando o registro que a lei determina. Ainda, é entidade registradora autorizada pelo Bacen a proceder ao registro e liquidação financeira de títulos a Central de Liquidação e Custódia e de Liquidação Financeira de Títulos, a qual vem procedendo ao registro de CPRs.

bolsa e balcão, destacamos que tais operações não estão sujeitas a incidência do Imposto sobre Operações de Crédito, Câmbio e Seguro (IOF), ou relativas a Títulos ou Valores Mobiliários, bem como não serão tributadas pelo Imposto sobre Circulação de Mercadorias (ICMS), enquanto não transferirem efetivamente a propriedade do produto, representada pelo certificado de depósito agropecuário. É interessante notar que este regime fiscal, coincide, agora, com o regime adotado para as Cédulas de Produto Rural (CPR).

Para a retirada do produto do armazém, o depositário deverá providenciar a baixa do registro eletrônico do certificado de depósito agropecuário, requerendo à instituição custodiante o endosso na cártula e sua entrega. Entretanto, tal baixa somente ocorrerá se: (i) o certificado de depósito agropecuário e o *warrant* agropecuário estiverem em nome do mesmo credor; ou (ii) o credor do certificado de depósito agropecuário consignar, em dinheiro, na instituição custodiante, o valor do principal acrescido dos juros convencionados até a data do vencimento do *warrant* agropecuário. Com a entrega do certificado de depósito ao depositário, juntamente com o *warrant* agropecuário ou o comprovante de depósito do valor do principal e juros fixados no WA, o endossatário adquirirá a propriedade do produto, extinguindo-se o mandato previsto no art. 15 da lei em estudo. Salienta-se que a transferência da propriedade do produto dependerá, ainda, do pagamento dos serviços de armazenagem, conservação e expedição do produto, bem como dos tributos, principais e acessórios, incidentes sobre a operação.

No tocante à contratação de seguro obrigatório, o depositário deverá contratar o seguro obrigatório, com a finalidade de garantir os produtos armazenados, a favor do depositante ou do credor, com coberturas adicionais àquelas previstas na Lei 9.973/2000, contra os seguintes sinistros: raio, explosão de qualquer natureza, danos elétricos, vendaval, alagamento, furacão, ciclone, tornado, granizo, quedas de aeronaves ou quaisquer outros engenhos aéreos ou espaciais, impacto de veículos terrestres, fumaça e quaisquer intempéries que destruam ou deteriorem o produto vinculado àqueles títulos, sendo que, em se tratando de armazéns públicos, o contrato de seguro deverá conter, também, cobertura contra roubo do produto.

(B) Certificado de Direitos Creditórios do Agronegócio (CDCA), Letra de Crédito do Agronegócio (LCA) e Certificado de Recebíveis do Agronegócio (CRA)

Conforme citamos no desenvolver desse trabalho, a instituição de três outros novos títulos de crédito para o agronegócio tem a finalidade de viabilizar o aporte de recursos do mercado de capitais, em especial dos fundos de investimento, e configuram-se como títulos de crédito nominativos, de livre negociação, *representativos de promessa de pagamento em dinheiro e que terão como lastro direitos creditórios originários de negócios realizados entre produtores rurais, suas cooperativas e agentes da cadeia produtiva do agronegócio*, inclusive financiamentos ou empréstimos relacionados com a produção, comercialização, beneficiamento ou industrialização de produtos ou insumos agropecuários ou de máquinas e implementos utilizados na atividade agropecuária.

Tais títulos — que doravante também poderão estar lastreados em Cédulas de Crédito Rural, Duplicatas e Notas Promissórias Rurais, contratos e nos futuros Certificados de Depósitos Agropecuários (CDA) e *Warrant* Agropecuário (WA) — representam outro significativo elo na cadeia produtiva do agronegócio, constituindo-se na porta de entrada do segmento de mercado de capitais, e viabilizando, por meio do afluxo de recursos e do incremento da concorrência, uma desejável e necessária queda dos juros praticados na ponta com o produtor rural.

Os *Certificados de Direitos Creditórios do Agronegócio* (CDCA) são títulos de "emissão exclusiva de cooperativas de produtores rurais e outras pessoas jurídicas que exerçam a atividade de comercialização, beneficiamento ou industrialização de produtos e insumos agropecuários ou de máquinas e implementos utilizados na produção agropecuária"; já a *Letra de Crédito do Agronegócio* (LCA) é título de emissão exclusiva de instituições financeiras públicas e privadas. A letra de crédito do agronegócio será o primeiro título a ser utilizado pelo Banco do Brasil para captação de recursos com lastros em Cédulas de Produto Rural.[7]

O Certificado de Direito Creditório do Agronegócio e a Letra de Crédito do Agronegócio conferem direito de penhor sobre os direitos creditórios a eles vinculados independentemente de outra convenção que poderá dispor sobre garantias adicionais, reais ou pessoais, livremente negociadas. Além dos requisitos particulares elencados nos arts. 25 e 27 respectivamente, o Certificado de Direito Creditório do Agronegócio e a Letra de Crédito do Agronegócio poderão conter outras cláusulas e como a identificação dos direitos creditórios vinculados ao Certificado de Direito Creditório do Agronegócio e a Letra de Crédito do Agronegócio, poderá ser feita em documento à parte.

Por fim, os referidos títulos poderão ser emitidos sob a forma escritural, hipótese em que deverão ser registrados em sistema de registro e de liquidação financeira de ativos autorizada pelo Banco Central do Brasil. Título escritural é aquele emitido a partir dos caracteres criados em computador ou por meio eletrônico equivalente e que conste da escrituração do emitente, observados os requisitos do art. 889 do Código Civil. Na verdade são títulos sem cártula; nascem e atuam dentro de rede de computadores, consubstanciados na memória do sistema eletrônico.

Os *Certificados de Recebíveis do Agronegócio* (CRA), por sua vez, apenas podem ser emitidos por companhias securitizadoras de direitos creditórios do agronegócio, as quais, nos termos do art. 38 da Lei 11.076, são instituições não financeiras constituídas sob a forma de sociedade por ações e têm por finalidade a aquisição e securitização desses direitos e a emissão e colocação de Certificados de Recebíveis do Agronegócio no mercado financeiro e de capitais. A Entidade de Propósito Específico (EPE), também conhecida como Sociedade de Propósito Específico (SPE) ou por suas expressões equivalentes em inglês *Special Purpose Entity* (SPE) ou *Special Purpose Company* (SPC), é uma entidade que tem sido amplamente utilizada no Brasil e no exterior para realizar um determinado propósito específico e bem definido.

A operação de securitização de recebíveis consiste na transferência por uma empresa originadora de créditos para uma outra empresa constituída especificamente para o fim de comprar recebíveis e emitir títulos e valores mobiliários para negociação no mercado de capitais. Hoje, tal operação também encontra regulação na Instrução 408 da Comissão de Valores Mobiliários (CVM). Desta forma, a empresa originadora consegue viabilizar a antecipação de seus créditos e assim passa a ter uma linha de financiamento. Nessa esteira, determina o art. 40 da lei que a securitização de direitos creditórios do agronegócio trata-se de operação pela qual tais direitos são expressamente vinculados à emissão de uma série de títulos de crédito, mediante Termo de Securitização de Direitos Creditórios, emitido pela securitizadora, do qual constarão os seguintes elementos: (i) identificação do devedor; (ii) valor nominal e o vencimento de cada direito creditório a ele vinculado; (iii) identificação dos títulos emitidos; (iv) indicação de outras garantias de resgate dos títulos da série emitida, quando constituídas.

7. Jornal *Valor Econômico*, de 25.2.2005, Caderno de Agronegócios.

Em atendimento ao fim principal aqui exposto, o Certificado de Direito Creditório do Agronegócio, a Letra de Crédito do Agronegócio e o Certificado de Recebíveis do Agronegócio apresentam como principal característica comum a possibilidade de sua negociação em mercados de bolsa ou balcão, buscando cumprir o objetivo de proporcionar maior liquidez, transparência e segurança ao mercado financeiro e de capitais com vistas ao incremento do volume de financiamento às transações em todos os segmentos da cadeia produtiva do agronegócio.

5. Conclusões

Diante de todo o exposto, entende-se que a Lei 11.076, de 30 de outubro de 2004, conclui um processo de modernização das normas de estocagem e de emissão de títulos próprios ao agronegócio, fechando um conjunto normativo e aparecendo como avanço em relação ao regime até então vigente, uma vez que os ganhos de produtividade e eficiência do setor não haviam sido acompanhados de uma política apropriada de incentivo à modernização do financiamento além da cadeia de produção, vinculada mais aos produtos já colhidos ou preparados e estocados com fins à comercialização interna ou internacional.

Assim, a nova lei, ao criar títulos que proporcionam novas alternativas para o financiamento das atividades do produtor rural, além de criar a oportunidade de incorporação de novos agentes na estrutura de comercialização de produtos agropecuários, aumenta a segurança jurídica relacionada aos títulos representativos dos produtos agrícolas e pecuários, buscando propiciar o fomento de condições para a modernização das linhas de financiamento dentro do Sistema Financeiro Privado que, por sua vez, desobrigará uma maior necessidade de recursos públicos para o segmento.

Ressalta-se, apenas, conforme anteriormente mencionado, que a lei em análise faculta, nos termos do inciso II de seu art. 55, a emissão do Conhecimento de Depósito e *Warrant*, previstos no Decreto 1.102/1903, para os produtos mencionados no § 1º do art. 1º da Lei 11.076, pelo prazo de trezentos e sessenta e cinco dias contados da data da publicação desse texto normativo, com vistas à adaptação dos agentes envolvidos na emissão e circulação dos novos títulos de crédito aos novos procedimentos instituídos pela legislação analisada. Neste aspecto importa também dispor que à pretensa abertura da atividade de armazenagem de produtos agropecuários e a emissão de títulos representativos deve seguir a sistemática avaliação das empresas participantes desse importante elo da cadeia, senão pelos órgãos públicos ainda acanhados e sem competência bem definida pelos próprios agentes financiadores na avaliação de risco dentro de cada política particular.

Nesse sentido não se faz necessário atuar de forma restritiva e onerosa ao sistema, como na obrigatoriedade do registro do Certificado de Depósito Agropecuário e do *Warrant* Agropecuário (art. 15 da Lei 11.076), uma vez que não devemos esquecer a enorme participação do mercado primário nas relações financeiras com os agentes de produção e comercialização que há muito já operam com riscos bem definidos e avaliados. Se a razão é o acompanhamento dos volumes representados em *warrants*, que sejam utilizadas as próprias atribuições do Ministério da Agricultura ou de órgão gestor que este venha a destacar no acompanhamento, fiscalização e registro realizados através dos instrumentos já existentes.

No mesmo sentido, destaca-se a necessidade de manutenção pelas empresas aptas ao sistema de armazenagem de produtos agropecuários dos livros exigidos pela lei comercial, além daquele especial de entrada e saída de mercadorias, bem como da regular documentação fiscal, o que implica na abertura e manutenção de filiais das empresas participantes em cada unidade armazenadora estabelecida nos locais individualizados para efetivo cumprimento de seu objeto e tutela dos bens de terceiros a que aquele que atua nesta atividade se dispõe.

Por fim, ainda no aspecto legal, entendemos que o capítulo referente aos títulos de crédito, trazido pelo novo Código Civil em seus arts. 887 a 926, compõe as normas gerais do direito cambial no âmbito interno, devendo-se aplicar subsidiariamente e no que couberem, as normas sobre os títulos representativos dentro do sistema de armazenagem de produtos agropecuários. Com essa mesma interpretação concluímos que, em relação ao regime de armazenagem, continuam aplicáveis as disposições do Decreto 1.102, de 21 de novembro de 1903, que não conflitarem com as disposições específicas aqui estudadas. *A contrario sensu*, as disposições citadas se afastam integralmente, mesmo de aplicação subsidiária, quando referidas à emissão e circulação dos novos títulos agropecuários.

Atualidades

SOBRE AS CONDUTAS ANTICOMPETITIVAS DAS ASSOCIAÇÕES COMERCIAIS

JOSÉ CARLOS DA SILVA NOGUEIRA

Introdução. A legislação brasileira. As possíveis práticas anticoncorrenciais das associações comerciais. Divulgação de informações (inclusive para fins de cartelização). A padronização de condutas promovida pelas associações. Grupo de boicote. Movimentos de influência. Conclusão.

Introdução

O Direito Antitruste tem a sua base fincada na idéia de que apesar de existir um movimento de mercado em que a competição tende a ser reconhecida como a ferramenta essencial para o desenvolvimento tecnológico da sociedade, com todas as vantagens advindas desse processo, ações deletérias dos agentes econômicos transformaram-se em um dos principais receios daqueles para o qual esse mercado ágil e competitivo deve ser sempre estimulado e as condutas que possam servir de impedimento a esse objetivo devem ser sempre punidas com todo o rigor das leis adequadas à espécie.

Assim, pode-se dizer que as leis de proteção à ordem concorrencial obedecem ao princípio de que em um mercado competitivo, com a existência de um razoável número de fabricantes de um mesmo bem, ou prestadores de um mesmo serviço, os preços e a qualidade desses produtos serão sempre mais atraentes para os seus respectivos consumidores. Isso significa dizer que quanto maior for o número de competidores em um determinado mercado material e geográfico, maior será a vantagem outorgada aos consumidores via preço e qualidade.

Nesses termos, a política antitruste procura atingir a certos objetivos que visam garantir, por quatro amplos espaços dentro do universo econômico,[1] o mercado competitivo, que por sua vez é capaz de promover um bem-estar social a partir da oferta de produtos de boa qualidade a preços acessíveis. Nesse sentido, é certo que a política antitruste deve possibilitar o alcance de uma desejável *performance* econômica pelos agentes econômicos envolvidos no mercado específico, garantir a continuidade do processo competitivo no mercado relevante como um fim em si mesmo, estabelecer as regras para que o processo competitivo ocorra dentro dos princípios jurídicos básicos e, por fim, a prevenção quanto ao alargamento dos agentes econômicos, evitando um indesejável aumento de poder de mercado.[2]

1. Carl Kaysen & Donald F. Turner, in *Antitrust Policy* 11-20 (1959).

2. Poder de Mercado pode ser definido como a capacidade (ou o poder) que uma firma tem de para fixar preços acima do nível competitivo de forma significativa e persistente. É verdade que o Poder de Mercado definido como sendo relacionado a preço é

A política antitruste visa, portanto, dar garantias à concorrência considerando a expressão em causa como sendo a promoção que cada agente econômico busca fazer de sua empresa, com a finalidade de atingir ao lucro possível. Para dar garantias à concorrência, considerando que o mercado pensado em termos liberal clássico foi incapaz de assegurar a necessária competitividade, uma vez que foi possível perceber o incremento de certos grupos econômicos a nível monopolístico, estabeleceu-se parâmetros de comportamento para as firmas lançadas no mercado.

Carl Kaysen & Donald F. Turner, in *Antitrust Policy*, 1959 — Harvard University Press — comentam sobre os resultados econômicos desejáveis afirmando que esses são os resultados perseguidos na economia como um todo. Nesse ponto, os autores acima citados lembram que é importante encontrar (i) eficiência no uso dos recursos, ou seja, a realização do maior número de produtos a partir do número de recursos disponíveis, (ii) crescimento do total de produtos e desenvolvimento de tecnologias que permitam a produção desses produtos com menos custo possível, (iii) uma certa estabilidade entre produção e emprego e, por fim (iv) uma distribuição equilibrada de resultados.

Não sendo objeto de nossas preocupações os itens acima mencionados, consideramos apropriado avançarmos no tema de nosso trabalho apresentando, ainda, dentro dos quatro apontados espaços do universo econômico, a linha da política antitruste. Assim, devemos abraçar o entendimento usual sobre o segundo ponto comentado que revela a necessidade da promoção de um processo competitivo.

Nesse ponto, o que se pode afirmar é que a competitividade é um fim que deve ser buscado independentemente do resultado econômico que de sua prática possa advir. É verdade que esse tipo de entendimento não encontra unanimidade entre os especialistas na matéria, uma vez que as Escolas promotoras dos estudos acerca da política antitruste (Harvard/Chicago) divergem desse contexto, o que resulta em significativas mudanças de rumo nas decisões dos órgãos responsáveis pelo sistema de proteção à ordem concorrencial. Porém, não é estranho afirmar que a linha de pensamento que abraça a idéia da concorrência como um fim em si mesmo tem sido a de maior impacto tanto no mercado internacional quando no sistema pátrio.[3]

De qualquer forma, o que se pode aferir da afirmação de que a competição deve ser um fim em si mesmo é a idéia de que agentes econômicos com significativo poder de mercado devem ser monitorados e a elevação desse poder de ser coibida para se conter práticas monopolísticas que possivelmente devem advir dessa condição de domínio. Um mercado competitivo, sob esse ponto de vista, estabelece que as empresas inseridas em um determinado setor trabalhem próximas a idéias de lucros obtidos em longo prazo ao invés de assegurar lucros monopolísticos contrários aos interesses do mercado, e, em circunstância fi-

apenas uma forma de reconhecimento dessa condição por ser a de mais fácil aplicação e entendimento. E isto porque o Poder de Mercado pode ser exercido de várias formas conforme demonstra o art. 21 da Lei n. 8.884, do ano de 1994.

3. *Revista do IBRAC*, v. 10, n. 3/2003 — "Os objetivos das políticas de defesa da concorrência: a Escola de Harvard e a Escola de Chicago" — "Escola de Harvard, hegemônica na orientação da política antitruste norte-americana e de outros países entre as décadas de 50 e de 80, cujo conjunto de propostas teórico normativas tem como pilar de apoio o modelo de estrutura-conduta — desempenho (ECD). De outro lado, se encontra a 'Escola de Chicago', também conhecida como *efficiency school*, cujas origens teóricas remontam ao início dos anos 50, mas que somente passou a exercer sua influência sobre as políticas de defesa da concorrência dos EUA — de outros países, como o Brasil — a partir do início dos anos 80. Cada uma dessas Escolas, apesar dos elementos comuns, tem propostas diferentes para os objetivos das políticas de defesa da concorrência, gerando um debate perene em torno das metas mais adequadas e dos seus efeitos sobre o bem-estar econômico e social (Dewey, 1990)".

nal, contrários aos interesses do consumidor e da economia como um todo.

Para tanto, é preciso que existam condutas corretas e justas, adequadas às normas jurídicas vigentes já estabelecidas para garantir o mercado competitivo, e capazes de se contraporem às práticas abusivas daqueles que eventualmente possuem poder de mercado. Desse modo, tipicamente são identificadas como práticas abusivas àquelas que permitem o ganho de poder de mercado utilizando-se de práticas coercitivas, a partir de um poder de mercado já existente. Assim, práticas tidas usualmente como *business bargaining* podem resultar na compreensão de condutas prontas para açambarcar o mercado, inibindo possíveis entrantes e eliminando os agentes econômicos competidores.

No entanto, todos os atos praticados pelos agentes econômicos que possam ter causado impacto negativo em seus concorrentes deverão ser analisados de acordo com as normas jurídicas e econômicas, identificando a possibilidade de práticas abusivas por parte daqueles detentores do poder de mercado para se avaliar o prejuízo produzido ao mercado e a competitividade, como elementos de controle social.[4] Esses atos que podem vir a ser considerados anticompetitivos estão previstos, sem ser de maneira exaustiva, como se verá mais adiante, no próprio corpo da legislação pátria que se ocupa da defesa da concorrência.

Dentro dos quatro campos de atuação da política antitruste no universo econômico pode-se apontar o controle quanto às estruturas de mercado, em que se procura evitar o aumento desproporcional em relação ao mercado dos agentes econômicos que buscam o crescimento de suas firmas por meio de operações societárias capazes de incrementar o seu poder de mercado. Esse último campo de atuação está diretamente ligado à concepção de ser possível e desejável promover uma certa distribuição de controle social com a divisão do mercado entre firmas relativamente menores do que mercados em que grandes corporações estão em atividade.[5]

A concepção de controle das estruturas de mercado remonta o período de início da prática antitruste nos Estados Unidos da América no período jeffersiano. À época, então, considerou-se que as firmas, de forma individualizadas, eram politicamente irresponsáveis, mantendo completamente afastado de seu centro de interesses um compromisso com o bem-estar social e a evolução da sociedade, e que, por conseqüência, grandes firmas deveriam ser consideradas extremamente perigosas. De fato, a experiência tem demonstrado que estruturas excessivamente concentradas tendem a apresentar condutas, por parte das firmas, infrativas, visando a eliminação dos concorrentes ou então visando impedir a entrada de novos agentes no mercado específico.

Em face de tais condições pode-se notar que as legislações de defesa da concorrência, no âmbito nacional e no âmbito internacional, preocupam-se em impedir a concentração de mercado, via controle de poder econômico. De fato, a larga experiên-

4. As práticas anticompetitivas estão lançadas no art. 21 e incisos, da Lei n. 8.884, do ano de 1994, em caráter exemplificativo. Por meio das condutas exemplificadas é possível perceber as várias formas com que agentes econômicos podem exercer um certo Poder de Mercado, a fim de garantir a predominância no mercado eliminando os seus concorrentes ou bloqueando a entradas de possíveis competidores.

5. Esse entendimento é decorrente da própria Lei n. 8.884/1994 que estabelece como requisitos para a aprovação de atos de concentração a inovação tecnológica, com realocação de recursos, os benefícios decorrentes sejam distribuídos eqüitativamente, e não se elimine a concorrência, além de outros. Se hoje no Brasil não há um comprometimento por parte das autoridades antitruste com as regras insertas na lei acima citada, pautando as suas decisões em uma linha estreita de eficiência-pura, grande prejuízo se está imputando a sociedade na medida em que não se alcança, em face da situação econômica brasileira, com defasagem na distribuição de renda e estrutura concentrada da propriedade, o que deveria ser o objetivo da política antitruste, ou seja, o bem-estar social.

cia demonstra que tanto melhor que reprimir as condutas consideradas anticompetitivas é impedir que condições se estabeleçam de forma a permitir que atos contrários à concorrência dominem o cenário econômico.

Por outro lado, em alguns mercados a excessiva concentração ocorre porque certos segmentos exigem uma alta concentração de investimentos, de tecnologia e técnicas de administração, não suportando, por conseqüência, um número acirrado de competidores.[6] Contudo, segundo entendimento consensual, independentemente das condições pouco propícias para um mercado de competitividade acelerada, tendo em vista as possibilidades de os agentes econômicos burlarem a regra de uma *fair competition*, devem valer as normas legais segundo as quais a concentração de mercado deve ser evitada, permitindo-se a existência do maior número de competidores possíveis, sendo a análise em relação ao mercado diferenciado[7] uma exceção à regra principal.

A legislação brasileira

Com base nesses preceitos a legislação brasileira estampou as regras para a defesa da concorrência no País. A atual Lei de Defesa da Concorrência — n. 8.884, do ano de 1994 — atende às inclinações do direito internacional na matéria, e, ainda, aos preceitos estabelecidos na Constituição Federal, especialmente o art. 173, § 4º, que trata da repressão ao abuso de poder econômico. A partir de então foram promovidos dois aspectos essenciais para a coordenação do sistema de proteção à ordem concorrencial e é nesses dois aspectos que se encontram os pilares da defesa da concorrência e as sua principais características.

Os dois pilares existentes na Lei de Defesa da Concorrência são os dois instrumentos para a efetivação de seus objetivos, que são lançados da seguinte forma:

(i) controle preventivo das estruturas de mercado concentradas;

(ii) controle repressivo das condutas anticoncorrenciais.

O controle preventivo, estabelecido no art. 54 da Lei n. 8.884, do ano de 1994, tem o condão de impedir a concentração de mercado por meios artificiosos.[8] Assim, os negócios jurídicos articulados por agentes econômicos que tenham um faturamento bruto superior a quatrocentos milhões de reais, ou caso a operação em debate resulte em uma participação acima de 20% do mercado relevante, devem ser submetidos ao sistema de proteção à ordem concorrencial, a fim de se evitar que estruturas de mercados sejam consolidadas com poder de mercado capaz de impedir a competitividade do setor.

Nesse caso, os órgãos que compõem o sistema de proteção à ordem econômica, procurando assegurar um ambiente competitivo, evitando o surgimento de estruturas que ponham em risco esse ambiente desejável, promovem uma avaliação das operações societárias nos exatos termos do § 3º do artigo acima mencionado, estando as firmas envolvidas na operação obrigadas a apresentar o negócio realizado dentro de um determinado período de tempo (quinze dias úteis).

6. Siderúrgicas e aviação como exemplos.

7. Aquele que por força do alto grau de investimentos tecnológicos e financeiros impede a entrada de vários competidores no mercado relevante.

8. Ganho de poder de mercado considerado natural, ou seja, decorrentes de uma conduta produtiva em matéria tecnológica — patentes, por exemplo —, além de talento administrativo, não deve ser considerado prejudicial pelo setor de proteção à competitividade. Ao contrário, o ganho natural deve ser entendido como o prêmio que o agente econômico detentor de significativa capacidade empresarial deve receber pelos seus esforços e criatividade. Além do mais certas concentrações não representam prejuízos potenciais para o mercado se houver, sob uma perspectiva econômica, uma razoável elasticidade da demanda. Nesse sentido, Posner (1992: 300) esclarece que: "so the greater the elasticity of demand, the smaller the ratio of the monopoly to the competitive price, and the less monopoly power the firm will have".

De qualquer forma, não parece interessante desenvolvermos essa primeira ferramenta do sistema de proteção à ordem concorrencial por não se tratar do objeto de nossa presente análise. De fato, o presente trabalho prende-se, com mais vigor, as condutas anticoncorrenciais, segundo pilar da Lei n. 8.884, do ano de 1994. E o controle repressivo tem por objetivo coibir as práticas anticompetitivas tanto de natureza vertical — ao longo da cadeia produtiva — quanto aquelas de natureza horizontal — dentro de um mesmo mercado —, por parte de empresas que detém o Poder de Mercado.[9]

Evidentemente, as operações e as práticas que podem acarretar, em tese, prejuízo ao mercado — em face de um Poder de Mercado existente —, e que estão previstas nos arts. 20 e 21 da Lei comentada, deverão ser analisadas de forma cuidadosa.[10] A verificação de ganhos significativos de eficiência econômica, por exemplo, que tragam vantagens para o bem comum, agregando valor ao mercado existente, deve prevalecer para que se possa obter uma aplicação eficiente da legislação aplicável à espécie.

As possíveis práticas anticoncorrenciais das associações comerciais

É no cenário das práticas anticompetitivas que podemos encontrar alguns atos patrocinados pelas associações comerciais possíveis de serem considerados indicadores de conduta concertada. De acordo com a literatura nacional e internacional, bem como decisões prolatadas no Brasil e nos Estados Unidos da América, pouca dúvida resta quanto ao entendimento de que as associações comerciais podem contribuir para atacar o mercado ou mesmo prejudicar um cenário de competitividade dentro de um determinado segmento mercadológico.[11]

Como se sabe, as associações comerciais são entes jurídicos de direito privado. É de se notar que as empresas que compõem o ente em questão não se confundem com a sua própria estrutura, na medida em que cada associado tem a sua própria individualidade, não sendo possível, pois, confundir a existência jurídica das pessoas envolvidas. Assim, é verdade que as associações têm a sua própria individualidade, a sua própria autonomia, não se confundindo com a personalidade de seus membros afiliados.

As associações comerciais se propõem a uma série de atividades que no mais das vezes não podem ser consideradas como restritivas ou ameaçadoras à ordem concorrencial. Na verdade, em sua grande maioria as atividades das associações são extremamente benéficas, tanto para os seus associados quanto para aqueles que se utilizam dos serviços e/ou produtos lançados por seus membros, podendo-se apontar dentre essas atividades as reuniões para melhor orientar os seus associados sobre o nível de serviço ou produtos lançados no mercado, arbitragem entre os seus afilia-

9. Nesse ponto é importante notar que a análise de certos elementos do mercado (mercado relevante, posição da empresa no mercado, barreiras à entrada etc.) merece verificação para se avaliar a capacidade de um determinado agente econômico produzir prejuízos para o mercado a partir de prática tidas, em um primeiro momento, como anticoncorrenciais. É certo, porém, que certos atos serão considerados ilegais *per se* independentemente da estrutura do mercado dada a sua malignidade para a concorrência, como o caso de práticas cartelizadas.

10. É importante apontar que em termos gerais pode-se dizer que as condutas previstas no art. 21 conduzem ao cenário estampado pelos incisos lançados no art. 20.

11. No caso *Américan Columm and Lumber Co. vs. United States* a Suprema Corte dos Estados Unidos da América reconheceu haver violação da legislação antitruste a partir da divulgação de preços entre os competidores. Na verdade foi identificado que os membros daquela associação encontravam-se freqüentemente para discutir preços, métodos de benefícios e incentivos, quantidades para serem comercializadas e para ficarem em estoque. Existia, no caso, inclusive penas impostas para aqueles que não se comportassem de acordo com as normas estabelecidas, evidenciando um verdadeiro "gentlemen's agreement".

dos e consumidores diretos e indiretos, defesa dos interesses da categoria perante autoridade e publicação de periódicos sobre as atividades de seus componentes.

As associações comerciais também costumam promover outros tipos de atividades que muitas das vezes são objetos de análise tanto pelos órgãos de proteção à concorrência quanto pelo Ministério Público Federal. Essas atividades costumam levantar suspeita pelos órgãos acima comentados por força da divulgação de dados acerca de preços, condições de compra e venda de mercadorias, produção e outras informações sobre o cenário do mercado envolvido. A partir disso, dúvidas sobre o comportamento dos membros da associação podem surgir na medida em que certas informações podem ser usadas para práticas anticompetitivas.

O CADE — Conselho Administrativo de Defesa Econômica — tem apresentado decisões no sentido de condenar associações comerciais por atentarem contra a ordem econômica, conforme se verifica do voto proferido pela i. professora Lúcia Helena Salgado, Conselheira daquela Autarquia à época, quando esclarece no Processo Administrativo n. 155/1994 que:

> A jurisprudência brasileira, contudo, é clara quanto à conduta de imposição de tabelas de preços entre concorrentes. Em 14 de fevereiro de 1996 o Conselho Administrativo de Defesa Econômica decidiu pela procedência da representação da Federação Nacional das Empresas de Seguros Privados contra a Associação Médica Brasileira,[12] aplicando multa e determinando a cessação da prática, além das seguintes providências entre outras: 1. abster-se de divulgar ou recomendar tabela de honorários médicos e serviços hospitalares ou instrumento similar que promova a uniformização dos preços de tais serviços; 2. comunicar à entidades associadas ou vinculadas que a tabela existente não poderia ser utilizada nem reajustada; 3. determinar às entidades vinculadas ou associadas que comuniquem a decisão do CADE às entidades prestadoras de serviços médicos ou intermediários que adotam a tabela da AMB.

Ainda nessa linha de entendimento, podemos verificar a jurisprudência firmada pela Autarquia competente no Processo Administrativo n. 121, do ano de 1992, contra o Sindicato dos Estabelecimentos de Ensino no Estado de São Paulo, em que o Conselheiro-Relator Marcelo Soares frisou o seguinte:

> As orientações tomadas em Assembléia Geral Extraordinária como também os contratos que nela se baseiam demonstram a existência de um agente com poderes suficientes para influenciar e induzir a adoção de conduta uniforme entre concorrentes, em detrimento do livre mercado e dos consumidores, esses últimos tolhidos no seu direito de escolha.

Divulgação de informações (inclusive para fins de cartelização)

De fato, as associações comerciais, por meio da divulgação de certas informações, podem contribuir significativamente com a competitividade do setor quando apresentam dados que permitem os seus membros saberem em que níveis devem estabelecer os seus preços de forma a poder competir de forma eficiente. As informações sobre as matérias-primas e/ou os estoques também podem ser significativas e importantes porque são capazes de oferecer condições para os associados conhecerem os preços e as quantidades antes de negociarem a mercadoria.

Contudo, as informações sobre preços também podem servir para a adoção de práticas concertadas, como o cartel, que necessita de algumas condições propícias para ser implementado.[13] Nessa seara, a associa-

12. Processo Administrativo n. 61/1992.

13. Para a implementação dos cartéis certas condições estruturais costumam existir de forma a estimular o seu desenvolvimento. Assim, podemos apontar (i) uma elevada concentração da produção e da venda, uma vez que a negociação, implementação

ção comercial pode servir de instrumento ou orientadora de práticas ilícitas[14] na medida em que as informações que advêm de suas reuniões, de suas deliberações, ou mesmo de encontros informais, podem estar disponibilizadas exatamente para a condução de políticas concertadas por parte de seus membros.[15] Portanto, o raciocínio legal para a responsabilização de associações comerciais por práticas contrárias à concorrência é no sentido de que apesar do permissivo constitucional à livre associação (art. 5º, inc. XVII, da Constituição Federal)[16] deixar evidenciado a legitimidade do agrupamento de entes privados, o mesmo não autoriza a adoção de práticas que afrontam outro preceito constitucional; o que estabelece o princípio da livre concorrência (art. 170, inc. IV, da Constituição Federal).[17]

Destarte, é fundamental que as associações reconheçam os seus limites como entidades jurídicas, capazes que são de fomentar o mercado, contribuir para a eficiência de seus membros, mas não podem, sob pena de responderem perante os órgãos de proteção à concorrência e ao Poder Judiciário por atos ilícitos contrários ao sistema de competição estabelecido pelo princípio da livre concorrência, patrocinar condutas que venham a açambarcar o mercado e restringir a competitividades do setor.[18]

Em decisões da Suprema Corte Americana podemos perceber a linha adotada pelos órgãos internacionais acerca das condutas das associações comerciais e seus limites como provedoras de informações e entidade atuante a favor dos interesses de seus associados. No caso *National Society of Professional Engineers* a Suprema Corte Americana decidiu, ainda que de forma indireta, que a associação era capaz e responsável por conspirar, combinar e acordar práticas anticompetitivas que contrariam as regras norte-americanas (*Sherman Act*), e que, por conseqüência, não era sustentável a defesa no sentido de que a asso-

e monitoramento de acordos de preços é mais fácil em tal situação; (ii) elevadas barreiras à entrada, fazendo com que o acordo entre as firmas envolvidas no processo de cartelização não seja prejudicado por novos entrantes; (iii) a presença de *sunk costs* elevados, evitando a entrada do tipo "hit and run" por parte de potenciais entrantes; (iv) a presença de significativa economia de escala (evitam também a entrada de pequenos concorrentes e se atende a idéia de um mercado concentrado); (v) elevada homogeneidade do produto, pois assim se encontra maior facilidade de monitoramento entre as firmas praticantes da atividade colusiva; (vi) ausência de diferenças significativas entre as empresa envolvidas em termos de economia de escala e tecnologia (a diferenciação acaba por resultar em uma maior dificuldade de implementação do acordo, uma vez que as firmas avançadas não seriam atraídas em função de terem posição de destaque no mercado); (vii) demanda com pequenas flutuações.

Esses pontos apenas indicam condições estruturais que podem ser propícias à prática cartelizada, mas outros resultados de mercado devem ser analisados para se verificar os indícios da prática anticompetitiva.

14. No caso *U.S. vs. Container Corp. of America* restou estabelecido que: "when the market is inelastic and the number in it is small, the exchange of price information tends to restrain trade and restrict competition".

15. Como se sabe, as práticas ilícitas não costumam estar estampadas em atas de reuniões, sendo incomum que pessoas tendentes a estabelecer atos anticompetitivos promovam registros de suas deliberações sabendo-se que tal documento constituiria prova irrefutável de sua conduta criminosa. É por essa razão, e por serem as associações entes jurídicos reconhecidos constitucionalmente que todos os atos denunciados e investigados pelos órgãos de proteção à concorrência merecem uma análise, em geral, com base na regra da razão (isso significa que as medidas adotadas pelas associações não podem ser consideradas ilegais *per se*).

16. O art. 5º, inc. XVII, da Constituição Federal estabelece que: "é plena a liberdade de associação para fins lícitos, vedada a de caráter paramilitar".

17. O art. 170 da Constituição Federal estabelece que: "A ordem econômica, fundada na valorização do trabalho humano e na livre iniciativa, tem por fim assegurar a todos existência digna, conforme os ditames da justiça social, observados os seguintes princípios: (...) IV — livre concorrência".

18. A bem da verdade, a restrição do mercado não pode ser interessante para uma associação legítima, na medida em que, ao menos em tese, quanto maior o número de associados maior será a sua receita e poder de convencimento perante às autoridades para obter benefícios do interesse da categoria.

ciação, pelo seu caráter legítimo, reconhecido pela ordem legal, estaria isenta das responsabilidades insertas nas regras do antitruste.[19]

E a respeito da troca de informações sobre preços, o caso *U.S. vs. Container Corp. of America* é emblemático.[20] Nesse caso, em razão de haver uma inelasticidade da demanda, a troca, ainda que informal, de informações a respeito dos preços praticados pelos agentes econômicos do mercado relevante analisado apontava para uma conduta concertada na medida em que os preços findaram por aparecer, em um determinado período de tempo, de forma semelhante. E essa prática foi compreendida pela Suprema Corte como uma conspiração para fixação de preços.

A decisão do Juiz Douglas reconheceu que a prática adotada pelos *Container Manufacturers* conduzia a uma estabilização indesejada dos preços por meio de um acordo informal de preços. Em parte de sua decisão o Juiz em questão assentou que:

"The result of this reciprocal exchange of prices was to stabilize prices though at a downward level. Knowledge of competitor's price usually meant matching that price. The continuation of some price competition is not fatal to the Government's case. The limitation or reduction of price competition brings the case within the ban, for as we held in United States v. Socony — Vacuum Oil Co., supra, 310 U.S. at 224, n. 59, interference with the setting of price by free market forces is unlawful *per se*. Price information exchanged in some markets may have no effect on a truly competitive price. But the corrugated container industry is dominated by relatively few sellers. The product is fungible and the competition for sales is price. The demand is inelastic, as buyers place orders only for immediate, short-run needs. The exchange of price data tends toward price uniformity. For a lower price does not mean a larger share of the available business but a sharing of the existing business at of § 1 of the Sherman Act. As we said in United States v. Socony — Vacuum Oil Co. 'in terms of market operations, stabilization is but on form of manipulation'. The inferences are irresistible that the exchange of price information has had an anticompetitive effect in the industry, chilling the vigor of price competition. The agreement in the present case, though somewhat casual, is analogous to American Column & Lumber Co. v. United States, 257 U.S. 377; United States v. American Linseed Oil. Co., 262 U.S. 371.

"Price is too critical, too sensitive a control to allow it to be used even an informal manner to restrain competition."

Em decisão que acompanhou a Corte, o Juiz Fortas reconhece que a simples troca de informações sobre preços não pode ser considerada violação *per se* da regras antitruste. Contudo, como no caso em apreço, a ação adotada pelas firmas do setor revela-se inapropriada em termos de controle da concorrência, e, por conseqüência, ilegal. O Juiz em questão apontou em sua decisão que a troca de informações possibilitou uma regulação indesejável de preços a partir do acordo informal realizado pelos agentes econômicos envolvidos no caso. Assim, asseverou o i. magistrado:

"In summary, the record shows that the defendants sought and obtained from competitors who were part of the arrangement information about the competitors' prices to specific customers. 'In the majority of instances', the District Court found, once a defendant had this information he quoted substantially the same price as the competitor, although a higher or lower price would 'occasionally' be quoted. Thus the exchange of prices made it possible for individual defendants confidently to name a price equal to that which their competitors were asking. The obvious effect was to 'stabilize' prices by joint arrangement —

19. 435 U.S. 679 (1978).
20. 393 U.S. 333 (1969).

at least to limit any price cuts to the minimum necessary to meet competition. In addition, there was evidence that in some instances, during periods when various defendants ceased exchanging prices exceptionally sharp and vigorous price reductions resulted.

"On this record, taking into account the specially sensitive function of the price term in the antitrust equation, I cannot see that we would be justified in reaching any conclusion other than that defendants' tacit agreement to exchange information about current prices to specific customers did in fact substantially limit the amount of price competition in the industry. That being so, there is no need to consider the possibility of a *per se* violation."

Como se vê, na decisão em causa a Corte deixou evidenciado que em um cenário de mercado com demanda inelástica não existe razão para esse tipo de acordo que não seja regular preços, motivo suficiente para haver a repreensão da Corte para os agentes econômicos daquele mercado. O acordo informal revelado no caso analisado demonstrou haver um interesse por parte dos agentes econômicos envolvidos em permanecer adotando preços regulados a partir das revelações obtidas pelas informações colhidas entre as firmas condenadas. É importante notar que esse mercado se apresentava como um mercado em desenvolvimento, com crescimento significativo de empresas no setor, em função de baixas barreiras à entrada existentes, ainda que com uma demanda inelástica, mas ainda assim, devido às evidências de um mercado concentrado em padrão preço, a Corte resolveu apontar a ilicitude do acordo informal realizado para a troca de informações de preços praticados.

A padronização de condutas promovida pelas associações

Em outra linha de atuação concertada, na esteira das hipóteses acima levantadas, a literatura internacional aponta para a padronização de condutas diferenciadas de fixação de preços. Para não fugirmos do ponto importante para a nossa análise convém não estabelecermos discussão sobre se a prática de padronização de comportamento diferenciada de preço está mais próxima de uma análise de fixação de preços ou de um grupo de boicote.[21]

Na ação concertada para estabelecer padrões de comportamento não vinculado a preços, os órgãos de proteção à concorrência tendem a fazer uma análise racional do mercado, verificando as condições estruturais do segmento em questão, para compreender se a prática tem como conseqüência a restrição do mercado por meios artificiosos, condenando, eventualmente, as condutas restritivas.[22] No caso *Chicago Board of Trade vs. United States* — 246 U.S. 231, 38 S.Ct. 242, 62 L.Ed. 683, a Suprema Corte dos Estados Unidos da América considerou não haver nenhuma violação aos comandos antitruste por ter sido estabelecida uma simples padronização de horário para a negociação de grãos. Restou estabelecido que uma regulação mínima não pode ser considerada uma infração, sendo certo que para a Corte o teste de legalidade passava por verificar se a

21. Essa diferenciação é de suma importância porque a fixação de preços será considerada ilegal *per se* enquanto que uma acusação de grupo de boicote deverá, em regra, seguir o princípio de uma análise antitruste baseada na regra da razão.

22. Em Sullivan (*Antitrust*, p. 275), o autor comenta o caso *National Macaroni Manufacturers Association vs. FTC* com a seguinte nota: "the case is perhaps unique in predicating liability almost solely upon the standardization program. There, a disastrous growing season had driven up the price of durum wheat and manufacturers of macaroni had agreed to a standardized reduction of about fifty percent in the use of this flour in their products. All these aspects of the recipe were not standardized; it was anticipated that less expensive wheats than durum would be utilized in its stead. The court viewed this concerted activity, which directly tended to reduce the market for durum wheat and to depress its price and which manifestly had that purpose, as tantamount to price fixing and it held the program unlawful".

restrição apresentada pela formalidade feita pela associação promovia a competitividade ou a eliminava. Considerando que a associação estabeleceu que depois de uma determinada hora o valor do grão estaria determinado de acordo com a cotação do final do dia, mas que nada impedia de o agente econômico, caso quisesse pagar um preço menor, esperasse pelo dia seguinte, a Corte entendeu não haver risco para a competição do setor, que somente afetava o mercado de Chicago e de forma ínfima.

O Juiz Brandeis lançou os seguintes comentários finais sobre o caso:

"The restraint imposed by the rule is less severe than that sustained in Anderson v. United States, 171 U.S. 604. Every board of trade and nearly every trade organization imposes some restraint upon the conduct of business by its members. Those relating to the hours in which business may be done are common, and they make a special appeal where, as here, they tend to shorten the working day or, at least, limit the period of most exacting activity. The decree of the District Court is reversed with directions to dismiss the bill."

Grupo de boicote

Em casos envolvendo recusa por parte de agentes econômicos, competidores, em tese, entre si, em comercializar com outras firmas existentes no mercado, as decisões apontam para o reconhecimento de que práticas dessa natureza, submetidas à regra da razão,[23] podem ser consideradas como atos contrários ao princípio da livre concorrência. Esse tipo de conduta, quando entre competidores, tem a natureza de uma infração em nível horizontal. Em uma segunda possibilidade existe a relação de natureza vertical, que se revela quando um determinado grupo de firmas força um fornecedor ou distribuidor a romper relações comerciais com um competidor daquele grupo. Ainda que o resultado seja em nível horizontal o acordo foi realizado em linha vertical.[24]

O grupo de boicote clássico procura proteger os seus membros da competitividade que pode ser estabelecida por agentes econômicos não pertencentes ao grupo associado. E a forma pela qual grupos de boicote agem é por meio de ações concertadas, que impedem a entrada de potenciais concorrentes no mercado, ou padronizando comportamentos que podem eliminar as firmas competidoras que não atendem as expectativas daquele determinado grupo. Sullivan, in *Antitrust*, ed. West Group, à p. 230, esclarece, em poucas palavras, as condições propostas por um grupo de boicote da seguinte forma:

"The boycotting group members, in effect, say to their suppliers or to their customers, '*if you don't stop dealing with non-group members, we will stop dealing with you*'. If continued trade with group members is more important to a supplier or customer than is trading with non-group members, this threat will be effective. And if all suppliers or customers reached in this manner are, in the aggregate, of significant commercial importance to the non-group members, the boycott will be successful and the victims of the boycott will have been foreclosed from competing with the perpetrators of the boycott."

No julgamento da *Associated Press vs. United States* — 326 U.S. 1 (1945) restou decidido que quando firmas que competem entre si estabelecem, de forma concertada, por meio de deliberações e/ou resoluções, que outras firmas, do mercado direto ou

23. Pelas regras norte-americanas poderá se verificar que o ato praticado merece ser considerado ilegal *per se* o que resultará em uma não apreciação de possíveis benefícios econômicos advindos da prática analisada.

24. Nesse sentido, poder-se-ia definir o Grupo de Boicote como um grupo de firmas que agem de maneira concertada para restringir o mercado impedindo que outros concorrentes participem ou sejam excluídos do setor envolvido garantido assim o seu Poder de Mercado.

indireto, não poderão usufruir dos seus produtos, existe a violação da legislação antitruste. No caso em apreço, a associação processada tentava evitar que outras firmas existentes no mercado e competidoras de seus associados recebessem informações produzidas em seu estabelecimento, bem como impedia a inscrição de certas firmas em sua associação impedindo a sua afiliação.[25]

O raciocínio que permeia o caso acima mencionado é de que existe a liberdade de negociar e isso é inquestionável. Contudo, essa liberdade não assegura o direito de, de forma concertada, restringir acesso de outras firmas aos produtos lançados por associação de classe, sendo certo que nas condições existentes apresenta-se uma violação à legislação antitruste, não sendo necessário nem mesmo a existência de uma estrutura de mercado monopolizada para a sua condenação, na medida em que não se deve esperar a concretização de tal condição para se apontar o ataque à livre concorrência.

Evidentemente, o grupo de boicote encontra variadas formas de solapar a concorrência, produzindo não somente as ameaças diretas aos seus fornecedores e/ou consumidores, mas, também, cooptando parte dos agentes econômicos não pertencentes ao grupo, convencendo-os, por meios ardilosos e/ou fraudulentos, de que os agentes econômicos indesejáveis representam uma ameaça à imagem de todos aqueles inseridos no mercado afetado. Outra forma de cooptação é por meio de oferta de vantagens que somente são proporcionadas aos membros do grupo, mas que podem ser proporcionadas a alguns excluídos como forma de retribuição pelo atendimento às determinações do grupo infrator.

Movimentos de influência

Em outro caso bastante significativo — *Eastern Railroad President's Conference vs. Noerr Motor Freight Co.*[26] — a Corte americana fez valer a posição de que propostas de leis apresentadas ao Congresso que de alguma forma restrinjam atividades comerciais não podem ser consideradas uma violação à legislação antitruste. No julgamento em questão, certas firmas de caminhão moveram uma ação contra a ferrovia e a associação de seus representantes alegando que a proposta enviada ao Congresso, socorrida por uma campanha difamatória e viciada, seria um ato ilícito por ser uma tentativa dissimulada de restringir a competitividade entre os segmentos de mercado envolvidos na disputa (viagens de longa distância).

Em um primeiro momento, a Corte local (*District Court in Pennsylvania*) foi favorável à medida legal patrocinada pela indústria de caminhões, atendendo toda a sua alegação e reconhecendo que o grupo ferroviário pretendeu, por meio de um expediente disfarçado, causar um dano à livre concorrência. Em seqüência, em seara de apelação, a Suprema Corte revisou a decisão reconhecendo que não se pode considerar como violação à legislação antitruste um simples pedido para o Governo de edição de uma lei. Nesse caso, a Suprema Corte entendeu que independentemente da forma de publicidade utilizada pelo grupo ferroviário, esse não era um caso em que a campanha poderia ser considerada como uma violação ao *Sherman Act*, especialmente porque o grupo caminhoneiro não conseguiu provar haver uma deliberada intenção de prejudicar a concorrência.

O Juiz Black lançou as razões finais no julgamento da questão comentada da seguinte forma:

25. Em seu relatório sobre o caso, o Juiz Black aponta que: "The heart of the government's charge was that appellants had by concerted action set up a system of By-Laws which prohibited all AP members from selling news to non-members, and which granted each member powers to block its non-member competitors from membership. These By-Laws to which all AP members had assented, were, in the context of the admitted facts, charged to be in violation of the Sherman Act (...)".

26. 365 U.S. 127 (1961).

"In rejecting each of the grounds relied upon by the courts bellow to justify application of the Sherman Act to the campaign of the railroads, we have rejected the very grounds upon which those courts relied to distinguish the campaign conducted by the truckers. In doing so, we have restored what appears to be the true nature of the case — a 'no-holds-barred-fight' between two industries both of which are seeking control of a profitable source of income. Inherent in such fights, which are common place in the halls of legislative bodies, is the possibility, and in many instances even the probability, that one group or the other will get hurt by the arguments that are made. In this particular instance, each group appears to have utilized all the political powers it could muster in an attempt to bring about the passage of laws that would help it or injure the other. But the contest itself appears to have been conducted along lines normally accepted in our political system, except to the extent that each group has deliberately deceived the public and public officials. And that deception, reprehensible as it is, can be of no consequence so far as the Sherman Act is concerned.

"Reversed."

No corpo de sua decisão, o ilustre magistrado também ressalta que a mera combinação para conseguir um resultado que pode prejudicar a uma das partes envolvidas na contenda não é ilegal simplesmente porque existem mais de uma pessoa para patrocinar a prática tida como ilícita (uma Associação demandando uma Lei ao governo que ao final poderá trazer prejuízo para um outro grupo). E também reconhece que uma campanha disfarçada para conseguir alcançar a restrição de um mercado pode ser considerada violação a legislação antitruste, mas que, sem dúvida, é preciso haver provas bem fundamentadas dessas alegações.[27]

Conclusão

Portanto, não se pode pensar que as associações comerciais, por serem entidades reconhecidas constitucionalmente, não se submetem aos princípios insertos na legislação antitruste. As associações comerciais são entes alcançáveis pela citada legislação, sendo certo que os casos acima expostos configuram apenas exemplos de atos que patrocinados pelas respectivas entidades resultaram ou em condenação ou absolvição à luz da legislação de proteção à ordem concorrencial americana.

Nessa linha de raciocínio é importante frisar que concernente a Lei n. 8.884, do ano de 1994, especialmente o seu art. 21, e incisos, as hipóteses de condutas anticompetitivas previstas são de caráter meramente exemplificativo. Isso significa dizer que outras condutas, ainda que não previstas literalmente no ditame legal, podem ser passíveis de análise por parte dos órgãos de proteção à concorrência.

O Conselho Administrativo de Defesa Econômica tem seguido a linha de pensamento dos órgãos internacionais, reconhecendo a capacidade de articulação das associações comerciais para promoverem atos muitas vezes condenáveis nos termos da legislação analisada. De fato, decisões importantes têm sido proferidas pelo órgão antitruste no sentido de apontar que o papel das associações pode ser elemento aglutinador de concorrentes que, conhecendo informações relevantes do setor, estabelece padrões de comportamento altamente condenáveis em termos concorrenciais.

Em que pese a seriedade e responsabilidade com que o Conselho Administrativo de Defesa Econômica tem atuado nessas questões, utilizando-se da regra da razão para julgar as condutas investigadas, é fundamental que as entidades representati-

27. No caso *Rangen, Inc. vs. Sterling Nelson and Sons, Inc.*, 351 F.2d 851 (9th Circuit 1965) o Tribunal considerou haver violação a legislação antitruste quando se provou que os processados haviam subornado certos agentes governamentais para conseguirem obter benefícios comerciais.

vas de setores do mercado compreendam que de acordo com a legislação em referência não existe a necessidade de intenção de prática restritiva para haver uma condenação. Conforme estabelece a Lei n. 8.884, e farta jurisprudência a respeito, para haver a condenação em seara antitruste basta acontecer a possibilidade de um dano ao mercado, ou, ainda, que ocorrido o dano, este não decorra de uma intenção por parte daquele que o levou a cabo.

E conforme já comentado no corpo do presente artigo, as autoridades antitruste costumam ser bastante atentas aos indícios capazes de apontar as práticas infratoras, considerando extremamente importante toda estrutura do mercado para iniciar a representação administrativa, que poderá se converter em um processo, com uma eventual condenação caso todos os caminhos indiquem ter havida uma conduta colusiva. As autoridades governamentais não se restringem a análise de documentação produzida pelas associações, pois, como sabe, atos ilícitos não costumam estar estampados em contratos ou acordos, ou mesmo em atas de assembléias, uma vez que, em sendo verificado documentos dessa natureza, o grau de possibilidade de uma condenação torna-se bastante elevado.

LIVRE CIRCULAÇÃO INTERNACIONAL DE PESSOAS, TURISMO INTERNACIONAL E TERRORISMO: O CASO BRASIL *x* EUA[1]

HEE MOON JO

1. Introdução. 2. Caso Brasil "vs." EUA: 2.1 Medidas americanas e segurança nacional; 2.2 Princípio de reciprocidade no direito internacional. 3. Princípio de livre circulação no direito internacional: 3.1 Instrumentos internacionais relacionados ao direito à livre circulação; 3.2 Três tipos de liberdade de circulação. 4. Terrorismo e turismo internacional. 5. Liberdade de circulação e turismo internacional. 6. Conclusão. 7. Anexo.

1. Introdução

Nesse mundo globalizado, um dos mais importantes e fundamentais direitos para o indivíduo é o direito à livre circulação. Ora, a própria característica da globalidade já explica a necessidade desse direito do indivíduo, de tal sorte que ele possa conhecer outros países com mais facilidade.

As mercadorias, tecnologias e capitais circulam de uma forma cada vez mais livre, amparadas por negociações multilaterais, regionais e bilaterais. No entanto, a circulação internacional dos indivíduos ainda não está bem liberalizada, o que gera um descompasso entre os direitos do homem e os das "coisas", em um sentido físico. O desenvolvimento dos direitos humanos vem alterando a característica do direito internacional, enfatizando cada vez mais a importância da garantia da liberdade humana (ou do "homem livre") na dimensão internacional.

No contexto da humanização do direito internacional, o turismo internacional segue testando, na prática, o exercício do direito à livre circulação do homem. Conhecer diversos povos, a cultura de diferentes países, etc., é uma experiência individual, totalmente diversa daquela que é recebida pelos meios de comunicação. Quanto mais as pessoas se conhecerem, visitarem diversas localidades e travarem contato direto com outras culturas, maior será a possibilidade de se evitar conflitos internacionais. Assim, o turismo internacional é um importante meio através do qual os próprios indivíduos podem contribuir para a mantença da paz internacional. Nessa linha, garantir a livre circulação dos turistas internacionais é a exigência básica para o bom funcionamento do turismo internacional. Mais ainda, temos que a liberdade do turismo internacional reflete o direito global dos indivíduos.

Obviamente, o direito à livre circulação dos turistas internacionais não significa negar o direito soberano do Estado em

1. Esse trabalho foi apresentado no III Encontro de Direito do Turismo que se realizou nos dias de 15-17.9.2004, no Teatro da Universidade Metodista de Piracicaba (UNIMEP), *campus*, Taquaral, Piracicaba, SP.

controlar legalmente a entrada e a saída dos indivíduos em seu território. O que queremos dizer é que a recusa à emissão de visto ao turista estrangeiro deve ser devidamente fundamentada, de modo a não prejudicar o direito do indivíduo de viajar e conhecer outras culturas *(right to travel vs. right to refuse visa)*. Ou seja, entendemos que o Estado não tem mais o direito discricionário da recusa à emissão de visto, devendo esse direito ser exercido dentro dos limites que o direito internacional estabelece. De fato, o direito internacional vem estabelecendo, através dos instrumentos internacionais, os casos pelos quais o Estado pode negar a emissão de visto ao estrangeiro. Esse controle pelo direito internacional é necessário, desde que a circulação dos estrangeiros contribui para a paz internacional através do entendimento e do intercâmbio cultural que se estabelecem.

Nesse ambiente favorável ao incremento do turismo internacional ocorreu o terror do 11 de setembro de 2001. A partir de então, os EUA decidiram fiscalizar mais rigorosamente a entrada e a saída dos estrangeiros em seu solo. Os meios introduzidos foram a coleta de impressões digitais e a fotografia de todos os estrangeiros, exceto daqueles com visto permanente e dos provenientes de um grupo de 27 países que gozam de isenção de visto. Como o Brasil não faz parte desse grupo, todos os brasileiros que doravante adentrassem aos EUA deveriam passar pelos novos procedimentos de verificação. O Brasil, por sua vez, decidiu aplicar as mesmas medidas aos americanos que adentrassem ao território brasileiro, com base no princípio de reciprocidade. Ora, os dois países agiram e tomaram as medidas que julgaram corretas. No entanto, quem sofre com essas medidas são os próprios indivíduos dos dois países. Esse episódio demonstrou que o terrorismo internacional afeta e seguirá afetando de modo extremamente negativo o turismo internacional e, conseqüentemente, a paz internacional.

Aí estão postas as relações entre os interesses coletivos e os interesses individuais. Enquanto o Estado exerce seus direitos e deveres para o seu bem e o dos seus cidadãos, os indivíduos, em sendo livres, argumentam pela efetivação de seus direitos fundamentais e, dentre eles, o direito à liberdade de circulação. Assim, esse artigo visa discutir as relações entre o direito à livre circulação no direito internacional, o direito do Estado em recusar a entrada do estrangeiro, o princípio de reciprocidade e o impacto do terrorismo internacional no turismo internacional, objetivando uma reflexão acerca da importância da livre circulação no turismo internacional.

2. Caso Brasil "vs." EUA

Após os ataques, os Estados Unidos passaram a adotar um novo sistema de segurança para combater o terrorismo. Esse sistema de segurança exige que os estrangeiros que adentrarem ao país devem ter suas fotografias tiradas e suas impressões digitais coletadas.

Em resposta a essas medidas, o Procurador da República do MT, José Pedro Taques, via liminar, requisitou que os cidadãos americanos que adentrarem ao Brasil terão obrigatoriamente suas impressões digitais coletadas e serão fotografados, a partir de 1º de janeiro de 2004. A liminar foi concedida pelo Juiz Federal do Mato Grosso, Julier Sebastião da Silva. Ele entendeu que a medida do governo americano é algo "absolutamente brutal, atentatório aos direitos humanos, violador da dignidade humana, xenófobo e digno dos piores horrores patrocinados pelos nazistas" e, assim, acolheu o fundamento do Procurador da República, que é o do princípio internacional de reciprocidade, sob a alegação de que "se eles podem supor que todo estrangeiro é um terrorista, nós também estamos autorizados a fazer o mesmo".

O Juiz Julier Sebastião da Silva ainda esclareceu que "enquanto perdurarem os atos norte-americanos discriminatórios quanto aos brasileiros, pelo princípio da reciprocidade, está autorizado a República Federativa do Brasil a impor aos cidadãos dos Estados Unidos as mesmas exigências que estão sendo materializadas aos nacionais aqui nascidos".[2]

Ora, a reação do Brasil à nova política externa americana é um claro sinal do grau de deterioração em que se encontram as atuais relações entre o Brasil e os EUA. As regras americanas foram criadas por causa da ameaça do terrorismo e, subsidiariamente, para conter a imigração ilegal. Desde o início, o governo Lula buscou expressar uma diplomacia independente, condenando a invasão ao Iraque e deixando que a negociação da ALCA caísse em um impasse. Enquanto isso, ele expandiu a atuação da diplomacia brasileira fora da América do Sul, o que é um fato novo, mas ainda não conseguiu reverter a crise no Mercosul.

2.1 Medidas americanas e segurança nacional

A partir de 5.1.2004, os EUA começaram a aplicar o sistema chamado "US-VISIT", pelo qual as impressões digitais e fotografias dos visitantes estrangeiros são armazenados em computador. Logo, os visitantes estrangeiros oriundos dos países que não estão isentos, tal como o Brasil, devem ter suas impressões digitais e fotografias tiradas e comparadas com os dados de terroristas e criminosos.[3]

Além dessas medidas, os visitantes estrangeiros que desejarem o visto americano devem tirar novamente suas impressões digitais, para efeitos de comparação com as impressões anteriormente deixadas quando da entrada nos EUA. O governo americano explicou que essas medidas servem para checagem e comparação com dados anteriormente coletados, de tal sorte a se combater melhor o terrorismo.

Aliás, o governo americano vem exigindo que os países estrangeiros, quando da emissão de passaportes, incluam nestes os dados genéticos de seu portador. Os que criticam essas medidas argumentam que elas infringem os direitos humanos, em particular, a liberdade de corpo, ou seja, o direito à privacidade. De fato os americanos, que não têm carteira de identidade tal como existe no Brasil, nunca têm as suas impressões digitais tiradas, excetuando-se aí os criminosos. Porém, todos os estrangeiros com visto permanente nos EUA têm as suas impressões digitais tiradas, fato este que raros americanos natos têm consciência.

2.2 Princípio de reciprocidade no direito internacional

Nossos diplomatas entenderam que as medidas tomadas pelo governo brasileiro sobre os americanos, quando da entrada destes em solo brasileiro, estão baseadas no princípio de reciprocidade. Esse foi o princípio fundamental vigente à época das relações internacionais tradicionais, quando a diplomacia era entendida apenas sob o viés político. Ao aplicar esse princípio, um Estado concede direitos ou vantagens a outro Estado quando esse lhe concede os mesmos direitos ou vantagens.

Com o aumento das relações internacionais em várias áreas, como a econômica, a de proteção dos direitos humanos, etc., os países ficaram mais cautelosos na aplicação do princípio de reciprocidade. Isso porque cada vez mais ocorrem casos onde o uso desse princípio pode prejudicar os interesses nacionais. Aliás, o poder discricionário do país a recorrer ao princípio de reciprocidade vem diminuindo, a partir da formação das normas fundamentais da pró-

2. Leia a íntegra da liminar e a ação ajuizada pelo Procurador Pedro Taques no anexo.

3. Leia as leis relacionadas às medidas: *The USA Patriot Act* e *The Enhanced Border Security and Visa Entry Reform Act*. E, leia o testemunho de Maura Harty, Secretário-Assistente do Departamento do Estado para assuntos consulares na *The House Select Committee on Homeland Security, Subcommittee on Infrastructure and Border Security* em 28.1.2004 (http://www.state.gov/r/pa/ei/othertstmy/32986.htm).

pria sociedade internacional. A formação das importantes normas comunitárias internacionais como, por exemplo, as normas relacionadas aos direitos humanos, não podem ser negociadas na base da reciprocidade. Assim, mesmo quando um Estado trata mal o cidadão de um determinado país, o país deste não pode simplesmente aplicar o mesmo tratamento aos cidadãos daquele país que se encontram em seu solo, alegando a reciprocidade. Já na área econômica e comercial o princípio de reciprocidade é freqüentemente aplicado, dada sua eficácia na obtenção de resultados. Por exemplo, a reciprocidade é a base dos negócios internacionais que visam a redução de tarifas aduaneiras, a autorização do funcionamento de instituições financeiras, ou mesmo os requerimentos para a emissão de visto, etc.

As medidas tomadas pelas autoridades brasileiras foram baseadas no princípio de reciprocidade sob o direito internacional. Como essas medidas foram tomadas na forma de retaliação, a aplicação da reciprocidade adquiriu características diplomáticas e políticas. Assim, sob os pontos de vista jurídico e diplomático, não há nenhum problema em sua aplicação; no entanto, sob os pontos de vista dos direitos humanos internacionais e dos interesses econômicos, essas medidas geraram algumas dúvidas. Isso porque os fundamentos das autoridades brasileiras não encontram um firme respaldo legal nos documentos internacionais relacionados aos direitos humanos, além de causarem sofrimento aos visitantes americanos que não têm relação direta com as causas do conflito que se estabeleceu entre os países.

Para um melhor entendimento, veremos em seguida o princípio de livre circulação no direito internacional.

3. Princípio de livre circulação no direito internacional

O direito à livre circulação (*the right to freedom of movement*) está, por sua característica, relacionado aos direitos individuais. Isso explica o porquê desse direito não ter sido adequadamente tratado pelo direito internacional tradicional. A preocupação pela liberdade de locomoção começou a ser discutida no contexto dos direitos humanos. Portanto, tem sua raiz no direito nacional de cada país.

De fato, como as atividades humanas expandiram muito a sua dimensão fora dos territórios nacionais, dadas as facilidades de locomoção internacional, o intercâmbio internacional dos turistas aumentou progressivamente. No entanto, a livre circulação internacional do homem é ainda limitada, se comparada com a de mercadorias ou serviços, para os quais a OMC (Organização Mundial de Comércio) trabalha bastante. Na área do turismo internacional, a OMT (Organização Mundial de Turismo) tem se esforçado para aumentar a liberdade de circulação internacional dos turistas. No entanto, o controle de cada país acerca da entrada dos indivíduos nos seus territórios ainda possui características discricionárias. Vejamos, a seguir, o atual desenvolvimento do princípio de livre circulação no direito internacional.

3.1 Instrumentos internacionais relacionados ao direito à livre circulação

Como já observamos, o direito à livre circulação está inserido no corpo dos direitos humanos. A Declaração Universal dos Direitos Humanos (DUDH) (*The Universal Declaration of Human Rights* — UDHR) de 1948 foi o primeiro instrumento universal a expressar o direito à liberdade de circulação, no seu art. 13.

> Art. 13. Toda pessoa tem direito à liberdade de locomoção e residência dentro das fronteiras de cada Estado.
>
> Toda pessoa tem o direito de deixar qualquer país, inclusive o próprio, e a este regressar.

Apesar de sua característica não-vinculante, a DUDH se tornou o instrumento internacional mais autoritário na área dos direitos humanos, tanto nacional quanto internacional.[4] Desde que a DUDH expressou o direito à livre circulação, a maioria dos países decidiu também expressar esse direito em suas constituições e nas convenções internacionais, caracterizando-o como um dos direitos humanos fundamentais. No entanto, sabemos que os dispositivos na DUDH são declaratórios e, assim, exigem os dispositivos aplicativos. Os dois pactos internacionais que a Assembléia Geral da ONU adotou, em 16.12.1966, foram esses dispositivos aplicativos.[5] Nesse sentido, o Pacto Internacional sobre Direitos Civis e Políticos (PIDCP) é o instrumento internacional vinculativo mais importante que dispõe expressamente o direito de liberdade de circulação. O art. 12 do PIDCP[6] dispõe:

> Art. 12.
>
> 1. Toda pessoa que se ache legalmente no território de um Estado terá o direito de nele livremente circular e escolher sua residência.
>
> 2. Toda pessoa terá o direito de sair livremente de qualquer país, inclusive de seu próprio país.
>
> 3. Os direitos supracitados não poderão constituir objeto de restrição, a menos que estejam previstas em lei e no intuito de proteger a segurança nacional e a ordem, a saúde ou a moral pública, bem como os direitos e liberdades das demais pessoas, e que sejam compatíveis com os outros direitos reconhecidos no presente pacto.
>
> 4. Ninguém poderá ser privado do direito de entrar em seu próprio país.

Com isso, os outros instrumentos internacionais vinculantes começaram a incluir o direito à livre circulação sob situações mais específicas. Por exemplo, a Convenção Internacional sobre a Eliminação de Todas as Formas de Discriminação Racial (*The International Convention on the Elimination of All Forms of Racial Discrimination*), de 1966, dispõe no seu art. V que:

> Art. V. De conformidade com as obrigações fundamentais enunciadas no art. 2, os Estados Partes comprometem-se a proibir e a eliminar a discriminação racial em todas suas formas e a garantir o direito de cada um à igualdade perante a lei sem distinção de raça, de cor ou de origem nacional ou étnica, principalmente no gozo dos seguintes direitos:
>
> (...)
>
> d) outros direitos civis, principalmente,
>
> i) direito de circular livremente e de escolher residência dentro das fronteiras do Estado;
>
> ii) direito de deixar qualquer país, inclusive o seu, e de voltar a seu país;

Já a Convenção sobre os Direitos da Criança (*The Convention on the Rights of the Child*), de 1989, dá um outro exemplo na aplicação desse direito à livre circulação para a proteção das crianças, conforme o seu art. 10:

> Art. 10.
>
> 1. Nos termos da obrigação decorrente para os Estados Partes ao abrigo do n. 1 do art. 9º, todos os pedidos formulados por uma criança ou por seus pais para entrar num Estado Parte ou para o deixar, com o fim de reunificação familiar, são considerados pelos Estados Partes de forma positiva, com humanidade e diligência. Os Estados-partes garantem, além disso, que a apresentação de um tal pedido não determinará conseqüências adversas para os seus autores ou para os membros das suas famílias.
>
> 2. Uma criança cujos pais residem em diferentes Estados-partes tem o direi-

4. Hee Moon Jo, *Introdução ao Direito Internacional*, 2ª ed., São Paulo, LTr, 2004, p. 395. V., tb., H. Hannum, "The Status of the Universal Declaration of Human Rights in National and International Law", *Georgia JICL*, v. 25, 1995/1996, p. 287.

5. Hee Moon Jo, ibid., p. 396.

6. Ver sobre a interpretação do art. 12 do PIDCP, Hurst Hannum, *The Right to Leave and Return in International Law and Practice*, Martinus Nijhoff Publishers, 1987, pp. 24, ss.

to de manter, salvo circunstâncias excepcionais, relações pessoais e contatos diretos regulares com ambos. Para esse efeito, e nos termos da obrigação que decorre para os Estados Partes ao abrigo do n. 2 do art. 9º, os Estados Partes respeitam o direito da criança e de seus pais de deixar qualquer país, incluindo o seu, e de regressar ao seu próprio país. O direito de deixar um país só pode ser objeto de restrições que, sendo previstas na lei, constituam disposições necessárias para proteger a segurança nacional, a ordem pública, a saúde ou moral públicas, ou os direitos e liberdades de outrem, e se mostrem compatíveis com os outros direitos reconhecidos na presente Convenção.

A Declaração Americana dos Direitos e Deveres do Homem (*The American Declaration of the Rights and Duties of Man*), de 1948, dispõe no art. VIII esse direito de uma forma genérica:

> Art. VIII — Toda pessoa tem direito de fixar sua residência no território do Estado de que é nacional, de transitar por ele livremente e de não abandoná-lo senão por sua própria vontade.

Por fim, o art. 22 da Convenção Americana para a Proteção dos Direitos Humanos é mais específico quanto ao direito de circulação:

> Art. 22. Freedom of Movement and Residence
>
> 1. Every person lawfully in the territory of a State Party has the right to move about in it, and to reside in it subject to the provisions of the law.
>
> 2. Every person has the right to leave any country freely, including his own.
>
> 3. The exercise of the foregoing rights may be restricted only pursuant to a law to the extent necessary in a democratic society to prevent crime or to protect national security, public safety, public order, public morals, public health, or the rights or freedoms of others.
>
> 4. The exercise of the rights recognized in paragraph 1 may also be restricted by law in designated zones for reasons of public interest.
>
> 5. No one can be expelled from the territory of the state of which he is a national or be deprived of the right to enter it.
>
> 6. An alien lawfully in the territory of a State Party to this Convention may be expelled from it only pursuant to a decision reached in accordance with law.
>
> 7. Every person has the right to seek and be granted asylum in a foreign territory, in accordance with the legislation of the state and international conventions, in the event he is being pursued for political offenses or related common crimes.
>
> 8. In no case may an alien be deported or returned to a country, regardless of whether or not it is his country of origin, if in that country his right to life or personal freedom is in danger of being violated because of his race, nationality, religion, social status, or political opinions.
>
> 9. The collective expulsion of aliens is prohibited.

3.2 Três tipos de liberdade de circulação

Os instrumentos internacionais acima referidos mostram que, até hoje, três tipos de liberdade de circulação são reconhecidas internacionalmente, ou seja: o direito de livremente circular dentro do país, o direito de sair livremente de qualquer país e o direito de entrar em seu próprio país.

3.2.1 Direito de circular livremente dentro do país

O direito de livremente circular dentro do país é o direito básico da livre circulação. Esse direito implica na liberdade de circular, por qualquer lugar, dentro do território sem permissão específica das autoridades ou sem impedimento. Essa liberdade inclui automaticamente a liberdade de escolher a sua própria residência.

Quais restrições existem à essa liberdade de circulação? Além das limitações impostas pelas leis nacionais, cada instrumento internacional que dispõe sobre o direito à livre circulação estabelece as devidas restrições, geralmente de ordem comum.

Por exemplo, o art. 12 (3) do Pacto Internacional sobre Direitos Civis e Políticos (PIDCP) expressa que os direitos de livre circulação "poderão constituir objeto de restrição, a menos que estejam previstas em lei e no intuito de proteger a segurança nacional e a ordem, a saúde ou a moral pública, bem como os direitos e liberdades das demais pessoas, e que sejam compatíveis com os outros direitos reconhecidos no presente pacto". No mesmo sentido, o *Protocol n. 4 to the European Convention for the Protection of Human Rights and Fundamental Freedoms* (ECHR), de 1963, dispõe no art. 2(3) que esse direito pode ser limitado, de acordo com a lei, para os interesses do Estado tais como segurança nacional, segurança pública, mantença de ordem pública, prevenção de crime, proteção de saúde e moral e proteção dos direitos e liberdades dos outros.

Art. 2. Freedom of movement

1. Everyone lawfully within the territory of a State shall, within that territory, have the right to liberty of movement and freedom to choose his residence.

2. Everyone shall be free to leave any country, including his own.

3. No restrictions shall be placed on the exercise of these rights other than such as are in accordance with law and are necessary in a democratic society in the interests of national security or public safety, for the maintenance of order public, for the prevention of crime, for the protection of health or morals, or for the protection of the rights and freedoms of others.

4. The rights set forth in paragraph 1 may also be subject, in particular areas, to restrictions imposed in accordance with law and justified by the public interest in a democratic society.

Art. 3. Prohibition of expulsion of nationals

No one shall be expelled, by means either of an individual or of a collective measure, from the territory of the State of which he is a national.

No one shall be deprived of the right to enter the territory of the state of which he is a national.

Art. 4. Prohibition of collective expulsion of aliens

Assim, o poder do Estado de restringir o direito à livre circulação dentro do Estado não é um poder de caráter arbitrário.[7] Ao contrário, o Estado deve agir dentro da limitação provida pela lei (PIDCP) e justificada pelo interesse público de uma sociedade democrática (ECHR). A interpretação das limitações constantes dos instrumentos internacionais tem de ser feita cuidadosamente, dentro dos fundamentos dos direitos humanos, uma vez que essa liberdade está sendo tratada como um dos princípios fundamentais dos direitos humanos. Isso quer dizer que as restrições devem satisfazer tanto as necessidades públicas quanto os meios utilizados para tal, bem como os resultados esperados por essa restrição. Portanto, ao nosso entender, a lei nacional deve estar revestida da legitimidade advinda do poder legislativo, e não de uma decisão discricionária do poder executivo. Nesta mesma linha de raciocínio, a interpretação deve ser feita restritivamente, uma vez que excepcionalmente restringir-se-á o direito individual, de acordo com a filosofia da lei nacional relacionada e dos instrumentos internacionais relacionados.

3.2.2 Direito a sair livremente de qualquer país

O segundo tipo de liberdade de circulação do indivíduo refere-se ao direito deste de sair livremente de qualquer país, inclusive de seu próprio país. Esse direito está baseado na filosofia da liberdade, ou seja, de que nenhum país pode se apoderar dos indivíduos. De fato, a liberdade de migra-

7. Hurst Hannum, ibid., pp. 24-26.

ção é um direito individual dos seres humanos. A DUDH dispõe que "toda pessoa tem o direito de deixar qualquer país, inclusive o próprio, e a este regressar", tratando, assim, da liberdade de sair e entrar em um mesmo dispositivo. No entanto, os instrumentos internacionais mais específicos vêm separando essas liberdades porque, enquanto que a liberdade de entrada em seu próprio país é ilimitada, a liberdade de saída de seu país pode ser limitada, como por exemplo, em caso de detenção legal de criminoso. A saída dos menores também é limitada, de tal sorte a protegê-los.

Em termos gerais, a segurança nacional é o fundamento alegado para a restrição dessa liberdade, sendo aplicada freqüentemente pelos países. No entanto, como já ressaltamos anteriormente, qualquer restrição deve atender a legitimidade do objetivo, meio e resultado esperado.

Uma prática exercida pelos países para chegar à essa finalidade de restrição é o impedimento burocrático da emissão de passaporte.[8] Sem o passaporte ou algo similar, o indivíduo não pode nem sair nem entrar no país. Por isso, para a proteção desse direito de circulação, as leis relacionadas à emissão de passaporte de cada país devem ser claras e objetivas. Nesse sentido, a harmonização internacional das normas básicas para a regulamentação dos passaportes pode ser uma boa opção, não somente para a garantia do direito de circulação internacional mas também como medida de combate ao terrorismo internacional, o qual se vale das atuais facilidades para a falsificação de passaportes.

3.2.3 Direito de regressar ao próprio país

O terceiro tipo de liberdade de circulação refere-se ao direito de regressar ao seu próprio país. É um dos maiores esforços internacionais para a eliminação da figura do apátrida em direito internacional.[9]

No atual sistema legal internacional, o indivíduo necessita da proteção do Estado soberano. Quando o indivíduo adquire uma nacionalidade, o Estado de nacionalidade tem a obrigação de recebê-lo em seu território, quando este se encontrar no exterior. É a obrigação da proteção do seu nacional no exterior. Se o nacional não conseguir entrar em um país estrangeiro por alguma razão, o seu país de nacionalidade deve em regra recebê-lo de volta, apesar de existirem algumas exceções, como no caso dos refugiados. Essa obrigação de proteção está baseada nos fundamentos dos direitos humanos, não podendo ser confundida com a proteção diplomática, que é o direito do Estado que tem o chamado "vínculo mais estreito" com o indivíduo.

Entretanto, a entrada em um país estrangeiro por motivo de turismo não está vinculada à essa liberdade de circulação. Isso porque o direito internacional ainda não reconhece a liberdade de entrada em qualquer país. Nessa sociedade internacional, onde a ordem legal internacional é constituída com base na figura do Estado soberano, é poder soberano deste negar a entrada de estrangeiros em seu território. Até hoje, o direito de regresso ao próprio país encontra seus limites apenas na lei do próprio país.

Obviamente, o intercâmbio internacional dos indivíduos de várias nacionalidades promove a paz internacional. O direito internacional e, mais especificamente, o direito internacional do turismo e os direitos humanos vêm desenvolvendo as suas normas com esse fundamento. No entanto, não há um instrumento internacional que garanta o direito geral de livre acesso a qualquer país soberano. Os instrumentos internacionais somente garantem o direito de regresso ao seu próprio país. Aí está o papel do turismo internacional, qual seja, o desenvolvimento desse direito de livre circulação para a promoção da paz internacional. Entendemos que o direito internacional está evoluindo nessa direção, e o direito internacional do turismo é o motor principal desse processo.

8. Hurst Hannum, ibid., p. 52.

9. Hee Moon Jo, *Moderno Direito Internacional*, São Paulo, LTr, 2001, p. 155.

Precisamos ressaltar a importância desse direito de regresso com relação ao estrangeiro com visto permanente no país. Nesse mundo globalizado, existem inúmeros indivíduos que mantêm uma nacionalidade ou dupla nacionalidade mas que, no entanto, têm a sua residência permanente em um outro país. É a questão da proteção do direito do imigrante. Esses estrangeiros permanentes mantêm um laço sócio-econômico mais estreito com o país de permanência do que com o de nacionalidade.[10] Eles têm sua família, os filhos nascidos e educados no país de permanência, os bens, etc. Para eles, o direito de regresso mais importante seria o direito de regressar ao país de permanência, e não ao de nacionalidade. Se o país de permanência não prorroga o seu visto, o impacto em seus direitos seria enorme, dificultando a condução de uma vida normal. Nesse sentido, a interpretação de "regresso ao seu país" deve ser feita de uma forma ampla, para garantir o real interesse dos indivíduos.[11] A tendência moderna do direito internacional privado, que vem se utilizando de vários elementos de conexão tais como domicílio, residência habitual, lugar da relação mais significativo, lugar do vínculo mais estreito, etc., seria uma boa referência para responder à essa questão.

4. Terrorismo e turismo internacional

Já que discutimos o caso Brasil v. EUA, seria lógico examinarmos a relação entre terrorismo e turismo internacional, ou seja, o impacto do terrorismo no turismo internacional. No nosso entender, o terrorismo internacional causou um impacto muito negativo no turismo internacional, aumentando os constrangimentos à liberdade de circulação dos povos e ameaçando ainda mais a paz internacional.[12]

No dia 11 de setembro de 2001, quatro aviões comerciais foram seqüestrados, sendo que dois se chocaram contra as torres do *World Trade Center*, um caiu no Pentágono e um outro caiu em área rural. Este foi o dia em que teve início o terrorismo em escala internacional, utilizando-se da vida de civis como meio e alvo. As regras internacionais do direito humanitário e dos direitos humanos foram vilipendiadas pelos terroristas internacionais, sinalizando uma triste volta aos fenômenos dos séculos passados, quando os indivíduos não eram considerados, pelas normas internacionais, como passíveis de proteção.

O impacto deste ato terrorista foi grande, aproveitando-se de todos os meios de comunicação desenvolvidos pelo fenômeno da globalização. A indústria do turismo, por sua vez, também foi seriamente afetada. Suas receitas e os valores das ações das companhias aéreas despencaram. Conseqüentemente, muitas pessoas na área da indústria do turismo perderam seus empregos.

A indústria do turismo é um dos mercados mais abertos e que gera mais empregos e receita. No entanto, como todo empreendimento funciona com base na segurança e no conforto, a simples ameaça à segurança já foi suficiente para prejudicar o turismo internacional. Assim, a garantia da segurança dos turistas é o elemento fundamental para a atração destes. Muitas vezes, o país onde ocorreu um ato de terrorismo opta por divulgar as áreas de perigo para os turistas, buscando proteger a imagem do resto do país. Por exemplo, nas Filipinas o governo indica quais são as ilhas "perigosas", mais passíveis de atos de terrorismo, dentre as suas 7 mil ilhas, com o intuito de afirmar que o resto do país é seguro. No mesmo sentido, o país de origem dos turistas busca orientar seus cidadãos acerca dos locais mais perigosos para o turismo internacional, instruindo-os sobre as medidas necessárias para sua segurança.

10. Seidl-Hohenveldern, *International Economic Law*, Martinus Nijhoff Publishers, 1989, em particular, pp. 130-135.

11. Hurst Hannum, ibid., pp. 56-60.

12. Konstantinos Drakos e Ali M. Kutan, *Regional Effects of Terrorism on Tourism: Evidence from Three Mediterranean Countries*, Working Paper, B26, Center for European Integration Studies, Bonn, 2001, p. 4.

O tamanho da indústria do turismo brasileiro aproxima-se de US$ 40 bilhões ao ano. Cerca de 500 mil turistas americanos visitam o Brasil anualmente. Logo, o atrito diplomático entre os dois países gerou graves prejuízos ao turismo brasileiro. Enquanto os EUA controlam a entrada dos estrangeiros por razão de segurança nacional, o Brasil fiscaliza a entrada dos americanos com base em represália diplomática. De fato, o atrito diplomático começou por uma causa alheia a ambos, ou seja, pelo terrorismo internacional. Com certeza, ambas as políticas estão prejudicando suas respectivas indústrias de turismo. No entanto, quem sofre a maior perda nesse conflito são os cidadãos dos dois países.

Não é necessário destacarmos aqui a evidente importância do turismo para os países em desenvolvimento. De acordo com a OMC (Organização Mundial de Turismo), o turismo internacional gerou, em 2002, US$ 476 bilhões, o que significa 1/10 da receita do turismo do mundo inteiro. Como já ressaltamos em estudo anterior, o turismo internacional (vinda dos turistas estrangeiros) é uma fonte crucial de receita para alguns países em desenvolvimento. Mais ainda, como o turismo internacional nesses países depende muito das suas heranças natural e cultural, a competitividade internacional desse setor é inquestionável, o que justifica o setor do turismo internacional como um grande exportador competitivo.

A partir destas observações, qual seria o impacto nessa indústria internacionalmente competitiva de eventos nefastos tais como, por exemplo, o terrorismo? Ora, o impacto do terrorismo sobre a economia desses países é estrondoso, dando causa direta para o desemprego, a deflação, a recessão econômica, crimes, etc. De acordo com Adam Blake e M. Thea Sinclair, que estudaram o impacto do 11 de setembro de 2001 sobre a indústria do turismo americano, o impacto não se limitou apenas a indústria do turismo: "The contribution of tourism and travel to both industrialized and developing countries is now so great that any downturns in the level of activity in the industry are a cause of concern. The repercussions extend beyond activities directly associated with tourism, notably airlines, hotels and catering, to sectors that supply intermediate or final goods that are purchased by firms and employees in the industry, so that all sectors of the economy are affected to a greater or lesser extent".[13]

O impacto negativo do terrorismo é mais grave ainda nos países em desenvolvimento. Isso ocorre porque o grau de dependência econômica do país pelo turismo internacional é mais alto nos países em desenvolvimento do que nos países industrializados.[14] As observações de Hassan Y. Aly e Mark C. Strazicich, são convincentes nesse sentido: "The international tourism industry has come to play an increasingly important role in many developing countries. In the late 1960s and 1970s, tourism was often promoted as a way to reduce persistent balance of payments deficits and as a major source of foreign exchange. In the late 1980s and throughout the 1990s, tourism was recognized for its direct and indirect positive impact on government revenue, national income and employment. In addition, tourism is recognized as a means to diversify the economy and reduce reliance on traditional agriculture and industry. In general, tourism is one of the fastest growing economic sectors in the developing world and can be characterized as having 'multidimensional' effects".[15]

Então, porque os terroristas, em suma, atacam a si mesmos, uma vez que os países

13. Adam Blake e M. Thea Sinclair. "Tourism crisis management: adjusting to a temporary downturn", *Sixth Annual Conference on Global Economic Analysis*, 2002, p. 1.

14. Hee Moon Jo, "Turismo e direito internacional", in Rui Aurélio de Lacerda Badaró (org.), *Turismo e Direito: Convergências*, São Paulo, Senac, 2003, pp. 44-45.

15. Hassan Y. Aly e Mark C. Strazicich. "Terrorism and tourism: is the impact permanent or transitory?", p. 1, in http://www.erf.org.eg/html/btrade1.pdf.

em desenvolvimento sofrem muito mais com os ataques do que os países industrializados? Em primeiro lugar, por causa das facilidades para o ataque. Os turistas são alvos relativamente fáceis de serem atacados. Como seus horários e itinerários são predeterminados, o planejamento do ataque pelos terroristas é muito mais fácil. Em segundo lugar, por causa da facilidade de se envolver, em um só ataque, várias nacionalidades. Os turistas internacionais que se reúnem em mesmo local são, via de regra, oriundos de diversos países. Assim, um ataque poderia envolver várias nacionalidades, dando ao mesmo tempo a mesma mensagem para vários países. Essa razão é muito convincente, dada a flexibilidade inerente ao turismo. O turismo internacional é uma opção disponível em vários locais, para vários turistas de diversas nacionalidades. Assim, o local do atentado pode ser substituído por inúmeros outros locais, de diferentes países, desde que o local seja visitado por turistas internacionais. Se o terrorista internacional visar obter um efeito devastador à indústria de turismo local, estes (os turistas internacionais) seriam o alvo ideal.

5. Liberdade de circulação e turismo internacional

Desde que o terrorismo internacional afetou seriamente a indústria do turismo, a OMT vem demonstrando sua preocupação por este assunto. De fato, o direito internacional tem vários instrumentos para punir os atos de terrorismo tais como *hijacking*, financiamento ao terrorismo, etc.

No entanto, não há norma internacional especificamente direcionada ao terrorismo contra turista. Isso porque o terrorismo desta espécie é muito recente. Como é a necessidade que impõe a criação das leis, agora é a hora certa para se discutir a elaboração de algumas normas internacionais que chamem a atenção da importância desse setor. O terrorismo contra turistas é uma ameaça direta aos direitos humanos e à paz internacional. Ora, o direito internacional levou quatro séculos para proteger os direitos humanos, mas o terrorismo internacional levou menos de 10 anos para ameaçar seriamente os fundamentos dos direitos humanos. Não há nenhuma razão minimamente aceitável para se justificar um ato terrorista contra vidas humanas. O terrorismo, como meio, é incapaz de justificar qualquer objetivo que seja.

Nesse sentido, a integração da OMT, com 143 países-membros, à ONU sob a forma de agência especializada (*specialized agency*) no final de 2003 é um marco importante para o desenvolvimento desse setor.[16] Isso significa que a sociedade internacional já reconhece a importância do setor do turismo, ao lado de outros setores como educação, cultura, agricultura, saúde, trabalho, etc.

Como a OMT tem trabalhado bastante para promover o desenvolvimento da indústria do turismo, é previsível que ela venha a trabalhar dentro do sistema da ONU para introduzir as questões do terrorismo e da necessidade de livre circulação dos turistas como meio de aumentar a paz internacional e, também, de assistir ao desenvolvimento econômico dos países em desenvolvimento, em particular, perante a Assembléia Geral da ONU.

A agilidade eficiente da OMT foi vista na adoção do Código Mundial de Ética do Turismo (CMET — *Global Code of Ethics for Tourism*: GCET). O CMET é um acordo não-vinculante aceito pelos países-membros da OMT. Ele estabelece o turismo como fator de desenvolvimento sustentável, dispondo que "All the stakeholders in tourism development should safeguard the natural environment with a view to achieving sound, continuous and sustainable economic growth geared to satisfying

16. V., sobre o assunto, Rafeeuddin Ahmed, *WTO Transformation into a UN Specialized Agency*, in http://www.world-tourism.org/newsroom/conferences/presentations/Rafee%20-%20UN%20II. pdf.

equitable the needs and aspirations of present and future generations".[17]

Aliás, o CMET tenta estabelecer firmes laços entre o turismo e a paz internacional, ao dispor que "Profundamente convencidos de que, por permitir contatos diretos, espontâneos e imediatos entre homens e mulheres de culturas e modos de vida diferentes, o turismo representa uma força viva a serviço da paz, bem como um fator de amizade e compreensão entre os povos do mundo". Assim, segundo o CMET, é direito dos turistas internacionais a descoberta e o gozo dos recursos (naturais ou não) do planeta, como se fossem cidadãos do país que visitam.[18] Nesse sentido, cada turista é um mensageiro da paz internacional. Como o art. 8 do Código[19] dispõe a liberdade de circulação do turista dentro da disposição sobre a liberdade de circulação contida no art. 13 da DUDH, esse Código poderá servir para a interpretação da DUDH e, ao mesmo tempo, a DUDH servirá para a interpretação do Código no contexto dos direitos humanos.

6. Conclusão

A liberdade de circulação é a mais fundamental dentre as liberdades. O homem só é verdadeiramente livre se essa liberdade estiver garantida no âmbito internacional. No entanto, o sistema internacional está estabelecido com base na limitação dessa liberdade, sendo que a constituição nacional de cada país visa promover a livre circulação dentro do seu território. Em um Estado constituído por imigrantes que deixaram seus países de origem em busca de liberdade, como é o caso dos EUA, a preocupação com a liberdade de circulação é fortemente garantida. Os direitos humanos internacionais foram constituídos nas experiências dos diversos países em seus respectivos âmbitos nacionais. Os três tipos de direito de circulação já se tornaram normas internacionais. Por sua vez, o turismo internacional foi desenvolvido com base nessas liberdades de circulação, tanto nacional quanto internacional. A entrada em um país estrangeiro por motivo de turismo é um risco caso não haja confiança internacional ou regras internacionais que protejam os turistas internacionais no seu território. Portanto, a elaboração de regras internacionais e a interpretação uniforme des-

17. "World tourism organization", *Global Code of Ethics for Tourism*, art. 3, Madri, in www.worldtourism.org/projects/ethics/ethics.html.

18. V. tb., o excelente trabalho do prof. Rui Aurélio de Lacerda Badaró, "O direito internacional do turismo e a livre circulação de pessoas: linhas gerais sobre a declaração universal dos direitos humanos e o código mundial de ética do turismo", in *Revista Virtual de Direito do Turismo* (www.ibcdtur.org.br).

19. "Art. 8. Liberty of tourist movements:

"1. Tourists and visitors should benefit, in compliance with international law and national legislation, from the liberty to move within their countries and from one State to another, in accordance with Article 13 of the Universal Declaration of Human Rights; they should have access to places of transit and stay and to tourism and cultural sites without being subject to excessive formalities or discrimination;

"2. Tourists and visitors should have access to all available forms of communication, internal or external; they should benefit from prompt and easy access to local administrative, legal and health services; they should be free to contact the consular representatives of their countries of origin in compliance with the diplomatic conventions in force;

"3. Tourists and visitors should benefit from the same rights as the citizens of the country visited concerning the confidentiality of the personal data and information concerning them, especially when these are stored electronically;

"4. Administrative procedures relating to border crossings whether they fall within the competence of States or result from international agreements, such as visas or health and customs formalities, should be adapted, so far as possible, so as to facilitate to the maximum freedom of travel and widespread access to international tourism; agreements between groups of countries to harmonize and simplify these procedures should be encouraged; specific taxes and levies penalizing the tourism industry and undermining its competitiveness should be gradually phased out or corrected;

"5. So far as the economic situation of the countries from which they come permits, travellers should have access to allowances of convertible currencies needed for their travels."

sas regras relacionadas à liberdade de circulação internacional são fundamentais para aumentar a circulação dos turistas internacionais. Esses turistas internacionais são, de fato, mensageiros da paz internacional, os quais olham e aprendem com a diversidade de raças, cultural, social e econômica existentes. Se observarmos o turismo internacional pelo prisma da paz internacional e do desenvolvimento econômico, a restrição à livre circulação dos turistas internacionais deve ser aplicada de modo limitado, sendo que a simples aplicação do princípio de reciprocidade não deve ser cogitada. Ora, a liberdade de circulação é um direito individual, e não estatal. No nosso ver, no atrito entre o Brasil e os Estados Unidos, a aplicação da reciprocidade imposta pelo Brasil não atende bem os fundamentos estabelecidos pelos instrumentos internacionais, mas somente interesses políticos e diplomáticos.

No futuro, a sociedade internacional poderá vir a garantir a liberdade de ingresso em qualquer país. As integrações econômicas regionais como a UE, o Mercosul, o Nafta, etc., trabalham para facilitar essa liberdade.[20] O turismo internacional requer essa liberdade. O Código mundial de ética do turismo visa aplicar as normas dos direitos humanos na área do turismo. De fato, o turismo internacional oferece um bom exemplo para testar a liberdade de circulação internacional disposta nos instrumentos internacionais. Através do turismo internacional, surgem os problemas e as necessidades ligadas a esta liberdade, o que permite que a sociedade internacional possa desenvolver as regras internacionais pertinentes. O terrorismo internacional é um triste evento que dificulta as atividades do turismo internacional e fornece subsídios para a restrição da liberdade de circulação internacional. Pensamos que a sociedade internacional vai se adaptar bem contra essa brutalidade, através da cooperação internacional. Já que o terrorismo visa obrigar tanto os turistas quanto os Estados a restringirem a liberdade de circulação, os participantes do direito internacional também vão ajustar seus interesses particulares para o bem comum da sociedade internacional. Assim, o terrorismo internacional vai aumentar a cooperação internacional nas áreas relacionadas para o impedimento dos atos terroristas como, por exemplo, a lavagem de dinheiro, o intercâmbio de informações, a proibição do financiamento ao terrorismo, os seqüestros de aeronaves, etc., em fim, promovendo o desenvolvimento do direito internacional.

Portanto, as respostas ao terrorismo internacional têm de ser planejadas no contexto do desenvolvimento internacional e, mais especificamente, na proteção dos direitos humanos e na promoção do turismo internacional como mantenedor da paz internacional. Esse pensamento nos dá várias idéias para firmes respostas. Ora, a resposta imediata seria o tratamento do terrorismo nos instrumentos internacionais dos direitos humanos, para abolir o uso dos turistas como alvo do terror. O próprio Código Mundial de Ética do Turismo poderá especificar o terrorismo internacional, para dar a esse tema um tratamento adequado. Aliás, os princípios que constam nesse Código devem ser introduzidos voluntariamente nas leis nacionais, já que o Código não é um instrumento vinculante.

Por fim, chegou a hora de reconfigurarmos a identidade do turismo internacional na sua dimensão nacional e internacional. A indústria do turismo é uma indústria não-poluente, é uma indústria que requer uma boa educação do povo local, é uma indústria que promove o desenvolvimento social e econômico preservando as carac-

20. Vide, Proposta de Directiva do Conselho da União Européia relativa às condições em que os nacionais de países terceiros podem circular livremente no território dos Estados-membros durante um período máximo de três meses e que introduz uma autorização específica de viagem fixando as condições de entrada com vista a uma deslocação durante um período máximo de seis meses /* COM/2001/0388 final — CNS 2001/0155 */ *Jornal Oficial* n. C 270 E, de 25.9.2001, pp. 244-250.

terísticas típicas da sociedade local,[21] é uma indústria que gera proporcionalmente mais emprego e receita, é uma indústria que contribui para o desenvolvimento dos direitos humanos e, em última análise, para a paz internacional. A redefinição da identidade da indústria do turismo internacional, englobando todos esses elementos positivos, poderá facilitar a elaboração de vários conceitos jurídicos nas legislações nacionais como, por exemplo, o direito ao turismo, a liberdade de circulação dos turistas, etc., permitindo que o turismo internacional se posicione definitivamente entre as principais indústrias responsáveis pelo desenvolvimento do nosso país.

7. Anexo

A íntegra da liminar e a ação ajuizada pelo Procurador Pedro Taques

Poder Judiciário
Justiça Federal
Seção Judiciária de Mato Grosso
Ação Cautelar Inominada
Reqte.: Ministério Público Federal
Reqdo.: União Federal

DECISÃO

Trata-se de pedido de medida liminar formulado em sede de Ação Cautelar Inominada atentada pelo Ministério Público Federal, em desfavor da União Federal, no intuito de que seja determinado à Requerida que faça gestões junto às autoridades norte-americanas para excluir os brasileiros da obrigatoriedade de serem fotografados e de deixarem suas impressões digitais ao entrarem e deixarem os Estados Unidos da América — EUA, bem como que seja exigido dos nacionais norte-americanos, quando entrarem neste país, o mesmo que se está a exigir dos brasileiros que para lá se dirigem, tudo sob o fundamento de que cabe ao Brasil zelar pela aplicação dos princípios constitucionais da dignidade da pessoa humana e da reciprocidade nas suas relações internacionais.

Decido.

Nos últimos tempos, tem a mídia nacional noticiado uma série de humilhações e maustratos de que tem sido vítima uma grande quantidade de brasileiros que viajam para os Estados Unidos da América. Inúmeras têm sido as dificuldades e percalços impostos aos brasileiros que visitam aquele país, principalmente após a consecução dos atos terroristas de 11 de setembro de 2001. Exige-se vistos de entrada, de permanência e, agora, até de trânsito. São feitas revistas em bagagens sem qualquer polidez, desrespeitados direitos mínimos contidos na Declaração Universal dos Direitos Humanos, nacionais trancafiados em celas juntamente com criminosos americanos, deportações e expulsões ultrajantes etc.

Até o Ministro das Relações Exteriores do Brasil no governo Fernando Henrique Cardoso foi submetido ao tratamento humilhante em aeroporto dos Estados Unidos, tendo o atual Presidente da República Luiz Inácio da Silva criticado abertamente o ato, afirmando que, em seu governo, tamanho destino não teria acolhida e seria repelido de imediato.

Mais recentemente, conforme os documentos de fls. 06/20, decidiu o governo dos EUA implantar novo sistema de segurança no país para os visitantes. Pela nova determinação, pessoas de várias nacionalidades, consideradas desde logo terroristas em potencial, deverão ser fotografadas e terão suas impressões digitais recolhidas pelas autoridades norte-americanas assim que apartem ou deixem o território daquele país. Obviamente, que os cidadãos europeus e de outros países ricos não serão objeto do ato ultrajante, o qual serão reservado aos nacionais de países pobres da América Latina, África, Oriente Médio e Ásia. A data de início do novo procedimento será o dia 1 de janeiro de 2004 (em quatro dias).

Consigno que considero o ato em si absolutamente brutal, atentatório aos direitos humanos, violador da dignidade humana, xenófobo e digno dos piores horrores patrocinados pelos nazistas. Porém, dentro dos limites territoriais norte-americanos, está ao alvedrio daquele Es-

21. Ver sobre a relação entre turismo e desenvolvimento econômico no contexto internacional, Hee Moon Jo, "O Acordo Geral sobre o Comércio de Serviços (GATS) e o turismo sustentável", *Revista de Direito Mercantil, Industrial, Econômico e Financeiro*, ano XLII, out.-dez. 2003, pp. 77-86.

tado regulamentar a forma de entrada de alienígenas no espaço reservado à sua soberania.

No entanto, na seara do direito internacional público, vige o chamado princípio da reciprocidade, garantidor do que o mesmo tratamento dado por um Estado à determinada questão também será concretizado por outro País afetado pela decisão do primeiro. Significa dizer que a relação internacional entre países não pode se realizar de forma desigual, principalmente em se tratando de princípios norteados da dignidade da pessoa humana e de proteção e resguardo dos direitos humanos.

Dessa forma, não se pode admitir a omissão da União Federal no trato do problema gerado na entrada e saída de brasileiros dos Estados Unidos da América. A Constituição Federal, por seus arts. 1º, III; 3º, IV; e 4º, II, impõe-lhe o dever de agir no caso no sentido de excluir os brasileiros do tratamento indigno à pessoa humana e violador dos tratados/convenções internacionais protetores dos direitos humanos.

De outro giro, enquanto perdurarem os atos norte-americanos discriminatórios quanto aos brasileiros, pelo princípio da reciprocidade, está autorizado a República Federativa do Brasil a impor aos cidadãos dos Estados Unidos as mesmas exigências que estão sendo materializadas aos nacionais aqui nascidos. Não há qualquer impedimento legal. Ao contrário, a Magna Carta não compactua com a omissão das autoridades brasileiras nesse sentido, porquanto lhes confere o dever legal de agir nos exatos limites ditados pelo princípio da reciprocidade.

Sendo cristalina a plausibilidade do direito invocado, tenho que também o denominado *periculum in mora* fez-se presente. O período é de festas de fim de ano e de férias tanto no Brasil quanto nos Estados Unidos. Existem turistas indo e vindo entre os dois países e apenas os brasileiros estarão submetidos a partir do dia 1 de janeiro de 2004, ao vexatório ato de entrada e saída dos Estados Unidos. Assim, devem as autoridades brasileiras agir imediatamente tanto para buscar excluir os brasileiros do âmbito da exigência norte-americana quanto para impor dos cidadãos dos Estados Unidos que adentrem o território brasileiro o mesmo que se está a exigir dos tupiniquins.

De sua parte, tenho que a medida ora deferida não acarreta qualquer prejuízo ou transtorno à Requerida.

DISPOSITIVO

Com efeito, defiro o pedido de concessão de medida liminar e determino à União Federal, que faça gestões junto às autoridades norte-americanas para que os brasileiros sejam excluídos da exigência que passa a vigorar a partir do dia 1 de janeiro de 2004 para entrada e saída dos Estados Unidos da América.

Enquanto perdurar a restrição imposta pelas autoridades norte-americanas, determino à Requerida que fotografe e recolha as impressões digitais dos nacionais dos Estados Unidos da América, nos portos, aeroportos e rodovias, quando entrarem em território brasileiro, sob pena de ser-lhes negada a entrada devida.

Deverá a Requerida reportar ao Juízo, no prazo de 10 dias, as providências tomadas para o cumprimento desta, restando, desde logo, fixada a multa diária de R$ 10.000,00 (dez mil reais) para a hipótese de inobservância do ora decidido.

Oficie-se com urgência, ao Ministério de Relações Exteriores e ao Departamento de Polícia Federal para cumprimento imediato.

Cite-se. Intimem-se.

Cuiabá, 28 de dezembro de 2003.

Julier Sebastião da Silva

Juiz Federal

A ação ajuizada pelo Procurador Pedro Taques

Excelentíssimo Senhor Juiz Federal da ____ Vara da Seção Judiciária Federal do Estado de Mato Grosso.

O Ministério Público, neste ato o Procurador da República que ao final assina, no exercício do dever poder previsto nos arts. 127, *caput*, e 129, ambos da Constituição da República, combinados com o art. 4º da Lei Federal 7.437/1986, vem perante Vossa Excelência propor a presente AÇÃO CAUTELAR INOMINADA, COM PEDIDO DE LIMINAR, preparatória de futura AÇÃO CIVIL PÚBLICA, em face da UNIÃO FEDERAL, pessoa jurídica de direito público interno, que deverá ser chamada judicialmente para responder a esta demanda através do Senhor Procurador-Chefe da Advocacia-Geral da União nesta Unidade Federada, argumentando, para tanto, as razões fáticas e jurídicas abaixo jurisdicionalizadas:

Conforme faz prova a documentação que acompanha esta inicial ministerial, o Departamento de Estado dos Estados Unidos da América editou Ato Normativo, com natureza jurídica de norma interna, que instituiu um novo sistema de segurança contra atos terroristas, ou ao menos sob a justificativa de tentar evitá-los, e passará a exigir, a partir do próximo mês de janeiro de 2004, que algumas espécies da raça humana que adentrarem em solo americano, notadamente aquelas que possuírem as nacionalidades, originárias ou secundária, vinculadas a certos Estados estrangeiros listados na mesma norma norte-americana, deverão, de forma cogente, ser fotografadas e obrigadas a passar por um mecanismo de colheita das impressões datiloscópicas, cujos dados, vale dizer, fotográfico e datiloscópico, serão imediatamente inseridos em um grande banco de dados, que tem a pretensão de fornecer às autoridades daquele país elementos de identificação de supostos terroristas. Revela notar, por oportuno, que igual providência, isto é, a obrigatoriedade de nova fotografia, bem assim da tomada de novas impressões digitais, também ocorrerá no instante em que a pessoa humana, vinculada juridicamente a um dos Estados listados, deixar o solo americano.

Dentre os muitos Estados alienígenas escolhidos pelas autoridades americanas, e cujo nacionais, e só pelo simples fato de ostentarem essa natureza, serão obrigados a submeteremse ao aludido procedimento prévio de identificação, encontra-se a República Federativa do Brasil, e como costuma acontecer, também fazem parte da famigerada lista de Estados, cujos nacionais seriam para as autoridades americanas presumidamente terrorista, a quase totalidade daqueles localizados na América Latina, África, Oriente Médio e Ásia, não fazendo parte do elenco, à evidência, os Estados Europeus, o que ocorre, quem sabe, por questões históricas ou comerciais, pois não encontramos outro fundamento para justificar tamanho preconceito xenofóbico.

Com efeito, é certo que os Estados, por serem independentes, por terem a capacidade de autodeterminação, e só com essas qualidades e que podem ostentar a natureza jurídica de Estados, com fundamento em sua Soberania, estão autorizados a estabelecer, e apenas no âmbito de seu componente espacial, a norma que entenderam conveniente e necessária à sua realidade histórica e social. Igualmente é certo que às autoridades de um determinado Estado, no exercício de sua função interna, não é ofertado o Poder, como exercício de parcela da soberania desse mesmo Estado, de se imiscuir na razoabilidade de uma norma de um outro Estado também soberano.

Com o devido respeito, se nos afigura como sendo o caso aqui tratado, pois ao Magistrado brasileiro, como acima dito, no exercício de parcela da Soberania que a Constituição da República Federativa do Brasil lhe ofertou, não é ofertado o Poder de julgar a adequação da referida norma americana à Lei Maior dos Estados Unidos da América, muito menos a sua compatibilidade com a nossa Carta Política de 1988.

No entanto, às instituições e autoridades brasileiras, dentre elas o Poder Judiciário e o Ministério Público Federal, ao Juiz Federal e ao Procurador da República, a Constituição da República do Brasil não deixa margens à dúvida, ao transformar o Poder em dever, quando determina que tais instituições e autoridades devem velar, devem defender, e que exijam respeito a certos princípios que o Legislador Constituinte de 1988 entendeu serem de importância para o nosso Estado, que se denomina como sendo democrático e de direito, dentre eles, e com maior relevo, os princípios da soberania e da dignidade da pessoa humana, elencados, como comandos emergentes, no art. 1º, I e III, da nossa Lei Maior.

Ora é público e notório que cidadãos brasileiros vêm sendo humilhados ao adentrarem em solo americano, obrigados que são a passarem por revistas, entrevistas e tiragens que ofendem aos mais comezinhos princípios da razoabilidade, tudo contando com a omissão das autoridades brasileiras encarregadas de zelar pelas nossas relações internacionais, que nada fazem para evitar, ou ao menos diminuir as humilhações que os brasileiros vêm sofrendo ao pisarem nas terras da América do Norte.

Não é segredo para ninguém mediante informado que até mesmo o Ministro das Relações Exteriores do Governo Fernando Henrique foi obrigado, juntamente com toda a sua comitiva, a tirar os sapatos para serem revistados pelas autoridades americanas, fato esse noticiado por toda a imprensa nacional, em razão disso, e diante da importância do tema para as nacionais, um comentário do atual Presidente da República, Luiz Inácio Lula da Silva, afirmando, que durante o seu governo, nenhum de seus ministros precisaria tirar os sapatos para entrar nos Estados Unidos da América.

Em razão da norma americana, cuja obediência naquele território se aproxima, vale dizer, que entrará em vigor no próximo dia 1.1.2004, muitos cidadãos brasileiros serão mais uma vez humilhados em solo americano, agora com maior perversidade, pois serão obrigados, de forma constrangedora e vexatória, a deixarem-se fotografar e terem colhidas as suas impressões digitais, isso por serem, no entender das autoridades americanas, presumidamente terroristas.

Não nos cabe aqui, nesta demanda, debater ou criticar se a norma americana é ou não justa, se ela é ou não legítima, se ela é ou não necessária diante da atual quadra histórica vivida pelos Estados Unidos da América, notadamente após o atentado de 11 de Setembro de 2001.

Realmente, o que se está tentando proteger é a dignidade da pessoa humana, mormente o cidadão brasileiro que será inexoravelmente exposto a constrangimento em terras americanas, sendo vítima de desrespeito a princípios de obediência obrigatória pelo simples fato de ter nascido com vida, independentemente de sua nacionalidade, pela só condição de ser da espécie humana.

Argumentos sobre a necessidade dessa específica norma americana, com o devido respeito, fogem a esta demanda judicial, e devem se manter ao longe dos foros do Poder Judiciário, cabendo, com toda certeza aos debates acadêmicos-doutrinários, e aos convescotes palacianos, em especial naqueles do Itamaraty.

O que o Ministério Público Federal deseja, como exercício de seu dever-poder, e o respeito aos direitos fundamentais da pessoa humana, mormente dos cidadãos brasileiros, onde quer que eles estejam, pois entender de forma diversa, vale dizer, compreender que os princípios eleitos pelo constituinte só teriam validade, só seriam instrumento de proteção no âmbito espacial de nosso território, à evidência, seria relegar, fazer olhos desarmados ao significado de uma justiça que deve ser universal.

Em situação que tais, o que se pode fazer é a utilização de instrumentos de há muito ofertados pelo Direito Internacional Público para pontuar as relações entres os Estados, dentre eles o princípio da reciprocidade, que, e ao que parece, e sempre em homenagens às questões econômicas-comerciais, vem sendo pouco exercido, esquecido, desatendido, pelas autoridades brasileiras que constitucionalmente são encarregadas das nossas relações internacionais.

Em poucas palavras, e sem maiores delongas, se as autoridades americanas estão a exigir determinada obrigação de cidadãos brasileiros, e abstraindo-se se os motivos da exigência sejam ou não razoáveis em um momento histórico, força concluir que, em respeito ao princípio da reciprocidade, as autoridades brasileiras estão autorizadas, legitimamente, a exigir a mesma obrigação dos cidadãos americanos quando adentrarem nestas terras.

Posto isso, o Ministério Público Federal requer a Vossa Excelência o seguinte:

1) que seja expedido comando emergente, em caráter liminar, determinando-se à União Federal, através do Ministério das Relações Exteriores, que, de forma concreta, faça gestão junto às autoridades americanas para excluir os nacionais brasileiros da necessidade de serem fotografados e obrigados a deixarem as impressões digitais ao entrarem nos Estados Unidos da América, devendo comunicar ao juízo, no prazo improrrogável de 10 dias as providências efetivamente tomadas;

2) seja expedido comando emergente, determinando-se à União que exige dos nacionais americanos, durante o espaço temporal em que a mesma exigência for feita aos nacionais brasileiros nos Estados Unidos da América, que, no instante em que adentrarem no território da República Federativa do Brasil, seja por via aérea, marítima ou terrestre, sejam fotografados e obrigados a terem as impressões digitais recolhidas por autoridades brasileiras, sob pena de serem proibidos de adentrarem em solo nacional, tudo com a finalidade de se evitar que, em caso de cometerem crime neste território, não possam ser identificados e, ao depois, responsabilizados pelos seus atos;

3) citação e intimidade da União, por meio de seu representante legal, para responder à presente demanda, julgando ao final procedente o pedido;

4) condenação da requerida no ônus da sucumbência e demais despesas processuais;

Provará o alegado por meio de provas documentais, periciais, testemunhais, cujo rol apresentará oportunamente, bem como por todos os demais meios de prova admitidos em direito.

Dá-se à presente causa o valor de R$ 100.000,00 (cem mil reais).

Cuiabá/MT, 28 de dezembro de 2003.

José Pedro Taques

Procurador da República

30 de dezembro de 2003.

OS CONTENCIOSOS NA OMC COMO INSTRUMENTO DE ABERTURA DE MERCADOS AGRÍCOLAS — REFLEXÃO E PROVOCAÇÃO*

RENÊ GUILHERME S. MEDRADO

I — Introdução. II — Agricultura — O histórico de contenciosos brasileiros na OMC: A) Demandas concluídas: 1. Medidas compensatórias sobre as exportações ao Brasil de côco ralado (DS22) ("Côco Ralado"); 2. CE — Regime de importação de frangos ("CE — Importação de Frangos") (DS69); 3. CE — Tratamento preferencial da Comunidade Européia a terceiros Países ("EC — Café Solúvel") (DS209); 4. Argentina — Direitos "antidumping" sobre exportações de frango ("Argentina — Frangos 'Antidumping'") (DS241); 5. EUA — Regime do Estado da Flórida relativo à importação de suco de laranja ("EUA — Suco de Laranja") (DS250); B) Demandas atuais: 1. CE — Subsídios à exportação de açúcar ("CE — Açúcar") (DS266); 2. EUA — Subsídios à exportação e apoio doméstico a algodão ("EUA — Algodão 'Upland'") (DS267); 3. CE — Classificação alfandegária de pedaços sem ossos de frango ("CE — Frangos Classificação") (DS269). III — O SSC da OMC como instrumento de abertura de mercados: A) Características próprias do SSC da OMC: 1. O SSC como um dos elementos de sustentação do multilateralismo. Breves considerações acerca do unilateralismo norte-americano e seus efeitos sobre o desenho atual do SSC; 2. Importância sistêmica do SSC. O SSC como uma das peças de um regime "gerencial"; B) Os benefícios advindos da utilização de instituições internacionais. IV — Considerações finais: A) À guisa de conclusão; B) Seriam essas disputas "casos ruins"? C) A "cláusula de paz". Bibliografia.

I — INTRODUÇÃO

Não resta dúvida acerca da importância do setor agrícola para a economia brasileira. Historicamente, vários Países têm devotado atenção a tal setor, levando diferentes interesses a se cruzarem em seu caminho de liberalização e regulamentação. As negociações relacionadas a tal tema encontram-se novamente em situação delicada. Os resultados da Quinta Reunião Ministerial da Organização Mundial do Comércio (OMC) mantida em Cancun, México, entre os dias 10 e 14 de setembro de 2003,[1] bem denotam isso, embora o "acor-

* O autor agradece a Rafael Tiago Juk Benke pelas frutíferas discussões que em muito contribuíram para este artigo e a Rodrigo M. Carneiro de Oliveira pelos valiosos comentários feitos sobre uma versão anterior deste artigo. Todos os erros do artigo devem ser atribuídos única e exclusivamente ao autor. As opiniões constantes deste artigo são de responsabilidade exclusiva do autor, não devendo ser atribuídas a qualquer das instituições que integre. O autor pode ser contatado por meio dos seguintes e-mails: <renemedrado@pinheironeto.com.br> ou <rm2136@columbia.edu>.

1. V. <http://www.wto.org/spanish/thewto_s/minist_s/min03_s/min03_s.htm>, visitado em 11.11.2003. Além desse foro de discussões, o Brasil

do-quadro" (*Framework Agreement*), firmado ao final de julho de 2004, represente um alento, resultando em um novo impulso às negociações.

Tais resultados bem denotam a dificuldade de os membros da OMC chegarem a um consenso (ou até mesmo a um ponto de partida consensual) em torno das negociações sobre agricultura. Parte dessa dificuldade advém dos resultados da Rodada Uruguai, em que os Países em desenvolvimento e menos desenvolvidos concordaram com a expansão dos temas-áreas do regime da OMC (serviços e propriedade intelectual, principalmente), como contrapartida à introdução de regras sobre o setor agrícola (tarifação, classificação de tipos de medidas de apoio doméstico, e estabelecimento de compromissos de redução de subsídios à exportação), além do aprimoramento do sistema de solução de controvérsias. Todavia, tais Países vêem tais resultados como insuficientes, por não permitirem acesso, tampouco ganho de competitividade adequados nos mercados agrícolas internacionais.[2]

Denota-se, portanto, que o desenvolvimento das negociações multilaterais, visto como um todo, encontra-se intrinsecamente ligado ao avanço das negociações agrícolas. A aproximação do prazo final das negociações da Rodada do Desenvolvimento Doha (janeiro de 2005), e a postura adotada por alguns Países em buscar a abertura de mercados por meio de canais bilaterais e/ou regionais contribuem ainda mais para o encrudescimento das negociações. Todavia, é do interesse do Brasil manter as negociações em andamento, em razão das implicações econômicas, sociais e políticas que giram em torno desse setor.

Nesse contexto, quer parecer que o Sistema de Solução de Controvérsias da OMC (SSC) passa a ganhar importância, seja nos esforços diretos e indiretos de abertura de mercados, seja como fator de poder de barganha adicional nas frentes de negociação. Como possível efeito dessa lógica, verifica-se que o Brasil, nos últimos anos, intensificou a abertura de demandas, perante o SSC, envolvendo questões de alta relevância nas negociações sobre agricultura. Tais casos em que o Brasil é parte envolvem, por exemplo, o apoio conferido pelos Estados Unidos à sua indústria doméstica algodoeira, bem como os subsídios conferidos pela Comunidade Européia (CE) às suas exportações de açúcar, entre outras questões.[3]

Esses e potenciais casos futuros poderão causar o efeito de acirrar as negociações em andamento. O término do prazo da cláusula de "Devida Moderação" (ou *Due Restrain*), prevista no Artigo 13 do Acordo sobre Agricultura (AsA) — a chamada "Cláusula de Paz" — tende a surtir efeitos benéficos à posição negocial brasileira, por ampliar o espectro dos tipos de demandas, envolvendo o setor agrícola, que poderão ser requeridas perante o SSC.[4]

Este artigo procura ressaltar alguns elementos da estratégia contenciosa brasileira. Inicialmente, examinar-se-á o histórico do Brasil em demandas envolvendo o setor agrícola perante o SSC. O objetivo é identificar a postura contenciosa brasileira, passada e presente, perante a OMC (Capítulo II). Reflexamente, tal análise auxiliará também na identificação dos obstáculos mais evidentes erigidos contra as exportações agrícolas brasileiras, e no conhecimento de parte dos temas que já foram objeto de consideração pelo SSC nesse setor. O Capítulo III apresentará considera-

ainda negocia tal tema no âmbito da Área de Livre Comércio das Américas (ALCA) e do Acordo entre o Mercosul e a Comunidade Européia (MCE), com diferentes resultados, como recusa em negociação (no caso da ALCA) e progresso lento (no caso do MCE). Idem.

2. Trata-se de uma simplificação, cujo objetivo se perfaz em oferecer contexto para a discussão que segue.

3. As questões objeto desses contenciosos encontram-se detalhadas adiante. V. nota de Capítulo II abaixo.

4. Para uma breve reflexão acerca dos potenciais efeitos advindos da expiração da "Cláusula de Paz", v. Capítulo IV abaixo.

ções a respeito da estrutura e características do SSC que auxiliam a compreensão da estratégia contenciosa brasileira, bem como alguns argumentos teóricos que a embasariam. O Capítulo IV conclui o artigo, com reflexões à guisa de conclusão a respeito da estratégia contenciosa brasileira, e breve menção acerca dos efeitos da expiração da "Cláusula de Paz" e das oportunidades que o término dessa cláusula pode eventualmente gerar.

II — Agricultura — O histórico de contenciosos brasileiros na OMC[5]

O SSC[6] já conta com mais de 300 demandas desde sua criação em 1995.[7] O Brasil participou de 25 processos como parte efetiva e em outros dez como parte interessada (*third-party*). Dessa forma, o Brasil envolveu-se em mais de 13% de todas as disputas registradas no SSC. Dentre os 25 casos que envolvem o Brasil como demandante ou demandado, seis deles envolvem produtos agrícolas (ver Tabela abaixo), pesca e outros derivados. Em sete deles o Brasil atuou (ou está atuando) como demandante e, em dois deles, como demandado. Dos casos envolvendo produtos agrícolas, cinco já foram concluídos e três se encontram em andamento (esses casos serão analisados abaixo). O Brasil ainda participou (ou participa) na condição de parte interessada em dez outros casos, três dos quais tendo por objeto produtos agrícolas.[8]

DISPUTAS COMERCIAIS PERANTE A OMC ENVOLVENDO PRODUTOS AGRÍCOLAS BRASIL COMO PARTE			
Condição	**Oponente**	**Matéria**	**Situação**
Demandante	Comunidade Européia (CE)	Regime relativo a importação de frango (DS69)	concluído
	CE	Tratamento preferencial a exportações de café solúvel (DS209)	concluído
	Argentina	Direitos *antidumping* sobre exportações de frango (DS241)	concluído
	EUA	Regime do Estado da Flórida relativo a importação de suco de laranja (DS250)	concluído
	CE	Subsídios a exportação — Açúcar (DS266)	em andamento
	EUA	Subsídios a exportação e apoio doméstico — Algodão (DS267)	em andamento
	CE	Classificação alfandegária de pedaços sem ossos de frango (DS269)	em andamento
Demandado	Filipinas	Medidas compensatórias sobre as exportações ao Brasil de côco ralado (DS22)	concluído
	Sri Lanka	Medidas compensatórias sobre as exportações ao Brasil de côco ralado (DS30)	concluído

Fonte: Organização Mundial do Comércio, *Update of WTO Dispute Settlement Cases* (WT/DS/OV/19, 6.2.2004)

5. Este Capítulo beneficiou-se de trechos, atualizados pelo autor, de capítulo da dissertação de LL.M. de Rafael Tiago Juk Benke intitulada *Brazilian Agricultural Exports: Internal and External Barriers*, na University of Warwick, Inglaterra, 2002.

6. V. <http://www.wto.org/spanish/tratop_s/dispu_s/dispu_s.htm#dsb>. O sistema de solução de controvérsias da OMC compreende a apresentação de uma demanda a ser analisada por um painel de árbitros. A decisão desses árbitros pode ser objeto de apelação, pelas partes da demanda, Órgão de Apelação da OMC (OA).

7. V. *Update of WTO Dispute Settlement Cases*, WT/DS/OV/19, 6.2.2004. Eram 306 casos em 6.2.2004 e 313 casos em 11.8.2004 (v. sítio <http://www.wto.org/english/tratop_e/dispu_e/dispu_status_e.htm>, visitado em 11.8.2004).

8. Essas demandas são: (i) demanda aberta pela Argentina contra o Chile, pela imposição de salvaguardas especiais na importação de misturas de azeite

A) Demandas concluídas

1. Medidas compensatórias sobre as exportações ao Brasil de côco ralado (DS22) ("Côco Ralado")

Esse foi um dos primeiros casos requeridos sob as regras do *Entendimento sobre as Regras e Procedimentos Regulando a Solução de Controvérsias* (ESC) da OMC (WT/DS22). Em resumo, as Filipinas[9] contestaram a imposição pelo Brasil de medidas compensatórias contra as exportações de côco ralado de tal país. As datas de apresentação da petição requerendo a imposição de medidas compensatórias (17.1.1994), de imposição de medidas compensatórias provisórias (23.5.1995) e definitivas (18.8.1995) e de entrada em vigor do *Acordo de Marraqueche que Estabelece a Organização Mundial do Comércio* ("Acordo de Marraqueche") (1.1.1995),[10] criaram um problema de direito intertemporal e de retroatividade das normas dos Acordos da OMC.

Em suma, o Órgão de Apelação da OMC (OA) decidiu favoravelmente ao Brasil, com base no princípio de irretroatividade do *Acordo sobre Subsídios e Medidas Compensatórias* (ASMC) (Artigo 32.3), com reforço no princípio de direito internacional público da irretroatividade e no Artigo 28 da Convenção de Viena sobre a Lei dos Tratados — CVLT.[11] Resolvendo outra questão de direito intertemporal (transição do *Acordo sobre Subsídios e Medidas Compensatórias* da Rodada Tóquio para o ASMC da Rodada Uruguai), o OA também rejeitou a opção das Filipinas de questionar as medidas compensatórias brasileiras com base nas então novas normas processuais do ESC.

2. CE — Regime de importação de frangos ("CE — Importação de Frangos") (DS69)

Esse caso envolveu duas questões perante o SSC, a saber, "o regime de importação de determinados produtos de carne de frango congelada" imposto pela Comunidade Européia (CE), bem como a implementação, pela CE, de uma quota tarifária para tais produtos, conforme havia sido estabelecido em acordo firmado entre a CE e o Brasil. O Brasil conseguiu fazer prevalecer apenas um dentre tantos argumentos argüidos perante o SSC (ou seja, a impossibilidade de um País-membro importador oferecer ao importador a opção entre o uso do preço CIF da remessa e outro método de cálculo, com base no Artigo 5.5 do AsA[12]). Todos os demais argumentos foram rejeitados, por inconsistência jurídica ou falta de provas.[13]

Em suma, a CE havia celebrado um acordo bilateral com o Brasil (*Acordo das*

comestível (DS226); (ii) demanda aberta pelos EUA contra o Japão, em torno de medidas afetando produtos agrícolas (DS76); e (iii) as demandas requeridas pela Argentina, o Canadá e os EUA contra a Comunidade Européia (CE) acerca da não aprovação de produtos geneticamente modificáveis pela CE (DS291 a DS293). Esses casos não serão objeto deste artigo.

9. Sri Lanka submeteu uma demanda relacionada a esse caso, envolvendo a imposição de medidas compensatórias pelo Brasil contra suas exportações de côco ralado (como as Filipinas) e leite de côco em pó. Todavia, essa demanda não passou da fase de consultas (WT/DS30).

10. A mesma data vale para a maioria dos "Acordos da OMC", já que devem ser vistos como um todo (*single undertaking*), por força do Artigo 2 do Acordo de Marraqueche.

11. V. Relatório do OA, *Brazil — Measures Affecting Desiccated Coconut*, WT/DS22/AB/R, 21.2.1997, pp. 15-21.

12. Na realidade, o Brasil não levou esse argumento ao OA. O OA o reviu porque o painel de árbitros não havia tomado uma decisão a respeito. Entendeu o painel ser desnecessário decidir tal argumento, com base no princípio da economia judicial, em razão de sua conexão com a questão de se o preço CIF deveria incluir tributos pagos, para fins de determinação da imposição das salvaguardas especiais (Artigo 5.1(b), AsA). V. Relatório do OA, *European Communities — Measures Affecting the Importation of Certain Poultry Products*, WT/DS69/AB/R, 13.7.1998, para. 137-153 ("*CE — Importação de Frangos*").

13. V. *CE — Importação de Frangos*, para. 95, 100, 107, 115, 126, 130, 135-136.

Sementes Oleaginosas), o qual estabeleceu tarifa zero para uma quota global anual de 15.500 toneladas de carne de frango congelada, quota essa inserida na *Lista de Concessões LXXX* da CE (LC LXXX). Dentro da LC LXXX, a CE reservou-se o direito de introduzir uma tarifa para eventuais importações em volume excedente à quota estabelecida para tais importações de carne de frango, caso as condições para imposição das "Salvaguardas Especiais" do Artigo 5 do AsA se fizessem presentes (no caso, um "gatilho" de preço).

O Brasil alegou principalmente que a quota estabelecida pela CE seria apenas aplicável ao Brasil, não se perfazendo uma quota global. Esse argumento foi rejeitado, pois não existia na LC LXXX (uma obrigação multilateral da CE, sob os auspícios da OMC, já que anexado ao Acordo de Marraqueche) qualquer referência ao Acordo das Sementes Oleaginosas (considerado como parte de um acordo bilateral entre o Brasil e a CE). Tampouco existia uma cláusula conferindo exclusividade de quota para o Brasil. Ademais, o OA excluiu a quota tarifária objeto do acordo entre o Brasil e a CE do âmbito do Artigo XIII: 2(d) GATT 1994, pois esse artigo exige que os Países que detenham "interesse substancial" no fornecimento do produto sob investigação dêem seu consentimento sobre o acordo (e a CE não obteve tal consentimento da Tailândia).

O OA ainda rejeitou o argumento brasileiro de que a quota tarifária teria sido resultado de negociações estabelecidas no âmbito do Artigo XXVIII do GATT 1994 e, portanto, encontrar-se-ia isenta da cláusula da Nação-Mais-Favorecida (NMF) (Artigos I e XIII, GATT 1994). Segundo o OA, um País-membro da OMC pode conceder ou renunciar a alguns de seus direitos e conceder benefícios a outros membros, mas não pode, unilateralmente, diminuir suas obrigações.

O OA também declarou que a CE não teria contrariado o Artigo XIII quando calculou o percentual da quota brasileira com base no total das importações de Países não-membros da OMC (invocando para tanto o *caput* do Artigo XIII: 2(d) do GATT 1994). Rejeitou, ainda, a aplicação do Artigo X do GATT 1994 ao caso, já que as regras da CE relativas à importação do produto em questão (se permitiriam ou não aos exportadores brasileiros saber se uma determinada remessa estaria sujeita a uma tarifa de dentro ou de fora da quota) relacionar-se-iam mais aos aspectos de "conteúdo substancial" do que aos de publicação e administração das regras de licenças de importação. Por fim, baseado no texto do AsA (Artigo 5.1(b), AsA) e nos usos e costumes da cláusula CIF em comércio internacional, o OA ainda corroborou a validade de um dispositivo legal da CE, que determinava o preço de importação relevante (para fins de cálculo da quota tarifária) como sendo o preço CIF, tão-somente.[14]

3. CE — Tratamento preferencial da Comunidade Européia a terceiros Países ("EC — Café Solúvel") (DS209)

Em dezembro de 1998, o Brasil requereu a realização de consultas[15] com a CE no tocante ao tratamento preferencial conferido às exportações de café solúvel originárias dos Países do Grupo Andino e do Mercado Comum da América Central,[16] os quais usufruíam de tarifa zero para acesso aos mercados da CE. O Brasil alegou que tal regime seria inconsistente com as obrigações da CE sob a chamada *Enabling Clause*[17] e sob o Artigo I do GATT 1994,

14. Vide *CE — Importação de Frangos*, para. 143.

15. WT/DS154/1.

16. Os seguintes Países solicitaram se juntar às consultas: Colômbia (WT/DS154/2), Peru (WT/DS154/3), Costa Rica (WT/DS154/4) e Bolívia (WT/DS154/5).

17. A "*Enabling Clause*" é um nome informal que se atribui ao acordo sobre *Tratamento Mais Favorecido e Preferencial, Reciprocidade e Maior Participação dos Países em Desenvolvimento*, o qual permite a Países desenvolvidos, sob determinadas circunstâncias, concederem a Países em desenvolvi-

de forma a nulificar ou prejudicar (*nullifying or impairing*) os benefícios auferíveis pelo Brasil, direta ou indiretamente, de tais provisões.

As consultas não lograram êxito. O Brasil requereu então a realização de novas consultas,[18] tendo adicionando às consultas o tema do tratamento especial e preferencial conferido a produtos originários de Países envolvidos com a campanha de combate ao tráfico de drogas na América do Sul.[19]

O resultado dessas consultas também não foi satisfatório. Com isso, o Brasil iniciou os preparativos para requerer a abertura de uma demanda perante o SSC. Todavia, no início de 2001, a CE apresentou ao Brasil uma proposta, que ao final levou à concessão de uma quota tarifária ao Brasil. Segundo o governo brasileiro,[20] tal quota poderá levar à recuperação da participação de mercado anteriormente detida pelo produto brasileiro nos mercados comunitários europeus.

4. Argentina — Direitos "antidumping" sobre exportações de frango ("Argentina — Frangos 'Antidumping'") (DS241)

Em novembro de 2001, o Brasil requereu a realização de consultas com a Argentina no tocante à imposição de direitos *antidumping* sobre as exportações brasileiras de frangos àquele país, alegando "procedimentos errôneos ou defeituosos, inconsistentes com as obrigações da Argentina sob o Acordo *Antidumping* e o Acordo GATT 1994, e o Acordo sobre Valoração Aduaneira".[21] As consultas não lograram êxito, tendo então o Brasil solicitado a abertura de um painel no final de fevereiro de 2002,[22] o qual foi estabelecido em 27.6. 2002.[23]

Tal controvérsia já havia sido objeto de um procedimento arbitral decidido sob a égide das normas do Mercosul, o qual foi decidido desfavoravelmente ao Brasil.[24] No entanto, no âmbito da OMC o resultado da disputa foi favorável ao Brasil.

O Brasil apresentou nada menos que 41 alegações contra a aplicação das normas *antidumping* na Argentina, envolvendo questões relacionadas à fase de instauração do processo *antidumping*[25] e outras questões ocorridas durante o curso da investigação.[26] O Brasil ainda apontou erros das autoridades argentinas no que tange ao cálculo da margem de *dumping*, tais como o cômputo dos custos de frete, de diferenças físicas entre o produto investigado e o produto similar doméstico, além da escolha das vendas a serem utilizadas para fins de amostragem no cálculo das margens de *dumping*. Outros argumentos relacionados ao aspecto do dano à indústria doméstica e ao nexo de causalidade integram também o objeto da demanda brasileira.[27]

O painel de árbitros concluiu que a Argentina violara uma série de artigos[28] do

mento tratamento especial e diferenciado, ao largo das obrigações do Artigo I do GATT 1947. Exemplo disso é o Sistema Geral de Preferências mantido pelos EUA.

18. WT/DS209/1.

19. O Equador solicitou se juntar às consultas em relação a esse procedimento (WT/DS209/2).

20. V. <http://www.mre.gov.br/contenciosos.doc>, p. 7, visitado em 15.6.2002.

21. WT/DS241/1.

22. WT/DS241/3.

23. WT/DS241/4.

24. V. laudo em <www.mercosur.org.uy>.

25. Tais como: insuficiência de provas para abertura da investigação, falha por não terem as autoridades rejeitado a petição inicial da indústria doméstica, ausência de notificação dos principais exportadores brasileiros acerca da investigação.

26. P. ex., não terem as autoridades conferido aos exportadores investigados prazo de 30 dias para responderem aos questionários enviados pelas autoridades argentinas; não terem colocado determinados elementos de prova à disposição dos exportadores brasileiros investigados; erro na utilização da "melhor informação disponível"; entre outros.

27. Relatório do Painel, *Argentina — Definitive Anti-Dumping Duties on Poultry from Brazil*, WT/DS241/R, adotado em 19.5.2003 ("*Argentina — Frangos 'Antidumping'*").

28. São eles: Artigos 5.3, 5.8, 12.1, 6.1.1, 6.1.3, 6.8, 6.10, 2.4, 2.4.2, 3.1, 3.2, 3.4 e 3.5.

Acordo Antidumping (AA), mas não outro tanto.[29] O painel deixou de analisar determinadas alegações brasileiras, com base no princípio da economia processual.[30] O painel ainda chegou a sugerir à Argentina que revogasse a normal legal que havia imposto os direitos *antidumping* (Resolução 574/2000). Essa sugestão é relevante, pois não é praxe dos painéis — tampouco do OA — sugerir ao país demandado a forma de implementação das decisões no âmbito do SSC.[31] Em geral, os painéis ou o OA conferem ao país demandado inteira discrição a respeito.[32] Nenhuma das partes apelou da decisão do painel.

5. EUA — Regime do Estado da Flórida relativo à importação de suco de laranja ("EUA — Suco de Laranja") (DS250)

Ao final de março de 2002, o Brasil requereu a realização de consultas[33] com os EUA para tratar da *equalizing excise tax* (tributo sobre consumo de equalização), imposta pelo Estado da Flórida sobre os produtos laranja e pomelo processados. A questão se circunscreve no fato de que, nos EUA, há uma isenção tributária para produtos fabricados, total ou parcialmente, a partir de frutas cítricas. A receita proveniente de tal isenção é, por lei, direcionada para o *marketing* e promoção comercial dos produtos de frutas cítricas do Estado da Flórida. Os produtos importados, todavia, não recebem tal benefício. Como base para início de consultas com os EUA, o Brasil alegou violação do disposto nos Artigos II e III do GATT 1994.

O Brasil e os Estados Unidos mantiveram consultas em 2.5.2002 e em 27.6.2002. Em 1.7.2002, a legislação atacada foi emendada para "eliminar a isenção para o suco de laranja produzido em outros Estados que não a Flórida", conforme decisão proferida pela Corte Estadual da Flórida (que declarou a inconstitucionalidade de tal legislação, por favorecer produtos do Estado da Flórida, em detrimento aos demais estados norte-americanos).[34]

Considerando o caráter provisório de tal decisão judicial, em 19.8.2002, o Brasil requereu o estabelecimento de um painel para examinar a questão.[35] Em 1.10.2002, o Órgão de Solução de Controvérsias (OSC) decidiu estabelecer o painel requerido pelo Brasil.[36] Todavia, após período de incerteza sobre o caso (com notícias de fracasso nas negociações mantidas entre o Brasil e Estados Unidos[37]), Brasil e Estados Unidos notificaram o OSC terem chegado a uma solução mutuamente satisfatória para a disputa.[38] Tal solução se perfez na aprovação de legislação permitindo aos

29. São eles: Artigos 5.7, 6.1.2, 6.8, 6.9, 2.4, 9.2, 9.3 e 4.1.

30. Vide *Argentina — Frangos "Antidumping"*, § 8.1.(c).

31. Os poucos casos em que um painel ou o OA apresentaram "sugestões" foram em casos envolvendo defesa comercial, como este. V. Matsushita, Schoenbaum e Mavroidis, *The World Trade Organization — Law, Practice and Policy* 80-81 (2001).

32. O Artigo 19.1, *fine*, do ESC indica que o painel ou o OA "poderá" sugerir a forma de implementação. Tal sugestão também não aparenta ser obrigatória. Note-se o tempo verbal utilizado para o verbo "can" ("could"), no final daquele artigo: "In addition to its recommendations, the panel or Appellate Body may suggest ways in which the Member concerned could implement the recommendations". Diferentemente, o termo "recomendação" utilizado na primeira parte do Artigo 19.1 denota obrigação por parte do país demandado em acatar a decisão do órgão do SSC. A esse respeito, note-se a diferença de significado entre os termos "recomendação" e "sugestão". Em geral, o termo "recomendação", em direito internacional público, apresenta característica vinculativa (v. as "recomendações" do Conselho de Segurança da ONU). O uso do verbo "*shall*" também corrobora essa interpretação.

33. WT/DS250.

34. WT/DS250/2.

35. WT/DS250/2.

36. WT/DSB/M/133.

37. *O Estado de S. Paulo*, "Governo rejeita proposta dos EUA sobre suco", 28.3.2003, <http://www.estado.estadao.com.br/editorias/2003/03/28/eco044.html>, visitado em 30.10.2003. V. tb. *O Estado de S. Paulo*, "Barreiras ao suco de laranja terão decisão da OMC", 11.4.2003, <http://www.estado.estadao.com.br/editorias/2003/04/11/eco013.html>, visitado em 30.10.2003.

38. WT/DS250/3, G/L/680, 2.6.2004.

importadores de suco de laranja optarem por pagar apenas um terço da tarifa de equalização, bem como determinar que a receita de tal taxa não seja destinada ao *marketing* do suco de laranja local.[39]

B) Demandas atuais

1. CE — Subsídios à exportação de açúcar ("CE — Açúcar") (DS266)

Em 3.11.2002, o Brasil requereu a realização de consultas com a CE a respeito da concessão de subsídios pela CE às suas exportações de açúcar.[40] Diante do fracasso das negociações, mantidas em 21 e 22.10.2002, em 11.7.2003 o Brasil requereu ao OSC o estabelecimento de um painel para solucionar o caso.[41]

Nesse requerimento, o Brasil definiu como objeto da disputas "os subsídios conferidos e mantidos pela CE [Comunidade Européia], em excesso a seus níveis de compromisso de redução da CE para o açúcar, sob a *Council Regulation* (EC) *1.260/2001*, de 19 de junho de 2001, sob o âmbito da regulamentação comum da CE dos mercados do setor açucareiro".[42]

O Brasil acusa a CE de conceder subsídios a exportação em patamar superior àquele acordado em seus compromissos (Seção II, Parte IV, Lista de Concessões), em violação ao AsA e ao ASMC. A demanda brasileira tem por objeto duas categorias de subsídios: (i) o preço do regime do açúcar estipulado pela CE garantiria a prática de um preço elevado para o açúcar que é produzido dentro das quotas de produção ("Açúcares A e B"). Com isso, o "Açúcar C" (produzido fora da quota de produção), que não pode ser vendido internamente no ano de sua produção, acaba sendo exportado a preços muito baixos. Os elevados preços internos configurariam um "pagamento" aos produtores e processadores de açúcar da CE que então teriam condições de financiar a produção e exportação do "Açúcar C" a preços abaixo do custo total de produção, em prejuízo das exportações brasileiras; e (ii) a CE conferiria subsídios a exportação a um montante de açúcar branco equivalente à quantidade do açúcar bruto importado sob a égide de seus arranjos de tratamento preferencial (ou seja, 1,6 milhões de toneladas). O Brasil acusa a CE de excluir tais subsídios do cálculo do total de subsídio a exportação conferido ao setor açucareiro. Uma vez computados tais valores, o montante de subsídio conferido pela CE excederia os níveis comprometidos de redução de subsídio a exportação, em violação aos Artigos 3.3, 8, 9.1(a) e (c) ou, alternativamente, Artigo 10.1 do AsA, entre outros do ASMC.[43]

Em 15.10.2004, foi divulgado o resultado da disputa, acolhendo esses dois grandes argumentos brasileiros.[44] A União Européia já afirmou que apelará dessa decisão ao OA.

2. EUA — Subsídios à exportação e apoio doméstico a algodão ("EUA — Algodão 'Upland'") (DS267)

Na mesma época em que requereu a realização de consultas com a CE no caso do *CE — Algodão* (1.10.2002), o Brasil também requereu a realização de consultas com os EUA acerca dos subsídios "proibi-

39. V. <http://www.primeiraleitura.com.br/auto/leia.php?id=27437>, visitado em 6.7.2004.

40. WT/DS266/1.

41. WT/DS266/21

42. Os produtos abrangidos pela regulamentação da CE objeto da demanda englobam desde cana-de-açúcar e açúcar de beterraba, sacarose quimicamente pura em forma sólida, molases resultantes da extração e refino do açúcar, isoglucose e xarope de inulina.

43. "Ao conferir subsídios a exportação compreendidos no teor dos Artigos 1.1(a)(1)(i) e (iv), 1.1(a)(2), e 1.1(b) do Acordo SMC, os quais não são permitidos pelo Acordo sobre Agricultura, a CE também atuaria em desconformidade com suas obrigações dos Artigos 3.1(a) e 3.2 do Acordo SMC."

44. Relatório do Painel, *European Communities — Export Subsidies on Sugar (Complaint by Brazil)*, WT/DS266/R, 15.10.2004.

dos e acionáveis" conferidos pelos EUA a produtores domésticos, usuários e/ou exportadores de algodão *upland*.

O Brasil apresentou uma série de medidas como objeto das consultas, dentre as quais se destacam (i) os subsídios de apoio doméstico conferidos pelos Estados Unidos à indústria doméstica de algodão *upland* durante os anos comerciais de 1999 a 2002; (ii) os subsídios a exportação conferidos à indústria doméstica norte-americana durante os anos comerciais de 1999 a 2002; (iii) subsídios conferidos em condição do uso de algodão *upland* norte-americano; (iv) subsídios e apoio doméstico conferido com base em uma série de normas e medidas do governo norte-americano que confiram subsídios, apoio doméstico ou subsídios a exportação a tal indústria (e correspondente legislação).

Em razão de seu interesse no deslinde da disputa e no tema envolvido, Zimbábue, Índia, Argentina e Canadá juntaram-se às consultas com os EUA. Diante do fracasso das negociações, em 7.2.2003, o Brasil solicitou o estabelecimento de um painel de árbitros para solucionar a disputa.[45] O painel foi estabelecido em 18.3.2003 e em 23.5.2003 a Secretaria da OMC apresentou os nomes dos painelistas escolhidos pelo Diretor-Geral para tal disputa. Os seguintes Países requereram participação no caso como partes interessadas: Argentina, Austrália, Benin, Canadá, Chad, China, Comunidade Européia, Índia, Nova Zelândia, Paquistão, Paraguai, China Taipei e Venezuela.

As medidas objeto da disputa violariam onze disposições dos Acordos da OMC.[46] Os argumentos tratam de questões bastante relevantes e sensíveis, na medida em que tratam do efeito dos programas de subsídios sobre a competitividade das exportações brasileiras no mercado internacional, por meio da depressão de preços no mercado internacional, deslocamento de participação de mercado, com conseqüente aumento da participação de mercado das exportações norte-americanas (Artigo 6.3(b) a (d), ASMC). Bastante relevante também é a acusação de que os EUA teriam conferido subsídios à exportação em patamar orçamentário acima daquele assumido em sua Lista de Concessões, em violação ao Artigo 3.3 do AsA. A demanda também inclui discussão acerca da falha dos EUA em manter os patamares estabelecidos no Anexo 2 do AsA (i.e., a "Caixa Verde") para o volume de apoio doméstico conferido ao algodão *upland* (Artigo 7.1, AsA). A demanda ainda acusa os EUA de terem violado a obrigação de não conceder subsídios em desconformidade com as estipulações do AsA ou seus respectivos compromissos.

Em 19.5.2003, foi formado o painel, composto pelos seguintes árbitros: Dariusz Rosati, Mario Matus e Daniel Moulis.[47] Íntegra do relatório, dando substancial ganho de causa ao Brasil, foi divulgada em 8.9.2004.[48] Os EUA apelaram da decisão ao OA.[49]

3. CE — Classificação alfandegária de pedaços sem ossos de frango ("CE — Frangos Classificação") (DS269)

Em 16.10.2002, o Brasil requereu a realização de consultas com a CE para discutir a reclassificação do produto "Pedaços de Frango Sem Osso" por meio da *Regulation 1.223/2002*, dentro de uma determinada classificação da Nomenclatura Combinada (CN) da CE.[50] Como indica o

45. WT/DS267/7.

46. São elas: (i) *SMC*: Artigo 5(c), 6.3(b) e (d), 3.1(a), 3.1(b) 3.2; (ii) *AsA*: 3.3, 7.1, 8, 9.1, 10.1; (iii) *GATT 1994*: III.4, XVI.1 e XVI.3 WT/DS267/1. Os Artigos XVI.1 e XVI.3 do GATT 1994 foram posteriormente incluídos pelo documento que solicitou o estabelecimento de um painel para analisar o caso. WT/DS267/7, 7.2.2003.

47. WT/DS267/15.

48. Relatório do Painel, *United States — Subsidies on Upland Cotton*, WT/DS267/R, 8.9.2004.

49. WT/267/17, 20.10.2004.

50. WT/DS269/1.

pedido de estabelecimento de painel, apresentado em 22.9.2003,[51] tal reclassificação teria se baseado em uma nova descrição do produto, relacionado ao teor (ou conteúdo) de sal no produto, que inseriu o produto no Código CN 0207.14.10, com tarifa de 102.4•/100kg/net. Com base na classificação anterior (CN 0210.99.39), o produto encontrava-se sujeito a uma tarifa *ad valorem* de 15,4%. Em razão de um erro de classificação na Alemanha (que incluiu o produto contendo sal a um teor de 1,9% a 3% de sal no Código CN 0210), o produto acabou sendo classificado como "frango congelado", sujeitando-se a uma tarifa que excede a tarifa consolidada na Lista de Concessões da CE, anexa ao GATT 1994.

Dessa forma, alega o Brasil ter a CE violado o Artigo II: 1(a) (que determina não poder ser conferido tratamento menos favorecido do que aquele indicado na LC) e o Artigo II: 1(b) (que exclui os produtos indicados na LC da aplicação de quaisquer tributos alfandegários que excedam aqueles indicados na LC) do GATT 1994. Em 7.11.2003, o OSC concordou em estabelecer um painel para a disputa, com base no Artigo 6.1 do ESC. O painel ainda não havia sido composto até recentemente.

III — O SSC da OMC como instrumento de abertura de mercados

Como mencionado anteriormente, o acesso aos mercados agrícolas (*lato sensu*[52]) tem sido a maior demanda dos Países em desenvolvimento e subdesenvolvidos aos Países desenvolvidos, no âmbito das negociações da OMC. O resultado de impasse nas negociações em Cancun é mais um indício da complexidade dos interesses envolvidos e das fortes divergências. Em um ambiente como esse, o leitor mais cético poderia se perguntar que diferença fariam meros casos isolados no SSC frente a tais problemas gerais e sistêmicos.

A) Características próprias do SSC da OMC

1. O SSC como um dos elementos de sustentação do multilateralismo. Breves considerações acerca do unilateralismo norte-americano e seus efeitos sobre o desenho atual do SSC

O SSC da OMC deriva do desenvolvimento e aprimoramento do SSC do GATT 1947. No nascedouro do GATT, apenas os Artigos XXII e XXIII tratavam, ainda que obliquamente,[53] da solução de controvérsias dentro do sistema do GATT. Como resultado da Rodada Uruguai, foi adotado o ESC, por meio do qual se adotou um sistema inédito de solução de controvérsias no âmbito internacional, o qual incorporou e aprimorou diversas regras e práticas herdadas do período do GATT.

Uma das inovações da Rodada Uruguai foi a criação do OSC, órgão colegiado formado por representantes de todos os membros da OMC, o qual tem por objeto a administração do SSC (Artigo 2, ESC). Entre suas atribuições, encontra-se a de adotar os relatórios proferidos pelos painéis ou pelo OA acerca das demandas postas à sua análise. O OSC somente pode rejeitar um determinado relatório por votação unânime de seus membros.

Embora a forma de adoção das decisões do OSC tenha sido essencialmente

51. WT/DS269/3.

52. Diz *lato sensu*, pois a expressão "acesso a mercados" engloba, neste contexto específico, o combate às medidas que retiram a competitividade do produto de Países em desenvolvimento e menos desenvolvidos nos mercados agrícolas internacionais. Os subsídios a exportação são o principal exemplo dessas medidas.

53. Diz-se obliquamente porque a prática de estabelecimento de grupos especiais (ou "painéis") para analisar e solucionar controvérsias existentes entre um país contratante e outro somente foi oficialmente estabelecida em outubro de 1955. Essa prática foi estabelecida por meio de um relatório da Secretaria do GATT. L/392/Rev. 1 (Oct. 6, 1955). V. Robert E. Hudec, *The GATT Legal System and World Trade Diplomacy* 90.

modificada para o sistema de "consenso negativo", a natureza de implementação (*enforcement*) das decisões do OSC permanece basicamente a mesma em relação ao modelo do GATT original, o qual foi desenhado sob um caráter bilateral.[54] Ou seja: o Artigo XXI do GATT 1947 definia a possibilidade de uma determinada parte contratante (não a instituição) aplicar retaliações contra uma outra parte contratante, no caso de tal parte ter violado uma das normas do GATT 1947.

A aplicação de retaliações,[55] no entanto, dependia de uma autorização por parte do conjunto das partes contratantes (definido como "PARTES CONTRATANTES", Artigo XXV: 1, do GATT 1947). Tanto esse procedimento de autorização das "PARTES CONTRATANTES" anterior à OMC, como o atual OSC, são fundados no princípio multilateral do sistema. Podem produzir o efeito de retirar o caráter unilateral da aplicação de uma retaliação, dissipando os efeitos danosos que tal caráter traria. De fato, a participação de um órgão neutro multilateral emprestaria um caráter sistêmico à retaliação, retirando a parte contratante autorizada a retaliar do foco de uma possível contra-retaliação da parte contratante demandada (o que poderia dar ensejo a um "efeito eco",[56] ou, a uma "guerra comercial" — ver adiante).

54. A respeito da discussão da natureza bilateral da implementação das decisões do sistema de solução de controvérsias da OMC e a necessidade de adoção de um sistema multilateral, v. Renê Guilherme S. Medrado, "Re-Negotiating Remedies in the WTO: a Multilateral Approach", *Wisconsin International Law Journal*, abril 2004.

55. Ou suspensão de concessões e obrigações de que trata o Artigo XXIII: 2 do GATT 1994.

56. A idéia de produção de "efeitos eco" tem base na teoria dos jogos, em especial na visualização do relacionamento comercial entre dois Países como um jogo tipo Dilema dos Prisioneiros. Cada parte se beneficiará se cooperar, mas cada parte tem incentivo para não fazê-lo, em razão da estrutura desse jogo. A não-cooperação de uma das partes leva a outra a retaliar na próxima jogada, e a outra também, sucessivamente. Formas para evitar esse efeito encontram-se abordadas em Medrado, "Re-Negotiating...", cit.

Embora esse sistema de autorização para aplicação de retaliações estivesse previsto desde a concepção original do GATT (Artigo XXIII: 2), tal sistema sofreu, a partir da década de 1970, significativa desconsideração por parte dos Países contratantes, em especial dos Estados Unidos. De fato, as investigações conduzidas no âmbito da *Section 301* (e outras medidas de caráter unilateral), serviram como instrumentos utilizados pelos EUA para, durante principalmente os anos 1970 e 1980, fazer valer unilateralmente seus direitos baseados nos Acordos do GATT.

Ao final dos anos 1960, havia a percepção, pelos EUA, de que boa parcela das partes contratantes do GATT, em especial a CE (pelo regime de preferências que desenvolveu entre seus Países-membros e com suas ex-colônias) e os Países em subdesenvolvido e em desenvolvido (que reclamavam rodada a rodada maior tratamento diferenciado), não estariam cumprindo suas obrigações no âmbito do GATT. Em contrapartida, por meio do *Trade Act of 1974*, os EUA implementaram um sistema de controle da legalidade e justiça (*fairness*) das práticas comerciais de determinadas exportações, bem como das práticas e regulamentos governamentais estrangeiros a que as exportações norte-americanas encontravam-se sujeitas. Caso tais normas e práticas fossem consideradas ilegais ou injustas (*unfair*), os EUA rogavam-se no direito de unilateralmente aplicar sanções ao país investigado. Os EUA literalmente excluíam a participação das PARTES CONTRATANTES de tal processo de decisão, já que sequer comunicadas ou questionadas a respeito.

As demais partes contratantes do GATT sempre condenaram tal prática. No entanto, os EUA continuaram a aplicar medidas unilaterais com força durante todos os anos 1980, tendo o Brasil sofrido principalmente em relação à proteção de direitos de propriedade intelectual relativos a produtos farmacêuticos (os EUA chegaram a aplicar retaliação no valor de US$

39 milhões contra as exportações brasileiras).[57] O Brasil acabou alterando sua legislação, para poder se adequar às demandas norte-americanas.

Tais reclamações ganharam eco durante as negociações da Rodada Uruguai. Ao final, os EUA concordaram em restringir o uso de sua máquina de sanções unilaterais, tendo sido essa uma das razões que levaram ao fortalecimento do SSC da nova instituição. O aperfeiçoamento do SSC também fazia parte da agenda de negociações norte-americana, pois o SSC do regime GATT, como mencionado anteriormente, era visto como insuficiente para garantir o cumprimento das regras acordadas. Assim, o apelo dos demais Países para ver as medidas unilaterais norte-americanas restringidas coincidiu com o apelo dos EUA para fortalecer o SSC do GATT (a inclusão de temas-áreas como serviços, propriedade intelectual e investimentos[58] também serviu de contrapartida à restrição das medidas unilaterais norte-americanas). Sob o título "*Fortalecendo o Sistema Multilateral*", o Artigo 23 do ESC determinou que um País-membro somente poderá questionar a consistência de determinadas práticas ou medidas de um outro país com os acordos da OMC por meio do próprio SSC da OMC. Qualquer outra forma de questionamento tornou-se inconsistente com as normas da OMC. Assim, o SSC da OMC ganhou caráter compulsório, como nenhum outro tratado internacional (salvo a CE) havia previsto.

Conseqüentemente, o regime da OMC ganhou um considerável salto qualitativo quanto à possibilidade de restringir medidas unilaterais inconsistentes com o espírito multilateralista dos acordos da OMC. Nas palavras do Professor Jackson, houve um avanço no sistema, de um regime *power-oriented* (orientado pelo poder) para um regime *rule-oriented* (orientado por regras).[59]

Embora haja alguns doutrinadores ainda reticentes quanto aos benefícios de tal evolução "legalista" (algumas críticas residem na alegada incapacidade de um sistema tão legalizado poder fazer frente aos problemas multifacetados do comércio internacional), tal evolução parece favorecer Países como o Brasil, e toda a grande maioria dos Países-membros da OMC, que não dispõem de maquinário retaliatório tão eficiente[60] quanto o dos EUA.

57. *Brazil vs. United States: Import Restrictions on Certain Products from Brazil*, 24.8.1988 (L/6386). V. Robert E. Hudec, *Enforcing International Trade Law — The Evolution of the Modern GATT Legal System* 571 (1993).

58. Aliás, provavelmente, essa é uma das principais razões porque a instituição OMC tem sofrido tantos ataques quanto à sua legitimidade e capacidade para lidar com questões sociais, na medida em que o espectro de seus acordos se expandiu consideravelmente, passando a englobar áreas cada vez mais próximas à vida cotidiana das pessoas. Outro aspecto também se relaciona ao próprio fato de o acordo da OMC prever, agora, um mecanismo de solução de controvérsias compulsório, com possibilidades efetivas de aplicação de sanções. Grupos sindicais nos EUA, por exemplo, advogam a inserção da "cláusula social" na OMC para poder utilizar tal mecanismo em tais questões, algo inexistente, em tal dimensão, dentro do regime da Organização Internacional do Trabalho (OIT).

59. John H. Jackson, *World Trade System* 109-111 (1997).

60. Diz-se "eficiente", pois doutrinadores como Robert E. Hudec e Alan O. Sykes defendem a tese de que medidas unilaterais, tais quais as investigações conduzidas com base na *Section 301*, provocaram resultados satisfatórios na maioria dos casos investigados. Tais resultados se perfariam na criação de possibilidades de negociação com os Países investigados, que resultaram na eliminação ou na redução da medida objeto da investigação. Para Sykes, 58 casos de um total de 83 casos teriam sido bem-sucedidos (ou seja, um total de 70% de casos bem-sucedidos). Alan O. Sykes, "Constructive Unilateral Threats in International Commercial Relations: The Limited Case for Section 301", 23 *L. & Pol'y Int'l Bus.* 263, 307-316 (1992). Hudec classificou as ações unilaterais (ou o "unilateralismo agressivo") como uma "desobediência justificada", pois seria uma forma de manter o sistema multilateral em andamento ("teoria da bicicleta"). R. E. Hudec, "Thinking about the New Section 301: beyond Good and Evil", in *Aggressive Unilateralism: America's 301 Trade Policy and the World Trade System* 113, 126-127 (Jagdish Bhagwati e Hugh T. Patrick eds., 1990).

Conseqüentemente, Países como o Brasil se encontram em uma posição propícia para utilizar os mecanismos do SSC da OMC. Seu uso não apenas traz benefícios diretos (abordados mais adiante[61]), como também pode levar a um processo de autolegitimação constante do sistema, em benefício de seus membros. O crescente uso do SSC da OMC nos seus primeiros nove anos tende a confirmar essa assertiva. Igualmente, o constante uso do SSC da OMC por Países em desenvolvimento (sobretudo o Brasil, Índia, Argentina, México, que são os principais Países em desenvolvimento usuários do sistema) também parece indicar tal tendência. Do contrário, poder-se-á abrir espaço para o reaparecimento ou recrudescimento de sistemas que desempenham funções semelhantes, tal qual a *Section 301*,[62] sistemas esses que a grande maioria dos membros da OMC não teriam condições, sobretudo econômicas, de desenvolver. O reaparecimento de tais sistemas representaria um retrocesso tanto ao mencionado avanço qualitativo alcançado por meio da Rodada Uruguai, quanto ao aprimoramento e fortalecimento do multilateralismo.

2. *Importância sistêmica do SSC. O SSC como uma das peças de um regime "gerencial"*

A importância do SSC não se limita à possibilidade de restrição à aplicação de medidas unilaterais. O SSC apresenta uma importância sistêmica dentro do regime OMC. Essa importância sistêmica pode ser compreendida a partir da aplicação dos conceitos da teoria "gerencial" ao regime OMC. Sem qualquer prejuízo da validade de outras teorias, privilegiou-se o uso da teoria "gerencial" neste artigo em razão de sua relativa completude quanto aos instrumentos de análise em que se funda.

De fato, a teoria "gerencial" incorpora importantes contribuições da literatura instrumentalista racionalista,[63] fundada na fórmula "cínica" de Louis Henkin,[64] ou seja, de que os Países buscam seus interesses próprios ao tomar decisões no plano internacional ("utilitarista" ou *self-interest*). Essa visão racionalista confere substancial fundamento ao aparato de análise das relações internacionais a partir da teoria dos jogos e outras ferramentas econômicas. A teoria gerencial ainda se beneficia da literatura de ciências políticas que trata dos "regimes internacionais", os quais são vistos como uma resposta do período pós-guerra para a criação e manutenção de cooperação e coordenação nas relações internacionais, como forma de preservação da paz.[65] Além disso, por ter sido desenvolvida especialmente por juristas, a teoria gerencial se preocupa em analisar as instituições e os regimes internacionais dentro

Obviamente, trata-se de análise pragmática que considera apenas os interesses norte-americanos.

61. Tais benefícios se perfazem na resolução concreta de uma determinada disputa (pela eliminação da violação objeto da demanda), na obtenção do significado mais definido de uma determinada provisão de um dos acordos da OMC (nota de rodapé 67 abaixo), e nos benefícios decorrentes da independência e neutralidade da OMC (nota de rodapé 73, abaixo).

62. A idéia da criação de sistemas paralelos de poder tem origem na doutrina hartiniana (H. L. Hart). H. L. A. Hart, *The Concept of Law* 195-199 (2ª ed., 1994). V. David Palmeter, "The WTO as a Legal System", 24 *Fordham International Law Journal* 444 (2000) para considerações relacionadas à análise do regime da OMC como um sistema legal dentro da concepção hartiniana. V. Medrado, "Renegotiating...", para uma análise do tema à luz da necessidade de adoção de um sistema multilateral de implementação das decisões do OSC, para que não se permita o ressurgimento de sistemas paralelos de poder.

63. V. Harold Hongju Koh, "Why Do Nations Obey International Law?", 106 *Yale Law Journal* 2.599, 2.632 (1997).

64. "[A]lmost all nations observe almost all principles of international law and almost all of their obligations almost all of the time", Louis Henkin, *How Nations Behave* 47 (2ª ed., 1979).

65. A esse respeito, v. Artur A. Stein, *Coordination and Collaboration: Regimes in an Anarchic World*, International Regimes 115, 123 (Stephen D. Krasner ed., 1982) e Robert O. Keohane, *After Hegemony* 68 (1984).

do respectivo contexto e arcabouço jurídico.[66]

A teoria dos regimes gerenciais parte da premissa de que os Países não cumprem acordos internacionais em razão de três problemas básicos: (i) ambigüidades no texto do acordo; (ii) a dimensão temporal; e (iii) limites na capacidade de se cumprir um determinado acordo.[67]

Ambigüidades no texto do acordo: como qualquer norma, é praticamente impossível que as partes contratantes consigam prever *todas* as possíveis situações de aplicação de um tratado. Isso leva a situações em que o texto final não preveja explicitamente que determinada obrigação encontrava-se inserida nas normas acordadas, surgindo daí divergências e conflitos acerca de sua abrangência. Nesse contexto, há quem veja na própria arquitetura dos Acordos da OMC a figura de "contratos imperfeitos",[68] ou seja, em que as partes contratantes não podem determinar *ex ante* com precisão todas as possíveis situações de sua aplicação, relegando, assim, ao futuro, seu esclarecimento e preenchimento, por meio de um ente com funções judicantes.

O OSC, por meio dos painéis de árbitros e do OA, parece exercer essas funções dentro do SSC da OMC. Embora o ESC explicitamente determine que as recomendações e decisões do OSC não podem adicionar tampouco diminuir os direitos e deveres dos membros da OMC (Artigo 3.2) e que as decisões dos painéis e do OA somente se aplicam às partes daquela disputa específica, verifica-se que tanto os painéis quanto o OA procuram manter certa coerência com decisões proferidas anteriormente em outros casos. Alguns doutrinadores sustentam que isso levaria a uma situação semelhante a um sistema de precedentes.[69] Independentemente da controvérsia acerca da caracterização das decisões do OSC da OMC como "precedentes" ou não, resta evidente a importância do SSC nesse contexto. Tal importância torna imperioso o conhecimento da "jurisprudência" dos casos levados a tal órgão, por ser o meio pelo qual as ambigüidades do texto dos Acordos da OMC vêm sendo esclarecidas.

Dimensão temporal: a dimensão temporal diz respeito à época de desenvolvimento de um determinado tratado em relação ao tratamento conferido por esse tratado a uma determinada matéria. Determinados acordos são firmados com espectro limitado (ou seja, com linguagem "*suave*" [*soft law*], do tipo "envidamento de melhores esforços"), de forma a garantir a participação de um maior número de partes. Na medida em que tal universalidade de participantes e o consenso a respeito da respectiva tema-área se ampliem, as obrigações decorrentes de tal acordo vão se arraigando, criando obrigações substantivas mais evidentes. É o caso da Organização Internacional do Trabalho (OIT) e até mesmo

66. Uma questão não respondida neste artigo se refere ao argumento da teoria gerencial de que sanções econômicas não seriam medidas eficientes para fazer os Países cumprirem suas obrigações internacionais. Essa questão não será tratada aqui, por não fazer parte do escopo deste artigo. Ressalte apenas que os regimes gerenciais são suficientemente adequados para regimes internacionais baseados em "cooperação" (como temas-áreas envolvendo questões de relações de trabalho (como a OIT) e ambientais).

67. Abram Chayes e Antonia Handler Chayes, *The New Sovereignty — Compliance with International Regulatory Agreements*, 9-17.

68. Essa idéia se baseia na teoria de custos de transação, como bem exposta por Oliver E. Williamsom, *The Economic Institutions of Capitalism* 47 (1985). Para uma aplicação dessa teoria no regime da OMC, em especial ao SSC da OMC, v. Joel P. Trachtman, "The Domain of WTO Dispute Resolution", 40 *Harv. Int'l L. J.* 333, 337 e 350-351 (1999).

69. A título de exemplo, a esse respeito, v. Raj Bhala, "The Power of the Pasta: Towards De Jure Stare Decisis in WTO Adjudication (Part Three of a Trilogy)", 33 *Geo. Wash. Int'l L. Rev.* 873 (2001). V. tb. Matsushita, Schoenbaum e Mavroidis, 56-63, sustentando que o OA deve tender a seguir suas decisões anteriores (como vem sistematicamente fazendo) por ser uma espécie de corte de última instância, já que a possibilidade de modificação de suas decisões por meios legislativos (ou mesmo por meio do OSC, em razão da regra de consenso negativo) é relativamente baixa.

da Convenção de Viena para a Proteção da Camada de Ozônio (1985).[70]

Entender em que fase de desenvolvimento um determinado regime internacional se encontra é crucial para compreender o momento apropriado para se estabelecer um sistema mais rígido de observância e cumprimento de suas normas. O regime OMC já atingiu esse estágio. Demonstra isso o elevado grau de universalidade e o relativo consenso existente em torno da necessidade de um sistema de solução de controvérsias mais "jurisdicizado", justificando assim o uso crescente do SSC da OMC.

Limites na capacidade: um determinado país pode simplesmente não conseguir cumprir determinadas obrigações de um acordo internacional, mesmo tendo vontade política para tanto. Tal incapacidade pode estar relacionada à falta de recursos humanos, financeiros e mesmo técnicos.

Além da implantação de um sistema de solução de controvérsias, a teoria gerencial propõe cuidar de cada uma dessas razões separadamente, por meio de: (i) a implantação de um sistema de transparência e monitoramento; e (ii) o fornecimento de condições para criação de capacitação para lidar com as limitações de seus Países-membros (ou, no jargão, *capacity building*). Cada um desses pilares encontra-se previsto nos Acordos da OMC, transparecendo-se claramente como um "regime gerencial".

Quanto ao sistema de transparência e monitoramento, os Acordos da OMC prevêem, primeiramente, a apresentação de relatórios, pelos próprios membros, de suas práticas comerciais (Item D, Mecanismo de Revisão da Política Comercial, Anexo 3, GATT 1994). Contam, ainda, com mecanismo por meio do qual a instituição (via o Órgão de Revisão da Política Comercial, conforme Item C.(i), Anexo 3, GATT 1994) examina tais práticas comerciais, abrindo a possibilidade de identificação de potenciais inconsistências com o regime OMC. De outra parte, tome-se também o exemplo da China, cuja entrada na OMC tem-lhe requerido a apresentação de uma série de documentos para que diversos comitês da OMC avaliem sua consistência com os Acordos da OMC.

Esse sistema tem o condão de tornar públicas eventuais normas/medidas inconsistentes com as normas da OMC, permitindo aos demais membros conhecê-las de pronto. Cria-se, dessa forma, ao país violador (ou entrante), incentivo para colocar suas normas ou práticas em consonância com os preceitos dos Acordos da OMC (é a chamada "mobilização pelo constrangimento"[71]). Eventual questionamento tornar-

70. V. Abram Chayes e Antonia Handler Chayes, *The New Sovereignty — Compliance with International Regulatory Agreements*, 16, para uma breve descrição do desenvolvimento da Convenção de Viena para a Proteção da Camada de Ozônio (1985). Tal Convenção não continha qualquer obrigação substantiva, mas tão-somente que suas partes cooperassem, "in accordance with the means at their disposal and their capabilities" (tradução livre: "de acordo com os meios a sua disposição e sua capacidade"), na pesquisa e intercâmbio de informações e harmonização de suas políticas domésticas em relação a atividades que possam causar impactos negativos sobre a camada de ozônio. Não obstante, cinco anos depois (junho de 1990), as partes desse acordo concordaram em estabelecer um cronograma (até 2000) para redução do nível de substâncias danosas à camada de ozônio.

71. A idéia de "mobilização pelo constrangimento" encontra-se arraigada na prática de solução de controvérsias existente na OIT. Como aponta Frederic L. Kirgis Jr., trata-se de uma das duas formas de métodos de implementação (*enforcement*) que não envolve a aplicação de sanções (de qualquer natureza). A técnica reside na exposição de um determinado problema de um membro para a comunidade dos demais membros da mesma instituição internacional (ou integrantes do mesmo regime internacional), para que esses possam tomar conhecimento de tais problemas e direcionar as críticas e pressões que entenderem conveniente: "Thus, the mere examination and discussion of the observations involves some mobilization of shame: the 'respondent' government must either explain itself or remain embarassingly silent in front of private as well as public persons from a variety of nations. These may include representatives from within its own territory of the

se-ia mais complexo caso tal mecanismo de revisão não existisse, já que a identificação de uma eventual violação seria mais difícil e custosa para os demais membros, pois tenderia a ocorrer somente por meio de denúncias por parte de um membro que já esteja se prejudicando em razão de tais inconsistências. Dessa forma, previne-se o uso desenfreado de contenciosos, privilegiando-se o fluxo do comércio, como há de ser. Não obstante, caso não seja possível chegar a uma solução negociada, o SSC poderá ser utilizado para remediar a violação auto-identificada pelo membro. Com isso, enfatiza-se ainda mais a importância do SSC no regime OMC.

Capacitação também é um dos mecanismos encontrados no regime OMC. Muitos Países menos desenvolvidos apresentam escassez de recursos humanos e financeiros para implementar as inúmeras obrigações existentes nos Acordos da OMC. Exemplo de tal mecanismo se perfaz no Artigo 66 do TRIPS, que confere carência de dez anos para que tais provisões sejam aplicáveis aos Países menos desenvolvidos, bem como no Artigo 67 do mesmo acordo, que estabelece que os Países desenvolvidos proverão assistência técnica aos Países menos desenvolvidos, mediante cooperação técnica e financeira para implementação do acordo TRIPS. Em uma visão microcósmica, o próprio ESC prevê em seu Artigo 24.1 que as condições especiais dos Países menos desenvolvidos devem ser levadas em consideração em todos os estágios dos procedimentos perante o SSC.[72]

Essa breve revisão dos conceitos da teoria "gerencial" realça a importância dada ao SSC dentro da arquitetura do regime OMC. O SSC é peça central em duas das três principais estratégias utilizadas para levar os membros da OMC a cumprirem os comandos dos acordos. Se esse aspecto, em si, não dá suporte direto à tese defendida neste artigo, ele torna evidente que Países como o Brasil devem procurar fortalecer tal mecanismo, por meio de sua utilização, quando conveniente. Fortalecer-se-á então a possibilidade de se verem cumpridas as obrigações previstas nos Acordos da OMC e também as decisões proferidas pelo OSC. Obliquamente, a própria instituição internacional OMC se firmará, em prol dos interesses brasileiros.

B) Os benefícios advindos da utilização de instituições internacionais

Como ressalta Romano, o fenômeno de utilização de instituições internacionais no pós-guerra é um dos mais notáveis dentro do direito público internacional, tendo em vista a considerável proliferação de tais instituições nos últimos cinqüenta anos.[73] Os benefícios advindos da utilização de tais instituições para fins de se solucionar controvérsias derivam de duas das principais características das instituições internacionais: *centralização* e *independência*.[74]

A idéia de *centralização* encontra-se relacionada à própria razão pela qual os Países procuram formar instituições internacionais. Do ponto de vista da teoria de regimes internacionais,[75] os Países resol-

workers or employers who were intended to receive the benefit of the norm in question". A adoção desse tipo de controle se justifica dentro desses regimes internacionais, pois a aplicação de sanções pode levar a um efeito contrário ao esperado, ou seja, a denúncia do tratado pelo país sancionado. V. Frederic L. Kirgis Jr., *International Organizations in their Legal Setting* 533-535 (1993).

72. V. Andrew W. Shoyer, Eric M. Solovy e Alexander W. Koff, *Implementation and Enforcement of the WTO Agreements*, Kluwer Companion to the World Trade Organization (no prelo).

73. Cesare Romano, "The Proliferation of International Institutions: the Pieces of the Puzzle", 31 *N. Y. U. J. Int'L. & Pol.* 709 (1999).

74. Kenneth W. Abbott e Duncan Snidal, "Why States Act through Formal International Organizations", 42 (1) *J. Confl. Res.*, 3, 4, 9 e 15 (1998).

75. *Id.* 4. Análise detalhada acerca das razões relacionadas à formação dos regimes internacionais — que dão origem e forma às instituições internacionais — extrapola os objetivos deste artigo. A respeito, como referência obrigatória, v. Robert O. Keohane, *After Hegemony* (1984).

vem formar instituições simplesmente porque os ganhos obtidos com a cooperação/coordenação, via centralização, de esforços dentro de uma estrutura e sistema de regras para atingir determinados objetivos em uma determinada tema-área (*issue area*), ultrapassam os custos obtidos com a realização de tais esforços sem qualquer tipo de cooperação/coordenação, via centralização (ou seja, quando os Países atuam diretamente, sem qualquer intermediação).[76]

Dessa forma, uma vez centralizados os esforços, os Países integrantes de um determinado regime internacional podem se valer dos benefícios dele decorrentes. Um dos principais benefícios envolvidos com a criação de uma instituição internacional se perfaz em sua própria existência e a possibilidade de utilização de tal agente para alcançar objetivos anteriormente inatingíveis. A instituição internacional então passa a ser vista não apenas como um foro permanente de debates, mas também como um agente ativo na condução das negociações.

Semelhantemente, a instituição internacional passa a ser um agente novo na equação relativa à solução de controvérsias entre dois Países-membros. Tal aspecto pode facilitar a resolução de controvérsias, ainda mais se enfatizado o caráter de *independência* da instituição internacional.[77] Nessa característica reside um dos principais atributos da instituição internacional em relação à resolução de conflitos, com ênfase na *neutralidade*.[78] Um determinado País-membro de uma instituição internacional poderá, por exemplo, "culpar" a instituição internacional pela necessidade de tomar decisões políticas impopulares (como a revogação ou cancelamento de um benefício fiscal ou tratamento privilegiado para um determinado grupo de interesse).

76. Tais idéias vêm sendo exploradas com sucesso a partir dos conceitos da teoria dos custos de transação. V. nota de rodapé 67 supra e texto que a acompanha.

77. Não se pretende dar a entender que todas as instituições internacionais sejam hermeticamente independentes dos Países que as compõem. A doutrina "realista" aconselha visualizar as instituições internacionais também como um instrumento de tais Países para atingir seus objetivos individuais. A própria formação do regime GATT, no pós-guerra, surgiu do desejo dos EUA em ver ancorado um novo sistema de comércio internacional, para reduzir os privilégios comerciais antes existentes, como era exemplo o próprio regime preferencial conferido pelo Reino Unido a suas colônias e ex-colônias. A inclusão da cláusula da nação mais favorecida como artigo central do GATT 1947 decorreu dessa idéia. V. Richard Gardner, *Sterling-Dollar Diplomacy — Anglo-American Collaboration in the Reconstruction of Multilateral Trade with Revised Introduction* 103-109 (1980). Todavia, a partir de uma visão "construtivista", uma vez estabelecidas as instituições internacionais, as regras e normas a elas relacionadas (ou melhor, o direito internacional) podem alterar os interesses daqueles mesmos Países, confirmando, em um fenômeno geralmente chamado de "ciclo dos interesses", a influência que tais instituições efetivamente geram em seus Países-membros.

78. A neutralidade dos painéis e do OA da OMC serve para tais fins, na medida em que empresta maior legitimidade a suas decisões. Quanto mais neutralidade, mais senso de independência uma instituição internacional terá, e, conseqüentemente, maior será a legitimidade da instituição internacional em facilitar, mediar ou solucionar determinadas controvérsias (ou disputas) existentes entre dois Países. Nesse sentido, em mediações (e conciliações), o mediador pode desempenhar um papel-chave e único na aproximação das partes. Há estudos indicando que determinadas propostas, anteriormente não aceitas em uma negociação direta, passam a ser consideradas (e até mesmo aceitas pela outra parte), quando apresentadas pelo mediador. Tal fato se daria em razão da alteração da "curva de indiferença" pela própria presença do mediador (como diriam os economistas), ou, até mesmo, pela possibilidade de vencer determinadas dificuldades subjetivas de cada uma das partes (simples como não querer parecer ter "perdido" na negociação). A interveniência por parte de um órgão neutro cria incentivo à realização de negociações. Nessas circunstâncias, o foco se transfere para o processo negociatório em si e na possibilidade de se atingir soluções integradoras, ou seja, baseadas primordialmente nos "interesses" do que nas "posições" de cada uma das partes da negociação. Com isso, torna-se possível atingir soluções mutuamente benéficas. Ademais, o ESC da OMC incorporou em sua estrutura todas as diversas formas alternativas de resolução de conflitos ("bons ofícios", mediação, conciliação e arbitragem), conforme se verifica do Artigo 5 do ESC. O próprio Diretor-Geral da OMC pode, *ex officio*, envolver-se em tais procedimentos, denotando-se a importância que se confere à solução pacífica nas controvérsias existentes entre os membros da OMC.

Com efeito, determinados membros podem simplesmente não ter condições de implementar determinada norma existente nas disposições dos Acordos da OMC, porque os custos políticos de tal implementação seriam muito elevados. Tome-se, como exemplo, a situação do suco de laranja concentrado congelado nos EUA (ver item II, A, 5, acima). A economia desse setor agrícola encontra-se instalada quase que totalmente no Estado da Flórida. Os políticos envolvidos no processo de decisão relacionado às medidas protecionistas aplicáveis ao suco de laranja brasileiro podem decidir abandonar tais políticas, em benefício da população de consumidores norte-americana. Todavia, o custo político de tal decisão poderia ser muito elevado, já que a *percepção* de perda para as centenas de milhares de pessoas direta e indiretamente dependentes do negócio de suco de laranja seria muito maior do que em relação ao ganho das centenas de milhões de consumidores norte-americanos, que passariam a comprar o suco de laranja (um dos muitos componentes de sua alimentação) a um preço mais baixo. Conseqüentemente, os revezes resultantes da possível perda dos votos da minoria dependente de tal negócio dificilmente seriam compensados pelo ganho de votos da maioria, tornando, assim, o abandono das medidas protecionistas menos provável.

Uma decisão de uma instituição internacional "independente"[79] (e neutra) pode alterar a composição dessa equação e, potencialmente, seu resultado. Os políticos envolvidos em tal decisão teriam à sua disposição o argumento de que o SSC daa OMC teria concluído que tais práticas seriam inconsistentes com os Acordos da OMC. A decisão da OMC, por conseguinte, teria o efeito de "neutralizar" (ou, como diriam Abbott e Snidal, "*lavar*") a decisão política de revogar as medidas protecionistas.[80] Dessa feita, se utilizados adequada e estrategicamente em conjunto com o andamento das negociações, as disputas comerciais perante o OSC da OMC podem servir não apenas como pressão negocial, mas também como mais um instrumento alternativo por meio do qual os Países demandados confeririam aos Países demandantes os benefícios por esses pleiteados nas negociações, sem transparecer (ou pelo menos reduzindo as chances de transparecer), na arena interna, terem renunciado aos interesses de determinados grupos de interesse que os suportam.

Exemplo disso é a possível revogação da legislação que confere às subsidiárias de sociedades norte-americanas, incorporadas no exterior (FSCs), determinados benefícios fiscais que, segundo decisão do OA, têm o efeito de subsidiar exportações norte-americanas (decisão no caso *EUA — FSC*[81]). Esse caso tem origem na década

79. Em estudo comparando e avaliando diversos sistemas de solução de controvérsias de diferentes instituições internacionais, Keohane, Moravcsik e Slaughter concluíram que o grau de independência do SSC da OMC pode ser classificado como de "independência moderada". O grau de independência de tais sistemas seria medido por fatores que colocariam tal sistema em um determinado ponto de um *continuum*, tendo em uma extremidade uma situação de dependência e, na outra, uma situação de independência plena, em relação aos estados envolvidos na controvérsia. Os fatores utilizados para tal análise seriam: (i) seleção e mandato (dos componentes dos painéis e do OA; seria o critério mais importante, segundo tais autores); (ii) discricionariedade legal (flexibilidade de interpretação conferida ao órgão); e (iii) controle sobre seus recursos humanos e materiais. Roberto O. Keohane, Andrew Moravcsik e Anne-Marie Slaughter, "Legalized Dispute Resolution: Interstate and Transnational", *International Organization*, 54 3, verão 2000, pp. 457-488.

80. "Laundering has a negative connotation from its association with running ill-gotten gains through seemingly independent institutions until they come out clean, having lost their original character and trait. Without necessarily adopting that connotation, we use the term advisedly because the process at work in IOs is similar activities that might be unacceptable in their original state-to-state form become acceptable when run through an independent, seemingly independent, IO" (Abbott e Snidal, 18).

81. V. "United States — Tax Treatment for 'Foreign Sales Corporations' — Recourse to Arbitration by the United States under Article 22.6 of the

de 1970 (resultado das medidas implementadas pela administração Nixon para dar meios para conferir maior competitividade às exportações norte-americanas) e já levou à alteração da legislação que antecedeu a legislação atual, por força da decisão proferida no caso *EUA — DISC*.[82] Após o transcorrer de um dos mais importantes contenciosos da história da OMC, os EUA chegaram a alterar a legislação das FSCs, dando origem ao *Extraterritorial Tax Income*. A CE entende que tal alteração não seria suficiente como cumprimento à decisão do OSC, podendo levar os EUA a repelir, por inteiro, tal legislação. Outro exemplo são as salvaguardas aplicadas pelos EUA contra as exportações de aço àquele país, as quais foram tidas pelo OA, em 10.11.2003, como inconsistentes com o Acordo de Salvaguardas da OMC, e posteriormente revogadas pelo Presidente dos EUA, em anúncio de 4.12.2003,[83] como efeito de possível retaliação pela CE.[84]

Semelhantemente, decisões favoráveis de um painel e/ou do OA poderão facilitar — ou mudar a equação — dos custos políticos relacionados à reforma do CAP, da CE, ou mesmo em relação às medidas objeto do caso *EUA — Algodão "Upland"* (ou outras medidas da *Farm Bill*). Por exemplo, é interessante verificar ter a CE divulgado documento apresentando propostas para mudança do regime de açúcar na CE, antes mesmo da divulgação do relatório interino do caso *CE — Açúcar*, como que antevendo seu resultado.[85] A reforma visaria a reduzir a produção interna em 2,8 milhões de toneladas, bem como os preços internos praticados na União Européia, dois dos principais pilares do regime da CE. Isso, sem se considerar o resultado das negociações em Doha e do caso *CE — Açúcar*, como expressamente mencionado pelo membro da Comissão Européia responsável por Agricultura, Desenvolvimento Rural e Pesca, em 14.7.2004. A reforma deverá iniciar em 1.7.2005, ou seja, provavelmente dentro do prazo de implementação que a CE terá para adequar suas medidas às recomendações do OSC oriundas de uma provável decisão desfavorável do OA, confirmando a recente decisão do painel.

IV — Considerações finais

A) À guisa de conclusão

Das demandas envolvendo o setor agrícola em que o Brasil se envolveu perante o SSC, pode se ensaiar algumas conclusões. O Brasil levou pouco tempo para começar a utilizar eficazmente o SSC como mecanismo de abertura de mercados agrícolas. No caso *Côco Ralado* (1995), o envolvimento do Brasil decorreu de mero dever de ofício, como demandado, na defesa de medidas compensatórias aplicadas contra importações estrangeiras. No caso *CE — Importação de Frangos* (1997), em-

DSU and Article 4.11 of the SCM Agreement — Decisão do Árbitro ('EUA — FSC')", WT/DS108/ARB, adotado em 30.8.2002.

82. V. Robert E. Hudec, "Reforming GATT Adjudication Procedures: the Lessons of the DISC Case", 72 *Minn. L. Rev.* 1443 (1998).

83. "To Provide for the Termination of Action Taken with Regard to Imports of Certain Steel Products by the President of the United States of America a Proclamation", Office of the Press Secretary, 4.12.2003, disponível no sítio <C:\TempInet \Temporary Internet Files\OLK6E\20031204-7.html>.

84. Por meio da *Regulation 1.031/2002*, a CE imporia medidas de "rebalanceamento" contra as exportações norte-americanas aos Países da CE, até que as medidas de salvaguarda sobre o aço fossem levantadas.

85. V. Dr. Franz Fischler, Member of the European Commission Responsible for Agriculture, Rural Development and Fisheries, *Press Release, The Reform of the EU Sugar Sector*, 14.7.2004, disponível no sítio <http://europa.eu.int/rapid/pressReleasesAction.do?reference=SPEECH/04/363& format=HTML&aged=0&language=EN&guiLanguage=fr>, visitado em 11.8.2004: "However, these figures clearly still take no account of two factors: the results of the Doha Round and the WTO panels looking into our sugar market organisation. But the proposal does give us scope to make adjustments to production or export refunds if need be".

bora demandante, o Brasil não logrou êxito em provar seus argumentos, por falta de embasamento jurídico ou ausência de provas.

O caso *CE — Café Solúvel* (final de 1998) parece residir em uma classificação de casos que, apesar de não resultarem na eliminação da medida contestada, possibilitam às partes chegar a uma solução para a demanda. Embora o Brasil não tenha sequer requerido a instalação de um painel de árbitros, CE e Brasil firmaram um acordo mutuamente satisfatório. Com isso, cumpriu-se a função primordial do SSC, ou seja, solucionar controvérsias entre membros da OMC. O ESC é claro em preferir tal solução à instalação de demandas (Artigo 3.7). O ESC contém mecanismos que buscam incentivar a realização de acordos a qualquer tempo (vide, por exemplo, os Artigos 4 e 5). Embora seja mera especulação, denota-se que a pressão brasileira, por meio da utilização do SSC, parece ter servido para facilitar a conclusão do acordo.

O caso *Argentina — Frangos "Anti-dumping"* (2001) destoa do perfil dos demais casos, pois envolve uma medida de defesa comercial. Perfaz-se, do ponto de vista prático, em mais um estágio da disputa travada perante as autoridades administrativas argentinas. Interessante notar que essa demanda, analisada em conjunto com os casos *CE — Importação de Frangos* (1997) e *CE — Frango Classificação* (2002) (em andamento), revela o grau de amadurecimento que algumas indústrias (nesse caso, o setor avícola) têm apresentado no que concerne à utilização de mecanismos do SSC. Coincidência ou não, a carne de frango congelada (em conjunto com carne bovina e suína) é atualmente um dos principais produtos da pauta de exportação brasileira.[86] Isso sugere que outros setores devam seguir o mesmo caminho trilhado pela indústria avícola, ou seja, profissionalização no trato das questões e disputas comerciais, a fim de minimizar riscos que possam minar sua capacidade de crescimento exportador.

O caso *EUA — Suco de Laranja* bem demonstra a possibilidade de se conseguir resultados "mutuamente satisfatórios" para as partes envolvidas, quando se litiga "à sombra" do SSC da OMC. Embora não se tenha chegado a qualquer decisão declarando a inconsistência da medida com acordos da OMC, a utilização do SSC por si só permitiu às partes alcançar resultado julgado satisfatório pela indústria e diplomacia brasileira.

Quanto às demandas em andamento, pode-se destacar o fato de duas delas (*EUA — Algodão "Upland"* e *CE — Açúcar*) lidarem com programas/medidas de elevada sensibilidade política nos respectivos Países demandados, ou seja, o volume de subsídios de apoio interno e à exportação conferidos por Países desenvolvidos a produtores/exportadores domésticos. O fato de essas disputas tratarem de questões de alta sensibilidade política pode invocar a idéia de que tais disputas sejam o que se convencionou chamar de *wrong cases* (ou, em tradução livre adaptada, "casos ruins").

B) Seriam essas disputas "casos ruins"?

Conforme denominação introduzida por Robert E. Hudec, ainda sob a égide do SSC do GATT,[87] *wrong cases* seriam casos que poderiam ter o efeito de colocar em risco o próprio regime GATT de então. Como sintetiza Marco Bronckers, tais casos compreenderiam situações em que (i) forças políticas impedem que determinado país mude a medida governamental atacada; (ii) a decisão do painel tenha se estendido além do quanto acordado entre as partes contratantes (ou membros da OMC); ou

86. V. Ministério da Agricultura, Pecuária e Abastecimento, Secretaria de Produção e Comercialização, *Balança Comercial do Agronegócio — Dezembro/2003*.

87. V. Robert E. Hudec, "GATT Dispute Settlement after the Tokyo Round; an Unfinished Business", 13 *Cornell Int'l L. J.* 145, 159 (1980).

(iii) estão envolvidas violações de regras desatualizadas.[88] Nenhum dos casos aqui tratados parece envolver a situação do item (ii) (pois nem sequer houve decisão tomada nesses casos), tampouco do item (iii) (pois as regras objeto das disputas em andamento — em especial o AsA — foram recentemente acordadas).

Assim, a controvérsia gira em torno do argumento do item (i), ou seja, de que *wrong cases* não deveriam ser abertos porque o país demandado não teria condições de implantar as mudanças necessárias eventualmente requeridas pelo painel de árbitros ou do OA. Esse argumento confronta diretamente com a argumentação desenvolvida no Capítulo III deste artigo, que sustenta que o SSC pode justamente se prestar para fazer com que casos de alta relevância política sejam resolvidos. A posição deste artigo parece ainda ser a mais acertada.

Primeiro, porque toda a discussão relacionada aos *wrong cases* tem origem nos anos 1980,[89] quando o SSC do GATT passava por período de descrença quanto à sua eficácia por parte dos Países contratantes do GATT e a apresentação de *wrong cases* poderia detonar um processo ainda mais acentuado de colapso do sistema. Nessa linha, cumpre lembrar que parte da discussão relacionada a *wrong cases* se insere na própria discussão relativa à adoção de um sistema de solução de controvérsias de caráter mais "diplomático" ou mais "jurisdicizado",[90] que permeia a história desse regime desde seus primórdios. Essa discussão, como se viu, já é história, em virtude da opção das partes contratantes do GATT (agora membros da OMC) em estabelecer um sistema de solução de controvérsias "jurisdicizado".[91] Nesse sistema, os membros menos poderosos (como o Brasil) não têm outra alternativa senão buscar soluções por meio da utilização das regras estabelecidas.

Segundo, como exposto, o SSC da OMC apresenta mecanismos e características que podem levar o membro demandado a abandonar a medida desafiada. Esses mecanismos e características envolvem desde os mecanismos de mobilização por constrangimento,[92] a possibilidade de retaliação propriamente dita, até os aspectos relacionados à "independência" das decisões de uma instituição internacional.[93]

Terceiro, mesmo que os mecanismos existentes não tenham o condão de induzir o membro demandado a abandonar a medida desafiada, as demandas poderão ainda imprimir certa pressão sobre o membro demandado rumo à celebração de um acordo com o membro demandante.[94] O caso *CE — Café Solúvel* exemplifica essa possibilidade, embora em menor proporção, já que a medida lá tratada não se constituía em benefício conferido a produtores internos, mas sim ao tratamento preferencial conferido a determinados Países em desenvolvimento. O caso *EUA — Suco de Laranja* também exemplifica essa assertiva.

Por fim, como arremata William J. Davey, não parece acertado deixar que um determinado membro interfira no equilíbrio

88. "Wrong cases' in the GATT are said to arise from several sources: politically imperative violations in times of economic and political instability when governments are easily influenced by special interest groups, complaints reaching beyond the panel's decision-making capacity, or violations of outdated rules" (Marco Bronckers, "Private Response to Foreign Unfair Trade Practices — United States and EEC Complaint Procedures", *Northwestern Journal of International Law and Business* 651, 695 (1984).

89. V. nota 87 supra, com o texto que originou a discussão.

90. Para breve discussão, v. Uri Litvak, "Regional Integration and the Dispute Resolution System of the World Trade Organization after the Uruguay Round: a Proposal for the Future", Comment, *University of Miami Inter-American Law Review* 561.

91. V. nota 58 supra e texto que acompanha.

92. V. nota 70 supra e texto que a acompanha.

93. V. nota 76 supra e texto que a acompanha.

94. "Practice shows that panels are likely to pressure disputing parties to reach a settlement, especially when panels are faced with difficult issues" (Bronckers, *Trade Practices*, 696). V. tb. Hudec, *Unfinished Business*, 188-189.

das obrigações negociadas sem que sofra uma penalidade por tanto. Como realça, a tomada de providências contra o membro faltante tende a promover a observância das regras do acordo da OMC e não a colocar o sistema em risco.[95]

C) A "cláusula de paz"

Pelo conjunto das razões expostas, a estratégia brasileira parece sim fazer sentido: o SSC da OMC pode e deve ser utilizado por Países em desenvolvimento e menos desenvolvidos a fim de abrir mercados ou eliminar barreiras que retiram sua competitividade nos mercados agrícolas internacionais.

Em relação ao setor agrícola, oportunidades poderão surgir com a expiração da Cláusula de Paz. Essa cláusula tem por efeito impedir ou restringir a apresentação de demandas ou mesmo de medidas internas pelos membros da OMC (como aplicação de medidas compensatórias contra subsídios acionáveis) em relação a três tipos de subsídios: (i) subsídios a apoio doméstico inseridos no Anexo 2 do AsA ("Caixa Verde"); (ii) subsídios a apoio doméstico inseridos no Artigo 6 do AsA (Artigos 6.1 a 6.4 — "Caixa Amarela"; e Artigo 6.5 — "Caixa Azul"); e (iii) subsídios a exportação que estejam dentro de seus compromissos de redução. As restrições impostas pela Cláusula de Paz em relação a cada um desses tipos de subsídios são as seguintes:

(i) *Caixa Verde*: impede demandas perante o SSC (tipo "violação" ou "não-violação") ou aplicação de medidas compensatórias (como subsídios "acionáveis") contra esse tipo de subsídio, quando plenamente em conformidade com as regras que o regem (Artigo 13.(a), AsA). Vale lembrar que se incluem na Caixa Verde as medidas de apoio doméstico que não distorcem (ou que distorcem minimamente) o comércio agrícola, ou a produção (Artigo 1, Anexo 2, AsA);

(ii) *Caixas Amarela e Azul*: em relação às medidas de apoio doméstico inseridas nas Caixas Amarela e Azul que atendam plenamente às normas do Artigo 6 do AsA, a Cláusula de Paz: (a) isenta tais medidas da imposição de medidas compensatórias, salvo se uma determinação de dano ou ameaça de dano seja feita de acordo com as regras do Artigo VI do GATT 1994 (que trata originalmente das medidas *antidumping* e compensatórias) e da Parte V do ASMC (que define os termos "efeitos adversos" e "prejuízo grave" e descreve as formas de questionamento de tais subsídios perante o SSC da OMC) (ainda, deve ser tomada devida moderação em relação à instauração de investigações para imposição de medidas compensatórias); (b) isenta das consultas previstas no Artigo XVI: 1 do GATT 1994 referente a prejuízos graves decorrentes da aplicação de medidas de apoio interno, bem como de demandas com base em "efeitos adversos" (e em "prejuízo grave"), desde que tais medidas não sejam conferidas, em relação a um produto específico, em montante em excesso ao quanto decidido durante o ano comercial de 1992 (Artigo 13.(b).(ii), AsA); e (c) isenta demandas perante o SSC (tipo "violação" ou "não-violação") baseadas nas concessões tarifárias (Artigo II, GATT 1994), desde que tais medidas não sejam conferidas, em relação a um produto específico, em montante em excesso ao quanto decidido durante o ano comercial de 1992 (Artigo 13.(b).(iii), AsA); e

(iii) *Subsídios a Exportação*: (a) condiciona a aplicação de medidas compensatórias à determinação de dano ou ameaça de dano baseada em volume, efeitos sobre os preços, ou conseqüente impacto de acordo com o Artigo VI do GATT 1994 e à Parte V do ASMC (ainda, deve ser tomada devida moderação em relação à instauração de investigações para imposição de medidas compensatórias); e (b) isenta de demandas com base no Artigo XVI do GATT

95. V. William J. Davey, "Dispute Settlement in GATT", *Fordham Int. L. J.* 51, 67-78 (1987).

1994, ou Artigos 3, 4 e 5 do ASMC, os quais prevêem mecanismos especiais para que determinado membro da OMC questione subsídios a exportação perante o SSC, sejam tais subsídios proibidos (Artigos 3 e 4) ou acionáveis (Artigo 5). Vale mencionar que, de acordo com a decisão do OA no caso *Canada — Dairy*,[96] subsídios à exportação conferidos em montante acima dos compromissos de redução podem já ser questionados como subsídios proibidos (trata-se da tese do caso *EC — Açúcar*).

A expiração da Cláusula de Paz[97] terá por efeito permitir a apresentação das demandas (ou a tomada de providências) restringidas mencionadas acima.[98] Há estudos sustentando haver maior probabilidade de êxito em casos envolvendo o Artigo 5(c), do AsA,[99] que trata dos casos em que se questiona subsídios que tem por efeito causar graves prejuízos ao interesse de outros membros. "Grave prejuízo" encontra-se definido no Artigo 6 do AsA, o qual depende da caracterização de uma das quatro hipóteses do Artigo 6.3 (conforme Artigo 6.2). Tais hipóteses se baseiam nos efeitos que o subsídio questionado pode provocar, e são: (i) substituição ou impedimento de um produto similar de outro membro no mercado do membro subsidiante (*displacement case*) (Artigo 6.3(a)); (ii) substituição ou impedimento de um produto similar de outro membro no mercado de outro membro (*displacement case in a third market*) (Artigo 6.3(b)); (iii) supressão ou depressão de preços (via subcotação de preços), ou perda de vendas, no mesmo mercado (Artigo 6.3(c)); e (iv) aumento da participação do produto subsidiado no mercado internacional, em relação à média de sua participação em período anterior (Artigo 6.3(d)).

Levando-se em consideração o volume de informações, a complexidade da matéria legal e a dificuldade em se apresentar elementos comprovando as alegações da demanda (em especial os que concernem ao estabelecimento do nexo de causalidade entre um determinado subsídio e o alegado dano que tal subsídio provoque a uma determinada indústria[100]), torna-se evidente que uma investigação diligente acerca da viabilidade da demanda deve preceder sua apresentação.[101]

Segue, então, uma provocação: cumpre às indústrias brasileiras procurarem se

96. Relatório do OA, "Canada — Measures Affecting the Importation of Milk and the Exportation of Dairy Products, Second Recourse top Article 21.5 of the DSU by New Zealand and the United States ('Canada — Dairy')", para. 74. É interesse notar que o OA confirmou o quanto estipulado no Artigo 10.3 do AsA, ou seja, inverteu o ônus da prova para que o membro que alegar não ter exportado qualquer produto subsidiado em excesso ao nível do compromisso de redução tenha que comprovar que nenhum subsídio foi conferido em relação ao produto em questão.

97. Mesmo a data da expiração da Cláusula de Paz se cerca de controvérsia. Uns sustentam ser 1.1.2004, enquanto outros sustentam ser 30.6.2004 (em razão da referência ao chamado *marketing year*). Essa questão passa ao largo do escopo deste artigo. Para uma abordagem sobre o tema, v. ÍCONE — Instituto de Estudos do Comércio e Negociações Internacionais, *O Fim da Cláusula de Paz e os Subsídios Agrícolas na OMC — Análise dos Impactos para os Interesses Comerciais Brasileiros perante a OMC*, DT 005/03 ("Estudo ÍCONE").

98. Este artigo não tem por objeto analisar o efeito da expiração da Cláusula de Paz em relação a cada tipo de subsídio previsto no AsA. Para tanto, seria necessário desenvolver um artigo especificamente voltado para tal fim. Para uma análise dos efeitos específicos da expiração da Cláusula de Paz, v. Didier Chambovey, "How the Expiry of the Peace Clause (Article 13 of the WTO Agreement on Agriculture) Might Alter Disciplines on Agricultural Subsidies in the WTO Framework", *Journal of World Trade* 36(2): 305-352, 2002.

99. Vide Estudo ÍCONE e Richard H. Steinberg e Timothy E. Josling, "When the Peace Ends: the Vulnerability of EC and US Agricultural Subsidies to WTO Legal Challenge", *Journal of International Economic Law* 6(2), 369-417, 389.

100. Idem.

101. O Estudo ÍCONE, p. 1, realça a possibilidade de se contestar "subsídios europeus para lácteos, açúcar, carne e cereais, caso haja o preenchimento dos requisitos necessários para o início da demanda" (p. 1). V. nota de rodapé 96 acima.

municiar de elementos técnicos, de natureza jurídica e econômica, que possam ser oferecidos ao governo brasileiro como embasamento informativo para sua avaliação acerca da conveniência e oportunidade na apresentação de novas demandas perante o SSC da OMC. A julgar pelas demandas apresentadas nos últimos anos, é possível concluir que o governo brasileiro encoraja tal conduta.

Bibliografia

ABBOTT, Kenneth W., e SNIDAL, Duncan. "Why States Act through Formal International Organizations", 42 (1) *J. Confl. Res.*, 3, 4, 9 e 15 (1998).

BENKE, Rafael Tiago Juk. *Brazilian Agricultural Exports: Internal and External Barriers*, University of Warwick, Inglaterra, 2002.

BHALA, Raj. "The Power of the Pasta: Towards de Jure Stare Decisis in WTO Adjudication (Part Three of a Trilogy)", 33 *Geo. Wash. Int'l L. Rev.* 873 (2001).

BRONCKERS, Marco. "Private Response to Foreign Unfair Trade Practices — United States and EEC Complaint Procedures", *Northwestern Journal of International Law and Business* 651, 695 (1984).

CHAMBOVEY, Didier. "How the Expiry of the Peace Clause (Article 13 of the WTO Agreement on Agriculture) Might Alter Disciplines on Agricultural Subsidies in the WTO Framework", *Journal of World Trade* 36(2): 305-352, 2002.

CHAYES, Abram, e CHAYES, Antonia Handler. *The New Sovereignty — Compliance with International Regulatory Agreements*, 9-17.

DAVEY, William J. "Dispute Settlement in GATT", *Fordham Int. L. J.* 51, 67-78 (1987).

GARDNER, Richard. *Sterling-Dollar Diplomacy — Anglo-American Collaboration in the Reconstruction of Multilateral Trade with Revised Introduction* 103-109 (1980).

HART, H. L. A. *The Concept of Law* 195-199 (2ª ed., 1994).

HENKIN, Louis. *How Nations Behave* 47 (2ª ed., 1979).

HUDEC, Robert E. *Enforcing International Trade Law — The Evolution of the Modern GATT Legal System* 571 (1993).

______. "GATT Dispute Settlement after the Tokyo Round; an Unfinished Business", 13 *Cornell Int'l L. J.* 145, 159 (1980).

______. "Reforming GATT Adjudication Procedures: the Lessons of the DISC Case", 72 *Minn. L. Rev.* 1.443 (1998).

______. *The GATT Legal System and World Trade Diplomacy* 90.

______. "Thinking about the New Section 301: beyond Good and Evil", in *Aggressive Unilateralism: America's 301 Trade Policy and the World Trade System* 113, 126-127 (Jagdish Bhagwati e Hugh T. Patrick eds., 1990).

ÍCONE — Instituto de Estudos do Comércio e Negociações Internacionais. *O Fim da Cláusula de Paz e os Subsídios Agrícolas na OMC — Análise dos Impactos para os Interesses Comerciais Brasileiros perante a OMC*, DT 005/03.

JACKSON, John H. *World Trade System* 109-111 (1997).

KEOHANE, Robert O. *After Hegemony* 68 (1984).

______, MORAVCSIK, Andrew, e SLAUGHTER, Anne-Marie. *Legalized Dispute Resolution: Interstate and Transnational*, International Organization, 54 3, verão 2000, pp. 457-488.

KIRGIS JR., Frederic L. *International Organizations in their Legal Setting* 533-535 (1993).

KOH, Harold Hongju. "Why Do Nations Obey International Law?", 106 *Yale Law Journal* 2.599, 2.632 (1997).

LITVAK, Uri. "Regional Integration and the Dispute Resolution System of the World Trade Organization after the Uruguay Round: a Proposal for the Future", Comment, University of Miami, *Inter-American Law Review* 561.

MATSUSHITA, SCHOENBAUM e MAVROIDIS. *The World Trade Organization — Law, Practice and Policy* 80-81 (2001).

MEDRADO, Renê Guilherme S. "Re-Negotiating Remedies in the WTO: a Multilateral Approach", *Wisconsin International Law Journal*, abril 2004.

Ministério da Agricultura, Pecuária e Abastecimento, Secretaria de Produção e Comercialização. *Balança Comercial do Agronegócio — Dezembro/2003.*

Organização Mundial do Comércio. *Update of WTO Dispute Settlement Cases*, WT/DS/OV/19, 6.2.2004.

PALMETER, David. "The WTO as a Legal System", 24 *Fordham International Law Journal* 444 (2000).

ROMANO, Cesare. "The Proliferation of International Institutions: the Pieces of the Puzzle", 31 *N. Y. U. J. Int'L. & Pol.* 709 (1999).

SHOYER, Andrew W., SOLOVY, Eric M., e KOFF, Alexander W. *Implementation and Enforcement of the WTO Agreements*, Kluwer Companion to the World Trade Organization (no prelo).

STEIN, Artur A. *Coordination and Collaboration: Regimes in an Anarchic World*, International Regimes 115, 123 (Stephen D. Krasner ed., 1982).

STEINBERG, Richard H., e JOSLING, Timothy E. "When the Peace Ends: the Vulnerability of EC and US Agricultural Subsidies to WTO Legal Challenge", *Journal of International Economic Law* 6(2), 369-417, 389.

SYKES, Alan O. "Constructive Unilateral Threats in International Commercial Relations: the Limited Case for Section 301", 23 *L. & Pol'y Int'l Bus.* 263, 307-316 (1992).

TRACHTMAN, Joel P. "The Domain of WTO Dispute Resolution", 40 *Harv. Int'l L. J.* 333, 337 e 350-351 (1999).

WILLIAMSOM, Oliver E. *The Economic Institutions of Capitalism* 47 (1985).

Direito e Economia

"LAW AND ECONOMICS"

RACHEL SZTAJN

A relação entre direito e economia é tão antiga quanto a última, embora seja vista como alguma coisa marginal, de pouco importância e é imensa a contribuição que o diálogo entre Direito e Economia (ciências sociais aplicadas) pode oferecer ao propor soluções para questões atuais, ao contrário do que afirmam os detratores dessa corrente de estudos.

De observar, ainda, que esse diálogo é antigo. No século XVIII Adam Smith e Jeremy Bentham, o primeiro ao estudar os efeitos econômicos decorrentes da formulação das normas jurídicas, o outro ao associar legislação e utilitarismo, demonstravam a importância de análise interdisciplinar ou multidisciplinar de fatos sociais. Embora haja estudos anteriores, é a partir dos anos 60 do século passado que se inicia o desenvolvimento da denominada área de *law and economics*, que vem se fortalecendo na pesquisa acadêmica.

O movimento começa a ganhar corpo com a publicação de *The Problem of Social Cost*, de Ronald H. Coase, passa por Richard Posner, com *Economic Analysis of Law*, ambos professores da Universidade de Chicago, por *The Cost of Accidents*, de Guido Calabresi, de Yale. Além destes, Henry Manne, George Stigler, Armen Alchian, Steven Medema, Oliver Williamson, entre outros, aprofundam o diálogo.

Lembre-se, ainda, que no primeiro quartel do século XX, Aaron Director, estudioso da concorrência, ressaltou a estreita ligação entre direito e economia, chamando a atenção dos juristas que atuam nessa área, sobre a importância de observarem comportamentos e análises econômicas a fim de entenderem melhor as questões referentes à competição em mercados. É que, quanto a mercados e concorrência, qualquer regulação prestável passa por prévia e competente análise econômica, seja para evitar super regular as condutas, seja para que os efeitos regulatórios, no médio e longo prazo, não inviabilizem a atividade.

Contudo, o sucesso dos diálogos não convence a um grupo de juristas. Estes se baseiam nas diferenças metodológicas entre os dois ramos do conhecimento, que lhes parecem insuperáveis, mais nítidas nos países de direito filiado à família romano-germânico-canônica, em que predominam a dogmática, a discussão e classificação das fontes do direito, expostas de maneira sistemática para desenhar um conjunto coerente, que não segue a metodologia adotada pelos economistas baseada na análise de esquemas empíricos.

Os argumentos são derrubados por Daniel D. Friedman que explica, de forma singela, porque a economia pode contribuir para o aperfeiçoamento na formulação de normas jurídicas.[1] Tomando a economia

1. *Law' Order: What Economy Has to Do with Law and Why it Matters*, Princeton N. J., Princeton University Press, 2000, trad. para o italiano, *L'Ordine del Diritto — Perchè l'analise Economica può Servire al Diritto*, Saggi, Il Mulino, 2004.

como poderosa ferramenta para analisar normas jurídicas, em face da premissa de que as pessoas agem racionalmente, conclui-se que estas responderão melhor a incentivos externos que induzam a certos comportamentos mediante sistema de prêmios e punições. Ora, se a legislação é um desses estímulos externos, quanto mais forem as normas positivadas aderentes às instituições sociais, mais eficiente será o sistema.

Comum aos estudos de *law and economics* é a percepção da importância de recorrer a alguma espécie de avaliação ou análise econômica na formulação de normas jurídicas visando a torná-las cada vez mais eficientes.[2]

Por conta de diferentes metodologias utilizadas pelos dois ramos do conhecimento — o modelo dogmático e abstrato ensinado nas escolas de direito, e a construção de modelos a partir de dados empíricos recolhidos na sociedade associados a teorias — nas escolas de economia —, os operadores do Direito vêem com desconfiança e com restrições as tentativas de associar o raciocínio econômico aos esquemas abstratos predominantes na formulação e análise das normas jurídicas. Esquecem-se, entretanto, de que, por estarem mais presos à análise da realidade social, os economistas vêm enveredando rapidamente pelos meandros dos modelos normativos propostos pelo Direito.

Inegável que há uma questão metodológica relevante que tem que ver com a maneira pela qual preferências e escolhas individuais podem ser transformadas em preferências e escolhas sociais ou majoritárias.

No que diz respeito à eficiente circulação da riqueza, o critério usual é o proposto por Pareto segundo o qual os bens são transferidos de quem os valoriza menos a quem lhes dá mais valor. O economista considera que a eficácia é maximizada quando, numa sociedade, alguém fica melhor do anteriormente com a mudança de alguma atribuição de bens anterior, sem que ninguém fique pior. Critica-se esse critério porque depende da alocação inicial da riqueza e porque não induz as pessoas a revelarem suas preferências qualitativas.

Outro critério proposto para avaliação da eficiência é desenvolvido por Kaldor e Hicks que, partindo de modelos de utilidade, tais como preconizados por Bentham, sugerem que as normas devem ser desenhadas de maneira a gerarem o máximo de bem-estar para o maior número de pessoas. O problema está na necessidade de maximizar duas variáveis, e na dificuldade de estabelecer alguma forma de compensação entre elas. Porém, refinando o modelo, Kaldor-Hicks chegam à proposta de compensações teóricas entre os que se beneficiam e os que são prejudicados. Comparando agregados entre as várias opções, escolhe-se aquele que resulte na possibilidade de compensação. Ainda uma vez se refina o esquema reconhecendo haver redes de inter-relações nas sociedades e que a utilidade marginal de cada pessoa é decrescente. Este parece ser o melhor critério para as escolhas no que diz respeito à distribuição dos benefícios, o de dar mais a quem tem maior utilidade marginal.

A racionalidade dos agentes, um dos postulados econômicos, que leva à procura da maximização de utilidades, e a eficiência alocativa, segundo essa visão, vão ao encontro da idéia de solidariedade e geração de bem-estar coletivo.

Os campos em que o diálogo entre direito e economia se demonstra fecundo, abrangem matérias como propriedade, contratos e responsabilidade civil, operações em mercados, em que é mais evidente a existência de interesses comuns, particularmente aquelas operações que envolvem instituições sociais e institutos jurídicos. Em

2. Eficiência significa a aptidão para obter o máximo ou melhor resultado ou rendimento, com a menor perda ou o menor dispêndio de esforços; associa-se à noção de rendimento, de produtividade; de adequação à função. Não se confunde com eficácia que é a aptidão para produzir efeitos.

outras áreas do direito a visão econômica é mais difícil de aceitar, dizem muitos, notadamente em áreas nas quais os efeitos patrimoniais são considerados secundários, como é o caso das relações de família.

Há diferentes correntes doutrinárias que buscam explicar o fenômeno econômico e propor medidas para corrigir distorções geradas por normas de direito positivo, com fundamento em análises econômicas. Entre elas encontram-se a Escola de Chicago, a de Yale, a da Nova Economia Institucional, a da Escolha Pública, entre outras.

A distinção mais conhecida entre a visão positivista da Escola de Chicago, descritiva dos fenômenos em relação à Escola de Yale, conhecida como normativista ou prescritiva, está no escopo desta, consistente em propor mudanças visando ao aperfeiçoamento das normas, vale dizer, formular normas que produzam os incentivos para que as pessoas se comportem da maneira que melhor atenda aos interesses sociais.

A distinção, talvez, explique a relevância do trabalho de Richard Posner que, de modo sistemático, organizou a ligação entre direito e economia. O trabalho de Posner, considerado marco de "fundação" da denominada Escola de Chicago, ou escola positivista, tem como contraponto os estudos de Guido Calabresi, da Escola de Yale, também denominada normativista. Às duas correntes incorpora-se a Escola da *Public Choice* (ou da Escolha Pública, cujo foco está voltado para a ciência política), a que se segue a Escola denominada Economia Institucional, e, mais recentemente a da Nova Economia Institucional, na qual se destacam Douglas North e Steven Medema.

Entre as questões levantadas, no que diz respeito à formulação de normas de direito positivo, partem os críticos do argumento de que, no plano metodológico, enquanto o direito se ocupa de valores (ética e moral), a economia tem seus parâmetros na maximização de resultados, na eficiência, o que inviabiliza, para não dizer faz descabida, qualquer tentativa de empregar parâmetros econômicos na avaliação das normas jurídicas.

Bastaria ler *The Problem of Social Cost*, também conhecido como Teorema de Coase, para compreender o erro de óptica de quem assim se manifesta: afasta-se das questões propostas por Jehring, nos trabalhos da segunda metade de sua obra em que se dedica a analisar as instituições e as relações intersubjetivas nas sociedades.

Na verdade, esses críticos se esquecem de que o direito romano privilegiava a eficiência das normas, notadamente no que diz respeito à integração dos povos por conta da expansão territorial do império romano. É que a releitura do *Corpus Juris Civilis* e das grandes codificações do século XIX, sob a luz do historicismo de Savigny, do direito natural e da moral cristã, influenciou as grandes codificações européias no século XIX. A fixação pelas fontes (direito romano acrescido do influxo de regras do direito germânico, e particularmente de visão voltada para o direito canônico), da perspectiva historicista que ainda hoje têm defensores, deixa em segundo plano as transformações sociais ocorridas ao longo dos dois últimos séculos.

Na Europa central, notadamente na Alemanha, a metodologia do direito se inclina na direção da função do sistema jurídico e suas instituições; sob o influxo da filosófica analítica. Entretanto, estudiosos austríacos e de países de *common law*, se voltam para a jurisprudência de interesses, incorporam a sociologia do direito à análise das normas. O resultado é que a doutrina alemã se inclina na direção da normatividade, enquanto o ramo anglo-norte-americano para o da interpretação.

A pandectística se impõe secundada pela taxonomia, classificando e enquadrando institutos, quase deixando de lado sua funcionalidade. Na segunda metade do século XX, Norberto Bobbio chama a atenção para o fato, com o clássico *Dalla Struttura alla Funzione*, realçando nesta obra o aspecto de que a função dos institutos jurídicos deve prevalecer sobre sua estrutura, na mesma linha em que a escola de Gropius e Mies Van der Rohe, no plano da arquitetura e das artes, afirmava que a forma segue a função.

Fato é que o positivismo jurídico se impõe de forma majoritária sobre outras correntes, entre elas a filosofia analítica. A discussão atual sobre os fundamentos metodológicos da ciência do direito se divide entre os adeptos do positivismo (o Direito decorre do poder do Estado) e os naturalistas (os quais fundam o direito na noção divina de que todos têm direitos, que garantir direitos atende à moralidade social). Nos dois casos o esquema teórico é abstrato, abandonando-se o empirismo próprio dos economistas.

As críticas ao avanço da análise econômica do direito ou da combinação de direito e economia não desapareceram, e vêm perdendo terreno pela demonstração de que é a contribuição é positiva. Torna-se mais equivocado e enganoso a cada dia afirmar que a economia busca eficiências enquanto o direito se prende à promoção da questão ser/dever-ser, com o objetivo de dizer que as posições são irreconciliáveis.

A corrente que parte da noção de racionalidade dos agentes, própria da visão economicista, argumenta que a busca de maximização de utilidades ignora a existência de normas jurídicas, como se as sociedades pudessem ser organizadas sem normas! Esquece que a noção de racionalidade, empregada pelos economistas, não apenas não é estranha, mas permeia o sistema jurídico. Tome-se como exemplo a tutela dos incapazes (aos quais se supõe falte racionalidade para se autodeterminar), a qualificação de certos atos em culposos ou dolosos para fins de determinação das punições aplicáveis leva em conta a intenção do agente, portanto, sua racionalidade. Por outro lado, o reconhecimento da assimetria informacional para fins de re-equilibrar relações intersubjetivas: a legislação consumerista é exemplo expressivo.

Tomando como padrão o *homo œconomicus* (conceito normativo), pode-se associá-lo à noção de bom pai de família e à de homem ativo e probo, próprias do direito, sem qualquer prejuízo para o sistema. É possível associar direito e economia, seja no plano normativo-normativo, seja no normativo-positivo. Da primeira relação resulta a análise das conseqüências de alternativas na formulação de normas de direito positivo. Amplia-se o quadro de análise das regras jurídicas; aplicadas ao direito de propriedade, indaga-se sobre ser mais eficiente a tutela do *jus in rem* ou a da responsabilidade civil ou *jus in personam.*

Fato é que as objeções engendradas pelos críticos da aproximação (ou reaproximação) entre direito e economia partem, em geral, das formulações da Escola de Chicago. Esta, em várias situações, tenta quantificar os efeitos das normas positivadas aplicando não apenas conceitos econômicos como, muitas vezes, a econometria, a áreas nas quais os efeitos patrimoniais das relações pessoais tendem a ser encarados como secundários, tal como ocorre nas relações de família. Seria impossível aceitar a idéia da precificação do afeto entre familiares? Poder-se-ia considerar que existe um preço que causa ou impulsiona as ações de membros da família a ponto de ser determinante na tomada de decisões? Isto seria inadmissível, dizem os críticos, e por isso não aceitam qualquer discussão ou relação que aproxime direito de economia. Posner, porém, considera possível a existência de mercado em que seriam negociados direitos parentais. Por exemplo: será que a disciplina relativa à adoção não se assemelha a isso?

As regras relativas a essa área do direito em que crianças órfãs ou cujos pais perderam sua guarda, na visão do jurista tradicional nada mais são do que esquemas de solidariedade. Mas elas podem resultar de busca por gratidão, por afeto, ou até por poder sobre outrem que são preços "*pagos*". Certo que ao operador do direito assustam tais argumentos os quais, no entanto, explicam muitas adoções. Basta compreender que, nem sempre, a palavra *preço* traduz a expressão monetária de um bem, que pode, igualmente, representar a relação entre as posições de quem dá e o que recebe em troca, é um *do ut des, fatio ut fatias*, que não envolve movimentação pecuniária.

Repetindo Natalino Irti que afirma serem os mercados resultado de ações racionais que geram o equilíbrio entre oferta e demanda, compreende-se porque o preço do bem é fator determinante nas decisões de produzir/adquirir.

As críticas estão, parece, mais centradas em diferenças metodologias do que na incompatibilidade material dos diálogos. Gary Becker explica que, em qualquer área do conhecimento, o método tem primazia sobre o objeto; portanto, o que se deve investigar, é a viabilidade de aplicar o método econômico ao direito. Segundo Becker o método econômico é o da escolha racional que tem como pressuposto a estabilidade das preferências, das escolhas individuais, ao longo de certo lapso temporal.

A noção de escolha racional está ínsita na idéia de capacidade e de imputação. Até os padrões do homem médio, do bom pai de família, do homem ativo e probo, tomam a racionalidade como suporte porque essas pessoas se baseiam, ao determinar suas ações, nos padrões sociais ou institucionais existentes, aprovados, desejados, estimulados. Desvios levam a punições, sejam elas impostas pelo sistema jurídico seja por normas socialmente aceitas. Sob tal perspectiva fica claro que nada obsta que economia e direito mantenham profícuo diálogo.

Por que, então, não associar eficácia à eficiência na produção de normas jurídicas? Eficácia como aptidão para produzir efeitos e eficiência como aptidão para atingir o melhor resultado com o mínimo de erros ou perdas, obter ou visar ao melhor rendimento, alcançar a função prevista de maneira a mais produtiva. Elas deveriam ser metas de qualquer sistema jurídico. A perda de recursos/esforços representa custo social, indesejável sob qualquer perspectiva que se empregue para avaliar os efeitos.

Seria impossível transpor a idéia de mercado, estrutura que define preços ou da qual resultam preços como preferem alguns, para o campo do direito? A resposta é negativa. Exemplo é a denominada guerra fiscal. Visando a atrair agentes produtivos (indústria, comércio, serviços), alguns governantes oferecem benefícios tributários (econômicos) sob a forma de renúncia fiscal. Tal renúncia representa redução do custo de produção, portanto, não se deve estranhar a migração de atividades produtivas de um para outro local. Algum agente econômico perderá a oportunidade de obter a vantagem se tiver possibilidade de optar por ela?

A inibição de mudanças poderá decorrer, talvez, de razões de logística que imponham aumento de custos de transporte para distribuir os produtos nos centros de consumo; ou, talvez, da impossibilidade de, dado o prazo de recuperação do investimento, tornar-se desinteressante a mudança da fábrica para outro local; ou, ainda, algum outro fator econômico, que possa influir na decisão, tais como idiossincrasias específicas; etc. Mas, se as condições forem favoráveis (o pólo industrial de Manaus é típico), fácil concluir que as escolhas serão resultantes de imputar "preços" a certas situações que estimulam ou inibem as opções.

O direito é um sistema aberto que influi e é influenciado pelas instituições sociais existentes na comunidade em que se aplica. Por isso cultores da teoria evolucionista das sociedades admitem que o conjunto de regras socialmente predispostas serve à organização das relações intersubjetivas e, em dado momento, se consagra como direito posto. Se isto é verdade, fatores econômicos estarão envolvidos no processo de criação de normas.

Supor que compete ao sistema normativo partir de modelos assistencialistas para promover a distribuição de riqueza deixa de lado uma questão prévia, a qual tem que ver com o estímulo à criação de riqueza. Ou seja, dificultar a apropriação do valor por quem o produza tende a reduzir o bem-estar geral.

Reagir contra o diálogo entre direito e economia, para condená-lo é posição que carece de racionalidade. Isto porque, ainda que os fatos sejam considerados sob a óptica quantitativa e empírica, própria do método econômico, em nada destrói a argumentação jurídica, esta qualitativa. Lembre-se que, no direito romano, o desempenho e o esforço dos pretores, estavam voltados para a busca de eficiência na distribuição de justiça e no respeito às normas sociais. Isto em nada é muito diferente do que se faz em *law and economics*. Trata-se de aplicação da teoria da escolha racional ao direito (quer se trate de direito positivo, de usos e costumes, decisões dos Tribunais, ou de normas sociais), uma forma de pensar as normas jurídicas levando em conta que os prêmios e punições estão associados tanto às instituições quanto à racionalidade econômica e por isso devem ser considerados elementos formadores do substrato normativo.

Qual seria o objeto dessa nova área para o estudo do Direito? A relação entre direito e economia perpassa todo o espectro de direitos patrimoniais, notadamente propriedade, contratos e responsabilidade civil, havendo quem a projete até mesmo para o campo delitual penal e relações de família e sucessão.

Para Ronald Coase, *law and economics* demonstra a importância da economia no estudo do direito, notadamente considerando as formulações da nova economia institucional, centrada nas instituições sociais entre as quais, empresas, mercados e normas, que facilitam compreender o sistema econômico. Para Coase, quando os operadores do direito dominarem conceitos econômicos, suplantarão os economistas na avaliação econômica dos efeitos das normas jurídicas, refinando o método de estudo do direito.

Se nenhum outro argumento existisse, bastaria este, do economista, para estimular a pesquisa e o diálogo conjunto entre economistas e juristas. A importância do desbravamento da interdisciplinaridade e os benefícios que dela podem resultar para o aperfeiçoamento do estudo do direito são inegáveis.

AS ASSEMBLÉIAS DE CREDORES E PLANO DE RECUPERAÇÃO DE EMPRESAS: UMA VISÃO EM TEORIA DOS JOGOS

MILTON BAROSSI-FILHO

I — Composição das assembléias de credores e a validade da hipótese de homogeneidade das preferências. II - O plano de recuperação, fusões, incorporações e divisões de empresas e reavaliação de ativos: II — 1. O plano de recuperação; II — 2. Fusões, incorporações, divisões de empresas e reavaliação de ativos.

O objetivo do conteúdo destas observações, concernentes à aplicação de conceitos da Teoria dos Jogos à analise dos desdobramentos possíveis da instituição da assembléia de credores e do plano de recuperação de empresas, previstos na Lei 11.101/2005, abrangem os seguintes tópicos:

1. A composição das assembléias de credores. De acordo com o art. 41 da referida lei, os credores são divididos em grupos com o objetivo de participarem da assembléia geral e de subassembléias;

2. A validade ou não da hipótese de preferências homogêneas. Trata-se, em verdade, de um critério de agrupamento de indivíduos que, supostamente, tenham, em sua grande maioria, as mesmas preferências;

3. Critério de deliberação distinto para as diferentes classes de credores nas respectivas subassembléias;

4. Papel econômico do plano de recuperação e reavaliação de ativos: formalismo do devedor para atender aos critérios da lei, em detrimento de uma análise criteriosa, com fundamento econômico-financeiro, conclusiva à continuidade da empresa na atividade econômica.

A metodologia analítica a ser empregada reporta-se a dois procedimentos: em alguns casos a que se referem os itens acima destacados, recorremos à argumentação teórica com base em conceitos da Teoria dos Jogos. São os casos, por exemplo, dos itens 1, 2, 3 e 4. Por outro lado, tentaremos modelar contra-exemplos, através de jogos não-cooperativos, referentes aos itens 1, e 2.

A discussão que se segue tem foco econômico por tratar-se de aplicação da Teoria dos Jogos. Na verdade, vamos incursionar em situações e discussões que envolvem, nitidamente, uma interface da Ciência Jurídica com a Ciência Econômica. Essencialmente, a Teoria dos Jogos não se aplica apenas à análise econômica, mas principalmente a situações envolvendo indivíduos tomadores de decisões, derivadas da formulação prévia de estratégias comportamentais no mundo dos negócios.

I — Composição das assembléias de credores e a validade da hipótese de homogeneidade das preferências

Os critérios adotados para a constituição das assembléias de credores apresentam um desvio de consistência que podem levar à formação de grupos com preferências internas heterogêneas. A relevância desta observação reporta-se, em princípio, à validade da hipótese de preferências homogêneas. Neste caso, a dedução de resultados gerais relativos às preferências do grupo está amparada em comportamentos que mimetizam as preferências individuais. Sendo assim, podemos admitir que os indivíduos, agindo de forma a maximizar resultados individuais, estarão também buscando o benefício máximo para o grupo.

Por outro lado, admitindo que as preferências de um grupo decisório sejam heterogêneas, o argumento acima apresentado pode ser negado parcial ou totalmente. Além disso, abre-se espaço para a manifestação de comportamentos estratégicos capazes de modificar a máxima Paretiana. Surge a possibilidade de aplicar alguns conceitos da teoria dos jogos não-cooperativos como referencial analítico à modelagem comportamental estratégica dos agentes econômicos em questão. Caso a heterogeneidade seja completa, não há como obter-se resultado em termos do grupo, pois todos os seus membros são tão distintos que a melhor estratégia é, puramente, a individual. No entanto, em termos práticos ou experimentais para a Lei 11.101/2005, a heterogeneidade dos grupos pode ser admitida como intermediária; isto é, a mesma caracteriza-se por elementos comuns subgrupais.

A constituição de grupos heterogêneos a partir de subgrupos com preferências ou interesses mais homogêneos do que o geral abre a possibilidade do exercício de poder por meio de acordos ou convenções em que prevaleçam a vontade de uma maioria minoritária. Caso a maioria minoritária caracterize a possibilidade do exercício de uma estratégia dominante estrita, então as preferências destes prevalecem. Em caso contrário, a incapacidade de se constituir uma estratégia dominante dentro de um grupo a partir de subgrupos desaparece quando subgrupos de grupos distintos concordam em agir de forma estratégica para reproduzir a situação benéfica inicialmente idealizada pelo subgrupo original.

Como exemplo concreto das formulações estratégicas teóricas acima delineadas, podemos admitir duas situações específicas, uma delas ocorrendo no caso da *Varig*:

1. a capacidade dos credores em conseguir, judicialmente, o reconhecimento de determinados tipos de créditos contra a companhia que recorre a uma recuperação judicial;

2. a intersecção de credores ou elementos de subgrupos pertencentes a grupos credores distintos.

No primeiro caso, há a possibilidade de constituição de subgrupos já pré-dispostos a uma decisão estratégica através de um *screening* de credores. Esta estratégica prévia depende da aceitação do devedor; no entanto a lei é clara quanto às possibilidades de contestação judicial dos chamados créditos reconhecidos.

No segundo caso, claramente o mais usual, as preferências de subgrupos pertencentes a um grupo, são transportadas para outro ou outros subgrupos de outro(s) grupo(s). Neste sentido, as decisões de um grupo de credores podem depender das decisões tomadas, previamente, por outro grupo de credores. O advérbio de tempo *previamente* é fundamental nessa análise, uma vez que a Lei 11.101/2005 não estabelece a seqüência de realização das subassembléias, a um momento comum de tempo, ou simultâneo. A seqüencialidade das decisões das subassembléias é outro fator estratégico à análise.

Vamos admitir um exemplo teórico capaz de ilustrar a discussão anterior. Por simplicidade teórica, admite-se seja possível constituir dois subgrupos em cada subassembléia de credores, como previstas pela Lei 11.101/2005. No caso da subassembléia dos credores com garantias reais, o subgrupo II congrega a maioria absoluta dos créditos e tem por interesse, por exemplo, a decretação da falência da empresa que pretende, ao invés, aprovar o plano de recuperação judicial. Os resultados provenientes das escolhas envolvendo as duas estratégias possíveis levam à caracterização de uma situação de exercício da estratégia dominante. Então temos o seguinte:

1. {I, II}: conjunto de credores com garantias reais, composto de dois subgrupos, em que o subgrupo II detém a maioria relativa dos créditos em relação ao total;

2. {F, NF}: duas estratégias prováveis quando da tomada de decisão pela subassembléia dos credores com garantias reais;

3. Os resultados ou *payoffs* encontram-se dentro da matriz de dimensão 2x2;

4. A notação $\mu(,)$ refere-se a um *payoff* que depende do resultado de outro *payoff*, proveniente de uma estratégia tomada pelo grupo de credores com garantias reais.

Subgrupo: credores com garantias reais

I / II	*F*	*NF*
F	(20,–5)	(15, 5)
NF	(0, 10)	(10,10)

Subgrupo: credores outros

I / II	*F*	*NF*
F	μ(20,–5)	μ(15, 5)
NF	μ(0, 10)	μ(10,10)

Claramente, a estratégia (F,F) = (20,-5) é uma solução por dominância estrita, apesar de (NF,NF) = (10,10) representar uma situação em que a recuperação econômico-financeira da empresa conduziria a um equilíbrio benéfico a ambas as partes, além da empresa. A prevenção da manifestação deste tipo de comportamento não está garantida uma vez que a sistemática de apuração do resultado desta subassembléia está calcada na representatividade relativa em comparação ao total de créditos dos credores com garantias reais.

No caso da subassembléia de credores outros, podemos admitir uma situação em que seus *payoffs* sejam dependentes do resultado obtido na assembléia anterior independente da seqüência temporal em que ocorram, desde que reproduzidas no grupo as preferências que levaram à tomada da decisão do grupo anterior. No jargão econômico usual podemos nos referir à ocorrência de ratificação do comportamento anterior porque estamos diante de uma situação em que as decisões se dão por *path dependency*. Portanto, basta a formação de um subgrupo, com capacidade de reprodução em mais de uma subassembléia, constituído de 2/3 do total dos créditos, ou mesmo com capacidade para convencer os demais credores e a solução se encaminhará no sentido da predominância pela falência. Neste sentido, critérios de deliberação distintos para as diferentes classes de credores nas respectivas subassembléias reforçam um comportamento estratégico cooperativo unilateral.

De acordo com Nash (1956), não estamos mais diante de uma situação em que os indivíduos maximizam seus resultados levando em consideração o que é melhor para os mesmos e para o grupo como um todo. Trata-se de um exercício próximo daquele em que desconsideramos a hipótese de que, individualmente, um agente ou conjunto de agentes econômicos, sejam capazes de alterar o preço de mercado de um bem ou serviço.

II — O plano de recuperação, fusões, incorporações e divisões de empresas e reavaliação de ativos

II — 1. O plano de recuperação

Do ponto de vista legal, o plano de recuperação foi concebido como um instrumento contendo intenções e estratégias capazes de conduzir a empresa a uma nova situação econômico-financeira. Na verdade, trata-se de um plano a ser apresentado e referendado pelas distintas classes de credores da empresa cuja reestruturação se pretende, com a finalidade de manter suas operações. Nota-se que, em momento algum, há na lei preocupação com a definição econômica de empresa, o que leva a um questionamento básico quanto à veracidade ou propriedade da recuperação como alternativa econômico-financeira viável. Em tese, não se encontram os questionamentos usuais envolvendo argumentos claros da teoria do bem-estar social que associam a necessidade do plano de recuperação a uma situação econômico-financeira viável.

Além disso, a previsão de um plano de recuperação não está associada a conceitos econômicos importantes como a definição de empresa, sua função social e estrutura de mercado em que a mesma se insere. Isto é, a recuperação econômico-financeira de uma empresa não depende apenas de suas características individuais. Neste sentido, a concepção de um fluxo de caixa líquido futuro limita-se a um exercício didático fictício, presente em exemplos de livros-texto.

II — 2. Fusões, incorporações, divisões de empresas e reavaliação de ativos

Se o plano de recuperação puder assumir a dimensão de uma simples exposição de motivos que satisfaça os requisitos legais, a real situação econômico-financeira da empresa será uma informação simétrica apenas ao gestor. Isto é, o bom gestor financeiro de uma empresa prevê, com certa antecedência, a tendência futura de sua operacionalidade, principalmente no que se refere à receita futura esperada e à previsão de lucros esperados. A disponibilidade desta informação, cuja liberação é simétrica apenas no caso dos gestores mais próximos ao controle das operações, é um atributo relevante na tomada de decisões no âmbito de fusões, incorporações e divisões do capital.

Embora não haja menção explícita na Lei 11.101/2005 quanto a punições previstas em caso de fusões, incorporações e ou divisões do capital da empresa em algum momento de tempo anterior ao pedido de recuperação judicial, a caracterização evidente e grosseira de tais subterfúgios pode gerar decisões judiciais que proporcionem conhecimento futuro, por parte dos agentes econômicos, quanto a uma jurisprudência prudente.

Com o objetivo de abordar o tema desta subseção, vamos admitir o caso de uma anônima aberta, com ativo imobilizado considerável e que pretenda ingressar em juízo, em futuro próximo, com pedido de recuperação judicial. Pode-se, portanto, tratar de uma *holding*, uma controladora de outras, ou que detenha participação em coligadas. Neste caso, podemos ainda admitir duas situações:

1. A empresa original tenta se desfazer de participações em coligadas ou do controle das controladas, como estratégia de arrecadar recursos e cumprir parcial, ou totalmente, os compromissos com credores. Trata-se de um procedimento normal em termos do mundo empresarial capitalista;

2. De outra forma, a empresa pode decidir-se por outra estratégia: a de reclassificar seus ativos originais através da "venda" para ou "incorporação" em controladas, principalmente. Trata-se, portanto, de uma estratégia de "redistribuição" de riscos, podendo permanecer como ativo da empresa original aqueles cujos fatores de risco atribuíveis sejam os mais elevados.

A segunda situação retrata uma possibilidade analítica mais rica em termos da aplicação da teoria dos jogos. Por isso vamo-nos concentrar neste aspecto admitindo que os gestores da sociedade conheçam a Lei 11.011/2005 e sejam capazes de estabelecer estratégias legais preventivas que levem à materialização de uma situação específica. Isto é, o instituto da falência propriamente dita. Vamos admitir ainda, do ponto de vista econômico-financeiro, que uma empresa recuperável dificilmente lançará mão, no jogo empresarial, de uma estratégia recorrente à recuperação judicial. Com isto estamos tomando por base que empresas em situação econômico-financeira duvidosa momentânea raramente recorrerão a uma tentativa de recuperação judicial. Esta situação, do ponto de vista estratégico, tem o mesmo efeito derivado da ida de uma instituição financeira brasileira ao redesconto.[1]

Na verdade, o que se afirma a partir desta reflexão analítica, é que, ao aprender com alguns casos em que já se recorreu à recuperação judicial, as próximas tentativas serão exercícios de aprimoramento quando da construção de uma estratégia dominante, cujo resultado seja a decretação da falência. Neste caso, o *outcome* {F,F} prevalecerá, trazendo benefícios claros aos credores com garantias reais, primeiramente e, aos demais credores, em seguida. Vale dizer que a empresa recuperável jamais recorrerá ao Judiciário em busca da recuperação judicial.

A alternativa desenhada na Lei 11.101/2005 para substituir a figura da concordata, produz um aprendizado que pode resultar, sempre, na busca da falência, como estratégia dominante.

Vamos admitir duas situações adicionais: no primeiro caso, a empresa sempre foi saudável e assim se mostrou para o mercado principalmente quando da liberação de informações contábeis. Por qualquer que seja a razão, por exemplo, conjuntura macroeconômica desfavorável que tenha afetado os principais mercados consumidores de seus produtos, a empresa encontra-se em dificuldades momentâneas. Portanto, não há razões microeconômicas, ou ainda operacionais, para a empresa encontrar-se em dificuldades financeiras. O razoável seria, do ponto de vista de uma boa gestão econômico-financeira, recorrer aos credores e re-escalonar os débitos de forma pactuada. No entanto, se além do problema macroeconômico conjuntural, a empresa for deficiente do ponto vista microeconômico ou operacional, então, no longo prazo, sua função social é discutível. Isto coloca em dúvida o papel prático a ser desempenhado pela execução da própria lei.

Num segundo caso percebe-se que a empresa tem problemas operacionais que podem excluí-la do mercado pelas seguintes razões, por exemplo: eficiência tecnológica; baixo grau de exposição à concorrência ou, ainda, excesso de proteção do mercado por meio de mecanismos pertinentes ao marco regulatório. Neste caso os gestores conseguem prever, a partir das informações que lhes são disponíveis, o horizonte de tempo em que a empresa é capaz de sobreviver, antes de falir ou tentar uma recuperação judicial, amparada pela Lei 11.101/2005. O que é possível fazer nestas circunstâncias? A resposta à indagação não é simples diante da inexistência de prática o suficiente da Lei 11.101/2005. No entanto, teoricamente, e com base em argumentos da teoria dos jogos, podemos traçar um *trend* provável.

Sempre partindo do perfil de empresa que se habilita a uma recuperação judicial, podemos perceber que os agentes econômicos podem, de forma racional, recorrer à recomposição dos ativos distribuindo riscos para controladas e coligadas, realizando-as. O restante, isto é, o que restou do ativo imobilizado pode ser uma opção à recuperação judicial que, certamente, trilhará o caminho da falência. A possibilidade de reavaliação dos ativos de empresas que dispõem de um imobilizado de uso próprio muito elevado ratifica a estratégia dominante da falência. Nestes termos, a denominação atribuída à Lei 11.101/2005 de "Lei de Falências" é apropriada, pois permite a produção de um artifício de aprendizado e construção de estratégias dominantes de falência.

O Poder Judiciário perceberá, ao longo do tempo, as estratégias construídas,

1. O custo desta decisão danifica a imagem da instituição financeira e, demanda, num futuro próximo outra recorrência ao redesconto. Podemos afirmar que o redesconto e o plano de recuperação judicial podem se enquadrar em casos conhecidos dos economistas por *self-fulfilling prophecies*. Em última instância, apenas as empresas *de facto* no corredor da falência tentam a recuperação judicial como uma *last resort attitude*.

racionalmente, pelos particulares com vistas à recuperação judicial. No entanto, até que se aperfeiçoe esse aprendizado o jogo será dominado por estratégias complexas que, nem sempre, conduzem à obtenção do benefício máximo para a sociedade. Neste sentido, há que se considerar o papel da heterogeneidade das preferências na composição dos subgrupos de decisão; a dinâmica do tempo na realização das subassembléias e, fundamentalmente, um pouco mais de conhecimento da Teoria Econômica e Estratégias, quando da concepção de leis dessa natureza e importância.

Pareceres

VALIDADE JURÍDICA DAS "*EXPORT-NOTES* FINANCEIRAS" — NATUREZA JURÍDICA E OBJETIVOS DO INQUÉRITO DA LEI N. 6.024/1974, REALIZADO PELO BANCO CENTRAL DO BRASIL

HAROLDO MALHEIROS DUCLERC VERÇOSA

Introdução. I. Dos fatos: I.1 A petição inicial do Banco "X"; I.2 A contestação da "Consulente"; I.3 A réplica do "X". II. Quesitos apresentados ao Parecerista: II.1 Qual a natureza jurídica do Inquérito realizado pelo Banco Central do Brasil e como deve ser apreciado na presente ação?; II.2 As operações objeto da ação de cobrança tiveram efetivamente por objeto as chamadas "export-notes"? Caso afirmativo ou negativo, que relevância a situação real representaria nesta ação?; II.3 A emissão de "export-notes" sem lastro prévio em contratos de exportação é irregular? Que tipo de operação seria esta?; II.4 Foi exorbitante o "prêmio" de R$ 60.028,05 auferido na operação pela "Consulente"?; II.5 Teria havido ou não má-fé por parte do "X" no ajuizamento da presente ação?; II.6 É verdade que a "Consulente" não colocou o seu dinheiro em jogo para a obtenção de um retorno financeiro considerado tão elevado pelo Banco?; II.7 O que dizer do fato de que as cartas de liquidação das operações não existiam na contabilidade do Banco é de natureza prejudicial à "Consulente"?; II.8 É verdadeiro que a "Consulente" recebeu os valores expressos referentes aos contratos celebrados com o Banco?; II.9 A responsabilidade de eventual ilícito penal nas operações em causa não poderia ser atribuída ao banco, mas tão-somente aos seus administradores e investidores?; II.10 Teria a "Consulente" agido de forma imprudente nas operações contratadas com o "X"?; II.11 Efetuar uma apreciação técnica e jurídica do laudo pericial sob o ponto de vista da atividade bancária: II.11.1 Quesitos do "X"; II.11.2 Quesitos da "Consulente"; Conclusões do Parecerista sobre o laudo pericial. III. Conclusões gerais.

INTRODUÇÃO

Solicita-me o escritório "LT" um Parecer a respeito de questões controversas presentes em ação judicial promovida pelo Banco "X" — em liquidação extrajudicial contra seu cliente, a sociedade "Y" Ltda.

Havendo atendido pedido em tela, a metodologia a ser desenvolvida estará fundada na apresentação dos fatos, tais como constam dos documentos principais dos autos, seguida da análise e resposta aos quesitos apresentados, com as conclusões jurídicas compatíveis.

I. DOS FATOS

I.1 A petição inicial do Banco "X"

O Banco "X" S/A — em liquidação extrajudicial ("X") ajuizou uma ação de cobrança contra o Consulente, "Y" Ltda.

("Consulente"), havendo alegado, em síntese, os seguintes fatos em uma petição extremamente confusa quanto aos seus termos, partes e objetivos:

(a) O "X" seria credor da "Consulente" pela quantia de R$ 41.374.608,54 (quarenta e um milhões, trezentos e setenta e quatro mil, seiscentos e oito reais e cinqüenta e quatro centavos), equivalente de US$ 11,727,164.35 (onze milhões, setecentos e vinte e sete mil, cento e sessenta e quatro dólares norte-americanos, e trinta e cinco centavos);

(b) O crédito acima seria representado por "Instrumentos Particulares de Cessão de Crédito" ns. (...).

(c) Os contratos em causa, por sua vez, teriam sido originados de outros instrumentos noticiados em sua cláusula primeira, celebrados entre a "Consulente" e a sociedade "Z" Ltda. ("Z");

(d) De acordo com a cláusula quarta dos contratos firmados entre as partes, o "X" deveria receber a quantia cedida diretamente do "Depositário", ou seja, a "Z";

(e) A cobrança e o recebimento dos valores devidos pela "Z" teriam se tornado inviáveis ao "X" porque não existiria qualquer obrigação contratual da empresa exportadora/depositária;

(f) A validação dos créditos provenientes de *export-notes* (caso dos autos) estaria vinculada, necessariamente a um contrato de compra e venda mercantil firmados entre exportador e importador;

(g) Inexistindo a compra e venda, estaria caracterizada a chamada "*export-note* financeira", operação que não seria admitida pelo Banco Central do Brasil (BCB), porque este fato caracterizaria desvio de recursos pelas empresas negociadoras do crédito em detrimento do próprio "X", o qual não teria conhecimento da inexistência da compra e venda mercantil, requisito essencial da operação realizada;

(h) Segundo "X", o BCB teria decidido "in" MPR 27020000/06 que: "a *export-note é um título representativo de direitos creditórios de exportação de bens e lastreia-se obrigatoriamente em contrato de compra e venda mercantil válido firmado entre exportador, cedente do mesmo, com empresas estrangeiras importadoras de seus produtos.* O valor *da export-note* deve ser expresso em moeda estrangeira em perfeita identidade com a transação que lastreia e sua liquidação dar-se-á obrigatoriamente em moeda nacional, obtida pela conversão à taxa pactuada contratualmente. A existência de contrato de compra e venda mercantil válido firmado entre importador e exportador é fundamental à legalidade da *export-note.* A não existência desse contrato enseja a chamada '*export-note* financeira', não admitida pelo Banco Central do Brasil".

(i) Havendo a "Consulente" participado de operações consideradas irregulares pelo BCB, deve ela ser responsabilizada a reparar os prejuízos sofridos pelo "X";

(j) O "X" teria sido levado à bancarrota em função de práticas como a referida na ação ajuizada contra a "Consulente";

(k) A ação de que se trata teria a finalidade de minimizar os prejuízos causados ao "X", bem como responsabilizar as pessoas que contribuíram para a sua insolvência;

(l) Teria a "Consulente", ademais, causado prejuízos ao "X", razão pela qual deve ser condenada a indenizá-lo por ato ilícito civil, na forma do art. 952 do NCC;

(m) Isto porque o "X" teria sido vítima de desvio financeiro em decorrência de operação irregular de *export-notes*, praticada pela "Consulente";

(n) Caso não viesse o juiz entender na forma apresentada pelo "X", a indenização deveria ser fixada por arbitramento;

(o) Requer o "X", finalmente, o acesso à justiça gratuita;

(p) Teria o "X" tentado amigavelmente receber inúmeras vezes o valor do seu crédito, sem sucesso, o que originou a ação judicial vertente.

I.2 A contestação da "Consulente"

A "Consulente" contestou as alegações do "X", fundada nos seguintes argumentos:

(a) As verdadeiras causas da quebra do "X" não seriam aquelas por ele apontadas, mas isto sim, as demonstradas no "Relatório da Comissão de Inquérito do Banco Central do Brasil", que teriam dado ensejo ao ajuizamento de uma Medida Cautelar de Arresto ora em curso contra o controlador e os ex-administradores daquela antiga instituição financeira;

(b) Dificilmente no Brasil os bancos poderiam ser considerados "vítimas" de seus clientes e sim seus algozes, mesmo porque, como poderia o "X" alegar que teria sofrido coação irresistível da "Consulente" na assinatura dos contratos referidos?

(c) Notificada a "Consulente" pelo "X" nos mesmos termos da ação judicial de que se trata, ela negou-se a pagar simplesmente porque nada devia;

(d) Alega a "Consulente" que o "X" agiu de forma completamente descabida no ajuizamento da ação em causa, revelando um alto grau de má-fé, uma vez que não existiria relação lógica e jurídica entre seu pedido e a causa de pedir, do que deveria resultar a declaração de inépcia da petição inicial, com as conseqüências jurídicas cabíveis;

(e) Haveria manifesta ausência de interesse de agir por parte do "X", não sendo verdadeira a versão dos fatos apresentados ao juízo;

(f) Reconhece a "Consulente" que efetivamente ela assinou com o "X" os contratos por ele apontados. No entanto, *simultaneamente à cessão dos créditos ao "X"*, ela celebrou com a "C" Ltda. ("C") os *Contratos de Assunção de Dívida e Outras Avenças* ns. (...), referentes a *export-notes* correspondentes aos contratos identificados pelo "X" pela sigla SCAP, que o fez na expressão de sua livre vontade, a nada se opondo na ocasião;

(g) Por outro lado, *o próprio "X" teria considerado liquidadas as operações com a "Consulente", dando-lhe as respectivas cartas de quitação*, juntadas aos autos;

(h) A quitação supra mencionada teria sido inteiramente omitida pelo "X" em sua petição inicial, de forma matreira e absolutamente inútil, porque este fato havia sido objeto da contra-notificação que a "Consulente" havia feito no passado àquela antiga instituição financeira;

(i) As quitações em questão foram assinadas por "A" e "B", então gerentes de área do "X", tendo sido regularmente registradas no 2º Ofício do Registro de Títulos e Documentos e Civil da Pessoa Jurídica da Capital, tendo passado a valer, portanto, contra terceiros para todos os fins de direito;

(j) A "Consulente" alertou para o fato de que os mencionados gerentes do "X" que assinaram os documentos de quitação foram os mesmos que participaram da celebração de todos os "Instrumentos Particulares de Cessão de Crédito";

(k) A má-fé do "X" teria ficado ainda mais categoricamente demonstrada quando se verifica que ele já havia prestado cabais esclarecimentos ao BCB perante a Comissão de Inquérito que investigou as causas da liquidação determinada contra aquela antiga instituição financeira, conforme correspondência encaminhada ao Presidente da mesma Comissão, na qual teria ficado demonstrada a seguinte sucessão de operações:

- cessão de *export-notes* ao "X";
- cessão das obrigações decorrentes de tais títulos à "C" com aquiescência do próprio "X"; e
- reconhecimento pelo "X", por escrito, da extinção das obrigações da "Consulente" perante o Banco;

(l) Na operação de que se trata a "Consulente" teria obtido, como prêmio a importância de R$ 60.028,00 (sessenta mil e vinte e oito reais), que o "X" não poderia negar-se a conhecer por tratar-se de sua própria atividade;

(m) Não existiriam, por conseguinte, quaisquer obrigações da "Consulente" perante o "X";

(n) Caso o "X", tivesse sido movido por motivação séria, antes do ajuizamento da ação vertente, deveria ter adotado alguma outra alternativa, ou seja:

• prova da existência de documentos falsos ou falsificados, especialmente as declarações de que as operações indicadas estavam liquidadas;

• prova da existência de erro essencial, dolo, coação, simulação ou fraude, que lhe tivessem sido prejudiciais;

• prova de que os signatários dos instrumentos de celebração e de quitação de contratos não eram seus funcionários ou não portadores dos necessários poderes;

• prova de que não teria havido baixa de tais operações, tendo permanecido em sua contabilidade como tais na condição de obrigações da "Consulente";

(o) Na verdade, segundo a "Consulente", o "X", na qualidade de empresa profissional especializada no campo de contratos de crédito, se algum ilícito tivesse havido na emissão das citadas *export-notes, ele mesmo, banco, teria sido parte em tal ilícito e agora não poderia pleitear contra atos dos quais ele mesmo fez parte* (*nemo propriam turpitudinem alegare potest*). Se tais documentos eram ideologicamente falsos, o "X" jamais poderia haver participado de tais operações;

(p) A título de argumentação, caso a ação em causa movida pelo liquidante do "X" se tratasse de uma medida séria, ela deveria apresentar também no pólo passivo os antigos administradores daquela instituição financeira (que seriam os responsáveis por sua assinatura tida como indevida) e não apenas um lado da questão, ou seja, a "Consulente";

(q) Contrariamente ao alegado pelo "X", as operações mencionadas eram perfeitamente lícitas e foram assinadas sob a égide da Resolução 1.962, do Banco Central do Brasil, onde assim se encontra:

> É facultada às instituições financeiras a aquisição e a cessão, a pessoas integrantes ou não do sistema financeiro nacional, de créditos decorrentes de exportação negociados no mercado interno.

(r) A par da faculdade negocial acima apontada, demonstra a "Consulente" que, no direito brasileiro, está acatada de longa data a possibilidade da venda de coisas futuras, tal como se encontrava previsto na legislação vigente ao tempo das operações de que se trata, ou seja, o art. 192 do Código Comercial Brasileiro e os arts. 1.118 e 1.119 do Código Civil Brasileiro de 1916, decorrendo de tais normas a licitude daqueles negócios.

(s) Destaca a "Consulente", ainda, que os formulários das *export-notes* de que se trata *eram emitidos pelo próprio "X", com campos em branco, para serem preenchidos com os dados dos negócios com terceiros*. Este fato caracterizaria os documentos em questão como "contratos-tipo" ou formulário, aos quais a "Consulente" teria simplesmente aderido integralmente, sem poder discutir as cláusulas colocadas unilateralmente pela instituição financeira;

(t) Em virtude da cessão efetuada das *export-notes* objeto da ação presente, e conforme pleno conhecimento do "X", o devedor resultante da operação passou a ser a "C", fato confirmado pelas declarações daquela instituição financeira no sentido de haver a "Consulente" liquidado suas operações, conforme documentos assinados por funcionários do mesmo "X";

(u) Na verdade, as operações vertentes foram montadas e oferecidas pelo próprio "X" à "Consulente", bem como a diversos outros clientes, na forma de um "*produto bancário*", ou seja, uma aplicação financeira absolutamente regular, do que decorre a má-fé da instituição no ajuizamento da presente ação, como se tivesse sido vítima de um "conluio". Neste sentido, verifica-se que todos os contratos, a partir das cessões de crédito, passando pela assunção das dívidas correspondentes por parte da "C", e chegando à liquidação das obrigações assumidas pela "Consulente" e firmadas pelos próprios representantes legais do "X", todos estes documentos, repita-se, foram assinados na agência do "X", o qual apresentou a "C" à "Consulente" e intermediou o negócio.

(v) Se alguma irregularidade houvesse nas operações em causa, sua responsabilidade seria única e exclusivamente do "X" e da "C", jamais da "Consulente", pois esta colocou-se tão-somente como ***consumidora de um produto oferecido por aquela instituição financeira***, na qual a "Consulente", empresa que não é do mercado financeiro — acreditou piamente por estar diante de uma entidade profissional do mercado e nele autorizada a funcionar pelo Banco Central do Brasil;

(w) O conluio entre o "X" e a "C" ficou claramente evidenciado no Ofício n. (...), encaminhado em (...) pelo antigo interventor da instituição, Sr. "D" ao Procurador-Chefe da República no Estado de São Paulo, do qual se destacam os trechos abaixo transcritos:

> 24. No esforço de captação de recursos no mercado, os gestores do "X" além das modalidades convencionais utilizaram-se de outros meios, cujas peculiaridades vale a pena comentar. As cessões de crédito decorrentes de contratos de exportação merecem destaque.
>
> (...).
>
> 26. No exame inicial da estrutura dos ativos do Banco "X" em razão dos valores direcionados, destacamos essas operações. A principal cedente, que consta dos controles extracontábeis, é uma empresa internamente conhecida por "C", com cessões no montante de R$ 67.918 mil. Os contratos firmados com a "E" (R$ 21.092 mil) têm em contrapartida cessão de créditos desta com a "C". *A partir de outros casos semelhantes, deduzimos que os demais contratantes representam um mero artifício para exibir uma hipotética diversificação de risco, haveria de fato um único cedente, a "C".*
>
> 27. A sociedade "E", com capital da ordem de R$ 20 milhões, pertence integralmente a duas empresas sediadas em Nassau — Bahamas ("F" Limited — 60% e "G" Limited — 40%). A "C" tem sede social na Avenida Paulista n. (...) nesta Capital. O representante legal estaria permanentemente naquele paraíso fiscal e a gerência da empresa no Brasil se faz por procuração outorgada ao Sr. "H".
>
> 28. *Verificado o entrelaçamento dos negócios da sociedade "E" e o Banco "X"*, agendamos uma primeira reunião com o citado procurador, visando obter informações adicionais sobre as operações efetuadas. Não obstante a relevância dos valores pendentes, por parte da "C" não houve qualquer preocupação em anexar documentos hábeis para esclarecer nossas dúvidas mais imediatas.
>
> (...).
>
> 32. Nas operações em que figura como cedente "Y", *temos presente outra vez o lado criativo dos ex-administradores do "X", a saber* (destaques nossos):
>
> • a "C" assume dívida de "Y" perante o exportador "Z" — não está expresso, mas supomos tratar-se de cessão de crédito de direitos de exportação (anexo fls. 172/223).
>
> • os valores serão objeto de compensação e quitação recíproca na data prevista para o pagamento.
>
> • na mesma data da assunção da dívida, a "C" cede os direitos havidos para "Y", que faz o repasse para o Banco "X".

• o fluxo de recursos segue esquema Banco "X" > "Y" Ltda. > "C".

• tacitamente a empresa se confessa mero "laranja": "a liquidação financeira se deu por compensação de instrumento de cessão, onde autorizamos o segundo cessionário, no caso o Banco 'X' S/A a efetuar o pagamento pela aquisição dos créditos diretamente ao primeiro cessionário ("C") cabendo a nós o diferencial da negociação no valor de R$ 60.028,05, recebidos do Banco "X" S/A em 16.8.1998".

(...).

34. O Banco "X" vendeu ainda, a sua clientela, direitos creditórios sobre contratos de exportação, adquiridos da "C", com carta de fiança da "I" Ltda. Em tais casos, o Banco "X" vinha outorgando ao cliente uma opção de venda da aplicação financeira (anexo fls. 246/321).

35. Por todo o exposto, *ENTENDEMOS QUE OS EX-ADMINISTRADORES DO BANCO "X" EM CONJUNTO COM A "C" repassaram para diversos clientes direitos creditórios sobre contratos de exportação que não tinham os requisitos fixados pelo Bacen (Circular n. 2.511, de 2.12.1994), tal como a falta de registro da nota promissória no CETIP, ALÉM DE OMITIR OUTRAS INFORMAÇÕES FUNDAMENTAIS PARA A DECISÃO DE INVESTIR, tal como a liquidação da operação com o exportador dar-se por compensação, ficando o aplicador na dependência da capacidade de pagamento de quem lhe vendeu o papel.*

36. *NA VERDADE, PODEMOS DIZER QUE TANTO O BANCO "X" COMO A "C" VENDERAM PARA A CLIENTELA NO MÁXIMO UMA EXPECTATIVA DE DIREITO. As transações levadas a cabo seriam realmente aplicações de renda fixa em dólar, instrumentalizados na forma de cessões de direitos creditórios sobre contratos de exportação.* Não vislumbramos de que forma os recursos repassados para a "C" possam retornar ao Banco "X" com vistas a liquidar as responsabilidades assumidas junto a sua clientela.

(...).

39. *Em que pese não termos verificado uma vinculação jurídico formal entre a "C" e o BANCO "X" S/A — sob intervenção, à vista dos laços operacionais amplamente demonstrados, acreditamos estar diante de empresas com estreitos interesses comuns.*

(x) Verifica-se que a Comissão de Inquérito do Banco Central no "X" apurou que as suas ligações eram de natureza tão "peculiar" com a "C", que o próprio aumento de capital desta última, efetuado em 30.3.1998 havia sido efetuado com créditos ilíquidos pertencentes originalmente ao "X", cedidos sem qualquer contrapartida patrimonial, demonstrando-se conluio entre tais empresas.

(y) Que agora, em fase de liquidação extrajudicial e sob o comando do liquidante — afastados, portanto, os ex-administradores, o "X" ajuizou Ação Monitória contra a "C", em curso perante a 11ª Vara Cível do Foro Central da Comarca de São Paulo, onde afirma que "*No caso em discussão, evidente está que o Banco Autor foi lesado em decorrência de clara simulação havida entre o Banco 'X' S/A e a empresa Requerida 'C'*, ocasionando, assim, o chamado vício de consentimento". Esta ação tem o valor de R$ 270.046.765,45, referentes ao suposto valor não pago em todos os Instrumentos de Crédito de Exportação;

(z) O pleito do "X" é absurdo e releva má-fé, deliberadamente ignorando os próprios documentos por ele juntados, as conclusões da Comissão de Inquérito e o relatório do Interventor, voltando-se contra a "Consulente", consumidora de um produto que lhe foi oferecido e absolutamente hipossuficiente, no caso, diante daquela instituição financeira.

I.3 A réplica do "X"

Dos diversos pontos da réplica do "X", boa parte deles repete os argumentos da inicial, como sejam: (i) a ilicitude das operações realizadas pela "Consulente"; (ii) a pretensão de ser indenizado de um alegado prejuízo causado por esta última; (iii) a negação da existência de vínculo daquela instituição financeira com a "C"; (iv) a iniciativa da "Consulente" de ceder ao "X" os contratos de exportação da "Z"; (v) o fato de que a "Consulente" teria sido a única a contratar com o "X" tais operações; etc. Tudo isto será respondido negativamente a seu devido tempo neste Parecer, nos termos dos quesitos abaixo.

No entanto, alguns argumentos da réplica devem ser destacados para sobre eles serem feitos os devidos esclarecimentos, segundo solicita a "Consulente" nos quesitos por ela adiante apresentados:

II. Quesitos apresentados ao Parecerista

II.1 Qual a natureza jurídica do Inquérito realizado pelo Banco Central do Brasil e como deve ser apreciado na presente ação?

Verifica-se, inicialmente, que o BCB, na qualidade de Autoridade Monetária, tem competência para autorizar o funcionamento, fiscalizar, intervir em instituições financeiras e decretar a sua liquidação (Lei n. 4.595, de 31.12.1964, art. 9º, incisos IX e X; e Lei n. 6.024, de 13.3.1974, art. 1º).

No exercício de sua atividade interventiva, tomado o termo no seu sentido lato, o BCB deve realizar um inquérito destinado a apurar as causas que levaram à sociedade a uma situação de inadimplência e a responsabilidade do controlador, dos ex-administradores e de outras pessoas que contribuíram para o referido resultado (Lei n. 6.024/1974, art. 41).

Tratando-se do exercício do poder de polícia que lhe é concedido, ao realizar o mencionado inquérito, o BCB o faz no interesse público e com a natureza jurídica de *procedimento preparatório* para o ajuizamento das ações a serem intentadas contra as pessoas responsabilizadas naquele documento (cautelar de arresto e principal de responsabilidade civil). Neste sentido já escrevemos em outro lugar que (*Responsabilidade Civil Especial nas Instituições Financeiras e nos Consórcios em Liquidação Extrajudicial*, São Paulo, Ed. RT, 1993, pp. 145 a 147, *passim*):

"A mencionada providência" (elaboração do inquérito de que se trata) "tem a natureza de *procedimento preparatório* (processo), com formação de prova, no qual a autoridade administrativa detém poderes de investigação para encaminhar ao Ministério Público os subsídios necessários à propositura da ação civil de responsabilidade, voltada contra o patrimônio dos ex-administradores da instituição financeira insolvente. Não se trata, portanto, de mera peça informativa.

"(...).

"Estando acima da simples qualidade de documento informativo do juízo cível, e sendo, na verdade, como se tem visto até agora um processo preparatório da ação de responsabilidade, o inquérito da Lei n. 6.024/1974 dá ao juiz base direta para a prática de certos atos daquele decorrentes, entre os quais enumera-se o arresto de bens dos réus da ação ordinária de responsabilidade (Lei n. 6.024/7194, art. 45). Isto porque a decisão judicial, que aceita o requerimento do arresto de ditos bens *judicializa* alguns atos do procedimento, voltando, para isso, no tempo e no espaço, como acontece com relação, entre outros, ao exame de documentos, vistorias, avaliações, etc.

"Aparece, na situação sob exame, a prática de atos processuais por *delegação*, dando-se instrução processual definitiva. Não pode ser repetida na ação de responsabilidade a avaliação de bens da sociedade liquidanda que, ao tempo da ação ordinária de responsabilidade, já tiveram sido alienados para pagamento de seu passivo. O ato feito na fase preparatória assume, portanto, feição definitiva."

Ora, havendo sido juntadas aos autos como prova, as afirmações presentes no

Inquérito realizado pelo BCB no Banco "X" S/A ao tempo da decretação de sua intervenção (mais tarde convertida em liquidação extrajudicial) devem ser necessariamente acatadas como verdades, para todos os fins de direito. Mesmo porque, o aludido inquérito foi aproveitado *in totum* pelo Ministério Público para o ajuizamento das ações correspondentes.

No sentido acima, o laudo pericial produzido na ação vertente não pode ser levado em consideração se contrariar as conclusões do BCB ou se omitir partes importantes, de forma a chegar a conclusões errôneas.

O inquérito em causa é prova indiscutível e definitiva dos fatos nele apontados porque a lei atribuiu ao BCB competência para tanto.

II.2 As operações objeto da ação de cobrança tiveram efetivamente por objeto as chamadas "export-notes"? Caso afirmativo ou negativo, que relevância a situação real representaria nesta ação?

Conforme se verá adiante, na resposta ao quesito 3 do "X", não foram localizados nas diligências efetuadas os contratos de exportação que deveriam ter lastreado a emissão dos títulos em causa, negociados nos instrumentos de cessão objeto dos autos. Aduz o Sr. Perito Judicial que o depositário de tais contratos de compra e venda (exportação) era o próprio exportador, no caso a "Z".

Se a exportação não existiu na qualidade de negócio jurídico subjacente, os títulos em causa não seriam *export-notes* efetivas, mas "*export-notes* financeiras". Ocorre que, quanto a esta última situação, nada teria a ver a "Consulente", pois se colocava como terceira pessoa em relação ao negócio jurídico subjacente, não podendo ser afetada nos direitos decorrentes dos contratos por ela negociados.

A situação em tela é a mesma, comparativamente falando, do endossatário de uma duplicata "fria", ou seja, sem base em venda mercantil efetiva. Pelo princípio da autonomia, a circulação de tal duplicata cria direitos creditórios para os portadores de boa-fé.

No caso da "Consulente", cliente do "X" e adquirente de um "produto" por ele colocado no mercado, ela não tinha condições de saber se as exportações que deveriam embasar a emissão das *export-notes* correspondentes eram efetivas ou não.

Com ou sem exportações, a situação jurídica da "Consulente" deve ter em conta que, no fundo, comprou e revendeu um "produto financeiro", auferindo o lucro correspondente, havendo liquidado por compensação suas obrigações junto ao "X".

II.3 A emissão de "export-notes" sem lastro prévio em contratos de exportação é irregular? Que tipo de operação seria esta?

Em primeiro lugar, lembre-se que, segundo o princípio da liberdade constitucional das convenções, as pessoas podem fazer tudo o que a lei não proíba. De outra parte é lícito vender coisa futura (*res sperata*), na forma do art. 192 do Código Comercial Brasileiro (vigente ao tempo das operações em causa), regra mantida pelo art. 483 do NCC.

A operação em causa é conhecida no mercado como "aluguel de *export-notes*", representando uma inversão econômica do negócio. Não tendo o exportador os recursos necessários para o atendimento de um pedido de venda ao exterior, ele coloca no mercado as referidas "*export-notes* financeiras", como forma de captação prévia da importância que necessita para fabricar ou adquirir o produto a ser exportado. Em seguida faz a exportação e, com os recursos correspondentes, liquida as "*export-notes* financeiras" que havia emitido, auferindo o lucro correspondente.

Tais títulos fazem o mesmo papel econômico do adiantamento sobre contratos de câmbio "ACCs", aos quais às empresas exportadoras não podem sempre recorrer, dependentes eles da celebração prévia de contratos de câmbio de exportação.

Veja-se que o BCB fez referência às operações de aluguel de *export-notes* nos itens 5.3.6.2 e 5.3.6.3 do Inquérito por ele realizado que se torna importante transcrever para melhor esclarecimento:

> 5.6.3.2 Acerca dos exportadores emitentes dos *export-notes* em questão, restou evidente *que de modo reiterado*, não obstante a forma jurídica "Cessão de Créditos", nas condições negociadas entre as empresas exportadoras e a "C" (cedente e cessionário, respectivamente), o lastro representado pelos direitos creditórios originados de exportações contratadas não é transferido ao cessionário, ou seja, os *export-notes* já nascem sem lastro. Essas pessoas jurídicas apenas alugam a sua qualidade de exportador, em última análise permitindo que a "C" realizasse a captação de recursos, perante terceiros, sem as garantias da respectiva exportação (sem lastro). Além disso, com o auxílio dos contratos de cessão firmados com a "C", e com a concordância desta, as empresas exportadoras promoveram a sistemática "desobrigação" perante terceiros negociadores, de qualquer responsabilidade pelo pagamento final da obrigação, desfigurando assim a natureza do *export-note*, instrumento esse criado com o objetivo de propiciar ao exportador a antecipação das receitas correspondentes às obrigações contratadas (...).
>
> 5.3.6.3. Assim, o exportador utiliza os contratos de exportação *em operações de cessão de créditos, cujas condições negociadas evidenciam tratar-se de operações sem regulamentação específica, conhecidas no mercado como "aluguel de 'export-notes'"*. Numa operação típica de cessão de créditos provenientes de contratos de exportação (*export-notes*), o exportador utilizaria os contratos para captação de recursos que de outra forma seriam recebidos somente com a concretização da exportação. Assim, *nas operações de "aluguel de 'export-notes'", mediante recebimento de um "prêmio" de 0,25% a.a. o exportador "aluga" seus contratos de exportação para terceiros (no caso a "C") façam a captação de recursos em escala muitas vezes superior ao valor pago a título de "prêmio" (400 vezes = 100/0,25). No vencimento dos contratos as obrigações entre cedente e cessionário são compensadas entre as partes* (...).

Veja-se que o BCB está se referindo a *operações conhecidas no mercado como* "aluguel de *export-notes*", *sem regulamentação específica*. O fato de não existir regulamentação para tais operações não significa que elas são irregulares. Trata-se, na verdade, de um mecanismo existente no mercado para o atendimento da necessidade de financiamento de exportadores, fruto da criação dos agentes econômicos, sabendo-se desde muitos séculos que a inventividade dos empresários é uma de suas características mais evidentes para a superação de necessidades que se apresentam. Esta é a própria história do Direito Comercial.

Além do mais, se tais operações fossem irregulares, seria dever do BCB instaurar inquérito administrativo contra os seus autores para o fim da aplicação das penalidades cabíveis, o que jamais ocorreu, justamente porque eram operações lícitas.

II.4 Foi exorbitante o "prêmio" de R$ 60.028,05 auferido na operação pela "Consulente"?

Já foi demonstrado acima o funcionamento da operação de "aluguel de *export-notes*". O prêmio em questão representa, conforme o costume do mercado, 0,25% do valor da operação, de forma alguma exorbitante. E tal porcentagem representa a remuneração do risco assumido pela empresa que opera com tais títulos. Nas operações de que se trata, as compensações financeiras foram efetuadas e a "Consulente" fez plenamente jus ao "prêmio".

II.5 Teria havido ou não má-fé por parte do "X" no ajuizamento da presente ação?

A má-fé do "X" é mais do que evidente. Está demonstrado claramente no inquérito realizado pelo BCB que, entre outros motivos, aquela instituição financeira montou um esquema fraudulento para mascarar que havia concentrado suas operações na "C", de forma a ludibriar a fiscalização daquela Autoridade Monetária.

Tudo indica uma ligação escusa entre a "C" e o "X", devendo aquela sociedade ter sido o caminho utilizado para o esvaziamento do patrimônio deste último. Agora, ignorando a verdade que se encontra demonstrada em toda a extensão dos autos, o Banco em causa move uma ação completamente gratuita e infundada contra a "Consulente", cujo resultado será a sua quebra, caso tal medida insana venha a ser deferida com sua indevida condenação.

II.6 É verdade que a "Consulente" não colocou o seu dinheiro em jogo para a obtenção de um retorno financeiro considerado tão elevado pelo Banco?

Na descrição da forma como opera o sistema de "*export-notes* financeiras", conforme já se viu acima, as operações são liquidadas por diferença. Não seria o caso de haver a "Consulente" depositado ou pago o valor total dos contratos ao Banco ou a qualquer terceiro. Seu papel econômico em tal tipo de negócio não exige pagamento direto em espécie.

Assim, a "Consulente" não desembolsou os recursos integrais dos contratos em causa, mas não é verdade que ela "não teria colocado o seu dinheiro em jogo", uma vez que assumiu riscos na operação.

II.7 O que dizer do fato de que as cartas de liquidação das operações não existiam na contabilidade do Banco é de natureza prejudicial à "Consulente"?

O problema de que tais cartas não existiriam arquivadas no Banco não é problema da "Consulente". Se fosse o caso de serem falsas, antes do ajuizamento desta ação, o "X" deveria ter demonstrado que elas são falsas e/ou que seus signatários não o representavam.

Aliás, ao fato da má-fé se junta a ignorância do "X" a respeito da forma como as obrigações de escrituração devem ser cumpridas. "Cartas" não são arquivadas na contabilidade, mas tão-somente documentos que revelam lançamentos contábeis.

Na verdade, conforme se verificou, são as mesmas as pessoas que assinam os contratos com a "Consulente" ("A" e "B") e que mais tarde dão as quitações correspondentes. Como entender que num primeiro momento representavam o "X" (quando lhe interessa) e em momento seguinte deixam de ser seus representantes (quando não lhe interessa que o sejam)?

Se ao agir desta forma isto não implica em má-fé do "X", não se sabe mais o que seja tal atitude.

II.8 É verdadeiro que a "Consulente" recebeu os valores expressos referentes aos contratos celebrados com o Banco?

Não é verdade. Está demonstrado e mais uma vez se repete aqui que as operações de "aluguel de *export-notes*" são realizadas tão-somente por diferença. A única importância que transitou efetivamente foi o "prêmio" pago à "Consulente", devidamente registrado em sua contabilidade.

II.9 A responsabilidade de eventual ilícito penal nas operações em causa não poderia ser atribuída ao banco, mas tão-somente aos seus administradores e investidores?

Toda a teoria orgânica da administração societária, de longa data conhecida pelo direito, seria jogada por terra caso acatada essa "teoria" do "X".

A sociedade anônima (forma obrigatoriamente adotada por instituições financeiras) é responsável pelos atos praticados por seus administradores e prepostos diante de terceiros e, se for o caso, volta-se regressivamente contra aqueles, com base nos arts. 158 e 159 da Lei n. 6.404/1976.

Diante desta argumentação, das duas uma: ou se está apresentando ao juízo uma tese que é fruto de total ignorância do Direito Comercial, ou, mais uma vez, está demonstrada a má-fé do seu autor.

II.10 Teria a "Consulente" agido de forma imprudente nas operações contratadas com o "X"?

De maneira alguma. A "Consulente" não é uma empresa do mercado financeiro e não conhece a sua sistemática de funcionamento. Na medida em que o "X" lhe ofereceu um "produto" como forma de investimento, ela não teria qualquer razão para duvidar de que contratava validamente com aquela instituição.

No caso não havia formalidades especiais a serem cumpridas pela "Consulente", tais como verificar perante a Junta Comercial se as pessoas com quem tratava eram representantes legais do "X" e se tinham os poderes para realizar as operações em causa. Na dinâmica do mercado a aparência de representação e de poderes estava perfeitamente demonstrada em favor da "Consulente". Se o "X" permitiu que pessoas usurpassem funções e poderes que não possuíam, somente lhe resta uma ação regressiva contra elas.

Não havia como se exigir da "Consulente" qualquer outra providência a não ser fazer a leitura dos documentos que lhe foram apresentados e assiná-los, tal como efetivamente ocorreu.

O "X" pretende de má-fé inverter a ordem das coisas, procurando jogar nas costas da "Consulente" um procedimento que não faz parte da maneira pela qual o mercado financeiro atua, para o fim de lhe atribuir uma responsabilidade que não lhe compete.

II.11 Efetuar uma apreciação técnica e jurídica do laudo pericial sob o ponto de vista da atividade bancária

Na qualidade de Perito Judicial, o Sr. (...) apresentou Laudo Pericial Contábil, no qual respondeu, na forma abaixo, os quesitos apresentados pelo "X" (Autor) e pela "Consulente" (Ré), os quais serão objeto de comentários imediatos, caso a caso deste parecerista:

II.11.1 Quesitos do "X"

"1. Queira o Sr. Perito esclarecer se entre o Banco Autor e a Empresa Ré estabeleceram-se contratos de Exportação 'export-notes' formalmente realizados pela Ré? Informe como foram materializadas (há contratos, contrato, termo de adesão?) as contratações?"

O Sr. perito respondeu negativamente, opinando pelo não estabelecimento de contratos de exportação *export-notes* formalizados pela Requerida, não havendo, portanto, contratos ou termos de adesão. Existiriam contratos denominados "Instrumento Particular de Contrato de Cessão de Crédito", tendo como cedente a "Consulente" e como cessionário o "X", tendo sido cedidos títulos denominados *export-notes*.

Comentário do Parecerista

O quesito foi formulado de tal maneira que levou o Sr. Perito a dar a resposta desejada pelo "X" que esconde os fatos verdadeiros, induzindo a erro.

Na verdade, a "Consulente" não é uma empresa exportadora e, portanto, *jamais poderia celebrar com o "X"* contratos de exportação. Tais contratos teriam sido celebrados — se verdadeiros ou falsos não caberia à "Consulente" verificar — entre aquela instituição financeira e a "Z".

A operação verdadeiramente realizada, conforme consta dos documentos examinados, foi a de um "produto" oferecido pelo "X" à "Consulente", que o aceitou na qualidade de uma operação financeira de cuja licitude não seria capaz de duvidar.

"2. Quais os valores recebidos pela empresa ré, bem como quais os valores que o Banco Autor disponibilizou nas referidas operações?"

O Sr. Perito relacionou os contratos da sigla SCAP que totalizam cerca de doze milhões de dólares norte-americanos (tendo sido convertidos na data do ajuizamento da ação em pouco mais de quarenta e um milhões de reais), havendo reconhecido *que a "Consulente" remanesceu tão-somente com o diferencial da negociação, no valor de R$ 60.028,05.*

Comentário do Parecerista

A soma dos contratos em jogo ficou extremamente aquém do valor de mais de quarenta milhões de reais dado pelo "X" à causa. Está claro que a "Consulente" auferiu na operação, por diferença, apenas o montante de R$ 60.028,05, tal como reconheceu o Sr. Perito neste ponto, não sendo compreensível a tão elevada desproporção entre tal importância e a pretensão do "X".

"3. Uma vez que os CEDENTES (Empresa Ré) respondem pela existência do crédito cedido na época da cessão, conforme disposto no art. 395 do novo Código Civil e que vinha estampado no art. 1.073 do Código Civil de 1916, informe o Sr. Perito se existia contrato de exportação que lastreava a emissão dos títulos?"

Respondeu o Sr. Perito que não encontrou na perícia os contratos de exportação, esclarecendo que *o depositário de tais contratos era o próprio exportador, ou seja, a "Z"*, conforme a alínea IX dos Instrumentos assinados pela "Consulente".

Comentário do Parecerista

Havendo deixado de lado uma questão jurídica cuja resposta não era de sua atribuição, o Sr. Perito confirmou que o exportador era a (...), não havendo encontrado tais documentos nas diligências por ele realizadas (evidentemente no âmbito do "X" e da "Consulente").

É evidente que os documentos em causa, casos existentes, somente poderiam estar em mãos da "Z". O quesito apresentado não apresenta utilidade ao deslinde da questão, sendo também mais uma forma de induzimento do juiz a erro de avaliação.

"4. Se positiva a resposta do quesito anterior, informe ainda o Sr. Perito se o contrato firmado com o depositário (exportador) permitia a cessão de créditos a terceiros."

O Sr. Perito respondeu que a resposta ficava prejudicada em virtude dos motivos explicitados na resposta ao quesito anterior. No entanto, aduziu que no caso dos Instrumentos de Cessão de Crédito entre as partes, era permitida a cessão, transferência ou caução dos direitos a terceiros (cláusula sexta).

Comentário do Parecerista

Ora, se o Sr. Perito não teve oportunidade de examinar os contratos em causa, deveria ter simplesmente dito que a questão ficava prejudicada. Não há nenhuma razão pela qual ele tenha feito referência a outro instrumento, de forma a colocar em sua manifestação um comentário sobre assunto que não foi perguntado.

"5. Informe a perícia, dentro do período analisado o seguinte: no período em que houveram as operações denominadas 'export-notes', destacando em quais livros diários foram registrados os fatos contábeis pela Empresa Ré, bem como os números das páginas do livro diário e seu devido registro na Junta Comercial."

"6. Com base na Resolução CFC n. 563/1983 (NBC-T-2 da Escrituração), queira o Sr. Perito informar se a escrituração contábil da empresa Ré está suportada por documentos que comprovem ou evidenciem os lançamentos contábeis das operações de 'export-notes' em questão."

"7. Com base na Resolução CFC n. 597/1985 (NBC-T-2), da Documentação contábil, queira o Sr. Perito informar se a empresa Ré observou as determinações constantes das Normas Brasileiras de Contabilidade, ou seja, Resolução CFC n. 597/1985, 14.6.1985."

Note-se, inicialmente, que o quesito 6 é hermético. Não se sabe com exatidão qual o órgão que teria expedido as Resoluções mencionadas, a data da primeira e as datas de publicação em órgão oficial, para que possam valer diante de terceiros, desde que tal órgão tenha poder normativo.

Veja-se que a "Consulente" é uma sociedade limitada (antiga sociedade por quotas de responsabilidade limitada), encontrando-se subordinada, à época às normas do Decreto-lei n. 486, de 3.3.1969 e do seu Regulamento, o Decreto n. 64.567, de 22.5.1969, no tocante à maneira do cumprimento de suas obrigações de escrituração, as quais foram fundamentalmente acatadas em seus registros contábeis.

Além disto, mais uma vez depois de alegar que as duas respostas estavam prejudicadas, o Sr. Perito informou que os registros das operações não foram exibidos à perícia, destacando um registro do prêmio pelas *export-notes*, no valor de R$ 60.028,05, lançado como "Outras Receitas Financeiras" no Livro Diário Geral e creditado em conta bancária, livro devidamente autenticado na Junta Comercial.

Admitindo-se, para argumentar, que a contabilização da operação em causa não tenha indicado todos os passos necessários, não há dúvida de que o resultado final condiz com a sua realidade financeira, ou seja, a receita auferida pela "Consulente", na forma de um prêmio do valor de R$ 60.028,05, dentro do "*pacote*" que foi oferecido pelo "X" àquela sociedade.

Veja-se que tal operação já havia sido noticiada à Comissão de Inquérito do Banco Central do Brasil, que não fez qualquer reparo à explicação dada em seu Relatório (Carta CI-PO, de 27.1.1999, do BCB e resposta de 03.02 da "Consulente").

"8. Finalmente, se constatada as irregularidades nas operações de 'export-notes' financeiras, informe a perícia se a empresa Ré apresentou nos períodos posteriores à contratação com o Banco Autor uma elevação do seu capital, conforme demonstrado nos balancetes."

Comentário do Parecerista

O quesito é absolutamente irrelevante. Nada teriam a ver eventuais aumentos de capital efetuados no período em questão pela "Consulente" com a pretensão do "X" na ação de que se trata. O fato de não terem sido exibidos balanços ou balancetes à perícia não corresponde a qualquer confissão de fato.

Mesmo porque, mesmo com a ação em curso, manifesta-se vigente o princípio do sigilo das operações da "Consulente" perante o "X" em tudo aquilo que não diga respeito aos fatos diretos relativos à causa de pedir. Neste ponto a "Consulente" estava protegida pelo art. 19 do Código Comercial Brasileiro de 1850, que assim afirmava:

> Art. 19. Todavia, o juiz ou Tribunal de Comércio, que conhecer de uma causa poderá, a requerimento da parte, ou mesmo "ex-officio", ordenar, na pendência da lide, que os livros de qualquer ou de ambos os litigantes sejam examinados na presença do comerciante a quem pertenceram e debaixo de suas vistas, ou na presença de pessoa por ele nomeada, *para deles se averiguar e extrair O TOCANTE À QUESTÃO* (destaques nossos).

A mesma proteção foi mantida pelo novo Código Civil Brasileiro em seu art. 1.191, § 1º, que apresenta redação fundamentalmente idêntica.

II.11.2 Quesitos da "Consulente"

"1. Queira o Sr. Perito definir o que vem a ser uma operação de 'export-notes'."

"2. Queira o Sr. Perito esclarecer, com base nos documentos constantes dos autos, se as operações realizadas entre as partes podem ser caracterizadas como operações de 'export-notes'."

"3. Caso a resposta ao quesito n. 2 seja positiva, queira o Sr. Perito esclarecer se as referidas operações foram regularmente firmadas, ou seja, possuem todos os requisitos necessários à sua formação e efetivação."

O Sr. Perito fez uma explanação a respeito do instituto em tela. Afirmando estar se abstendo da matéria de mérito, respondeu negativamente ao seguinte quesito. No entanto, ele afirma, *com base na documentação acostada aos autos e baseado na resposta ao quesito 3 do "X"*, que as operações de cessão de crédito realizadas entre as partes não teriam sido feitas com *export-notes* propriamente ditas, por não trazerem elas os correspondentes lastros em contratos de exportação firmados entre a exportadora nacional e a importadora no exterior, do que resultaria tratarem-se de "*export-notes* financeiras".

Comentário do Parecerista

A afirmação do Sr. Perito *é tendenciosa e completamente contraditória*. Isto porque ele disse textualmente em resposta ao quesito 3 do "X" que "***nas diligências realizadas pela perícia não lograram encontrar os mencionados contratos de exportação lastreando a emissão dos títulos 'export-notes', negociados nos instrumentos de cessão objeto dos autos***"! *E completa:* ***"O DEPOSITÁRIO DE TAIS CONTRATOS DE COMPRA E VENDA (EXPORTAÇÃO) ERA O PRÓPRIO EXPORTADOR, no caso a empresa "Z" Ltda. (...)"***.

Ora, se o Sr. Perito não examinou os contratos em questão, que estariam em poder da "Z", como pode ele dizer que não existiria o lastro correspondente a exportações efetivas? Trata-se de uma ilação completamente gratuita, prejudicial à verdade dos fatos e dos documentos encontrados nos autos.

"4. Queira o Sr. Perito esclarecer se a quitação dada pelo Autor à empresa Ré se referia aos créditos decorrentes das 'export-notes' objeto da presente demanda. Em caso afirmativo, é possível concluir que a Ré não teria qualquer obrigação para com o Banco Autor?"

Quanto à primeira parte da questão, o Sr. Perito respondeu afirmativamente, ou seja, os documentos de liquidação presentes nos autos efetivamente se referiam aos créditos decorrentes das *export-notes* em causa.

Mas, da mesma forma como vinha fazendo ao longo da perícia, na segunda parte de sua resposta adianta opinião sobre fatos que não foram perguntados, dizendo que não poderia concluir se tais documentos liberariam a "Consulente" de suas obrigações para com o "X", pois teria de opinar sobre a sua autenticidade e sobre os poderes dos funcionários que os assinaram, no sentido de saber se teriam ou não poderes para dar quitação a respeito.

Comentário do Parecerista

Deveria o Sr. Perito contentar-se com a primeira parte de sua resposta. As ilações que fez fogem à sua competência no caso.

Sobre o caso, o raciocínio é simples:

(i) se existem nos autos documentos de quitação das operações em papel timbrado do "X";

(ii) se estão assinados por pessoas que alegam ser seus funcionários;

(iii) se tais pessoas são as mesmas que participaram das operações originais;

Então a presunção é de que os fatos neles referidos são verdadeiros e assinados por pessoas que tinham poderes para tanto.

Aplicam-se no caso as Teorias da Aparência e da Preposição.

Desde muitos anos, verificando-se que as operações econômicas privadas são realizadas em massa, os doutrinadores e a jurisprudência reconheceram que às partes em negócios de tal natureza não são capazes de, a todo o tempo, exigirem prova de representação e dos limites de poderes para a sua celebração. Tal exigência tornaria absolutamente impossível o tráfico mercantil moderno.

No caso, opera a Teoria da Aparência, que pode ser melhor explicitada como sendo a "teoria da aparência de regularidade jurídica". No caso em que alguém se encontra nas dependências de um empresário (no caso, o "X") e ali é atendido por alguém que diz ser seu preposto e com ele realiza negócios, é perfeitamente válido concluir que tais negócios foram feitos com o empresário em questão, "*presente*" no ato por meio de funcionários que eram titulares dos poderes correspondentes.

A preposição está implícita. Caso as pessoas intervenientes na operação não fossem representantes do empresário, este não poderia permitir que se mantivessem dentro de seu estabelecimento realizando negócios.

Ora, a "Consulente", nas circunstâncias em que realizou os negócios em tela com o "X" tinha todos os motivos para acreditar que os estava celebrando com aquela instituição financeira, por meio de prepostos que eram titulares dos necessários poderes.

Desta maneira, verifica-se que o "X" está indevidamente invertendo as posições: ele tem que responder pelos atos praticados em seu nome por seus prepostos (ainda que aparentes), se for o caso respeitando as operações que realizaram, sendo seu direito de responsabilizá-los internamente por operações ilegais e/ou acima dos seus poderes que pudessem ter eventualmente assumido diante de terceiros.

Agir fora desses parâmetros importa em derrubar as bases sobre as quais se sustentam os negócios na economia moderna, dando-se a eles segurança e certeza dos direitos e obrigações das partes.

"5. A Comissão de Inquérito apurou que as operações realizadas entre as partes consistiam na cessão de 'export-notes' ao Banco 'X', cessão das obrigações decorrentes à 'C' com aquiescência do Banco, e reconhecimento da extinção das obrigações das empresas envolvidas perante o Banco. Analisando os documentos dos autos e os livros contábeis das partes, pode-se dizer que as conclusões do Banco Central

ESTAVAM CORRETAS? CASO POSITIVO, É POSSÍVEL AFIRMAR QUE A RÉ NÃO TERIA QUALQUER RESPONSABILIDADE PELOS CRÉDITOS?"

O Sr. Perito informou que não conseguiu aferir na contabilidade da "Consulente" qualquer fato contábil a respeito das cessões mencionadas no quesito em tela. Aduz que os contratos de Assunção de Dívidas não fazem menção ao "X", que não comparece assinando, concordando ou anuindo com tais cessões, não sendo possível afirmar se a "Consulente" teria liquidado suas operações com aquele banco.

COMENTÁRIO DO PARECERISTA

O Sr. Perito fugiu à parte mais importante do conteúdo da questão, ou seja, se, à luz da documentação acostada aos autos, as conclusões do Banco Central do Brasil sobre a participação do "X" e da "C" em tais operações poderiam ser confirmadas, a par da indagação a respeito de sua liquidação.

O Sr. perito omitiu a demonstração feita pelo Banco Central do Brasil no Relatório da Comissão de Inquérito da existência de estreita ligação entre o "X" e a "C", conforme se lê nos autos, entre outros trechos daquele Relatório:

> 5.9.5 A análise dessa conta corrente evidencia o elevado grau de concentração e/ou vinculação das operações do Banco "X" S/A com a "C", situação esta já delineada pelo elevado montante e características dos ajustes efetuados. Este relacionamento com a "C" deu-se de forma direta, como nas operações em que a instituição figura como cessionária em contratos de cessão de créditos, ou indiretamente quando dívidas originárias de operações de crédito da instituição são assumidas pela "C".
>
> 5.9.6 Observa-se, também, que o fluxo de créditos correspondentes às cessões de crédito apresenta-se, em diversas datas, coincidente com o dos débitos relativos à liquidação dos Contratos de Assunção de Dívidas, com valores bastante aproximados. Nesses casos, o Banco "X" S/A, através da compra de direitos creditórios (*export-notes*) disponibiliza recursos à "C", para liquidação de operações originárias da própria instituição, cujas obrigações foram assumidas pela "C" através de contratos de Assunção de Dívidas, conforme abaixo: (passando o BCB a reproduzir a tabela comprobatória de suas afirmações).

De forma muito oportuna, a "C" apresentava como controladores duas empresas situadas em paraísos fiscais (item 5.2.1 do Relatório da Comissão de Inquérito), fato que dificultou o aprofundamento das investigações a respeito das suas ligações com o "X". Mas, por tudo quanto se demonstrou no inquérito do BCB, há indícios mais do que gritantes em tal sentido, conforme se verificou acima.

"6. PODE-SE AFIRMAR QUE O AUTOR OFERECEU À RÉ UM PRODUTO BANCÁRIO, MAIS PRECISAMENTE, UMA APLICAÇÃO FINANCEIRA. CASO AFIRMATIVO, DE ACORDO COM OS INDÍCIOS DOS AUTOS, ALUDIDA APLICAÇÃO ESTARIA CAMUFLANDO A OPERAÇÃO FINANCEIRA ENTRE A "C" E O AUTOR?"

"7. O INTERVENTOR NOMEADO PELO BANCO CENTRAL DO BRASIL, SR.AM, APUROU, A PARTIR DA VERIFICAÇÃO DE CASOS SEMELHANTES, QUE A EMPRESA RÉ REPRESENTAVA UM MERO ARTIFÍCIO PARA EXIBIR UMA HIPOTÉTICA DIVERSIFICAÇÃO DE RISCO, MAS QUE NA VERDADE, HAVERIA UM ÚNICO CEDENTE, A "C" DE ACORDO COM A ANÁLISE DAS OPERAÇÕES CONBÁBEIS QUE EXISTIRAM ENTRE AS PARTES, PODE O SR. PERITO CONFIRMAR O QUE FOI APURADO PELO INTERVENTOR?"

O Sr. Perito alega estar prejudicada a segunda parte da perquirição porque, segundo ele, a "Consulente" era a proprietária dos títulos (*export-notes*) e os cedeu ao

"X", não se podendo afirmar que se tratava de um produto bancário.

Comentário do Parecerista

Mais uma vez o Sr. Perito negou-se a enxergar a evidência dos autos, tanto a partir dos documentos juntados, quanto das conclusões do BCB, absolutamente inafastáveis.

A existência de um "produto" oferecido pelo "X" a diversos clientes, entre os quais a "Consulente" está claramente demonstrada pela leitura do item 5.3.3 do Relatório da Comissão de Inquérito e fundamentada nos documentos ali mencionados.

Segundo o BCB, de acordo com os contratos de cessão de crédito firmados entre diversas empresas exportadoras (cedentes) e a "C", os exportadores recebiam somente um "*prêmio*", sobre as cessões efetuadas, na faixa de 0,25% sobre o valor do crédito cedido. Na data dos respectivos vencimentos não havia desembolso por parte dos contratantes, pois as operações eram liquidadas por compensação.

A lista das empresas "clientes" de tal produto é encontrada no item 5.4.1 do Relatório da Comissão de Inquérito, em número de 17 (dezessete), todas elas independentes entre si, pertencentes aos mais diversos ramos da atividade econômica privada. E uma das empresas cedentes de tais papéis é, justamente, a (...), de quem a "Consulente" adquiriu as *export-notes* de que se trata. Note-se que a documentação comprobatória foi levantada pelo BCB precisamente pela "C" (item 5.3.3.7.2 do Relatório da Comissão de Inquérito).

Afirma o BCB, ainda, que *a "C" figura como cessionária na totalidade das cessões de crédito efetuadas pelas empresas exportadoras, sendo que parcela desses créditos (51%) aquela empresa cedeu diretamente ao Banco "X" S/A e o restante (49%) foi cedido pela "C" a diversas empresas que NA MESMA DATA TRANSFEREM OS DIREITOS CREDITÓRIOS PARA O BANCO "X", recebendo um "prêmio"* (itens 5.3.5.1 e 5.3.5.2 do Relatório da Comissão de Inquérito).

Em outro trecho do seu relatório, o BCB demonstra por outros caminhos, a "estranha ligação" entre o "X" e a "C" (item 5.9.6 do Relatório da Comissão de Inquérito):

> Observa-se, também, que o fluxo dos créditos correspondentes às cessões de crédito apresenta-se, em diversas datas, coincidente com o dos débitos relativos à liquidação dos Contratos de Assunção de Dívidas, com valores bastante aproximados. Nesses casos, Banco "X" S/A, através da compra de direitos creditórios (*export-notes*) disponibiliza recursos à "C" para liquidação de operações de crédito originárias da própria instituição, cujas obrigações foram assumidas pela "C" através de contratos de Assunção de Dívidas, conforme abaixo (passando o BCB a demonstrar o alegado por meio de uma tabela).

Já se dizia antigamente que *o pior cego é aquele que não quer ver*. Parece ser este o caso do Sr. Perito, que teve todos estes elementos em suas mãos e deles não foi capaz de extrair a prova evidente da ligação do "X" com a "C" e a existência de um "produto" de cuja colocação no mercado ambas as empresas claramente participavam.

O volume de tais operações foi tão elevado que correspondia ao patrimônio líquido do "X", conforme apurado no balancete de 30.10.1998, não sendo à toa que aquela instituição veio a quebrar logo depois (tem 5.3.6.4 do Relatório da Comissão de Inquérito).

Sim, é a resposta, o "X" ofereceu um "produto" bancário não somente à "Consulente", mas a diversas outras empresas.

Quanto ao quesito de número 8, o Sr. Perito alegou que ele estava prejudicado, não lhe cabendo emitir juízo de valor. Mas em seguida, contra as provas dos autos, toma posição contrária a uma ligação entre o "X" e a "C".

Conforme se viu acima, 100% (cem por cento) das operações ali referidas tinham como partes reais o "X" e a "C", do que somente se pode concluir em favor da afirmativa da "Consulente", no sentido de que, entre outros motivos, sua participação inconsciente nos negócios de *export-notes* tinha em vista ser utilizada pelo "X" para encobrir o fato de que esta instituição financeira estava altamente entrelaçada com a "C", a qual, por sua vez, tornou-se inadimplente perante aquele Banco, gerando a sua quebra. Para a "Consulente" a operação em tela revelava-se inteiramente regular.

Esclareça-se que, no caso de ter o BCB descoberto a concentração excessiva de operações do "X" com "C", teria, conforme as normas vigentes, determinado o provisionamento de 100% das operações com aquela empresa, do que resultaria fatalmente a antecipação de sua quebra.

Conclusões do Parecerista sobre o laudo pericial

Por tudo quanto foi exposto, o laudo pericial apresenta-se extremamente falho, tendencioso e omisso na apreciação de fatos e documentos constantes dos autos.

É inegável a estreita relação entre o "X" e a "C", companheiros de uma orquestração destinada a omitir uma elevada concentração de recursos direcionados para esta última, havendo sido montado um esquema operacional para atrair clientes sob a promessa da aplicação lucrativa em um "produto financeiro".

III. Conclusões gerais

O estudo das questões que foram apresentadas ao Parecerista leva às seguintes conclusões, em resumo:

(a) A ação ajuizada pelo "X" está claramente revestida de ampla má-fé, na qual procura criar a aparência de um crédito que possuiria contra a "Consulente" jamais configurado;

(b) As operações que deram origem à ação judicial, embora não tipificada em normas legais e/ou regulamentares, eram perfeitamente lícitas no quadro da liberdade constitucional das convenções e foram contratadas válida e eficazmente;

(c) A "Consulente" não se houve de forma imprudente na contratação de que se trata;

(d) O "prêmio", correspondente ao ganho auferido pela "Consulente" está claramente dentro do padrão praticado pelo mercado, ou seja, correspondente ao parâmetro de 0,25% do valor do principal;

(e) O "X" ofereceu um "produto" conhecido largamente no mercado e o fez por pessoas que o representavam legitimamente tanto na contratação quanto na liquidação de tais operações;

(f) Há evidências claríssimas que existiam motivos escusos por parte do "X" nas operações vertentes que, a par de serem legítimas e comuns no mercado, serviram para esconder a concentração irregular de riscos que apresentava perante a "C", situação que o levaria a sofrer severas penalidades pelo Banco Central do Brasil.

(g) Nota-se a aparência de que se está diante de "*duas instituições nas operações de que se cuida, escondidas sob o mesmo nome e em épocas distintas*": a primeira é o "X" sob intervenção, em relação à qual o BCB, no Inquérito, traçou um quadro negro, cheio de irregularidades que a levaram à quebra; a segunda é o "X" ora em liquidação extrajudicial, que teria se transmudado magicamente de algoz em vítima, mas, na verdade, procurando locupletar-se contra empresas com as quais legitimamente contratou ao tempo em que estava operando livremente.

Ora, o liquidante de uma instituição financeira deve ocupar essa posição a serviço de um duplo interesse. Primeiro, *ele não pode se esquecer do interesse da sociedade em geral, sendo esta a razão da exis-*

tência de um sistema extrajudicial, mas ainda estatal de lidar com a insolvência de instituições financeiras. Este interesse deve prevalecer sobre qualquer outro. Em segundo lugar, ele deve procurar minimizar os prejuízos que a instituição sofreu nas mãos dos seus ex-administradores e do seu ex-controlador. No entanto, na defesa da massa falida, não pode o liquidante criar fatos inexistentes para prejudicar terceiros em favorecimento dos credores da instituição insolvente, até mesmo contrariando a própria visão que o BCB teve de toda história do "X", que o levou à quebra.

No primeiro dos sentidos acima (o do interesse público), George Marcondes Coelho de Souza, ilustre jurista e antigo chefe da Procuradoria-Regional do Banco Central do Brasil em São Paulo, afirmou em sua tese de doutoramento apresentada na Faculdade de Direito da Universidade de São Paulo que: "a liquidação de uma instituição financeira está ligada ao fenômeno intervencionista, caracterizando-se a atividade das instituições financeiras em geral, para além da faixa dos estritos interesses privados, relacionando-se com o interesse coletivo ou público, cuja tutela só o Estado pode exercer com eficácia, sendo esse instituto uma das formas de tal tutela" (*Liquidação de Bancos no Direito Brasileiro*, São Paulo, 1972, p. 88, não publicada).

A ação movida pelo "X" contra a "Consulente" não tem, portanto, como prosperar e deve ser extinta sem julgamento de mérito, atribuindo-se àquela instituição financeira o peso de uma litigância de má-fé.

É minha opinião.

São Paulo, 24 de outubro de 2005.

OBRIGAÇÕES E CONTRATOS EMPRESARIAIS NO NOVO CÓDIGO CIVIL: O CONTRATO PRELIMINAR E O CONTRATO COM PESSOA A DECLARAR*

Tarcisio Teixeira

1. Contrato preliminar. 1.1 Conceito; 1.2 Distinção de contrato definitivo: 1.2.1 Autonomia do contrato preliminar; 1.3 Fundamentação: 1.3.1 Utilidade: 1.3.1.1 No âmbito empresarial; 1.4 Do regime jurídico no Código Civil: 1.4.1 Requisitos; 1.4.2 Direito de arrependimento; 1.4.3 Do registro competente; 1.4.4 Efeitos: 1.4.4.1 Da execução específica; 1.4.4.2 Perdas e danos; 1.5 Modalidades: 1.5.1 Unilateral; 1.5.2 Bilateral; 1.5.3 Plurilateral; 1.6 Fases da contratação: 1.6.1 Distinção de contrato preliminar e negociações preliminares: 1.6.1.1 O Caso Disco; 1.7 Extinção do contrato preliminar; 1.8 Direito estrangeiro: 1.8.1 Portugal; 1.8.2 Itália. 2. Contrato com pessoa a declarar: 2.1 Conceito; 2.2 Utilidade no âmbito empresarial; 2.3 Do regime jurídico no Código Civil: 2.3.1 Requisitos; 2.3.2 Efeitos; 2.4 Comparação com outros institutos do Direito Contratual: 2.4.1 Cessão da posição contratual; 2.4.2 Subcontrato; 2.4.3 Estipulação em favor de terceiro; 2.4.4 Promessa pelo fato de terceiro; 2.5 Direito estrangeiro. 2.5.1 Portugal; 2.5.2 Itália. Bibliografia.

1. Contrato preliminar

1.1 Conceito

O contrato preliminar é aquele que tem como conteúdo à obrigação de contrair outro contrato (este que será o contrato definitivo).

Vários são os conceitos dados pela doutrina ao contrato preliminar, por exemplo, para Leonardo Coviello é "un contratto che ha per oggetto un futuro contratto obbligatorio".[1]

Para Frederico de Castro y Bravo é "convenção pela qual as partes criam em favor de uma delas, ou de cada qual, a faculdade de exigir a imediata eficácia de contrato que projetaram".[2]

Para Caio Mário da Silva Pereira é "aquele por via do qual ambas as partes ou uma delas se comprometem a celebrar mais tarde outro contrato que será contrato principal".[3]

* Trabalho apresentado no Curso de Pós-Graduação da Faculdade de Direito da USP, na disciplina "DCO 5715-4 — Contratos em Direito Comercial Comparado — Contratos em Espécie", ministrada no 2º semestre de 2004 pelo Professor Associado Dr. Mauro Rodrigues Penteado.

1. *Dei Contratti Preliminari — Nel Diritto Moderno Italiano*, p. 11.
2. *La Promessa de Contrato*, p. 42, *apud* Orlando Gomes, *Contratos*, p. 142.
3. *Instituições de Direito Civil — Contratos*, v. 3, 11ª ed., p. 81.

Francesco Messineo ao tratar do tema relata que "Come nozione sommaria si può dare questa: il preliminare è un contratto rivolto alla stipulazione di un altro (futuro) contratto. Si chiama definitivo il contratto, a cui il contratto preliminare serve di preparazione (funzione preparatoria del preliminare)".[4]

O contrato preliminar também é chamado de pré-contrato, antecontrato, contrato preparatório, compromisso, promessa de contrato,[5] contrato-promessa,[6] *pactum de contrahendo*. Na Itália é chamado de *contratto preliminare*; na França de *avant contrait*; na Alemanha de *vorvertrag*; na Espanha de *contrato preliminar*; em Portugal de *contrato-promessa*; e no Direito Romano era chamado de *pactum de contrahendo*.[7]

Preferimos utilizar a expressão contrato preliminar por parecer mais adequada ao instituto, atrelado ao fato de que foi essa a nomenclatura adotada pelo Código Civil de 2002.

1.2 Distinção de contrato definitivo

O contrato preliminar distingue-se do contrato definitivo uma vez que aquele tem por objeto concluir este, quer dizer, o contrato preliminar pode ser uma promessa ou compromisso de venda, e o contrato definitivo é o contrato de venda efetivamente.

Silvio Rodrigues, ao escrever sobre a classificação dos contratos quanto ao objeto, faz a diferenciação do contrato preliminar e contrato definitivo, considerando o contrato preliminar como uma espécie de convenção, cujo objeto é sempre o mesmo, a realização do contrato definitivo,[8-9] para tanto as partes se socorrem dele como forma de se ajustarem previamente.

Por sua vez, o contrato definitivo seria aquele que cria obrigações e direitos para as partes, onde, por exemplo, no contrato de compra e venda o vendedor se obriga a entregar a coisa tendo o direito de receber o preço, já o comprador se obriga a entregar o preço tendo o direito de receber a coisa.

Nem sempre é fácil a distinção do contrato preliminar com relação ao contrato definitivo, e, notadamente quanto ao objeto, o contrato preliminar na sua feição pode se apresentar muito parecido com o definitivo conforme sua abrangência, pois, quanto mais disposições e elementos o contrato preliminar contiver no seu clausulado, e que estarão também no contrato definitivo, mais parecidos eles serão.

1.2.1 Autonomia do contrato preliminar

Orlando Gomes[10] lembra haver duas correntes que tratam da autonomia do contrato preliminar em relação ao definitivo. A primeira, influenciada pelo direito francês, nega a independência do contrato preliminar, uma vez que tendo as partes consentido no preço e na coisa, obrigando-se a certo dia, neste dia estarão obrigados, sendo que fazer se obrigarem novamente é mera inutilidade, valendo então a promessa de venda como se venda fosse.

A segunda corrente é prevalecente no sentido de que o contrato preliminar é autônomo em relação ao contrato definitivo, tendo em vista que ambos produzem efei-

4. *Dottrina Generale del Contratto*, 3ª ed. ampl., p. 199.

5. Waldirio Bulgarelli, *Contratos Mercantis*, 7ª ed., p. 114.

6. Enzo Roppo, *O Contrato*, p. 102.

7. Sílvio de Salvo Venosa lembra que o *pactum de contrahendo* já era conhecido do Direito Romano, e que na legislação brasileira apareceu primeiramente no Decreto-lei 58/1937, ao tratar do compromisso de compra e venda de terrenos para pagamento em prestações. In *Direito Civil: Teoria Geral das Obrigações e Teoria Geral dos Contratos*, 3ª ed., p. 422.

8. *Direito Civil — Dos Contratos e das Declarações Unilaterais da Vontade*, v. 3, 25ª ed., p. 37.

9. No mesmo sentido que falam Francesco Messineo e Leonardo Coviello, já citados anteriormente.

10. In *Contratos*, pp. 141-142.

tos distintos (sendo o objeto do primeiro a realização do segundo, e o objeto do segundo, por exemplo, a compra e venda).

Discorremos o presente trabalho a partir do ponto de vista da segunda corrente que considera a autonomia do contrato preliminar com relação ao contrato definitivo.

1.3 Fundamentação

Ao se celebrar um contrato preliminar as partes tem por objeto se obrigarem a um contrato futuro que, conforme suas conveniências, não deve ou não pode ser concluído imediatamente, mas sim *a posteriori*, mas nem por isso deixam de uma relação obrigacional.

O contrato preliminar está fundado na ampla liberdade de contratar, que decorre da liberdade negocial, que por sua vez decorre da autonomia privada, onde a partir do ordenamento jurídico, e mais recentemente de forma explícita no Código Civil de 2002, se abstrai a possibilidade de qualquer pessoa pactuar, desde que respeite as condições mínimas impostas pelo sistema, como a capacidade do agente, o objeto lícito e a forma.

Em regra, sendo as partes livres para contratarem, muitas vezes a contratação imediata e definitiva não se revela adequada, tendo em vista que não se tem plena certeza da conveniência e oportunidade da contratação, notadamente do ponto de vista financeiro-econômico. Às vezes, antes de uma contratação definitiva mister se faz uma exaustão negocial, com estudos especializados, avaliações contábeis, etc.

No entanto, muitas vezes na expectativa de contratação são realizadas na forma de tratativas preliminares uma série de ações (reuniões, viagens, estudos, etc.), sendo que a partir desse momento deixar de contratar pode ser uma tremenda perda (diante dos dispêndios/esforços já realizados). No entanto, celebrar uma contratação definitiva, nessa fase, ainda é um risco muito alto (pois ainda não há plena certeza na contratação), o que faz as partes poder se socorrer do contrato preliminar.

1.3.1 Utilidade

A utilidade do contrato preliminar se dá no fato de ser ele um contrato que tem por objeto obrigar as partes desde já a celebrar um outro contrato, que é o contrato definitivo, que por sua vez, a princípio, pode ser qualquer tipo contratual, típico ou atípico.

No entanto poderia se questionar a prestabilidade do contrato preliminar, pois que seria supérflua sua utilização, mas tal argumento não prospera quando confrontado com a prática contratual, principalmente empresarial, onde os mais variados contratos são concluídos.

Quando se fala de contrato preliminar primeira coisa que vem a mente é a promessa de venda e compra de imóvel. No meio imobiliário, é verdade, esse tipo de contrato tem grande utilidade, a exemplo podemos falar dos incorporadores imobiliários. Quando o incorporador, desejando construir unidades imobiliárias para venda, não tem recursos para a compra de terreno, ele assina contrato preliminar de compra do terreno com o proprietário. Para conseguir recursos para o início da construção também assina contrato preliminar de venda de unidades imobiliárias. Ou ainda, o contrato preliminar em âmbito imobiliário pode ser usado quando os promitentes querem fazer verificações, do lado do comprador no que se refere à efetiva propriedade do bem do vendedor e, por exemplo, o desembaraço do imóvel quanto a ônus reais, e por parte do vendedor a capacidade de pagamento do comprador.

1.3.1.1 No âmbito empresarial — A utilidade do contrato preliminar não se restringe ao setor imobiliário. Muito pelo contrário, estendesse por todas as relações contratuais, por exemplo, nas relações de consumo.

Mas é, sem sobra de dúvida, no âmbito empresarial que está a grande utilidade do contrato preliminar (pois a vida das empresas nada mais é do que a constante celebração de contratos), notadamente na esfera do Direito Societário, nos casos de fusão, incorporação e cisão de sociedades, na opção de compra de ações e cessão de controle acionário, no trespasse de estabelecimento empresarial, entre outros casos.

Na vida negocial muitas das vezes, seja por questões estratégicas, seja porque o objeto do contrato principal não está totalmente apto (acabado, livre ou desembaraçado) para ser negociado, o contrato preliminar é um meio eficaz de tornarem as partes obrigadas desde já, dando certa certeza e segurança aos empresários contratantes. De um lado aquele que já sabe haver comprador para seu produto ou serviço, de outro aquele que já conhece o produto ou serviço a ser adquirido, e o respectivo fornecedor.

Acontece que, a grande utilização do contrato preliminar se dá justamente no fato de que falta algum elemento para constituir o contrato definitivo, pode ser pelo fato de que está se esperando a realização de algum evento possível, por exemplo, alta no preço, aquecimento do mercado, etc.; ou até por mera liberalidade das partes, por exemplo, para efetuar a devida avaliação e precificação do negócio; ou mesmo por qualquer outra questão estratégica de mercado.

No mundo dos negócios muitas vezes ocorrem situações que interessam aos empresários contratarem diante de determinada situação, não sendo oportuno perder o negócio, contudo é conveniente as partes adiar sua efetivação, logo, utilizam-se do contrato preliminar para mais tarde firmarem o contrato definitivo, por exemplo, no caso de mútuo, onde o mutuante não dispondo de recursos livres para o empréstimo se compromete a emprestar tão logo haja disponibilidade financeira.

A conveniência de se contratar de forma preliminar pode se dar com a intenção de verificar a qualidade do bem, ou da prestação, objeto da contratação, onde pelo lapso temporal pode verificar se o bem é acometido por algum vício, ineficiência, ou qualquer tipo de superveniência, o que resultará em não conclusão do contrato definitivo.[11]

Então, se optassem as partes, imediatamente, por celebrar o contrato definitivo e superveniências viessem a alcançar o bem ou a prestação, remédios jurídicos não faltariam para socorrer direitos, como, por exemplo, a responsabilidade por vícios redibitórios, etc., no entanto, mister seria uma ação judicial, com toda a sua onerosidade financeira e temporal.

Já o contrato preliminar apresenta-se de forma mais segura e menos custosa para as empresas, pois em caso de qualquer irregularidade na prestação de uma das partes, é só a outra parte a quem o negócio assim não interessar deixar de celebrar o contrato definitivo, o que certamente é muito melhor do que ter de buscar seus direitos na Justiça.

1.4 Do regime jurídico no Código Civil

O contrato preliminar está disciplinado no Código Civil de 2002, na sua Parte Especial, Livro I — Do Direito das Obrigações, Título V — Dos Contratos em Geral, Capítulo I — Das Disposições Gerais, Seção VIII — Do Contrato Preliminar, nos arts. 462 a 466, sendo que no Código Civil de 1916 não havia nenhuma disposição correspondente.

Por ocasião da elaboração do anteprojeto do Código Civil, Agostinho Neves de Arruda Alvim, membro da comissão elaboradora e revisora presidida por Miguel Reale, ficou encarregado pela parte do Direito das Obrigações, e em sua justificativa menciona a regulamentação do contrato preliminar, em uma seção específica, por ser uma lacuna que se fazia sentir.[12]

11. Nesse sentido, Thereza Maria Sarfert Franco Montoro, "O contrato preliminar, o novo Código Civil e a análise econômica do Direito", *RDM* 132/152, out.-dez. 2003.

12. *Anteprojeto de Código Civil*, Ministério da Justiça, 2ª ed. rev., p. 76.

1.4.1 Requisitos

O Código Civil no art. 462 prevê que o contrato preliminar, exceto quanto à forma, deve conter todos os requisitos essenciais do contrato definitivo.[13]

Os requisitos essenciais vão variar de contrato para contrato, por exemplo, na compra e venda são eles a coisa e o preço.[14] Logo, quando se estiver diante da formatação de um contrato preliminar deve-se se atentar qual será o contrato definitivo que se tem em vista celebrar, e a partir daí verificar qual são os requisitos essenciais.

Dito isso, é importante diferenciar os requisitos (ou elementos) de um negócio jurídico, ainda que sucintamente, eis que eles podem ser: essenciais (*essentialia negotii*), naturais (*naturalia negotii*), e acidentais (*accidentalia negotii*).

Os essenciais são os exigidos pela própria substância do ato, a manifestação da vontade através do agente capaz, a licitude do objeto, e a forma que deve ser obedecida se for prescrita em lei.

Os elementos naturais são aqueles elementos peculiares ao próprio negócio em questão, ou seja, que decorre naturalmente dele, quando, por exemplo, o vendedor tem a responsabilidade pela evicção e por vícios de redibitórios.

Por sua vez, os elementos acidentais são os que podem ou não fazer parte no negócio em questão, ou melhor, a sua ausência não é indispensável à realização do negócio, geralmente se apresenta na forma de condição, termo, ou encargo.

E da redação do art. 462 do Código Civil abstrai-se que não são necessários aos contratos preliminares a presença de elementos naturais e acidentais, mas se eles estiverem presentes não haverá nenhuma implicação negativa (apenas poderá fazer com que o contrato preliminar se pareça ainda mais com o contrato definitivo).

Partindo desse pressuposto, debrucemos nossa preocupação na análise dos elementos essenciais, a capacidade do agente e o objeto lícito, excluindo a forma que durante muito tempo foi questionada pela doutrina e jurisprudência, mas que perdeu a razão de ser em razão da redação do referido artigo, restando dizer que a forma do contrato preliminar não precisa ser a mesma exigida para o contrato definitivo em questão, isto é, se este exigir instrumento público o contrato preliminar poderá ser por instrumento particular.[15]

A capacidade do agente exigida para o contrato preliminar é a mesma exigida para o contrato definitivo, devendo, logo, estar presente por ocasião da celebração do contrato preliminar. Então, por exemplo, no contrato preliminar de mandato, a capacidade do agente, no caso o empresário, deve desde já estar presente, devendo estar em pleno gozo de seus direitos para poder contratar, por ser requisito essencial.

Quanto ao objeto, vale o escrito acima, o objeto do contrato preliminar deve guardar a liceidade idêntica a exigida para o contrato definitivo. O objeto deve ser acordado na coisa e no preço, no entanto, é óbvio que no meio empresarial nem sempre, por ocasião da celebração do contrato preliminar, poderá se dispor de todas as

13. "Art. 462: O contrato preliminar, exceto quanto à forma, deve conter todos os requisitos essenciais ao contrato a ser celebrado."

14. "Compromisso de compra e venda. Representação por simples recibo. *Caracterização de contrato preliminar* se as partes acordaram quanto à *coisa* e ao *preço*. Insubsistência da alegação de tratar-se de tratativas preliminares" (STJ, *RT* 763/171 — destaques nossos).

"Compromisso de compra e venda. Simples recibo de sinal de reserva. *Contrato preliminar não caracterizado*. Falta dos requisitos legais. Cominatória pretendendo *execução específica compulsória*. *Inadmissibilidade*. Recurso extraordinário provido. Inteligência do art. 639 do CPC. Aplicação das Súmulas 167 e 413" (STF, *RT* 598/245 — destaques nossos).

15. Na Itália deve ser respeita a mesma forma, conforme dispõe o art. 1.351 do Código Civil italiano: "Il contratto preliminare è nullo se non è fatto nella stessa forma che la legge prescrive per il contratto definitivo".

condições da negociação definitiva, no entanto, no contrato preliminar ainda que não seja possível estipular coisa e preço determinados, é necessário que pelo mesmo a coisa e preço sejam determináveis.

Notadamente quanto ao preço, no mundo dos negócios muitas vezes se pactua o contrato preliminar por não poder justamente se acertar no valor, o que será apurado a partir de diretrizes estabelecidas no contrato preliminar, para aí sim se chegar ao valor a ser contratado no pacto definitivo, que é o que ocorre comumente no trespasse de estabelecimento empresarial e na cessão de controle acionário.

1.4.2 Direito de arrependimento

O art. 463, *caput*, dita que concluído o contrato preliminar, e não havendo cláusula de arrependimento, qualquer das partes terá o direito de exigir a celebração do definitivo, dando um prazo à outra para que efetive o contrato definitivo.[16]

Se não houver cláusula de arrependimento é porque o contrato preliminar é irretratável, devendo as partes cumpri-lo através da celebração do contrato definitivo, sob pena de estar sujeito à execução específica.

Note-se que a questão do arrependimento no Direito Empresarial não pode ser vista como no ramo do Direito do Consumidor. Neste ramo, o direito de arrependimento, sucintamente, existe para proteger o consumidor hipossuficiente que se vê algumas vezes traído pelo impulso incontrolável de comprar fora do estabelecimento comercial, sendo que mais tarde "em estado de plena consciência" perceber que não poderia, ou não necessitaria, efetuar tal compra.[17]

No Direito Empresarial, no entanto, o direito de arrependimento em grande parte das situações não se apresenta de forma adequada aos negócios jurídicos, pois quando um empresário acorda com outrem a compra ou venda de produtos ou serviços, ele, ato contínuo, já cria uma série de compromissos com fornecedores, clientes, colaboradores, etc., sendo que se exercido o direito de arrependimento em um contrato, todos os outros compromissos assumidos e negociados poderão desmoronar, refletindo em toda a cadeia industrial, comercial, além de funcionários, fisco, etc.

Note-se que nos negócios jurídicos empresariais o direito de arrependimento nem sempre é recomendável nas transações, uma vez que o empresário busca sempre a certeza e segurança nas relações, o que de certa forma uma cláusula de arrependimento pode colocar isso por terra.

De outro lado, uma cláusula de arrependimento poderia em determinados casos ter o efeito de estimular as partes a renegociarem, uma vez que o cumprimento do contrato como inicialmente pactuado ensejaria uma demasiada onerosidade para uma das partes, pois ela poderia se utilizar da retratação como forma de renegociar o contrato a fim de poder cumpri-lo de maneira não tão onerosa.[18]

1.4.3 Do registro competente

Quando ao registro competente, o parágrafo único do art. 463 diz que o contrato preliminar deverá ser levado ao registro competente.[19]

16. "Art. 463. Concluído o contrato preliminar, com observância do disposto no artigo antecedente, e desde que dele não conste cláusula de arrependimento, qualquer das partes terá o direito de exigir a celebração do definitivo, assinando prazo à outra para que o efetive."

17. "Contrato. Negócio envolvendo venda de empresa. Arrependimento dos compradores. Nulidade. Erro e dolo por parte dos vendedores. Justa causa inexistente. Resolução do contrato. *Perda do sinal*. Conseqüência prevista no contrato. Prefixação de perdas e danos. Inaplicabilidade do Código de Defesa do Consumidor. Recurso não provido" (9ª C. de Direito Privado, ApCív 12.580-4-Santo André, Rel. Ruiter Oliva, j. 22.10.1996, v.u. — fonte: Biblioteca TJSP, destaque nosso).

18. Esse é um ponto de vista que agradaria muito os simpatizantes da "visão econômica do Direito".

19. "Art. 463. (...). Parágrafo único. O contrato preliminar deverá ser levado ao registro competente."

O referido dispositivo trata daqueles contratos que estão sujeitos a registro, por exemplo, a escritura de compra e venda de propriedade imobiliária.

É claro que para se efetuar um registro de contrato mister será o cumprimento das exigências do Direito Registral.

O registro nas transações tem o caráter de tornar pública a transferência de determinado bem. É uma segurança para o comprador de que aquele bem para todos os efeitos saiu da esfera patrimonial do vendedor, passando a compor o seu patrimônio, não estando mais sujeito a eventual pagamento de dívida do vendedor.

1.4.4 Efeitos

"*[No contrato preliminar]* los efectos jurídicos normales del contrato no se producen todos inmediatamente; se producen tan sólo algunos, porque las partes lo quieren así".[20]

O efeito do contrato preliminar é tornar obrigatória a celebração do contrato definitivo, tornando as partes obrigadas desde já.

Então com o vínculo estabelecido no contrato preliminar há a faculdade de exigir que se torne eficaz através da conclusão do contrato definitivo, sendo exercido o direito por uma das partes a outra deverá cumprir.

Se houver recusa de uma das partes no cumprimento do contrato preliminar, que é a celebração do contrato definitivo, sua vontade poderá ser suprida pelo juiz que determinará que o efeito do contrato preliminar se produza (como ocorre na promessa de venda irretratável), é a chamada execução específica, ou responderá por perdas e danos em razão da inexecução.

1.4.4.1 Da execução específica — A sentença que se refere o art. 464 do Código Civil[21] não pode ser considerada a vontade da parte, ela apenas determina a execução específica do contrato preliminar tornando-o contrato definitivo, onde a parte favorecida por ela terá em mãos um título judicial com os mesmos efeitos que a declaração de vontade que a parte contrária deveria manifestar.[22]

O será que o referido artigo ao mencionar que "salvo se a isto se opuser a natureza da obrigação" quer dizer? Orlando Gomes dá o caminho para trilharmos em busca da resposta escrevendo que, há alguns contratos, por exemplo, os contratos *intuitu personae*, onde a execução específica não tem cabimento. Nestes casos a execução específica deve ser substituída por perdas e danos.

No entanto, Sílvio de Salvo Venosa lembra que a execução coativa do contrato deve ser sempre perseguida, por ser a solução que mais se aproxima do pretendido pelos contratantes preliminares.[23]

Logo, sempre que a prestação prometida for possível por parte do devedor, tanto do ponto de vista jurídico como material, deve o juiz suprir a vontade do inadimplente e dar caráter definitivo ao contrato. É evidente, desde que respeitada a liberdade individual e a dignidade da pessoa humana, o que deverá ser diagnosticado na casuística.

Então, quando o contrato preliminar tiver por objeto a futura prestação de de-

20. Cf. Francesco Messineo, *Doctrina General del Contrato*, trad. espanhola Fontanarrosa, Sentis Melendo e Volterra, Buenos Aires, 1952, cap. I, n. 1, p. 352, *apud* Silvio Rodrigues, *Direito Civil — Dos Contratos e das Declarações Unilaterais da Vontade*, v. 3, 25ª ed., p. 38.

21. "Art. 464. Esgotado o prazo, poderá o juiz, a pedido do interessado, suprir a vontade da parte inadimplente, conferindo caráter definitivo ao contrato preliminar, salvo se a isto se opuser a natureza da obrigação."

22. Sobre execução específica de contrato dispõe o Código de Processo Civil no art. 639: "Se aquele que se comprometeu a concluir um contrato não cumprir a obrigação, a outra parte, sendo isso possível e não excluído pelo título, poderá obter uma sentença que produza o mesmo efeito do contrato a ser firmado".

23. In *Direito Civil: Teoria Geral das Obrigações e Teoria Geral dos Contratos*, 3ª ed., p. 422.

claração de vontade, por ocasião da celebração do contrato definitivo, uma vez sonegada tal declaração, está dará ensejo à execução específica, que através de sentença judicial suprirá a vontade da parte inadimplente.

A doutrina, ao falar de execução específica, cita sempre o caso de o promitente vendedor de imóvel que se nega a passar a escritura definitiva de transferência de propriedade, sendo cabível ação de adjudicação compulsória onde a sentença, suprindo a vontade da parte, terá os mesmos efeitos da escritura.

Mas no meio empresarial não é difícil de se vislumbrar outras hipóteses, por exemplo, quando uma empresa que se compromete, através do contrato preliminar, a vender determinado maquinário, de sua propriedade e posse, a outra empresa e não o faz por não ter celebrado o contrato definitivo, será passível de execução específica. Também quando um empresário detentor do controle acionário de determinada sociedade se negar a celebrar o contrato definitivo transferindo-o para o promissário comprador, ou no caso de trespasse de estabelecimento empresarial, entre outros.

1.4.4.2 Perdas e danos — Considerando que a finalidade do contrato preliminar é impor as partes à celebração de um outro contrato, o contrato definitivo, seu conteúdo poderia ser considerado uma obrigação de fazer, esta, por sua vez, que consistiria em manifestar sua vontade, em momento oportuno, na conclusão do contrato definitivo.

Mas, a princípio, o devedor da prestação de fato não poderia ser compelido a cumprir especificamente o prometido, fazendo com que sua recusa se configure em inadimplemento, convertendo a obrigação de fazer no dever de indenizar em perdas e danos.[24]

As perdas e danos envolvem a reparação do prejuízo efetivo (danos emergentes) e o que o prejudicado deixou de ganhar (lucros cessantes). É a responsabilidade[25] de indenizar que está previsto no art. 402.[26]

Na Roma antiga pelo inadimplemento de obrigação o devedor pagava até mesmo com o seu próprio corpo, podia inclusive tornar-se escravo do seu credor. No entanto, no decorrer da história percebeu-se que esse método era ineficaz.

A saída encontrada pelos ordenamentos então passou a ser que, pelo não cumprimento das obrigações, o devedor deveria pagar uma quantia em dinheiro. Que na perspectiva do direito empresarial nem sempre se releva uma solução adequada, pois às vezes, por hipótese, uma das partes contratantes é exclusiva detentora de determinado insumo, sendo que mesmo recebendo a indenização a outra parte não conseguirá no mercado, pelo menos a curto tempo, o insumo necessário a sua atividade. No entanto, a indenização é o sucedâneo, uma substituição em dinheiro, que mais se aproxima da coisa querida pelo credor.

O empresário sempre, mas notadamente com o advento do Código Civil de 2002 e suas cláusulas gerais, busca certeza e segurança nas suas relações obrigacionais, que não sendo cumpridas serão submetidas ao crivo do ordenamento jurídico, com indenização ou execução forçada.

24. "Art. 465. Se o estipulante não der execução ao contrato preliminar, poderá a outra parte considerá-lo desfeito, e pedir perdas e danos."

25. Sobre responsabilidade é memorável o que escreveu Sylvio Marcondes Machado, apoiado em Francesco Carnelutti: "Enquanto a responsabilidade consiste num estado de sujeição a que o devedor não pode esquivar-se, pois se realiza mesmo contra a sua vontade, a obrigação pressupõe a livre manifestação da vontade. O devedor satisfaz espontaneamente a obrigação, ao passo que suporta a responsabilidade, sem poder afastá-la. A responsabilidade exclui a liberdade, enquanto a obrigação a supõe" (*Limitação da Responsabilidade de Comerciante Individual*, p. 258).

26. "Art. 402. Salvo as exceções expressamente previstas em lei, as perdas e danos devidas ao credor abrangem, além do que ele efetivamente perdeu, o que razoavelmente deixou de lucrar."

É perceptível que ao empresário, de modo geral, a indenização nem sempre se apresenta de forma salutar, pois isso faria com que o contrato preliminar perdesse toda a sua razão de ser, não tendo mais interesse prático, uma vez que não realizaria sua função específica que é garantir a conclusão de contrato futuro; ficando a outra parte apenas na condição de inadimplente, constituída em mora.[27]

E, justamente para evitar isso, dispõe o já citado art. 464 do Código Civil que o juiz pode suprir a vontade da parte inadimplente dando ao contrato preliminar o caráter de contrato definitivo.

Percebe-se a força vinculante do contrato preliminar, notadamente naqueles onde não há cláusula de arrependimento, onde o juiz determinará a execução específica do contrato preliminar, que é a celebração do contrato definitivo, ficando as perdas e danos para a última instância.

1.5 Modalidades

1.5.1 Unilateral

Ocorre que quando no contrato preliminar a faculdade de exigir o seu cumprimento (que é a conclusão do contrato definitivo) é de apenas uma das partes,[28] ficando a outra parte obrigada, mas na dependência da vontade da primeira, que é a única que pode exigir o cumprimento. Seria quando o ofertante se obriga a manter a oferta e o ofertado tem a alternativa ou não de aceitá-la.

Seria um direito potestativo,[29] sendo que o fato de criar promessa unilateral não lhe tira o caráter contratual, pois é decorrente da vontade das partes, ainda que manifestada anteriormente. A opção, a venda a contento, e promessa de doação são formas de contrato preliminar unilateral.

1.5.2 Bilateral

Na modalidade bilateral de contrato preliminar qualquer das duas partes pode

27. Nos tempos atuais, mais do que nunca, o empresário é um profissional, que não poderia errar diante de sua "expertise", fazendo tudo de "caso pensado", além do fato de que o mercado é dinâmico e exigente. Assim, a mora na vida dos negócios é muito mais desastrosa do que na vida comum (os contratos são para a empresa o que o ar é para o ser humano, p. ex., no caso das montadoras de veículos automotores). Nesta, na vida comum, o prejuízo, *grosso modo*, seria de um só, naquela, na vida dos negócios, as perdas são inúmeras, e em efeito cascata muitas vezes (sendo essa uma das razões pela qual surgiu o instituto da falência no intuito de inibir o inadimplemento). Então, o fornecedor não poderia se dar o luxo se ser constituído em mora (uma vez que estará assumindo implicitamente que não é profissional competente para celebrar contratos empresariais), pois, se assim acontecer, as penalidades provavelmente serão muito mais severas do que as seriam aplicadas ao civil inadimplente, notadamente as do mercado.

Aqui parece oportuno se mencionar, ainda que de forma sucinta, acerca da função econômica do contrato, uma vez que na vida negocial as relações são travadas de forma rápida, sendo o contrato o instrumento que fornece respaldo aos atos que são praticados nas negociações, de modo que é indispensável o pensamento de Caio Mário da Silva Pereira sobre a função econômica do contrato:

"Com o passar do tempo, entretanto, e com o desenvolvimento das atividades sociais, a função do contrato ampliou-se. Generalizou-se. Qualquer indivíduo — sem distinção de classe, de padrão econômico, de grau de instrução — contrata. O mundo moderno é o mundo do contrato. E a vida moderna o é também, e em tão alta escala que, se fizesse abstração por um momento do fenômeno contratual na civilização de nosso tempo, a conseqüência seria a estagnação da vida social. O *homo economicus* estancaria as suas atividades. É o contrato que proporciona a subsistência de toda a gente. Sem ele, a vida individual regrediria, a atividade do homem limitar-se-ia aos momentos primários" (*Instituições de Direito Civil — Contratos*, v. 3, 11ª ed., pp. 4-5).

28. "Art. 466. Se a promessa de contrato for unilateral, o credor, sob pena de ficar a mesma sem efeito, deverá manifestar-se no prazo nela previsto, ou, inexistindo este, no que lhe for razoavelmente assinado pelo devedor."

29. Aqui é pertinente a anotação sobre condição potestativa. Ela pode ser condição simplesmente potestativa, sendo a manifestação da vontade de uma das partes atrelada a um evento externo, ou condição puramente potestativa, onde há a manifestação da vontade de uma parte única e exclusivamente. A primeira modalidade seria lícita e aceitável e a segunda não. Nesse sentido escreveu Silvio Rodrigues, *Direito Civil — Parte Geral*, v. 1, 25ª ed., 1995.

exigir da outra a execução do contrato definitivo.

Um contrato preliminar de caráter bilateral muito utilizado é o de promessa de venda e compra, que pode ter cláusula de arrependimento ou ser irretratável, neste caso criando direito real.

1.5.3 Plurilateral

Apesar de não encontrar respaldo doutrinário, arriscamos dizer que o contrato preliminar pode ser plurilateral, na medida em que existindo um negócio jurídico com três ou mais partes qualquer delas possa exigir o cumprimento do contrato definitivo.

1.6 Fases da contratação

A contratação, de forma sucinta, poderia ser divida em três fases (assinalando que nem sempre essas fases se apresentam separadamente de forma clara): pré-contratação (tratativas preliminares), contratação propriamente dita (celebração), e pós-contratação (execução).

Poderíamos dizer que, a formação do contrato inicia-se com as tratativas preliminares, podendo passar pelo contrato preliminar (se for o caso), posteriormente a celebração do contrato definitivo, e mais adiante a execução deste.

Então, o contrato preliminar aparentemente encontra-se numa zona cinzenta, entre a fase pré-contratual e a contratação definitiva, no entanto uma forma de clarear esse fato é pela diretriz que o art. 462 dá quanto aos elementos essenciais. Possuindo o contrato preliminar todos os elementos essenciais ele pode ser tido como contrato, pois é com ele que se estabelece um vínculo obrigacional entre as partes.

Assim, o contrato preliminar é plenamente considerado como contrato,[30] uma vez que as partes preordenam cláusulas do contrato principal, sujeitando certos efeitos para o contrato definitivo, havendo o consentimento e o objeto perfeitamente identificável e valorável juridicamente.

Em sendo considerado o contrato preliminar um contrato propriamente dito, levar-nos a crer que a responsabilidade deva ser vista do ponto de vista contratual, não extracontratual.

1.6.1 Distinção de contrato preliminar e negociações preliminares

As negociações/tratativas preliminares, ou fase de puntuação podem se consubstanciar em convites para negociar, minutas, protocolos de intenção, estudos, discussões prévias, etc., que nada mais são do que meras avaliações de negócio, que antecedem à conclusão do contrato efetivamente, não criando obrigações para as partes.[31-32]

No âmbito empresarial é comum uma empresa investir da prospecção, contatação de clientes, sem, contudo, ter êxito na conclusão do contrato. Faz parte da vida dos negócios se investir para colocar seus produtos e serviços no mercado, sendo que estes custos não podem ser objeto de indenização.

30. Cf. Carlo A. Nicoletti, *Sul Contratto Preliminare*, Milão, 1974, *apud* Waldirio Bulgarelli, *Contratos Mercantis*, 7ª ed., p. 114.

31. Enzo Roppo ao tratar da diferença entre contrato preliminar e tratativas preliminares diz que: "Com o contrato-promessa, na verdade, as partes não se obrigam simplesmente a prosseguir as negociações (permanecendo firmes os eventuais acordos já alcançados), mas obrigam-se, sem mais, a concluir um contrato comum certo conteúdo" (*O Contrato*, p. 102).

32. "Contrato. *Negociações preliminares. Reunião de sócios de empresa comercial* em que discutida a *venda das quotas sociais* de um deles. Ausência de mútuo consentimento, imprescindível à caracterização de promessa irrevogável de compra e venda. Necessidade de o acordo de vontade abranger todos os pontos do contrato. Lícito *rompimento das tratativas*. Recurso do autor não conhecido, e parcialmente provido o dos réus" (2ª C. de Direito Privado, ApCív 1.474-4-SP, Rel. Vasconcellos Pereira, j. 9.9.1997, v.u. — fonte: Biblioteca TJSP, destaques nossos).

Em casos excepcionais, onde houver deslealdade por uma das partes, nas tratativas preliminares, com a ausência de boa-fé e probidade, conforme dispõe o art. 422 do Código Civil,[33] estar-se-á diante da possibilidade de se pleitear reparação de dano no campo da responsabilidade extracontratual ou aquiliana.[34]

1.6.1.1 O Caso Disco — É de suma importância a distinção de contrato preliminar e tratativas preliminares, e isso foi demonstrado no famoso Caso Disco, onde de um lado os acionistas da Distribuidora de Comestíveis Disco S/A e de outro o Supermercado Pão de Açúcar S/A firmaram um "contrato preliminar para compra e venda de ações" (era esse o cabeçalho do documento/minuta), onde os primeiros se comprometiam a vender ao segundo suas ações referentes ao "Supermercado Disco".

Acontece que, ficou pactuado que o preço definitivo deveria ser apurado posteriormente, o que mais tarde resultou em discórdia entre as partes, levando o Supermercado Disco propor, primeiramente, uma Ação de Consignação de Pagamento contra o Pão de Açúcar com o fim de devolver o sinal do negócio. E, em contrapartida, o Pão de Açúcar ajuizou, por dependência, uma Ação de Adjudicação Compulsória pleiteando a transferência das ações uma vez que se tratava de contrato preliminar.

A sentença de primeiro grau julgou procedente a Ação Consignatória e improcedente a Ação Adjudicatória. O Tribunal de Justiça do Rio de Janeiro reformou a sentença. Ao chegar ao Supremo Tribunal Federal, o processo teve como relator o Ministro Moreira Alves, onde por maioria de votos prevaleceu a decisão em favor do Supermercado Disco, por considerar que mesmo tendo a minuta a denominação de "contrato preliminar" este assim não estava configurado, por não estar presentes todos os elementos do contrato definitivo, configurando-se em "tratativas preliminares".[35]

1.7 Extinção do contrato preliminar

Se considerássemos que o contrato preliminar faz parte de uma relação complexa que termina com o contrato definitivo, a celebração dele seria apenas a produção de um dos seus efeitos.

Deixando de lado os que não consideram a autonomia do contrato preliminar em relação ao definitivo, e considerando a corrente que vem sendo seguida durante a exposição do presente trabalho, ou seja, a da autonomia do contrato preliminar, a extinção do contrato preliminar se dá pelo seu cumprimento, que é a celebração do contrato definitivo, ou pela novação.

A extinção poderá ser dada pela não exigência do seu cumprimento no prazo previsto, ou em prazo razoável se não houver sido previsto, conforme dispõe o art. 466 do Código Civil, o que é explicado pelo fato de que ninguém pode ficar eternamente vinculado por uma promessa.[36]

A princípio, a extinção do contrato preliminar pode se dar nas formas previstas no Código Civil, Capítulo II — Da Extinção do Contrato (pertencente ao Título V — Dos Contratos em Geral, Livro I — Do Direito das Obrigações — Parte Especial), arts. 472 e ss., quando não forem incompatíveis com o referido instituto, a

33. "Art. 422. Os contratantes são obrigados a guardar, assim na conclusão do contrato, como em sua execução, os princípios de probidade e boa-fé." Importante salientar que quando o texto legal diz conclusão do contrato abstrai-se que é também na fase da elaboração do contrato.

34. Enzo Roppo prefere falar em responsabilidade pré-contratual, por se estar na fase da formação dos contratos (*O Contrato*, p. 107).

35. V. a íntegra do acórdão publicado na *RDM* 39/136-183, com comentários do Professor Mauro Rodrigues Penteado.

36. "Art. 466. Se a promessa de contrato for unilateral, o credor, sob pena de ficar a mesma sem efeito, deverá manifestar-se no prazo nela previsto, ou, inexistindo este, no que lhe for razoavelmente assinado pelo devedor."

exemplo do distrato, que se opera quando for da vontade de ambas as partes.

No caso de resolução, em razão do inadimplemento de uma das partes, pode a outra pedir execução específica (extinguindo o contrato preliminar com a sentença do juiz, por exemplo, com a determinação de adjudicação compulsória de bem imóvel), ou secundariamente perdas e danos.

1.8 Direito estrangeiro

1.8.1 Portugal

Em Portugal o chamado *contrato-promessa* está disciplinado no Código Civil, no Livro II — Direito das obrigações, Título I — Das obrigações em geral, Capítulo II — Fontes das obrigações, Secção I — Contratos, Subsecção II — Contrato-promessa, arts. 410º a 413º.

Os artigos tratam sucintamente: do regime aplicável, da promessa unilateral, da transmissão dos direitos e obrigações das partes, e da eficácia real da promessa.

O principal artigo é o 410º, 1, que tem a seguinte redação: "À convenção pela qual alguém se obriga a celebrar certo contrato são aplicáveis as disposições legais relativas ao contrato prometido, exceptuadas as relativas à forma e as que, por sua razão de ser, não se devam considerar extensivas ao contrato-promessa".

1.8.2 Itália

Na Itália o contrato preliminar está previsto no art. 1.351 do *Codice Civile*, no Libro Quarto — Delle obbligazioni, Titolo II — Dei contratti in generale, Capo II — Dei requisiti del contratto, Sezione IV — Della forma del contratto.

Dispõe o art. 1.351 do Código Civil italiano, *in verbis*: "Il contratto preliminare è nullo se non è fatto nella stessa forma che la legge prescrive per il contratto definitivo".

Apesar de o contrato preliminar estar previsto, de forma expressa, somente no art. 1.351 do Código Civil italiano, a modalidade unilateral de contrato preliminar é abstraída do art. 1.331 que trata da opção de aceitação da proposta e da irrevogabilidade.

2. Contrato com pessoa a declarar

2.1 Conceito

Contrato com pessoa a declarar é aquele em que um dos contratantes no momento da celebração do contrato faculta-se no direito de indicar uma outra pessoa que ocupará sua posição contratual, com os respectivos direitos e obrigações.[37]

Na Itália é chamado de *contratto per persona da nominare* e em Portugal de *contrato para a pessoa a nomear*.

Francesco Messineo tratando do tema escreve: "Esso implica che il contratto è stipulato con riserva di nominare in apresso il soggeto (che può essere una persona fisica o un soggeto colletivo), il quale acquisterà i diritti e assumerà gli obblighi inerenti".[38]

No dizer de Washington de Barros Monteiro: "No contrato com pessoa a declarar, o contratante pode reservar-se o direito de fazer constar outra pessoa em seu lugar".[39]

Quando estudamos o princípio da relatividade do contrato, verificamos que o contrato vincula as partes, e gera obrigações para as partes, não podendo prejudicar nem favorecer terceiros.

No entanto, esse princípio é excepcionado em diversas situações, por exemplo, na responsabilidade pelo fato do produto, que envolve toda a cadeia produtiva;

37. Nesse sentido é o disposto no art. 467 do Código Civil: "No momento da conclusão do contrato, pode uma das partes reservar-se a faculdade de indicar a pessoa que deve adquirir os direitos e assumir as obrigações dele decorrentes".

38. *Dottrina Generale del Contratto*, 3ª ed. ampl., p. 166.

39. *Curso de Direito Civil — Direito das Obrigações*, 2ª parte, 34ª ed., 2003.

quando o CDC, por exemplo, no art. 17, fala em "equiparam-se aos consumidores" todas as vítimas do evento; quanto à função social do contrato, quando seu efeito vai além das partes contratantes.

O contrato com pessoa a declarar também é uma exceção ao princípio da relatividade do contrato.

Cíntia Regina Béo ao tratar de contrato com pessoa a declarar o coloca como uma forma excepcional de formação do contrato, fugindo a regra geral onde os contratantes procedem de forma normal à formação contratual, mas um dos contratantes reserva a si a faculdade de indicar a pessoa que, no momento da celebração, por motivos lícitos, não desejando ser identificada, deverá adquirir os direitos e obrigações decorrentes do contrato.[40]

Quando se opta pelo contrato com pessoa a declarar, a substituição do contratante originário com a pessoa a ser declarada é a regra, sendo que a manutenção do contrato com as partes originárias é a exceção, o que veremos mais adiante.

2.2 Utilidade no âmbito empresarial

Essa forma contratual é muito utilizada nos contratos preliminares ou de compromisso de compra e venda de imóvel, onde o promitente comprador reserva-se na faculdade de indicar outra pessoa para qual a transferência da propriedade será feita, por ocasião da feitura da escritura definitiva.

O contrato com pessoa a declarar pode ser usado também quando o comprador atuando de forma especulativa ou como intermediário, não tendo interesse em permanecer com o bem em caráter definitivo, querer apenas ganhar com sua revenda, encontrando outro comprador para o bem, adotando então a opção de nomear outra pessoa a qual será proprietária do bem.[41] É o que acontece, por exemplo, nas lojas de automóveis por ocasião da compra de veículo usado, onde este não é transferido à propriedade formal da loja, pois ela firma um contrato (ainda que verbal) com aquele que está vendendo o veículo onde se pactua que a transferência formal da propriedade será feita diretamente ao cliente que a loja encontrará para adquirir o veículo, evitando assim burocracias administrativas bem como o recolhimento de taxas.

Sem sombra de dúvida, o empresário pode fazer uso do contrato com pessoa a declarar nas mais variadas ocasiões, na medida em que nos seus negócios pode haver interesses em não aparecer num primeiro momento das contratações. Deixando de lado a questão do abuso de poder econômico, imaginemos a situação de uma empresa que deseja adquirir outra, mas por questões estratégicas de mercado, além do fato de não querer que concorrentes tomem ciência da transação, pode a empresa utilizar-se de terceiro que se socorrerá do contrato com a pessoa a declarar, e no momento oportuno indicar seu verdadeiro interessado (resta a dúvida de saber se a outra parte contratante vai concordar em assinar tal tipo de contrato). Isso pode evitar especulação dos concorrentes e possível elevação no preço do objeto da negociação.

2.3 Do regime jurídico no Código Civil

O contrato com pessoa a declarar é uma inovação trazida pelo Código Civil de 2002, na sua parte especial, Livro I — Do Direito das Obrigações, Título V — Dos Contratos em Geral, Capítulo I — Das Disposições Gerais, Seção IX — Do Contrato com Pessoa a Declarar, nos arts. 467 a 471, sendo que no Código Civil de 1916 não havia nenhuma disposição correspondente.

Agostinho Neves de Arruda Alvim, membro da comissão elaboradora e revisora do anteprojeto do Código Civil, presidida

40. *Contratos*, pp. 80 e 81.

41. Nestes casos é preciso se atentar a fim de verificar se não se está ferindo alguma legislação, p. ex., a tributária quanto à questão da circulação de mercadorias.

por Miguel Reale, ficou encarregado pela parte do Direito das Obrigações, e em sua justificativa menciona a regulamentação do contrato com pessoa a declarar, em uma seção específica, por ser uma lacuna que se fazia sentir.[42]

2.3.1 Requisitos

A parte contratante, que tem a faculdade de indicar outra pessoa, deve fazer a indicação ao outro contratante no prazo de cinco dias,[43] contados da data da celebração do contrato, salvo se outro prazo for estipulado por eles.[44]

A pessoa que for nomeada deve aceitar sua condição através de manifestação da vontade, que somente será eficaz se for revestida da mesma forma que as partes originárias usaram no contrato.[45] Quer dizer que se o contrato foi feito através de instrumento público, é por instrumento público que deve ser a aceitação da pessoa declarada, se o contrato se deu na forma escrita, é por escrito que deve ser a aceitação.

2.3.2 Efeitos

Cumprida a exigência da forma, a pessoa declarada assume todos os direitos e obrigações decorrentes do contrato com efeito *ex tunc*, retroagindo desde do momento da celebração do contrato pelas partes originárias. Então a substituição será sempre retroativa, onde o nomeado/substituto/declarado (novo contratante) se subrogará em todos os direitos e deveres do substituído (agora ex-contratante).[46]

A regra geral nos contratos com pessoa a declarar é que a pessoa indicada aceite a sua condição, no entanto, isso pode não ocorrer, sendo considerada exceção quanto aos efeitos normais desse tipo de contrato, onde se dá quando por alguma razão surge algum empecilho na nomeação.

O Código Civil ao tratar do assunto diz que nestes casos os efeitos se darão somente entre os contratantes originários, não tendo extensão à pessoa que seria nomeada.[47]

A primeira situação excepcional que trata o Código é quando, decorrido o prazo, não houver indicação de pessoa, ou se houver a indicação a pessoa não aceitá-la.

A segunda exceção que trata o Código é o caso se ser a pessoa nomeada insolvente a época da sua indicação, e a outra parte do contrato desconhecer desse estado na ocasião da indicação.

A terceira possibilidade trata da capacidade da pessoa a ser nomeada, onde se a pessoa a ser nomeada era incapaz no momento da nomeação, a ela não se estenderá os efeitos do contrato, mas sim aos contratantes originários.[48]

42. *Anteprojeto de Código Civil*, Ministério da Justiça, 2ª ed. rev., p. 76.

43. Na Itália o prazo é de três dias, conforme dispõe o art. 1.402 do Código Civil italiano: "La dichiarazione di nominare deve essere comunicata all'altra parte nel termine di tre giorni dalla stipulazione del contratto (...)".

44. *Caput* do art. 468: "Essa indicação deve ser comunicada à outra parte no prazo de cinco dias da conclusão do contrato, se outro não tiver sido estipulado".

45. Parágrafo único do art. 468: "A aceitação da pessoa nomeada não será eficaz se não se revestir da mesma forma que as partes usaram para o contrato".

46. "Art. 469. A pessoa, nomeada de conformidade com os artigos antecedentes, adquire os direitos e assume as obrigações decorrentes do contrato, a partir do momento em que este foi celebrado."

47. "Art. 470. O contrato será eficaz somente entre os contratantes originários: I — se não houver indicação de pessoa, ou se o nomeado se recusar a aceitá-la; II — se a pessoa nomeada era insolvente, e a outra pessoa o desconhecia no momento da indicação. Art. 471. Se a pessoa a nomear era incapaz ou insolvente no momento da nomeação, o contrato produzirá seus efeitos entre os contratantes originários."

48. O art. 471 do Código Civil em sua redação, juntamente com a questão da incapacidade, também traz a questão da insolvência da pessoa a ser nomeada, mas isso é um tema que também é tratado pelo inc. II do art. 470, o que leva a crer seja uma falha na técnica legislativa.

Também o legislador optou no discorrer da Seção IX em utilizar os verbos "indicar" e "nomear" e suas derivações, p. ex., indicação (art. 470, II) e nomeação (art. 471), sem falar que no título da se-

A hipótese acima se apresenta de certa forma óbvia na abstração do sistema jurídico pátrio. E, as hipóteses trazidas pelo Código não parecem ser taxativas, sendo que não impede que as partes no contrato elejam outras possibilidades onde os efeitos se darão entre os contratantes originários.

Agostinho Neves de Arruda Alvim em sua justificativa ao se referir à inserção do contrato com pessoa a declarar no anteprojeto de Código Civil, menciona que a palavra incapaz (art. 471) deve ser tomada no sentido de incapacidade especial para determinado negócio.[49]

Contudo, se por qualquer das hipóteses mencionadas a pessoa que seria nomeada não for investida na condição de contratante, o contrato permanecerá válido entre os contratantes originários, sendo que apenas a cláusula que dispõe sobre a faculdade de nomear uma pessoa é que se tornará inválida.[50]

2.4 Comparação com outros institutos do Direito Contratual

2.4.1 Cessão da posição contratual

A cessão de posição contratual é a transferência da inteira situação ativa ou passiva do conjunto de direitos e obrigações (sendo então mais ampla que a cessão de crédito ou a assunção de dívida) de que é titular uma pessoa, derivados de um contrato bilateral e oneroso já firmado, mas ainda não executado.

A circulação integral e unitária do contrato corresponde a uma exigência prática da vida do tráfico e não a uma construção teórica,[51] tendo uma função econômica que é a circulação de todo o contrato, e não só os créditos ou os débitos como ocorre na cessão de crédito e na assunção de dívida, respectivamente.

Assim, firmado o contrato pode convir a uma das partes transferir a terceiro sua posição no negócio jurídico, com o fim de obter lucro ou evitar riscos. No Brasil tal instituto é uma construção doutrinária e jurisprudencial, sendo que o legislador não o disciplinou (sendo que ao não vedá-lo está permitindo-o), mas dá indícios da sua existência, por exemplo, quando trata do trespasse do estabelecimento no art. 1.145 e ss. do Código Civil.[52]

Ao se comparar à cessão da posição contratual com o contrato com pessoa a declarar percebe-se que, apesar de parecidos naquele instituto (da cessão da posição contratual) qualquer das partes pode ser substituída, já neste (do contrato com pessoa a declarar) apenas uma das partes pode se reservar no direito de ser substituída ao indicar outra pessoa que figurará em seu lugar.

Outra diferença está no consentimento, pois na cessão da posição contratual, geralmente, é necessário a anuência da outra parte. Já no contrato com pessoa a declarar a possibilidade é decorrente da lei, a partir do momento que se opta por esse tipo (ou cláusula) contratual.

Talvez, a partir de uma análise mais profunda, pudéssemos chegar a ponto de afirmar que o contrato com pessoa a declarar fosse tido como uma "cessão da posição contratual unilateral".

ção o verbo usado é "declarar", mas aparentemente com o mesmo significado, não deve apresentar maiores complicações para o intérprete.

49. *Anteprojeto de Código Civil*, Ministério da Justiça, 2ª ed. rev., pp. 76 e 77.

50. Neste cenário é cabível a seguinte questão: o contrato com pessoa a declarar é um tipo contratual ou uma cláusula contratual?

51. Conforme Silvio Rodrigues, citando Dimas de Oliveira César, *Direito Civil — Parte Geral das Obrigações*, v. 2, 23ª ed. atual., p. 320.

52. "Art. 1.145. Se ao alienante não restarem bens suficientes para solver o seu passivo, a eficácia da alienação do estabelecimento depende do pagamento de todos os credores, ou do consentimento destes, de modo expresso ou tácito, em trinta dias a partir de sua notificação. Art. 1.146. O adquirente do estabelecimento responde pelo pagamento dos débitos anteriores à transferência, desde que regularmente contabilizados, continuando o devedor primitivo solidariamente obrigado pelo prazo de um ano, a partir, quanto aos créditos vencidos, da publicação, e, quanto aos outros, da data do vencimento. (...)."

2.4.2 Subcontrato

É um tipo de operação econômica onde a partir de um contrato principal, dá-se a opção de uma das partes, contratado, transferir a execução da prestação a um terceiro, tido como subcontratado, através da celebração de um contrato derivado, denominado de subcontrato.

Por guardar o subcontrato alguma semelhança com a cessão da posição contratual, faremos primeiro a distinção de ambos os institutos, para posteriormente distingui-lo do contrato com pessoa a declarar.

Por muito tempo a doutrina não distinguia a cessão de posição contratual do subcontrato, sendo que nos tempos atuais isso já não acontece. A diferença entre ambos os institutos se dá, pelo fato de que o cessionário passa ser parte do contrato originário, e subcontratado é parte de um contrato derivado. Basicamente, na cessão um dos contratantes originários (o cedente) deixa de ser parte, sendo que mesmo na condição de garante só responderá subsidiariamente. Já no subcontrato o contrato inicial (principal) continua com as mesmas obrigações e partes, no entanto, uma das partes passa a condição de intermediário que firma um novo contrato (derivado).

Em geral, na cessão é necessário o consentimento da parte contrária (cedido), o que nem sempre se exige no subcontrato. Qualquer das partes na cessão pode ceder sua posição contratual, sendo que no subcontrato só uma das partes pode subcontratar, por exemplo, o empreiteiro, o locatário, mandatário, etc. Também quanto aos meios de defesa oponíveis do cedente eles podem ser opostos pelo cessionário contra o cedido, por sua vez o subcontratado não pode opor ao contratante inicial o que seria defensável pelo intermediário (contratado).

Assim, por exemplo, no mandato se houver substituição do mandatário na relação contratual ele não terá mais vínculo, tratando-se então de cessão de contrato (substabelecimento sem reserva). Se houver a substituição somente para a execução do mandato, estar-se-á diante de um submandato, onde o mandatário original continuará vinculado ao mandante (substabelecimento com reserva).

Comparado com o subcontrato o contrato com pessoa a declarar se apresenta de forma parecida, pelo fato de apenas uma das partes reservar o direito de "subcontratar" ou de "declarar outra pessoa". No entanto, os dois institutos são diferentes, uma vez que o subcontrato é um contrato derivado de outro contrato tido como contrato principal (são dois contratos, onde o subcontratado não é parte do contrato principal). Já no contrato com pessoa a declarar há um único contrato onde uma parte é "substituída" pela outra.

Isto posto, associado à comparação do contrato com pessoa a declarar e a cessão da posição contratual, parece que chamar o contrato com pessoa a declarar de "cessão da posição contratual unilateral" não seria tão aberrante.

2.4.3 Estipulação em favor de terceiro

Para tratarmos do instituto nos socorremos inicialmente da lição de Orlando Gomes, onde:

"A estipulação em favor de terceiro é, realmente, o contrato por via do qual uma das partes se obriga a atribuir vantagem patrimonial gratuita a pessoa estranha à formação do vínculo contratual.

"Três figuras são indispensáveis à sua confirmação: o estipulante, o promitente e o beneficiário. A vantagem patrimonial estipulada em proveito do terceiro pelo estipulante resulta do cumprimento de obrigação contraída pelo promitente. Em tal contrato as partes são apenas duas, pois o beneficiário é pessoa estranha ao contrato, cujos efeitos a ela, entretanto, se estendem, contrariando o princípio da relatividade."[53]

53. *Contratos*, p. 181.

Na estipulação em favor de terceiro é pactuada uma vantagem ou benefício que favorecerá uma pessoa que não integra o contrato (um terceiro), sendo uma exceção ao princípio da relatividade dos contratos, pelo qual os efeitos do contrato somente atingem as partes integrantes do contrato.

Percebe-se a diferença do contrato com pessoa a declarar e a estipulação em favor de terceiro ao verificarmos que, naquele não há beneficiário (que não integra a relação contratual), mas sim uma pessoa que após a sua nomeação passa a ser parte do contrato, substituindo a parte que lhe nomeou, assumindo obrigações e aproveitando os direitos do contrato. Na estipulação em favor de terceiro o beneficiário pode reclamar o que foi prometido,[54] mas nem por isso terá obrigação como parte do contrato. Em curtas palavras, na estipulação em favor de terceiros, o beneficiário só tem direitos a reclamar sem deveres a cumprir, no contrato com pessoa a declarar o declarado uma vez aceitando o pacto tem direitos e deveres.

2.4.4 Promessa pelo fato de terceiro

A promessa pelo fato de terceiro é plenamente válida, ela se dá quando um contratante obriga-se por uma prestação que será exercida por outrem (não obrigado pelo contrato).

No entanto, se a prestação não for exercida pelo terceiro aquele que se obrigou responderá por perdas e danos, conforme dispõe o *caput* art. 439 do Código Civil: "Aquele que tiver prometido fato de terceiro responderá por perdas e danos, quando este não o executar".

O promitente somente não terá de responder se o terceiro consentir com a prestação, conforme dispõe o art. 440 do Código Civil: "Nenhuma obrigação haverá para quem se comprometer por outrem, se este, depois de se ter obrigado, faltar à prestação".

Então, a promessa pelo fato de terceiro não vincula o terceiro (salvo se ele consentir), logo, os efeitos do contrato a ele não se estende. Isto significa que esse terceiro não é parte do contrato, não tendo direitos e obrigações dele decorrentes, é apenas alguém que executará a prestação prometida pelo contratante. Já no contrato com pessoa a declarar o contratante não se compromete por uma prestação a ser feita por terceiro, mas sim promete que colocará um terceiro no seu lugar, substituindo-o em todos os direitos e obrigações derivados do contrato.

2.5 *Direito estrangeiro*

2.5.1 Portugal

Os portugueses preferem chamar o contrato com pessoa a declarar de "contrato para pessoa a nomear", sendo que tal instituto está disciplinado no Código Civil, no Livro II — Direito das obrigações, Título I — Das obrigações em geral, Capítulo II — Fontes das obrigações, Secção I — Contratos, Subsecção X — Contrato para pessoa a nomear, arts. 452º a 456º.

Basicamente no regramento da matéria, o Código Civil português dá a noção dessa espécie de contrato, falando posteriormente da forma que deve se dar à nomeação e da forma de ratificação, dos efeitos e da publicidade do contrato com pessoa a declarar.

O principal artigo é o 452º, 1, *in verbis*: "Ao celebrar o contrato, pode uma das partes reservar o direito de nomear um terceiro que adquira os direitos e assuma as obrigações provenientes desse contrato".

2.5.2 Itália

Os italianos chamam o contrato com pessoa a declarar de "contrato com pessoa

54. Código Civil, art. 436: "O que estipula em favor de terceiro pode exigir o cumprimento da obrigação. Parágrafo único: Ao terceiro, em favor de quem se estipulou a obrigação, também é permitido exigi-la, ficando, todavia, sujeito às condições e normas do contrato, se a ele anuir, e o estipulante não o inovar nos termos do art. 438".

a nomear", que está previsto nos arts. 1.401 a 1.405 do *Codice Civile*, no Libro Quarto — Delle obbligazioni, Titolo II — Dei contratti in generale, Capo VII — Del contratto per persona da nominare.

O Código Civil italiano ao disciplinar o instituto fala sucintamente: da facultada de nomear, do tempo da nomeação (em três dias), das modalidades, da forma, da publicidade e dos efeitos do contrato com pessoa a declarar.

O artigo principal é o 1.401, que assim dispõe: "Nel momento della conclusione del contratto una parte può riservarsi la facoltà di nominare successivamente la persona che deve acquistare i diritti e assumere gli obblighi nascenti dal contratto stesso".

Bibliografia

ALVES, Jones Figueiredo. *Novo Código Civil Comentado*. Ricardo Arnaldo Malheiros Fiúza (coord.). São Paulo, Saraiva, 2002.

Anteprojeto de Código Civil. 2ª ed. revisada. Ministério da Justiça, 1973.

BÉO, Cíntia Regina. *Contratos*. São Paulo, Harbra, 2004.

BULGARELLI, Waldirio. *Contratos Mercantis*. 7ª ed. São Paulo, Atlas, 1993.

Código Civil italiano.

Código Civil português.

COMPARATO, Fábio Konder. "A cessão de controle acionário é negócio mercantil?". *Novos Ensaios e Pareceres de Direito Empresarial*. Rio de Janeiro, Forense, 1981.

COVIELLO, Leonardo. *Dei Contratti Preliminari — Nel Diritto Moderno Italiano*. Milão, Società Editrice Libraria, 1896.

FERNANDES, Wanderley. "Formação de contrato preliminar suscetível de adjudicação compulsória". *RDM* 80. São Paulo, Ed. RT, out.-dez. 1990.

GOMES, Orlando. *Contratos*. Rio de Janeiro, Forense, 1973.

MACHADO, Sylvio Marcondes. *Limitação da Responsabilidade de Comerciante Individual*. São Paulo, 1956.

MARQUES, Maria Beatriz Loureiro de Andrade. "Contrato preliminar — Breve análise dos arts. 462 a 466 do Código Civil". *RDM* 132. São Paulo, Malheiros Editores, out.-dez. 2003.

MARTINEZ, Pedro Romano. *O Subcontrato*. Almedina, Coimbra, 1989.

MESSINEO, Francesco. *Dottrina Generale del Contratto*. 3ª ed. ampl. Milão, Giuffrè, 1948.

MONTEIRO, Washington de Barros. *Curso de Direito Civil — Direito das Obrigações — 2ª parte*. 34ª ed., rev. e atual. por Carlos Alberto Dabus Maluf e Regina Beatriz Tavares da Silva de acordo com o novo Código Civil. São Paulo, Saraiva, 2003.

MONTORO, Thereza Maria Sarfert Franco. "O contrato preliminar, o novo Código Civil e a análise econômica do Direito". *RDM* 132. São Paulo, Malheiros Editores, out.-dez. 2003.

PENTEADO, Mauro Rodrigues. "Formação de contrato preliminar suscetível de adjudicação compulsória". *RDM* 39. São Paulo, Ed. RT, jul.-set. 1980.

PEREIRA, Caio Mário da Silva. *Instituições de Direito Civil — Contratos*. v. 3, 11ª ed. Rio de Janeiro, Forense, 2004.

RODRIGUES, Silvio. *Direito Civil — Parte Geral*. v. 1, 25ª ed. atual. São Paulo, Saraiva, 1995.

————. *Direito Civil — Parte Geral das Obrigações*. v. 2, 23ª ed. atual. São Paulo, Saraiva, 1995.

————. *Direito Civil — Dos Contratos e das Declarações Unilaterais da Vontade*. v. 3, 25ª ed. atual. São Paulo, Saraiva, 1997.

ROQUE, Sebastião José. *Direito Contratual Civil-Mercantil*. 2ª ed. rev. e ampl. São Paulo, Ícone, 2003.

ROPPO, Enzo. *O Contrato*. Trad. Ana Coimbra e M. Januário C. Gomes. Coimbra, Almedina, 1998.

VENOSA, Sílvio de Salvo. *Direito Civil: Teoria Geral das Obrigações e Teoria Geral dos Contratos*. 3ª ed. São Paulo, Atlas, 2003.

DAS AÇÕES PREFERENCIAIS SEM VOTO E A SUA INCLUSÃO EM OFERTA PÚBLICA DE ALIENAÇÃO DO CONTROLE DA COMPANHIA

JAIRO JACINTO DE MORAES

1. Introdução. 2. Conceito. 3. O sobrevalor do poder de controle na sociedade anônima. 4. Emenda Lehman. 5. Da Lei Kandir-Hauly (Lei 9.457/1997). 6. Do "tag along" na Lei 10.303/2001. 7. Conclusão. 8. Bibliografia.

1. Introdução

No Brasil uma das fragilidades da Lei das Sociedades por Ações, que sempre assombraram o mercado de capitais, foi a falta de proteção aos acionistas minoritários, que se sentiam inseguros em virtude da pouca transparência nas informações da Companhia ou quanto ao retorno do investimento, razão pela qual as ações das sociedades anônimas muitas vezes são lançadas com valores inferiores àqueles que suas condições econômicas permitem.[1]

O legislador pátrio, no intuito de amenizar tal distorção e com o objetivo de fomentar o Mercado de Capitais, diminuindo o grau de incerteza e de desconfiança que predominava na relação entre as sociedades anônimas e seus acionistas, criou a Lei 10.303/2001 que alterou a Lei das Sociedades por Ações.[2] Acreditava o legislador que a melhor forma de fortalecer o mercado de capitais seria dando proteção efetiva aos investidores, em especial aos minoritários. Com esta finalidade, a nova Lei das Sociedades por Ações, após as modificações perpetradas pela Lei 10.303/2001, ampliou a proteção dos investidores.

Destaca-se que a partir da Lei 10.303/2001, também, foram atribuídos novos poderes à CVM (Comissão de Valores Mobiliários), que passou a ter *status* de agência reguladora e ficou dotada de autoridade administrativa independente, com autonomia financeira e orçamentária, como, ainda, seus dirigentes passaram a ter mandado fixo de cinco anos.[3]

1. Norma Parente, "Principais inovações introduzidas pela Lei 10.303, de 31 de outubro de 2001, à Lei de Sociedades por Ações", in Jorge Lobo (coord.), *Reforma da Lei das Sociedades Anônimas*, p. 11.

2. Antonio Kandir, "A nova CVM e a modernização da Lei das S/A", in Jorge Lobo (coord.), *Reforma...*, cit., p. 7.

3. Lei 6.385/1976, art. 5º: "É instituída a Comissão de Valores Mobiliários, entidade autárquica em regime especial, vinculada ao Ministério da Fazenda, com personalidade jurídica e patrimônio próprios, dotada de autoridade administrativa independente, ausência de subordinação hierárquica, mandato fixo e estabilidade de seus dirigentes, e autonomia financeira e orçamentária". *(NR: art. alterado. Redação dada pela Medida Provisória 8, de 31.10.2001. Redação atual dada pela Lei 10.411, de 26.2.2002)*

"Art. 6º. A Comissão de Valores Mobiliários será administrada por um Presidente e quatro Diretores, nomeados pelo Presidente da República, de-

A mais significativa modificação perpetrada pela Lei 10.303/2001 foi a concessão de mais direitos aos sócios minoritários. A relevante inovação foi o direito assegurado aos minoritários de receberem por sua ação preço equivalente a, no mínimo, 80% (oitenta por cento) do valor pago por ação com direito a voto, integrante do bloco de controle, no caso de venda do controle da companhia. Esse direito concedido ao minoritário é conhecido como *tag along*.

A Lei 10.303/2001 trouxe outras importantes inovações, como: (i) os sócios preferencialistas e minoritários poderão, cada um deles, segundo determinados critérios, eleger e destituir um membro do conselho de administração,[4] (ii) as ações preferenciais terão vantagens efetivas na hora da distribuição de dividendos e na oferta pública de alienação de controle da companhia,[5] (iii) para as novas companhias abertas, o número de ações sem direito a voto não poderá ultrapassar 50% do total dos papéis emitidos.[6] Disputas entre companhia e acionistas ou entre controlador ou minoritários poderão ser solucionadas por meio da arbitragem de órgão especificado em estatuto.[7]

A lei, ainda, buscou proteger as informações privilegiadas com relação à companhia, dessa forma, qualquer pessoa que tenha acesso a tais informações e venha manipular o mercado por meio do seu uso indevido ou pelo exercício irregular de atividade no mercado de valores mobiliários,[8]

pois de aprovados pelo Senado Federal, dentre pessoas de ilibada reputação e reconhecida competência em matéria de mercado de capitais" *(Art. alterado. Redação atual dada pela MP 8, de 31.10.2001. Redação atual dada pela Lei 10.411, de 26.2.2002)*

"§ 1º. O mandato dos dirigentes da Comissão será de cinco anos, vedada a recondução, devendo ser renovado a cada ano um quinto dos membros do Colegiado.

"§ 2º. Os dirigentes da Comissão somente perderão o mandato em virtude de renúncia, de condenação judicial transitada em julgado ou de processo administrativo disciplinar.

"§ 3º. Sem prejuízo do que prevêem a lei penal e a lei de improbidade administrativa, será causa da perda do mandato a inobservância, pelo Presidente ou Diretor, dos deveres e das proibições inerentes ao cargo.

"§ 4º. Cabe ao Ministro de Estado da Fazenda instaurar o processo administrativo disciplinar, que será conduzido por comissão especial, competindo ao Presidente da República determinar o afastamento preventivo, quando for o caso, e proferir o julgamento.

"§ 5º. No caso de renúncia, morte ou perda de mandato do Presidente da Comissão de Valores Mobiliários, assumirá o Diretor mais antigo ou o mais idoso, nessa ordem, até nova nomeação, sem prejuízo de suas atribuições. *(Parágrafo acrescentado. Redação atual dada pela MP 8, de 31.10.2001. Redação atual dada pela Lei 10.411, de 26.2.2002)*

"§ 6º. No caso de renúncia, morte ou perda de mandato de Diretor, proceder-se-á à nova nomeação pela forma disposta nesta Lei, para completar o mandato do substituído." *(NR: parágrafo acrescentado. Redação atual dada pela MP 8, de 31.10.2001. Redação atual dada pela Lei 10.411, de 26.2.2002)*

4. Lei 10.303/2001, art. 141, § 4º: "Terão direito de eleger e destituir um membro e seu suplente do conselho de administração, em votação em separado na assembléia-geral, excluído o acionista controlador, a maioria dos titulares, respectivamente: (I) de ações de emissão de companhia aberta com direito a voto, que representem, pelo menos, 15% (quinze por cento) do total das ações com direito a voto; e (II) de ações preferenciais sem direito a voto ou com voto restrito de emissão de companhia aberta, que representem, no mínimo, 10% (dez por cento) do capital social, que não houverem exercido o direito previsto no estatuto, em conformidade com o art. 18".

5. Lei 10.303/2001, art. 17: "As preferências ou vantagens das ações preferenciais podem consistir: (...) (II) direito ao recebimento de dividendo, por ação preferencial, pelo menos 10% (dez por cento) maior do que o atribuído a cada ação ordinária; ou (III) direito de serem incluídas na oferta pública de alienação de controle, nas condições previstas no art. 254-A, assegurado o dividendo pelo menos igual ao das ações ordinárias".

6. Lei 10.303/2001, art. 15, § 2º: "O número de ações preferenciais sem direito a voto, ou sujeitas a restrição no exercício desse direito, não pode ultrapassar 50% (cinqüenta por cento) do total das ações emitidas". *(NR)*

7. Lei 10.303/2001, art. 109, § 3º: "O estatuto da sociedade pode estabelecer que as divergências entre os acionistas e a companhia, ou entre os acionistas controladores e os acionistas minoritários, poderão ser solucionadas mediante arbitragem, nos termos em que especificar". *(NR)*

8. Lei 10.303/2001, art. 155, § 4º: "É vedada a utilização de informação relevante ainda não divul-

responderá por tais atos, o que representa importante medida de dissuasão e repreensão aos ilícitos dessa natureza, extremamente prejudiciais ao regular funcionamento do mercado de capitais.

Pode-se afirmar que com a vigência da Lei 10.303/2001 passou a existir uma maior transparência na gestão das sociedades anônimas, conhecida como governança corporativa,[9] na qual os acionistas controladores introduzem um sistema de controle da administração da sociedade. Tal sistema de proteção aos acionistas teve origem nos Estados Unidos e surgiu com a conscientização dos direitos dos minoritários.[10] O conselho de administração representa peça fundamental nesse processo de monitoramento da empresa.

E no que diz respeito ao controle das sociedades anônimas no Brasil, passa-se a observar que ele começa a deixar de ser familiar e estatal para tornar-se compartilhado. Significa que quem controla não permanece necessariamente na gestão, existe assim uma separação entre o controle de capital e a gestão.

Um ponto que deve ser analisado na Lei 10.303/2001 é o seu art. 17, § 1º, que dispôs que além da prioridade na distribuição de dividendo, fixo ou mínimo ou no reembolso do capital, com prêmio ou sem ele, as ações preferenciais sem direito a voto ou com restrição ao exercício deste direito, somente serão admitidas à negociação no mercado de valores mobiliários se a elas forem atribuídas pelo menos uma das seguintes preferências ou vantagens: (I) — direito de participar do dividendo a ser distribuído, correspondente a, pelo menos, 25% (vinte e cinco por cento) do lucro líquido do exercício, calculado na forma do art. 202 da Lei da Sociedades por Ações, de acordo com o seguinte critério: *a)* prioridade no recebimento dos dividendos mencionados neste inciso correspondente a, no mínimo, 3% (três por cento) do valor do patrimônio líquido da ação; e *b)* direito de participar dos lucros distribuídos em igualdade de condições com as ordinárias, depois de a estas assegurado dividendo igual ao mínimo prioritário estabelecido em conformidade com a alínea *a*; ou (II) — direito ao recebimento de dividendo, por ação preferencial, pelo menos 10% (dez por cento) maior do que o atribuído a cada ação ordinária; ou (III) — direito de serem incluídas na oferta pública de alienação de controle, nas condições previstas no art. 254-A da Lei 10.303/2001, assegurado o dividendo pelo menos igual ao das ações ordinárias.

O art. 17 da Lei 6.404/1976 determina que o estatuto das companhias abertas deverá estabelecer pelo menos um dos três tipos de privilégio acima mencionados, para que suas ações preferenciais emitidas possam ser negociadas no Mercado de Valores Mobiliários. Essa imposição desperta a atenção, pois algumas companhias de capital aberto retiraram o dividendo maior das ações preferenciais em troca do direito ao *tag along*, conforme permissivo do art. 17 da Lei 6.404/1976, o que nos leva a questionar sobre a validade desse ato.

2. *Conceito*

Vindo a ocorrer a venda do controle da companhia, ficam assegurados aos sócios minoritários o recebimento pelas suas ações com direito a voto, preço equivalente a no mínimo, 80% (oitenta por cento) por

gada, por qualquer pessoa que a ela tenha tido acesso, com a finalidade de auferir vantagem, para si ou para outrem, no mercado de valores mobiliários". (NR)

9. Norma Parente, "Principais inovações...", cit., in Jorge Lobo (coord.), *Reforma...*, cit., p. 12.

10. Referindo-se também à proteção dos minoritários Marlon Tomazette destaca que é também bastante atual esta preocupação nos Estados Unidos, afirmando: "dentro dessa linha de interpretação, a qual acreditamos ser a mais adequada, acompanha-se a mais recente linha de jurisprudência e doutrina americanas que facilita as negociações de controle, tendo em vista a tendência econômica mundial, mas não se esquece de defender os interesses dos minoritários, reforçando os deveres dos controladores, a fim de evitar abusos e fraudes" (*Direito Societário*, p. 413).

ação com direito a voto, integrante do bloco de controle, este instituto jurídico é conhecido como o *tag along*. Essa norma foi esculpida no art. 254-A da Lei 6.404/1976, aumentando dessa forma a proteção dos investidores e fortalecendo o mercado de capitais.

O *tag along*, também, evita possíveis abusos do controlador contra os minoritários, neste sentido Marlon Tomazette[11] afirma: "ao reconhecer a possibilidade um preço inferior na oferta para os minoritários, a lei reconhece ainda que timidamente que o poder de controle não é um bem pertencente a todos os acionistas, mas apenas ao controlador. Apenas quando o prêmio pago, denotar um certo abuso, é que deverá ser estendido aos minoritários. O controle da companhia pertence ao acionista controlador exclusivamente, e por isso, deveria caber apenas ao mesmo o prêmio decorrente da alienação do controle da sociedade aberta. Tal fato, todavia, não impede a proteção dos minoritários, nos casos de abuso do controlador, uma vez que o poder de controle deve ser exercido tendo em vista os fins sociais da empresa".

3. O sobrevalor do poder de controle na sociedade anônima

Preceitua Fábio Konder Comparato[12] que "não há sociedade sem poder e sem organização do poder", assim, o exercício do controle representa o poder de direção mais geral da empresa ou empresas, ensejando uma situação especialíssima, rica de conseqüências e efeitos.[13]

O poder de controle, representado pelo direito do acionista controlador dispor de bens alheios como se proprietário fosse, com os atributos inerentes ao domínio, inclusive o *jus abutendi*, dirigir as atividades sociais e orientar o funcionamento dos órgãos da companhia, detêm um sobrevalor econômico identificável quando da sua alienação.

4. Emenda Lehman

Antes da promulgação da Lei 6.404/1976, esse sobrevalor, inerente ao poder de controle acionário, era auferido apenas pelo titular do poder de controle, fato que, por muitas vezes, gerava abuso por parte do controlador.

A troca do controle nas sociedades anônimas sempre foi um dos pontos mais conturbados da Lei 6.404/1976. Na década de 1970, o direito ao prêmio pelo controle no caso de venda de uma empresa provocava enormes polêmicas, razão pela qual durante a tramitação da Lei das Sociedades por Ações, o Senador arenista Otto Cyrillo Lehman propôs uma emenda que redundou no art. 254, com a seguinte redação:

> Art. 254. A alienação do controle da companhia aberta dependerá de prévia autorização da Comissão de Valores Imobiliários.
>
> § 1º. A Comissão de Valores Mobiliários deve zelar para que seja assegurado tratamento igualitário aos acionistas minoritários, mediante simultânea oferta pública para aquisição de ações.
>
> § 2º. Se o número de ações ofertadas, incluindo as dos controladores ou majoritários, ultrapassar o máximo previsto na oferta, será obrigatório o rateio, na forma prevista no instrumento da oferta pública.
>
> § 3º. Compete ao Conselho Monetário Nacional estabelecer normas a serem observadas na oferta pública relativa à alienação do controle de companhia aberta.

Nota-se pelo artigo supra, que a finalidade era garantir aos acionistas minoritários tratamento igualitário ao do alienante do controle da companhia. A famosa "Emenda Lehman" como era chamada, determinava que o novo controlador deveria fazer uma oferta pública pelos papéis dos

11. *Direito Societário*, cit., p. 415.

12. Fábio Konder Comparato, *O Poder de Controle na Sociedade Anônima*.

13. Waldirio Bulgarelli, *Manual das Sociedades Anônimas*, 12ª ed.

minoritários pelo mesmo valor que fora negociado o controle.

Naquela época o Conselho Monetário Nacional (CMN) através da Resolução 401, de 1976, criada para complementar a lei, acabou restringindo a abrangência do artigo, pois somente os detentores de ações ordinárias, com direito a voto, poderiam usufruir do tratamento igualitário na oferta pública, o que gerou várias criticas.

5. Da Lei Kandir-Hauly (Lei 9.457/1997)

Com a intenção de viabilizar o processo de privatização das estatais brasileiras, em 1997, um projeto do Deputado Federal Antonio Kandir resultou em alteração da Lei 6.404/1976, pois, do jeito que estava, a lei iria encarecer a venda das companhias, pois os novos controladores teriam de fazer a mesma oferta pelos papéis em mercado.

Dessa forma, foi revogado o art. 254 da Lei 6.404/1976 pela Lei 9.457/1997, fato este que foi um verdadeiro retrocesso da legislação brasileira comparada com a legislação alienígena, em especial no Direito Comunitário Europeu, pois verificou-se nítida tendência em sentido contrário, já que os Estados-membros da CEE, de acordo com a sua Décima Terceira Diretiva, em sua versão 1996/1997, devem promulgar normas que, em caso de aquisição do controle de uma companhia, obriguem ao lançamento de uma oferta pública, respeitando, entre outros, o princípio do tratamento igualitário.[14]

E diante da revogação do art. 254 da Lei 6.404/1976 pela Lei 9.457/1997, os controladores de companhias abertas passaram a abusar dessa situação em detrimento dos acionistas minoritários.[15]

14. Modesto Carvalhosa, *Comentários à Lei de Sociedades Anônimas*, 4º v., t. II, p. 141.

15. Modesto Carvalhosa e Nelson Eizirik, *A Nova Lei das S/A*, p. 387.

6. Do "tag along" na Lei 10.303/2001

O Deputado Emerson Kapaz, em 1999, na Comissão de Economia, Indústria e Comércio da Câmara dos Deputados, após examinar os Projetos de Lei 3.115 e 3.519, de 1997, e 1.000, de 1999, sobre a Reforma da Lei das S/A, propôs a "reconstituição com alterações", do art. 254, numerado-o como 254-A, por considerar o dispositivo essencial para proteger os acionistas minoritários, os quais, em regra, destacou o parlamentar, são abandonados à sua própria sorte nos processos de alienação de controle, esclarecendo caber a CVM, no exercício do poder de defender a escorreita aplicação da lei, fiscalizar e exigir que a oferta pública se estenda aos minoritários nas mesmas condições oferecidas ao bloco de controle.[16]

E no ano 2000, o Deputado Antonio Kandir apresentou uma nova proposta de modificação da Lei das Sociedades por Ações, na qual ressuscitou o *tag along*, no entanto, a reforma proposta retrocedeu em relação aos direitos dos acionistas minoritários quando comparada ao antigo art. 254 da Lei 6.404/1976 revogado pela Lei 9.457/1997 e aquele proposto pelo Deputado Emerson Kapaz em 1990, que previa o tratamento igualitário na alienação do controle, entre o controlador e os acionistas minoritários.

A redação final do art. 254-A, incluído na Lei 6.404/1976 pela Lei 10.303/2001, foi a seguinte:

> Art. 254-A. A alienação, direta ou indireta, do controle de companhia aberta somente poderá ser contratada sob a condição, suspensiva ou resolutiva, de que o adquirente se obrigue a fazer oferta pública de aquisição das ações com direito a voto de propriedade dos demais acionistas da companhia, de modo a lhes assegurar o preço no mínimo igual a 80% (oi-

16. Jorge Lobo, "Interpretação realista da alienação de controle de companhia aberta", *RDM* 123/12, ano XL, 2001.

tenta por cento) do valor pago por ação com direito a voto, integrante do bloco de controle.

§ 1º. Entende-se como alienação de controle a transferência, de forma direta ou indireta, de ações integrantes do bloco de controle, de ações vinculadas a acordos de acionistas e de valores mobiliários conversíveis em ações com direito a voto, cessão de direitos de subscrição de ações e de outros títulos ou direitos relativos a valores mobiliários conversíveis em ações que venham a resultar na alienação de controle acionário da sociedade.

§ 2º. A Comissão de Valores Mobiliários autorizará a alienação de controle de que trata o *caput*, desde que verificado que as condições da oferta pública atendem aos requisitos legais.

§ 3º. Compete à Comissão de Valores Mobiliários estabelecer normas a serem observadas na oferta pública de que trata o *caput*.

§ 4º. O adquirente do controle acionário de companhia aberta poderá oferecer aos acionistas minoritários a opção de permanecer na companhia, mediante o pagamento de um prêmio equivalente à diferença entre o valor de mercado das ações e o valor pago por ação integrante do bloco de controle.

§ 5º. (*vetado*).

Nos termos da legislação verifica-se a obrigatoriedade da oferta pública quando da alienação do controle acionário de companhia aberta, de modo a lhes assegurar ao acionista minoritário o preço no mínimo igual a 80% (oitenta por cento) do valor pago por ação com direito a voto, integrante do bloco de controle.

7. Conclusão

Como demonstrado, o *tag along* é o direito ao prêmio de controle, estendido aos acionistas minoritários portadores de ações com direito a voto, que na legislação brasileira é fixada no preço mínimo igual a 80% (oitenta por cento) do valor pago por ação com direito a voto, integrante do bloco de controle.

Com relação ao art. 17 da Lei 6.404/1976 alterado pela Lei 10.303/2001, que passou a permitir que as companhias adotem, quanto às vantagens e preferências conferidas a suas ações preferenciais sem voto, um dividendo pelo menos igual ao concedido às ações ordinárias, cumulativamente com o direito de essas ações preferenciais serem incluídas em oferta pública de alienação do controle da companhia (*tag along*), na verdade não garante às ações preferenciais nenhuma vantagem ou preferência.[17]

Essa "vantagem", consistente no direito dos preferencialistas de participarem da oferta pública de alienação de controle da companhia é totalmente inefetiva. Ora, esse direito para ser exercido dependerá da oferta pública de alienação de controle, o que é incerto, pois depende de evento futuro que pode jamais concretizar,[18] assim não haveria qualquer vantagem aos acionistas portadores de tais ações preferenciais.

Essa prática, segundo Norma Parente, vem contra os princípios das ações preferenciais, que é conceder uma vantagem às ações privadas do direito a voto admitidas à negociação em mercado de valores mobiliários, pois retiraria o direito ao dividendo maior em troca de uma "vantagem" financeira na alienação do controle da sociedade, fato que transformaria a ação preferencial em uma ação ordinária, só que sem direito de voto.[19] Assim, essa suposta "vantagem" para as ações preferenciais é ineficaz e contraria ao seu s princípios, podendo vir a ser combatida judicialmente.

Por fim, cabe registrar que a previsão legal do *tag along* para as ações com direito a voto da sociedade anônima de capital

17. Modesto Carvalhosa, *Comentários...*, cit., 4º v., t. II, p. 96.

18. Modesto Carvalhosa e Nelson Eizirik, *A Nova Lei das S/A*, p. 96.

19. Daniela Camba, "Acionistas podem contestar perda de dividendo das PN por *tag along*", *Valor Econômico — Finanças*, Rio de Janeiro, 27.5.2003.

aberto, previsto na Lei das Sociedades por Ações Brasileira, apesar de ainda modesta, foi um importante avanço e acompanha o curso das modernas legislações alienígenas de direito acionário.

8. *Bibliografia*

BERTOLDI, Marcelo M. (coord.). *Reforma da Lei das Sociedades Anônimas: Comentários à Lei 10.303, de 31.10.2001*. São Paulo, Ed. RT, 2002.

BONFIM, Viana. *Situação Jurídica do Acionista: Direito Alemão*. Brasília, Brasília Jurídica, 2002.

BULGARELLI, Waldirio. *Manual das Sociedades Anônimas*. São Paulo, Atlas, 2001.

______ (coord.). *Reforma da Lei das Sociedades por Ações: Lei 6.404/1976 e Lei 6.385/1976, ambas alteradas pela Lei 9.457, de 5.5.1997*. São Paulo, Pioneira, 1998.

CARVALHOSA, Modesto. *Comentários à Lei de Sociedades Anônimas*. 4º v., t. II. São Paulo, Saraiva, 2003.

______ e EIZIRIK, Nelson. *A Nova Lei das S/A*. São Paulo, Saraiva, 2002.

COMPARATO, Fábio Konder. *O Poder de Controle na Sociedade Anônima*. São Paulo, Ed. RT, 1975.

LOBO, Jorge (coord.). *Reforma da Lei das Sociedades Anônimas. A Nova CVM e a Modernização da Lei das S/A*. Rio de Janeiro, Forense, 2002.

TOMAZETTE, Marlon. *Direito Societário*. São Paulo, Juarez de Oliveira, 2003.

Jurisprudência Comentada

SEGURO — CONTRATO DE ADESÃO — CLÁUSULAS LIMITATIVAS DE DIREITO, QUE NÃO SE MOSTRAM CLARAS E EM DESTAQUE — NULIDADE — OCORRÊNCIA — CLÁUSULA DE PERFIL — INOPONIBILIDADE — PREVISÃO DE SITUAÇÕES EXCLUDENTES DE INDENIZAÇÃO QUE NÃO CONFIGURAM, ONTOLOGICAMENTE, AGRAVAMENTO DE RISCO — LIMITAÇÃO DO PRÊMIO A PERCENTUAL PREVIAMENTE ESTABELECIDO — ADMISSIBILIDADE — INTELIGÊNCIA DOS ARTS. 54 DO CDC, 51 E 422 A 424 DO CC (DE 2002)

Comentários de

Paulo Salvador Frontini

à apelação 1.251.799-6, 6ª C. — B, do 1º TACivSP

Ementa oficial: Seguro de acidente de veículo. Cláusula de "perfil". Falta de clareza dos termos, que acarreta nulidade da cláusula. Exclusão indevida da indenização ante situações que não configuram agravamento do risco. Validade da cláusula que estabelece o valor máximo da indenização. O contrato de seguro é contrato de adesão e, portanto, as cláusulas limitativas de direito são nulas, se não estiverem claras e em destaque, na forma do art. 54 do CDC, c/c o art. 51, bem como os arts. 422 a 424 do CC em vigor. É inoponível ao segurado a "cláusula de perfil" que elege determinadas situações como excludentes de indenização, se tais situações não são, ontologicamente, situações que configurem agravamento de risco. No contrato de seguro, pode ser estabelecido que o valor máximo da indenização será de 92,4% do valor do veículo, pois tal limitação propicia o pagamento de um prêmio menor em porcentagem correspondente, neste ponto dando-se provimento ao recurso. Provimento parcial à apelação.

ACÓRDÃO

Vistos, relatados e discutidos estes autos de Apelação 1.251.799-6, da Comarca de São Paulo, sendo apelante Porto Seguro Cia. de Seguros Gerais e apelado Geraldo Martins de Melo.

Acordam, em 6ª Câmara — B do 1º TACivSP, por v.u., dar provimento ao recurso.

Vistos, etc.

Trata-se de apelação contra a r. sentença (f.), que condenou a seguradora apelante a pagar ao autor apelado o valor de R$ 11.418,00, sendo R$ 418,00 relativo ao despendido com despesas de aluguel com outro carro para substituir o veículo do apelado, sinistrado e com perda total, mais R$ 11.000,00 correspondente ao valor de mercado do veículo que estava segurado pela apelante.

Solucionados aspectos relativos à intimação da sentença (f.) e decididos embargos de declaração (f.), a apelante apresentou seu recurso (f.), aguardando a reforma da r. sentença.

O recurso é tempestivo e está regularmente preparado; foram juntadas contra-razões (f.).

É o relatório.

O primeiro argumento da apelante refere-se ao fato de o veículo, no momento do acidente, estar sendo dirigido por pessoa menor de 24 anos, hipótese na qual não haveria cobertura securitária. O veículo estava sendo dirigido por Aldenir, com 21 anos, amigo do segurado e que dirigia o veículo com autorização deste, segundo diz a apelação. Tal fato configura agravamento de risco e, por isto, a indenização securitária não é devida.

Não está correto o apelante em seu raciocínio e, neste ponto, a r. sentença fez a melhor aplicação da lei aos fatos descritos. Observe-se (f.) que apelante, em sua contestação, diz que a indenização não é devida porque o apelado, quando contratou o seguro, informou que as pessoas de faixa etária entre 18 e 24 anos que eventualmente poderiam utilizar o veículo, não o utilizariam em período de tempo superior a quinze por cento da semana. Posto frente a esta pergunta prenhe de circunlóquios, a resposta do segurado (f.) teria sido no sentido de que caso o motorista do veículo, no momento do sinistro, tenha idade inferior a 24 anos, não haverá cobertura securitária, para, logo em seguida, responder (o segurado), que se ficar comprovado o uso por tempo superior a 15% do tempo da semana por menores de 24 anos, não haverá cobertura securitária.

Ora, a redação é absolutamente confusa, fruto apenas do intuito da seguradora — infelizmente, tão encontradiço nos dias atuais — de estabelecer cláusulas que enredem o segurado, de tal forma que sempre haverá algum argumento, por mais cerebrino e distante, que impeça a indenização. Observe-se a absoluta falta de clareza do contrato que, em um primeiro momento, colhe do segurado a resposta de que, se o veículo estiver sendo dirigido por menor de 24 anos, não haverá cobertura para, em seguida, dizer que não haverá cobertura se ficar comprovado que o menor de 24 anos utiliza o veículo por tempo superior a 15% do tempo da semana.

Andou bem a r. sentença ao afastar a incidência desta cláusula pois, além de confusa e contraditória, é efetivamente leonina e implica renúncia de direito por parte do consumidor, nula de pleno direito na forma do art. 51, I, do CDC. Atenta também esta cláusula contra o § 4º do art. 54 do mesmo CDC, pois é cláusula que limita direito não tendo sido redigida com destaque, nem permitindo sua imediata e fácil compreensão. Aliás, ao contrário, é cláusula extremamente confusa, que parte de uma premissa de praticamente impossível verificação (o veículo é ou não dirigido por menor de 24 anos durante mais de 15% do tempo da semana) para chegar a uma conclusão que não tem qualquer relação lógica com a premissa (se o veículo estiver sendo dirigido por menor de 24 anos no momento do acidente, não haverá cobertura).

Tal cláusula, além de atentar contra o Código de Defesa do Consumidor, atenta também contra o disposto no art. 422 do CC, por estar eivada de má-fé e ter sido preparada exatamente para tirar do segurado o direito ao ressarcimento. Tem aplicação também ao caso o art. 423, que estabelece que cláusulas ambíguas e contraditórias, em contrato de adesão, devem ser interpretadas em favor do aderente. Finalmente, investe contra o art. 424, pois é cláusula nula a estabelecer renúncia antecipada a direito resultante de natureza do negócio, ou seja, o direito à indenização em caso de sinistro.

Não houve qualquer agravamento de risco, pois o veículo ser dirigido por pessoa entre 18 e 24 anos, desde que regularmente habilitada, não é causa de agravamento de risco. E não pode o segurador alçar à condição de agravamento de risco, situações que seriam normais para o uso de qualquer veículo, não tendo o art. 1.454 do CC, a abrangência que a apelante quer atribuir-lhe. Enfim, a natureza do negócio de seguro é propiciar indenização ao proprietário do carro e, não tendo havido qualquer agravamento do risco, é devida a indenização. Ademais, o agravamento de risco ocorre por ato atribuído diretamente ao segurado, ato que efetivamente seja agravante. A propósito:

> *Civil. Ação de indenização. Atropelamento fatal. Denunciação à lide da seguradora. Ilegitimidade ativa da ré para a denunciação à lide. Não prequestionamento. Prescrição. Inocorrência. Estado de embriaguez do preposto. Aumento do risco. Excludente de cobertura não configurada. Limite do seguro. Extrapolação pelo acórdão estadual.* I. (...) II. (...) III. Para a configuração da hipótese de exclusão da cobertura securitária prevista no art. 1.454 da lei substantiva civil, exige-se que a contratante do seguro tenha diretamente agido de forma a aumentar o risco, o que não ocorre quando não concorreu para o estado de alcoolização do preposto que conduzia o veículo causador do sinistro, cujo estado mórbido, aliás, não restou plenamente caracterizado segundo o tribunal de apelação, soberano no exame da prova. IV. (...) V. (...) (REsp 236052-SP, Recurso Especial 1999/0097581-2, *DJ* 28.8.2000, p. 89, Rel. Min. Aldir Passarinho Junior, j. 23.5.2000, 4ª T.).

Está sendo cultivada uma teoria — ou uma simples prática — denominada de "cláusula de perfil", segundo a qual a limitação do risco é levada a tal ponto de exarcebação que acaba por desfigurar o próprio conceito do seguro contratado. Evidentemente, há um risco em todo seguro, até porque se não houvesse risco, ninguém faria seguro, por óbvio. Ora, em contrato de seguro, limitar o risco por meio de filigranas e circunlóquios verbais não é elemento que pode ser oposto ao segurado, mesmo que se tente criar em torno dele o nome "cláusula de perfil". Em contrato de seguro de sinistro de veículo, é da natureza do negócio o sinistro do veículo e, a menos que haja agravamento de risco a ser demonstrado a partir da experiência diária do homem comum, não se pode negar a indenização. Um fato configura ou não agravamento de risco, independentemente do contrato afirmar que é agravamento; e se a seguradora não quer correr o risco do sinistro — chega até a ser contradição em termos —, não deve erigir a agravamento o que não é agravamento; deve apenas mudar de ramo. Reitere-se: — o "perfil" como tem sido praticado, não é cláusula limitativa de risco, é causa excludente de indenização ante o risco, incongruência jurídica que não se pode aceitar como válida em contrato de seguro. A jurisprudência já tem reagido a esta chamada "cláusula de perfil" que na realidade se transmuda em cláusula de não indenizar:

> 1º TACivSP, Processo 1147271-2, Recurso: apelação sumária, origem São Paulo; julgador: 5ª Câm. de férias de julho de 2003; j. 30.7.2003, Rel. Álvaro Torres Júnior. Decisão: negaram provimento, v.u. *Seguro — Cobertura — Subtração de veículo estacionado nas cercanias do local de trabalho da segurada — Perfil da segurada estabelecido pelo corretor de seguros — Inviabilidade* — Embora as partes devam abeberar-se na boa-fé e na honestidade, sobrelevando-se a importância desse elemento em contrato de seguro, a subtração do veículo em via pública situada nas cercanias do local de trabalho da segurada (apurada em investigação particular encomendada

pela ré) não configura infração ao contrato — Perfil da segurada, inserido pelo corretor, não a obrigava a estacionar o seu veículo somente na garagem do prédio em que trabalhava — A prevalecer a tese da seguradora, estar-se-ia diante de situação anômala em que não há qualquer risco a segurar, ou então à situação em que a restrição decorrente do "perfil da segurada" apresenta-se tão extensa que a impediria de, momentaneamente, estacionar o veículo em via pública, quando estivesse com ele transitando, tornando-a refém de só poder imobilizá-lo em estacionamento de sua empregadora ou na garagem de sua residência. Ação indenizatória procedente. Recurso improvido (*Jurisprudência Informatizada Saraiva*).

O segurado ficou sem seu veículo e é razoável que tenha direito ao ressarcimento de R$ 418,00 para locação de outro veículo, valor que, aliás, impressiona até pela sua modéstia.

Em um pequeno ponto a r. sentença merece reforma. É que, de forma clara e objetiva, as partes contrataram um seguro para cobrir 92,4% do valor do veículo (f.). Esta cláusula é de absoluta clareza e demonstra que efetivamente as partes quiseram firmar um contrato para cobrir parte do dano, estipulação que não encontra qualquer óbice e que permite, como diz a apelante (f.) que o prêmio seja fixado em valor menor do que aquele que seria estabelecido se a cobertura fosse total.

O documento de f., juntado pela apelante faz referência a valores do veículo entre "11.900 e 10.700", não se tratando de xerox que traga maiores esclarecimentos, não se prestando a informar qual seria a cotação do veículo acidentado, no momento do acidente. Igualmente, o documento de f. não traz exatamente a cotação do veículo segurado, embora faça menção a valores entre "10.869 e 11.700".

Assim, ante a falta de esclarecimento preciso tanto do apelante quanto do apelado é razoável que se adote o valor indicado na inicial, R$ 11.000,00, ou seja, valor médio entre os quatro apresentados por ambas as partes. Portanto, a indenização será de 92,4% sobre R$ 11.000,00, ou seja, indenização no valor de R$ 10.164,00, mais R$ 418,00 para ressarcimento de despesas de locação.

Finalmente, a inicial delimita o pedido posto em juízo e, ausente qualquer reconvenção, não se expedirá qualquer determinação relativa a documentação e salvados, garantido sempre à seguradora apelante, os meios ordinários para a defesa dos direitos que entenda ter com relação a este pontos.

Tendo havido sucumbência mínima do apelado, a totalidade dos consectários será de responsabilidade da apelante, como já fixado na r. sentença.

Dá-se provimento parcial ao recurso.

Presidiu o julgamento com voto o Juiz Jorge Farah.

São Paulo, 29 de julho de 2004.

Manoel Justino Bezerra Filho, Relator.

Comentários de

Paulo Salvador Frontini

1. O acórdão supra, do antigo 1º Tribunal de Alçada — Relator o eminente Magistrado Manoel Justino — mostra-se expressivo pela oportuna posição que assumiu em face dos reflexos, sobre o contrato de seguro, de novos contornos normativos resultantes da disciplina contratual no vigente Código Civil.

Percebe-se da leitura do julgado que os fatos se passaram quando vigente o Código Civil de 1916. Em segundo grau de jurisdição foi julgado em julho de 2004, já na vigência do Código de 2002.

Quanto ao fato: fora celebrado contrato de seguro de veículo automotor, seguro facultativo. Nada a ver, no caso, com o seguro obrigatório (DPVAT). Importam, no caso, as estipulações de seguro de dano, avençadas no caso concreto, como decorre da leitura do acórdão. Vale dizer, o proprietário do veículo ("segurado") contratara junto à apelante ("seguradora"), seguro contra danos materiais que o veículo viesse a sofrer.

O veículo, no momento do acidente, estava sendo dirigido por pessoa menor de 24 anos, hipótese para a qual — ao dizer da seguradora apelante — não haveria cobertura securitária. O veículo estava sendo dirigido por um jovem de 21 anos de idade, amigo do segurado e que dirigia o veículo com autorização deste, segundo diz a apelação. Não há, assim, controvérsia sobre os fatos.

2. O acórdão centrou suas preocupações nestes tópicos:

a) alcance de cláusula contratual desoneradora de obrigação da companhia seguradora.

Essa foi a primeira questão que a douta Câmara teve de enfrentar.

Assim, o contrato de seguro, no caso, não obrigaria esta última a indenizar porque, "o apelado, quando contratou o seguro, informou que as pessoas de faixa etária entre 18 e 24 anos que eventualmente poderiam utilizar o veículo, não o utilizariam em período de tempo superior a quinze por cento da semana".

Se se trata de informação prestada pelo segurado, na verdade isso constou da *proposta*, documento obrigatório e importantíssimo para a formação do contrato de seguro.[1]

Ficou então constando — do contrato ou da apólice — que não haveria cobertura para o sinistro se, estando o veículo pilotado por pessoa de idade inferior a 24 anos (embora habilitado e maior de 18 anos de idade), essa pessoa conduzisse o veículo por tempo superior a 15% do tempo da semana.

b) o julgado teve de examinar também uma questão que recentemente se apresenta na contratação de seguro de automóveis, a questão do *perfil do segurado.*

3. No deslinde das questões postas, a decisão proferida foi lógica.

Não há dúvida de que o contrato de seguro é um *contrato de adesão*. O conceito deste, a par de afirmado anteriormente na doutrina, foi oficializado pelo Código de Defesa do Consumidor, e ao dispositivo se reportou o aresto comentado. O estipulante, no contrato de adesão, preestabelece as cláusulas, a que a outra parte (o *aderente*) adere.

No que tange à interpretação de estipulações ambíguas, referidas no texto comentado, está certo afirmar que, na dúvida sobre o exato alcance de cláusulas do contrato de adesão, prevalece a interpretação mais favorável ao aderente, como de há muito ensinara Orlando Gomes[2] (*Contrato de Adesão*).

O Código Civil de 2002, oportunamente, no art. 423, adotou expressamente esse princípio, invocado pelo ilustríssimo Relator.

No tópico, o acórdão refere, ainda, o art. 424 do Código Civil vigente, no teor de que "Nos contratos de adesão, são nulas as cláusulas que estipulem a renúncia antecipada do aderente a direito resultante da natureza do negócio".

O Código de Defesa do Consumidor, versando sobre cláusulas abusivas, já adotara idêntica posição embora o co-respectivo texto tenha redação algo casuísta, quiçá até prolixa, compreensível ante o pioneirismo de que essa lei se revestiu (art. 51, I).[3]

1. Conforme o Decreto-lei n. 73, de 1966, que regula as operações de seguro, estes serão contratados "*mediante propostas assinadas pelos segurados* (leia-se "interessado na contratação de seguro, ou candidato a segurado"), *seu representante legal ou corretor de seguros...*".

2. Orlando Gomes, *Contrato de Adesão — Condições Gerais dos Contratos*, Ed. RT, 1971. Do mesmo e saudoso autor, ver *Contratos*, 12ª ed., Forense, p. 138.

3. "São nulas de pleno direito, entre outras, as cláusulas contratuais relativas ao fornecimento de

Assim, o acórdão perfilhou linha de interpretação moderna, compatível com a dinâmica da vida negocial, numa sociedade urbana, competitiva, plena de tensões e de riscos destas emergentes. É essa realidade contemporânea que os contratos de massa, geralmente de adesão, devem atender. E para que as pessoas, nesse ambiente, possam alcançar seus objetivos, o contrato assume inequívoca *função social*. É em razão da *função social do contrato* que o Código Civil contém a norma do parágrafo único do art. 757: "Somente pode ser parte, no contrato de seguro, como segurador, entidade para tal fim legalmente autorizada".[4]

Ou seja, a entidade seguradora existe para *assumir riscos* e *dar cobertura aos sinistros* decorrentes dos *riscos assumidos*, pagando a indenização devida em caso de *sinistro*, tudo mediante cobrança e recebimento do *prêmio*. Essa é a função social do segurador.

Remanesce analisar o segundo ponto enfrentado pelo aresto: a chamada *cláusula de perfil*.

Não se trata na verdade de cláusula. O próprio acórdão a ela se refere como "uma teoria — ou uma simples prática".

Toda companhia seguradora deve, necessariamente, avaliar o *risco* que é inerente à álea do contrato de seguro. O risco é assim a possibilidade de ocorrer evento, incerto, ou de data incerta, causador de sinistro gerador de perda ou diminuição patrimonial para a qual o seguro oferece cobertura.

Se não há possibilidade de sobrevir o sinistro, não há risco. Tanto isso é verdade que o Código Civil vigente, no art. 773, em homenagem ao primado da boa-fé no contrato de seguro, pune o segurador que, ao tempo do contrato, sabe estar passado o risco de que o segurado pretende se cobrir. A punição é pagar ao segurado em dobro o prêmio estipulado.

Assim, ao invés de ser cláusula do contrato de seguro, o risco é pressuposto do contrato, elemento prévio, sem o qual, *ex ante*, o contrato não pode ser validamente celebrado. Sem esse pressuposto, o objeto do contrato — a *garantia* — estará ausente, pois jamais se implementará.

Como decorrência de ser um fator de *possibilidade* maior ou menor de sobrevir o sinistro, o risco tem de ser avaliado pela seguradora.

Não apenas é legítimo que o faça, mas é obrigatório. E, nessa avaliação, serão adotados critérios atuariais, sempre associados, em tema de seguros, ao princípio mutualísta.[5]

Assim, é de praxe — especialmente nos ramos de *seguro de vida* e *seguro saúde* (que, ao lado dos seguros obrigatórios, não integram os seguros dos chamados ramos elementares), é de praxe constar da proposta uma série de informações, que o proponente (candidato a segurado) vai prestar à seguradora. Deve prestá-las sob o duplo timbre de rigorosa observância da verdade e inequívoca boa-fé.

produtos e serviços que: I — impossibilitem, exonerem ou atenuem a responsabilidade do fornecedor por vícios de qualquer natureza dos produtos e serviços ou impliquem renúncia ou disposição de direitos. Nas relações de consumo entre o fornecedor e o consumidor-pessoa jurídica, a indenização poderá ser limitada, em situações justificáveis" (CDC, art. 51, I).

4. São as sociedades anônimas e as cooperativas autorizadas, conforme art. 24 do Decreto-lei n. 73.

5. A tranqüilidade e confiança do segurado apóia-se basicamente no principio mutualista, em função do qual se sabe, pela *lei natural das probabilidades*, que, num grupo de segurados, o *sinistro* (consumação do risco) pode atingir um ou alguns dos segurados, mas não todos. Ou seja, o risco se dilui entre todos os segurados. O co-seguro, o resseguro e a retrocessão destinam-se a complementar a solidez do contrato de seguro e do segurador. Daí a estruturação legal de um *sistema nacional de seguros privados* (sistema, vale dizer, um conjunto articulado de instituições), sob o poder de polícia do Estado.

Se eliminarmos do contrato de seguro seu fundamento mutualista, esse contrato vai se equiparar ao contrato de aposta, também previsto no Código Civil, arts. 814 a 817.

A partir dessas informações, a seguradora considerando o perfil do segurado e as demais circunstâncias de fato:

a) vai calcular o prêmio;

b) vai demarcar eventuais cláusulas de exclusão de cobertura; e

c) eventualmente, vai recusar a celebração do contrato de seguro.

O *perfil* é assim aferido em toda proposta de seguro, seja implícita, seja explicitamente. É item constante da *proposta*, mas não é cláusula do contrato. À vista do *perfil*, a companhia seguradora pode, como dissemos, *recusar o contrato*.

Se se dispuser a aceitar a proposta, deve calcular o prêmio, em correlação com o risco assumido. Até aí a seguradora está dentro de seu direito. Pode estipular cláusulas de exclusão de cobertura — e geralmente isso é feito. Essas cláusulas constam de quase todas as apólices.

3.1 Mas, há algo que a companhia seguradora não pode fazer.

Em primeiro lugar, não pode a seguradora, aceitando o risco e estabelecendo o prêmio, estipular cláusulas de exclusão de cobertura que sejam *unilaterais* (quanto à possibilidade de rescisão do contrato, ou *abusivas*).[6]

O Decreto-lei n. 73, de 1966, diploma regulador das operações de seguro, já cuidara do assunto em seu art. 13.[7] Entendemos que abusivas, por exemplo, são também as cláusulas que outorgam à seguradora seu exclusivo arbítrio na apuração do sinistro, de modo a interpretar a cláusula de exclusão de modo *subjetivo* e/ou *unilateral*. Cláusula de exclusão, com esse feitio, será abusiva e incidirá no rol das *condições defesas*, previstas e proibidas pelo art. 122, segunda parte, do Código Civil, por fazerem com que o efeito do negócio jurídico fique sujeito *ao puro arbítrio de uma das partes*.

O acórdão comentado captou bem essa circunstância, quando se refere à dificuldade de se apurar se o uso de veículo, por condutor com idade até 24 anos, se deu no percentual de tempo posto na indigitada cláusula.[8]

Como se afere isso? Quem faz a *regulação* do binômio "seguro-sinistro", senão a própria seguradora? Fica tudo, então, a seu arbítrio, o que juridicamente não está correto.

Em segundo lugar, o segurador não pode — ainda que com cláusula expressa de exclusão de cobertura — fazer com que o contrato fique esvaziado em sua função social.

Ora, se o Código Civil de 2002 diz que *a liberdade de contratar será exercida em razão e nos limites da função social do contrato*, parece evidente que um contrato de seguro, no ramo *seguro de automóveis*, modalidade *responsabilidade civil*, não

6. O exercício da advocacia autoriza esta reflexão, fruto do acompanhamento de muitos casos: a inserção de cláusulas de exclusão de cobertura, de difícil interpretação, corresponde, muitas vezes, a uma sutileza do segurador. Explicando melhor: como o mercado de seguros privados é muito competitivo, disputado intensamente por corretores de seguros — cuja intervenção é obrigatória, por lei — ante fatores de risco que elevariam o cálculo do prêmio, afastando o candidato a segurado, a companhia seguradora prefere oferecer um prêmio menor, que conquista o cliente, mas, mediante cláusulas de exclusão de risco, adrede inseridas, não raro de difícil interpretação, trata de excluir riscos e assim diminuir a cobertura. Ora, procedimento desse teor elide o requisito de boa-fé por parte do segurador, em claro atentado ao art. 765 do Código Civil.

7. Art. 13: "As apólices de seguro não poderão conter cláusulas que permita rescisão unilateral dos contratos de seguro ou por qualquer modo subtraia sua eficácia e validade além das situações previstas em Lei" (literal do texto).

8. O limite de tempo é de 15% do "tempo da semana". O que é isso? Uma semana — sete dias — engloba 168 horas. 15% de 169 horas são 25,20 horas. Considerando uma jornada útil de oito horas, mais de três dias da semana ficariam, pela cláusula, vedados à condução do veículo por terceiro. Como os dias úteis são praticamente cinco (de 2ª a 6ª feira — os de pior trânsito e de maior risco), a cláusula esvazia a cobertura.

pode conter cláusula que exclua cobertura na situação de risco em que o segurado mais dela precisa, mais a quer. Isso ocorre na hipótese de ter de responder por fato de preposto. Se o contrato contiver cláusula nesse sentido — veja-se o caso julgado — ela é ineficaz. Não pode produzir efeito de modo a esvaziar o fim social do contrato, que consiste em garantir a reposição patrimonial decorrente do sinistro, desde que este resulte de ato ou fato involuntário, à perspectiva do segurado.

Para ver-se o absurdo da tese da seguradora, no caso concreto, basta lembrar o enorme rol de seguros de automóvel feito por pessoas jurídicas. Na imensa generalidade dos casos, é sempre um preposto que dirige veículo cujo seguro foi contratado tendo por segurado uma pessoa jurídica, seja esta sociedade empresária, sociedade simples ou qualquer outra entidade personalizada.

Assim, o tópico do acórdão comentado que, a nosso ver, merece especial destaque está neste ponto:

> Em contrato de seguro de sinistro de veículo, é da natureza do negócio o sinistro do veículo e (...) e se a seguradora não quer correr o risco do sinistro (...) deve apenas mudar de ramo (...).

Pensamos, assim, que a configuração pela seguradora do *perfil do segurado* é providência correta e obrigatória. Sua conseqüência prática pode ser a recusa da seguradora em firmar um contrato de seguro facultativo. Pode optar por essa recusa. Ou, ao contrário, pode a seguradora aceitar a proposta, mas, se o risco for alto, a conseqüência será um cálculo mais oneroso do prêmio.

Dependendo de peculiaridades do *perfil*, poderá ser prevista cláusula de exclusão de cobertura, desde que não seja unilateral, sujeita ao arbítrio da seguradora e desde que não resulte na prática em esvaziar o contrato, negando sua função social.

Em suma, interpretar o contrato de seguro de modo a que a seguradora não corra o risco de ter de indenizar o sinistro, na situação em que a este o segurado está mais exposto, equivale a negar a função social do contrato.

4. Cabe uma última observação sobre o acórdão comentado.

A contratação do seguro e o sinistro, no caso comentado, se deram ao tempo do Código Civil de 1916. O julgamento estava sujeito, naturalmente, à legislação da data do evento (*tempus regit actum*). O r. acórdão foi prolatado em julho de 2004, em plena vigência do novo Código e adotou explicitamente preceitos da nova codificação.

Vê-se que tanto a seguradora em seu apelo (conforme tópicos referidos no julgado) como o próprio acórdão, invocaram fundamentos jurídicos da nova legislação, ou seja, do Código Civil de 2002. Lêem-se, com efeito, passagens referindo interpretação de cláusulas em contrato de adesão, nulidade de cláusulas de contrato de adesão, revelando vertentes inovadoras e modernizantes da nossa nova codificação.

Na verdade, já se aceitavam essas vertentes com base em princípios que o Código Civil de 2002 consagrou como lei expressa.

E é por aí que o direito contratual brasileiro se modernizou e mudou de sentido, assumindo um rumo de *socialidade* tão destacado por Miguel Reale.[9] Parece-nos que

9. Miguel Reale, *O Projeto do Novo Codigo Civil*, 2ª ed., Saraiva, 1999, pp. 7 e ss. Literalmente: "O sentido social é uma das características mais marcantes do Projeto, em contraste com o sentido individualista que condiciona o Código Civil ainda em vigor. (...). Houve o triunfo da 'socialidade', fazendo prevalecer os valores coletivos sobre os individuais, sem perda, porém, do valor fundante da pessoa humana. (...). O Projeto se distingue por maior aderência à realidade contemporânea, com a necessária revisão dos direitos e deveres dos cinco principais personagens do Direito Privado tradicional: o proprietário, o contratante, o empresário, o pai de família e o testador. Nosso empenho foi no sentido de situar tais direitos e deveres no contexto da nova sociedade que emergiu de duas guerras universais, bem como da revolução tecnológica e da emancipação plena da mulher".

se insere nesse sentido social do Código Civil um leque de conceitos e institutos constantes do Código.

Assim, em sumaríssima síntese, o Código Civil imprimiu nova tônica às estipulações contratuais: proclama-se a *função social do contrato* (art. 421), bem como o primado dos princípios *da probidade* e da *boa-fé* (art. 422).

A *boa-fé*, referida nesse preceito, é a *subjetiva*, pois diz respeito à conduta psicológica dos contratantes, obrigados a guardá-la "assim na conclusão do contrato, como em sua execução". É inegável que a boa-fé subjetiva já se fazia presente na codificação de 1916, quando cuidava dos defeitos do ato jurídico, tendo em vista a correlação destes (erro, dolo, coação, simulação e fraude) com a ausência de boa-fé. Reforçam-se essas preocupações do novo Código ante a proclamação da boa-fé *objetiva*, consoante escrito no art. 113: "Os negócios jurídicos devem ser interpretados conforme a boa-fé e os usos do lugar da celebração".

Não há critério melhor para apurar a boa-fé objetiva do que aferir a *função social* do contrato.

Há mais: o Código Civil vigente traz outras disposições relevantes em tema de negócios jurídicos, o que, é claro, abrange os contratos.

Assim, dentre as causas de anulabilidade do negócio jurídico, despontam o *estado de perigo* e a *lesão* (art. 171, II), aquele conceituado pelo art. 156, preocupado com a assunção, pelo devedor, de *obrigação excessivamente onerosa*, e esta, demarcada pelo art. 157, tendo como referencial o devedor que, sob premente necessidade ou em razão de inexperiência, *se obriga a prestação manifestamente desproporcional ao valor da prestação oposta*.

Preocupado com a eqüitatividade dos contratos, o codificador de 2002, em tema de objeto de pagamento, previu a possibilidade do juiz corrigir a manifesta desproporção entre o valor da prestação devida e o valor desta no momento de sua execução, "de modo que assegure, quanto possível, o valor exato da prestação".[10]

A onerosidade excessiva reaparece, sempre no Código Civil, como hipótese de extinção do contrato (art. 478), decretada pelo juiz, a pedido do devedor, salvo se o réu oferecer modificação eqüitativa das condições do contrato.

Neste breve sumário, faça-se referência, ainda, aos dispositivos constantes dos arts. 423 e 424, sobre contratos de adesão.

Esses preceitos foram expressamente invocados no acórdão comentado. Do art. 423 consta o comando de interpretação: havendo cláusulas ambíguas ou contraditórias, "dever-se-á adotar a interpretação mais favorável ao aderente" e no art. 424 está dito que "são nulas as cláusulas que estipulem renúncia antecipada do aderente a direito resultante da natureza do negócio".

Finalmente, dois dispositivos, no âmbito da responsabilidade civil, refletem o *princípio da socialidade* destacado por Miguel Reale, eminente jurista e filósofo. Referimo-nos ao art. 927, cujo parágrafo único determina que *haverá obrigação de reparar o dano, independentemente de culpa, nos casos especificados em lei, ou quando a atividade normalmente desenvolvida pelo autor do dano implicar, por sua natureza, risco para os direitos de outrem*, bem como ao art. 931: "Ressalvados outros ca-

O eminente jurista e filósofo colaciona, ainda, outros dois grandes princípios inspiradores do Projeto, hoje Código Civil vigente: o da *eticidade* e o da *operabilidade*.

10. Art. 317: "Quando, por motivos imprevisíveis, sobrevier manifesta desproporção entre o valor da prestação devida e o do recebimento de sua execução, poderá o juiz corrigi-lo, a pedido da parte, de modo que assegure, quanto possível, o valor real da prestação".

sos previstos em lei especial, os empresários individuais e as empresas respondem independentemente de culpa pelos danos causados pelos produtos postos em circulação".

Eis aí linhas inovadoras visíveis no novo Código Civil, que, como se deu no acórdão ora comentado, começa a ter seu alcance lapidado pelo labor diuturno dos profissionais do Direito, refletindo os inevitáveis embates que se travam na sociedade humana.

Julho de 2005.

GRÁFICA PAYM
Tel. (011) 4392-3344
paym@terra.com.br

RDM 137

DOUTRINA: IL DIRITTO DELLA CONCORRENZA NEL PENSIERO DI TULLIO ASCARELLI – MARIO LIBERTINI • TULLIO ASCARELLI, A TEORIA GERAL DO DIREITO E OS CONTRATOS DE DISTRIBUIÇÃO – PAULA A. FORGIONI • ***ATUALIDADES***: A LIMITAÇÃO DA RESPONSABILIDADE DO EMPRESÁRIO INDIVIDUAL – CINIRA GOMES LIMA MELO • OBSERVACIONES EN TORNO A LA FUNCIONALIDAD DE LA JUNTA EN LA SOCIEDAD BURSÁTIL – MARIA ISABEL CANDELARIO MACÍAS • PESSOAS JURÍDICAS NO CC/2002. ELENCO, REMISSÃO HISTÓRICA, DISPOSIÇÕES GERAIS – PAULO SALVADOR FRONTINI • ANÁLISE DO ART. 124, § 5º, II, DA LEI DAS S/A À LUZ DA TEORIA DA REGULAÇÃO – JULIO RAMALHO DUBEUX e RODRIGO OLIVEIRA BOTELHO CORRÊA • SOCIEDADE DE ADVOGADOS COM FORMA DE SOCIEDADE DE CAPITAIS: UMA DISCUSSÃO A SER ENFRENTADA – RENATO VENTURA RIBEIRO • CORRESPONDENTES BANCÁRIOS NO DIREITO BRASILEIRO: CONCEITO E DISCIPLINA – UINIE CAMINHA • A EFICÁCIA JURÍDICA DA PÓS-DATAÇÃO DO CHEQUE EM RELAÇÃO AO ENDOSSATÁRIO – CONCORRÊNCIA ENTRE OS PRINCÍPIOS CAMBIÁRIOS E O PRINCÍPIO DA FUNÇÃO SOCIAL DOS CONTRATOS – REPERCUSSÃO NA CONTAGEM DO PRAZO PRESCRICIONAL – SÉRGIO BOTREL • NOVOS TÍTULOS PARA FINANCIAMENTO DO AGRONEGÓCIO – RENATO BURANELLO • SOBRE AS CONDUTAS ANTICOMPETITIVAS DAS ASSOCIAÇÕES COMERCIAIS – JOSÉ CARLOS DA SILVA NOGUEIRA • LIVRE CIRCULAÇÃO INTERNACIONAL DE PESSOAS, TURISMO INTERNACIONAL E TERRORISMO: O CASO BRASIL *x* EUA – HEE MOON JO • OS CONTENCIOSOS NA OMC COMO INSTRUMENTO DE ABERTURA DE MERCADOS AGRÍCOLAS – REFLEXÃO E PROVOCAÇÃO – RENÊ GUILHERME S. MEDRADO • ***DIREITO E ECONOMIA***: *LAW AND ECONOMICS* – RACHEL SZTAJN • AS ASSEMBLÉIAS DE CREDORES E PLANO DE RECUPERAÇÃO DE EMPRESAS: UMA VISÃO EM TEORIA DOS JOGOS – MILTON BAROSSI-FILHO • ***PARECERES***: VALIDADE JURÍDICA DAS "EXPORT NOTES FINANCEIRAS" – NATUREZA JURÍDICA E OBJETIVOS DO INQUÉRITO DA LEI 6.024/1974, REALIZADO PELO BACEN – HAROLDO MALHEIROS DUCLERC VERÇOSA • ***ESPAÇO DISCENTE***: OBRIGAÇÕES E CONTRATOS EMPRESARIAIS NO NOVO CC: O CONTRATO PRELIMINAR E O CONTRATO COM PESSOA A DECLARAR – TARCISIO TEIXEIRA • DAS AÇÕES PREFERENCIAIS SEM VOTO E A SUA INCLUSÃO EM OFERTA PÚBLICA DE ALIENAÇÃO DO CONTROLE DE COMPANHIA – JAIRO JACINTO DE MORAES • ***JURISPRUDÊNCIA COMENTADA***: SEGURO – CONTRATO DE ADESÃO – CLÁUSULAS LIMITATIVAS DE DIREITO, QUE NÃO SE MOSTRAM CLARAS E EM DESTAQUE – NULIDADE – OCORRÊNCIA – CLÁUSULA DE PERFIL – INOPONIBILIDADE – PREVISÃO DE SITUAÇÕES EXCLUDENTES DE INDENIZAÇÃO QUE NÃO CONFIGURAM, ONTOLOGICAMENTE, AGRAVAMENTO DE RISCO – LIMITAÇÃO DO PRÊMIO A PERCENTUAL PREVIAMENTE ESTABELECIDO – ADMISSIBILIDADE – INTELIGÊNCIA DOS ARTS. 54 DO CDC, 51 E 422 A 424 DO CC (DE 2002) – PAULO SALVADOR FRONTINI

MALHEIROS EDITORES